集団安全保障
の本質

THE ESSENCE OF COLLECTIVE SECURITY

Tsugeyama Takashi
柘山堯司 −編著

東信堂

まえがき

　中国の故事に兄弟医者の話があるそうである。
　兄医者は田舎の町医者に過ぎなかったが、弟医者は大病の治療で、国中に広く名前が知られていた。或るとき、弟医者に人が尋ねた。
　「あなたはたいへん高名な医者になられたのに、あなたのお兄さんは何故にあなたのような高名な医者になれないのですか。」
　弟医者が答えた。「その理由は簡単です。わたしは病気が重くなるまでは、なかなかうまく治療ができないのですが、兄の方は、初期のうちに、わずかな兆候を的確に判断して治療してしまうので、大病を治療する機会がないからなのです。」
　本書で扱う「防止措置」は、この兄医者の方である。「国連憲章第7章の措置」といえば、多くの専門家は「強制措置」と考える。この方は弟医者である。
　本書では、集団安全保障の中核が、「防止措置」にあることを実証する。防止機能は、小さな兆候を初期に発見して、大病にしないことを本分とするので、注目を浴びることは希である。国際連盟時代に最も有用性が高かった規約第11条に対する関心が今日では薄く、それを受け継いだ国連憲章第40条に対する関心がさらに低いのはこのためである。
　国際連盟期から国際連合期にかけて、多くの紛争は、兄医者の手で、すなわち、これらの条項の下での防止措置によって、処理されてきた。成功した場合には、大事に至らないので、注目を浴びることは少ない。しかし、朝鮮戦争や湾岸戦争のような大事にした時点で、その処方はすでに失敗である。

大事に至らないうちに解決することこそが、集団安全保障の本質である。

現在の国連加盟国数は192カ国である。にもかかわらず、わずか15カ国の安全保障理事会が中核で機能しているのも奇妙なことである。国際社会の総意を形成する総会の機能がもっと活用されなければならない。本書の二つ目の目的は、国連総会の再評価である。平和がグローバル・コモンズであるとすれば、イラク戦争前のように、安全保障理事会が機能しないときには、当然に総会が代わって審議し、勧告すべきであった。大国がそれを嫌うのは当然である。しかし、総会の権限を重視することで、安全保障理事会自体が有効に機能するようになるという効果もあるはずである。

本書では、そうした新しい視点を持つ若い研究者の論文を掲載した。急がれる地球共同体形成への一助となれば、誠に幸いである。

なお、本書は青山学院大学国際政治経済学会からの研究書出版助成を頂いて刊行されることになり、同学会及び会員諸氏に深甚なる感謝の意を表したい。

また、本書出版を快く引き受けて頂いた出版社東信堂社長下田勝司氏及び編集部の方々に心から感謝申し上げる。

本書は、青山学院大学国際政治経済学部の創設者
　　故　大木金次郎先生（元青山学院院長・理事長）
　　故　大平善梧先生（元青山学院大学学長）
のご霊前に、謹んでお捧げするものである。

　2009年12月

　　　　　　　　　　　　　　　　　　　　　　　　　　柘山堯司

目次／集団安全保障の本質

まえがき ……………………………………………………………… i
序　章　集団安全保障と防止措置 ………………………………… 3
第1章　国際連盟期における防止措置 …………………………… 9
　序　　問題の所在 ………………………………………………… 9
　第1節　国際連盟における集団安全保障体制 ………………… 13
　第2節　連盟規約第11条と防止措置 …………………………… 47
　第3節　連盟規約第11条の適用事例研究 ……………………… 68
　第4節　連盟規約第11条と防止措置の法理 …………………… 95
　第5節　連盟総会と連盟理事会における権限関係 …………… 108
　第6節　結　論 …………………………………………………… 114
第2章　国際連合発足当初の防止措置 ………………………… 117
　第1節　ギリシャ問題と国連 …………………………………… 117
　第2節　パレスチナ問題と国連 ………………………………… 130
第3章　国連総会による防止措置の実行 ……………………… 139
　第1節　スエズ戦争と第一次国連緊急軍（UNEF-I） ………… 139
　第2節　西イリアン紛争と国連 ………………………………… 151
第4章　安全保障理事会によるPKFの実行 …………………… 163
　第1節　コンゴ紛争と国連 ……………………………………… 163
　第2節　キプロス紛争と国連 …………………………………… 172
第5章　集団的介入と防止措置 ………………………………… 191
　第1節　ソマリア紛争と国連の介入 …………………………… 191
　第2節　国連人道援助活動と平和維持活動の協力関係に
　　　　　関する諸問題――シエラレオネ紛争を事例として … 198
　第3節　集団的介入の法理 ……………………………………… 228
　第4節　国連憲章と防止措置 …………………………………… 236

第6章　国連総会の再評価 ………………………………………… 241
　第1節　国連総会による安保理の政治的コントロール ………… 241
　第2節　国連総会とグローバル・ガヴァナンス ………………… 325
第7章　国連安保理の権限行使に対する司法審査の需要と
　　　　供給——法の支配における司法審査の位置付けを探って …… 361
　はじめに ………………………………………………………… 361
　第1節　司法審査の題材 ………………………………………… 363
　第2節　司法審査の需要 ………………………………………… 368
　第3節　司法審査の供給 ………………………………………… 376
　おわりに ………………………………………………………… 391
第8章　武力紛争防止法における「尊守責任
　　　　（Responsibility to Protect）」概念の役割 ………………… 395
　はじめに ………………………………………………………… 395
　第1節　「尊守責任」概念 ………………………………………… 397
　第2節　「尊守責任」の法的性質 ………………………………… 404
　第3節　国連安全保障理事会の実行における
　　　　　「尊守責任」の限界 …………………………………… 414
　結　論 …………………………………………………………… 426
第9章　安全保障の重層的ガヴァナンス ………………………… 429
　はじめに ………………………………………………………… 429
　第1節　安全保障とガヴァナンス ……………………………… 432
　第2節　バランシングによる安全保障ガヴァナンス ………… 438
　第3節　多国間安全保障のガヴァナンス ……………………… 445
　おわりに ………………………………………………………… 455

あとがき …………………………………………………………… 461
執筆者紹介 ………………………………………………………… 463
索　引 ……………………………………………………………… 464

集団安全保障の本質

序章　集団安全保障と防止措置

1　集団安全保障と個別安全保障

　分権社会にあっては、自力救済が原則である。国際社会の安全保障の基礎は、各国の国家安全保障、すなわち個別安全保障にある。しかし、それでは不十分な場合もある。国家間の紛争処理に対して、国際社会は、できる範囲で、手を差し伸べる努力を約100年間、試行錯誤してきた。

　長く植民地とされていたアジアやアフリカの新興諸国では、国家集団としての経験は始まったばかりである。こうした国々の国内的混乱の放置が国際的紛争に拡大する例は多い。被災する国民の救済も、「保護(尊守)責任」レポート（本書第8章）を待つまでもなく、国際社会の普遍的義務であることが確認されている。

　集団安全保障は、決して個別安全保障の対立概念ではない。集団安全保障は、他の多国間安全保障制度と共に、より安定した国家安全保障を実現するための補完的機能を果たすものである。できるだけ多重の安全装置（本書第9章）を準備することは、安全保障の不確実性を担保し、国際社会に安定した秩序維持に貢献するはずである。

　近年、国連加盟国数は、設立時の51カ国から192カ国に増大した。また、冷戦の終結も国際社会の構造を激変させた。それらの影響から、国連体制の改編への議論も盛んである。しかし、この研究では、国連の改編論には入らない。現行体制のままで、地球共同体の適正な運営にいかに貢献できるかを考察する。焦点は、国際連合による集団安全保障体制の再検討と、国連総会

機能の再評価（本書第6章）という二つである。

2　国際連合による集団安全保障

国際連合による集団安全保障の本質は、ⅰ）平和的解決手続付託の義務化、ⅱ）防止措置の重視、ⅲ）担保としての強制措置、の3点から構成されていると考える。

(1) 平和的解決手続付託の義務化

100年以上前のハーグ国際平和会議以降、今日まで、国際社会は紛争の平和的解決手続への付託を義務化し、さらには、それを義務的解決（法的解決）に連動させることによって、武力紛争を根絶することを究極の目的と考えてきた。1928年の「国際紛争平和的処理に関する一般議定書」では、調停委員会による解決を義務化し（第1条）、それで解決に達しない場合には、司法的解決（第17条）又は仲裁裁判（第21条）によって解決することを義務付けたが、加入する国は少なかった。

これを教訓に国連憲章では、三つの付託手続を準備した。一つは、任意手続である。あらゆる紛争に関して、事前に関係当事者間に同意があれば、安全保障理事会は解決勧告を行うために、審議することができる。これは、全当事者の同意を前提にした伝統的な平和的解決の一つとして、安全保障理事会を使える規定である（第38条）。

2つ目が義務的付託手続である。未解決のままにしておけば、武力紛争になるおそれのある紛争で、第33条に示された平和的手段によっても解決されなかったときは、紛争当事者はこれを安全保障理事会に付託しなければならない（第37条1項）。この付託には、当事者間の合意は不要で、一方的に付託することができる。一方、安全保障理事会の方もその紛争の解決方法又は解決条件を義務的に勧告しなければならない（第37条2項）。憲章第2条7項は、この強制性を緩和するために設けられた規定である。しかし、義務的であっても、出されるのは勧告である。当事者がそれを受け入れるか否かは、当事者の任意であり、「一般的議定書」のような「強制的解決」の規定はない。

三つ目は、加盟国（第35条1項）、非加盟国（同2項）、あるいは事務総長などによる第三者による付託手続である。また、総会も必要に応じて、勧告という形で安全保障理事会に問題を持ち込むことができる（第10条、11条）。安全保障理事会自体も第34条の調査権を行使して、自ら紛争を審議することもできる。
　このように、国連憲章では、ハーグ会議以降の経験を土台にして、周到な解決手続を準備した。しかしながら、強制的に解決できる法的解決への義務的連動は欠落している。普遍性を欠くという懸念が支配したからである。

(2) 防止措置の重視

　国連憲章は、第2条5項で、「国際連合の防止行動又は強制行動の対象となっている……」、第5条で「安全保障理事会の防止行動又は強制行動の対象となった……」、さらに、第50条で、「安全保障理事会が……防止措置又は強制措置をとったときは、」と繰り返して使用されるこれらの用語は、いずれも「第7章の措置」についての言及である。一般に、「第7章の措置」といえば、未だに「強制措置」だけを考える専門家が多いこともたいへん不幸な現実である。
　防止措置は、国連憲章第7章第40条に規定される。すなわち、「事態の悪化を防ぐため、……安全保障理事会は、必要または望ましいと認める暫定措置に従うように関係当事者に要請することができる」とされる。この「暫定措置」を要請することが「防止措置」である。暫定措置とは、「平和に対する脅威」の存在（第39条）を「一応（prīmā faciē）、推定した」上で行う、紛争当事者に対する即時停戦や撤退の指示（仮保全措置）である。こうした「指示」に従うことを要請することが一つの防止措置である。
　この要請は「関係当事者の権利、請求権又は地位を害するものではない」から、勧告によって出すことが限界である。ただし、この勧告に関係当事者が従わなかったときには、安全保障理事会は「そのことに妥当な考慮を」払って、停戦や撤退の補助をするために、軍事監視要員や平和維持軍（PKF）の派遣を申し出ることもできる。これが、いわゆる「国連平和維持活動」とよば

れるものである。こうした措置は紛争解決を目的としたものではない。直接的には、戦闘行為の停止を目的にした措置である。その後に、第6章の平和的解決に戻して、紛争の根本的解決を図らなければならない。

　防止措置については、国際社会は、国際連盟期に規約第11条の運用で十分に経験を積んできている（本書第1章）。その結果がこの第40条の規定である。一般には、サンフランシスコ会議における中国提案で急きょ挿入されたとされるが、すでにダンバートン・オークス提案の第6章第B節1項に、第40条の趣旨が盛られていることは見逃されてはならない。

(3) 担保としての強制措置

　集団安全保障といえば、一般的には、強制措置が重視されるが、強制措置の発動が必要となった時点で、集団安全保障体制はすでに破綻しているのである。そうした失敗をしないための担保としての装置が、強制措置の存在理由である。特に、軍事的強制措置はそうである。それに対して、非軍事的強制措置には、武力紛争の防止措置的な効果も大きい。アパルトヘイト国家に対する一連の措置は、その成果をあげた好例である。

　最近では、破綻国家への介入が問題である（本書第5章）。ガリ事務総長が出した「平和強制部隊」が強制措置か否かなどという奇妙な議論が行われたが、対象国の意思が存在しなければ、強制措置か否かは論じられない。武力行使の規模や態様で、強制か否かを判断していては、非軍事的強制措置の説明がつかない。中央政府の同意の下で行われるPKFの武力行使はいかなる規模であろうが、防止措置である。しかし、破綻国家のように、国家意思が存在しない場合を国連憲章は想定していない。

　ここに「暫定措置」の存在理由を一層明確に見出すことができる。その国家（国民）の同意意思の存在を「一応推定」した上で、国連（安全保障理事会又は総会）が国際社会の総意として、暫定的に介入し、国内の安定が実現した上で、総選挙を経て、招集された議会によって、国連の介入を事後承認するという手続が考えられる。これも一種の防止措置として位置付けられる。

3 総会権限の再評価の必要性

　総会の権限は本来、安全保障理事会の権限に準ずるものとして規定された。しかし、それは加盟国が51の時点である。加盟国数が192で、事実上、グローバル化した現在、15カ国からなる安全保障理事会は国際社会の総意を表明できる機能は持っていない。したがって、総意を表明できる総会こそが国際社会の最高の意思決定機関であるべきである。

　憲章第10条、11条、14条の規定は、総会の権限を広く想定している。安全保障理事会が「決定」による軍事的強制措置が特別協定の不在で発動できない現在、総会に発動できない権能は、「決定」による非軍事的措置があるに過ぎない。後は憲章第12条の制限のみである。これも近年、形骸化されたことが確認されている（本書第6章第2節）。「平和のための結集決議」で採用された「緊急特別総会」の活用は、それこそ緊急に再認識されるべきである。それによって、安全保障理事会の恣意的な行動も制御されるであろう。

　総会の機能として、検討されるべきものは、以下の通りである。

1) 国際法の生成機能……これは、国連総会決議によって、慣習法を生成したり、国連憲章の有権的解釈を行って、国連の機能を時代的要請に対応させることである。
2) 地域の暫定統治、平和構築機能……国連による最初の暫定統治の試みは、西イリアン（1962年）であった。破綻国家の処理は、一部の国家の手に委ねるよりは、国際社会の総意に基づいてなされるべきである。
3) 平和維持に関する安保理の補完的機能……スエズ危機に際して、最初のPKFの設置は総会の手によって行われた。
4) 安保理の政治的制御機能……これには、安保理の行動の前になされる予防的機能と、事後的になされるものがある。

　以上のような諸点を検討することによって、国連の機能を、現行国連憲章の下に、グローバル化した国際社会の真のニーズに適合させる方向を見出すことが、この研究の目的である。

第1章　国際連盟期における防止措置

序　問題の所在

　一般的に、国際連合（以下、国連）は国際連盟（以下、連盟）に比べて、持たざる牙を持ったとし、軍事的強制措置[1]の実効性強化に力点が置かれたと評価されている。すなわち、集団安全保障体制の発展を軍事的強制措置の強化と捉えることである。朝鮮戦争時に国連軍は、平和の破壊を認定し軍事的強制措置の実施に踏み切った。しかしながら、それは同時に国連が紛争の当事者と化した瞬間であった。その結果、朝鮮半島では38度線を境に休戦ラインが設けられ、現在も両者は対峙している。当然のことながら、国連は紛争の当事者となることによって、平和的解決への道を閉ざすこととなった。すなわち、国連が紛争当事者の間に入り、和平の仲介人としての役割を果たすことは不可能となったのである。とりわけ、集団安全保障体制において、軍事的強制措置がもたらす効果というのは負の側面が多く、朝鮮戦争と湾岸戦争の場合のように、希にしか執られてこなかった。これは、何も安全保障理事会の機能不全といった問題ではなく、軍事的強制措置のもたらす効果を国際社会が認識していたが故のことであると考えられる。すなわち、平和が現状の維持であるのに対して、安全はダイナミックな概念であり、これを確保

---

[1] 小論で用いる強制措置とは、非軍事並びに軍事の両者の強制措置を指し示す。とりわけ、説明が必要であると考える場合には、軍事的強制措置並びに非軍事的強制措置として、その具体的内容を明記することとする。

するには一時的な平和の攪乱が伴う[2]ことを国際社会は認識していたのである。故に、国連は一時的な平和の攪乱ではなく、平和の維持に邁進してきたのである。国連憲章(以下、憲章)では、第40条に防止措置[3]を規定しており、国連は平和維持活動として無数の紛争防止措置[4]と紛争予防措置[5]を展開してきている[6]。

上記のことを踏まえれば、集団安全保障体制が軍事的強制措置の実効性強化に力点を置いてきたものではないと考えられる。このような観点から、小論では集団安全保障体制における防止措置規定の形成過程を明らかにしていく。国内法では、当該行為が違法であるか合法であるかは、組織手続規範の適用によって決められる。すなわち、法治国家では適切なデュー・プロセス

---

[2] 筒井若水『国連体制と自衛権』東京大学出版会、1992年、72頁。

[3] 国連憲章第40条
事態の悪化を防ぐため、第39条の規定により勧告をし、又は措置を決定する前に、安全保障理事会は、必要又は望ましいと認める暫定措置に従うように関係当事者に要請することができる。この暫定措置は、関係当事者の権利、請求権又は地位を害するものではない。安全保障理事会は、関係当事者がこの暫定措置に従わなかったときは、そのことに妥当な考慮を払わなければならない。

[4] 小論で用いる紛争防止措置とは、現実に発生した武力紛争の拡大を防止する措置を指す。具体的には、係争地域における軍事監視団等の派遣措置を指し示す。

[5] 紛争予防は、国連などにおいて、長きにわたって予防外交の用語が用いられてきた。しかしながら、近年、予防外交はその手段の拡大を受けて紛争予防と呼ばれ、その主体は国連を中心としたものから地域的機関や市民社会へと広がりをみせているとされる(福島安紀子「予防外交に対する協調的安全保障アプローチ」木村汎(編)『国際危機学―危機管理と予防外交』世界思想社、2002年、105頁参照)。予防外交は、紛争の芽を発見し、情報を収集し、早期に解決することで武力紛争の発生を未然に防ごうとする外交であり、マケドニアへの国連予防展開軍(UNPREDEP)などの軍事展開も予防外交の一環に位置づけられる(吉川元「予防外交」国際法学会(編)『国際関係法辞典―第二版』三省堂、2005年、864頁)。この点に関して、B.G. Ramcharan, *The International Law and Practice of Early-Warning and Preventive Diplomacy: The Emerging Global Watch,* Martinus Nijhoff Publishers, 1991 並びに、B.G. Ramcharan (ed.), *Conflict Prevention in Practice-Essay in Honor of James Sutterlin*, Martinus Nihoff Publishers, 2005 も参照。

[6] 柘山尭司『PKO法理論序説』東信堂、1995年。高野雄一『全訂新版 国際法概論(下)』弘文堂、1986年、364-378頁。Christine Gray, *International Law and the Use of Force Second Edition,* Oxford University Press, 2004, pp.201-251. Philippe Sands and Klein Pierre, *Bowett's Law of International Institutions Fifth Edition,* Sweet&Maxwell, 2001, pp.50-55. Nigel D. White, *The United Nations System Toward International Justice,* Lynee Rienner Publishers, 2002, pp.161-165.

によって当該行為の違法性が定められる。しかしながら、統一政府を持たない国際社会では、こうした組織手続規範の欠如は免れない。そうした、組織規範の欠如をいかにして補うかという点で、集団安全保障体制は発展してきたといえるのでないであろうか。本章では組織規範の形成過程として、国際連盟規約（以下、連盟規約）[7]第11条の防止措置に焦点を当てて詳しく検討することにより、上記の論点を明らかにしていく。

連盟は、従前の個別安全保障体制からの脱却として、集団安全保障体制を導入したことから一定の評価が与えられている。一般的に連盟における安全保障体制は、その強制措置規定が着目される[8]。故に、連盟における集団安全保障体制の失敗は、強制措置の分権化に起因するものであるとされる[9]。すなわち、連盟は強制措置の組織化が不十分であったために、瓦解したと見なされているのである。それは、唯一の強制措置発動事例である、1935年の「イタリア・エチオピア紛争」への対処の失敗が証明していると考えられている[10]。また、憲章第40条に規定される事態の悪化を防ぐために、関係当事者に暫定措置を要請する防止措置の規定は、連盟規約においては存在しなかったともいわれる[11]。

こうした評価に対して、連盟においては、紛争防止措置が重要な規定として注目されることとなった旨の指摘も存在する。連盟規約第11条は、「戦争

---

7 連盟規約の公定訳は旧仮名遣いであるが、小論では便宜上、新仮名遣いにて表記することとする。但し、直接引用の箇所に関しては、旧仮名遣いにて表記させて頂くことを予め断らせて頂く。
8 例えば、高野雄一『集団安保と自衛権』東信堂、1999年、11-16頁。栗林忠男『現代国際法』慶応義塾出版会、1999年、501-506頁。杉原・水上・臼杵他（編）『現代国際法（第3版）』有斐閣、2003年、417-418頁。松井芳郎『国際法から世界を見る―市民のための国際法入門―第二版』東信堂、2004年、198-202頁。C. Van Vollenhoven (Translated by W. Horsfall Carter), *The Law of Peace,* Macmillan, 1936, pp.170-171; Ian Brownlie, *International Law and the Use of Force by States,* Oxford University Press, 1963, pp.55-59; J. L. Briely, "The Covenant and the Charter", *British Yearbook of International Law*, vol.23 (1946), pp.83-85. Stephen C Neff, "A Short History of International Law", Malcom D. Evans (ed.), *International Law*, Oxford University Press, 2003.
9 小寺・岩沢・森田（編）『講義国際法』有斐閣、2004年、443-444頁。
10 Antonio Cassese, *International Law,* Second Edition, Oxford University Press, 2005, pp.36-37.
11 森川幸一「暫定措置」国際法学会（編）『国際関係法辞典―第二版』三省堂、2005年、419頁。

又は戦争の脅威は、連盟国の何れかに直接の影響あると否とを問わず、総て連盟全体の利害関係事項たる」との規定をもって、集団安全保障体制の理念を示し、1925年の「ギリシャ・ブルガリア国境紛争」への対処を契機として、武力紛争に際してしばしば適用され、重要な規定となったとする指摘もある[12]。また、連盟におけるこれらの対処が、国連における平和維持活動の先駆であったとの指摘もなされている[13]。最近の研究としては、マックイーン (Norrie MacQueen) が平和維持活動の系譜として、国際連盟期の領域管理統治並びに住民投票実施型の平和維持活動を分析している。その分析を踏まえて、マックイーンは、平和維持活動は国連において発明され、第二次大戦後体制における産物であるとされてきたかもしれないが、国際連盟以来の組織的系譜があり、基本的機能は一貫して維持されてきているとの重要な指摘をしている[14]。

本章における国際連盟の防止措置についての検討は、以下のような現代的意義を含んでいると考えられる。国連における平和維持活動の成立に関して、一般的には、1956年のスエズ紛争並びに、1960年のコンゴ紛争などの事態に対処するために、緊急的処方として生み出されたとされる[15]。このような偶然の産物として捉えられる平和維持活動に関して、その理論的一貫性を構築するために、本章は多少なりとも貢献をなすものと考えられる。国連における平和維持活動では、冷戦期において内戦に対処した事例が存在したにもかかわらず、その教訓を冷戦終焉後に多発する内戦に対する平和維持活動に経験を十分に活かしきれていない現実が存在する[16]。こうした現実が示唆す

---

12 佐藤哲夫『国際組織法』有斐閣、2005年、55-57頁。
13 最上敏樹『国際機構論―第2版』東京大学出版会、2006年、83-84頁。
14 Norrie MacQueen, *Peacekeeping and the International System*, Routledge, 2006, pp.23-42.
15 例えば、佐藤哲夫『国際組織法』有斐閣、2005年、294-295頁。大沼保昭『国際法―はじめて学ぶ人のための』東信堂、2005年、547-549頁。
16 例えば、冷戦終焉後の大規模な平和維持活動として国連ソマリア活動 (UNOSOM) が挙げられる。当該任務については失敗した任務であるとされるが、UNOSOM の成功には (物理的に) より強力な介入が必要であったとされる (David D. Laitin, "Somalia: Intervention in Internal Conflict", William J. Lahneman (ed.), *Military Intervention-Case in Context for the Twenty-First Century*, Rowman & Littlefield Publishers, 2004, pp.41-42)。国連は冷戦期における国連コンゴ活動 (ONUC) において、すでにソマリアと同様の状況に対処しているのであり、法理論上も軍事戦略上も理論的な一貫性の欠如が窺える。

る問題は、理論的な不備による場当たり式の対処に還元される。これに対して、本章で指摘するように連盟の発足の当初から実施されていた防止措置の理論分析を積み重ねることは、平和維持活動の一般理論の構築に若干の貢献をなすものであると考えられる。

このような問題意識に関連する、国際政治学からのアプローチとして、以下のような指摘がある。山本吉宣は、制裁措置を中心とした安全保障を「集団安全保障」と定義した上で、武力衝突を未然に予防しようとすることを旨とする安全保障を、「協調的安全保障」として指摘している。国連は、集団的安全保障と協調的安全保障の二つの機能を持ったものであるとされる[17]。本章では、連盟における「協調的安全保障」の側面を理論化する前提として、連盟における「集団安全保障」に関する検討を試みるものである。同様にして、高坂正堯は連盟の紛争解決に関して、連盟理事会は紛争の解決に際して和解という手段を用いたのであり、強制によってその成功をもたらしたのではないと指摘している[18]。また、納家政嗣は、連盟における制裁措置の組織化の不十分さという評価に対して、批判的検討を加えた上で、紛争の平和的解決並びに平和維持に関しては肯定的な評価をしている[19]。本章では、こうした指摘の一端を国際法学の側面から分析することを試みるものである。

第1節　国際連盟における集団安全保障体制

1　序

本節では、具体的規定に即して、連盟における集団的措置の概観を示す。集団的措置に関して、国際組織による制裁としての強制措置と、武力紛争の

17　山本吉宣「協調的安全保障の可能性」『国際問題』第425号（1995年）、2-11頁。
18　高坂正堯「国際連盟と集団的安全保障」日本国際政治学会（編）『集団安全保障の研究』1959年、24頁。
19　納家政嗣『国際紛争と予防外交』有斐閣、2003年、12-13頁。

防止を目的とした防止措置が存する。しかしながら、一般的に連盟における安全保障体制は、その制裁措置規定が着目される[20]。そうしたことから、連盟における集団安全保障体制の失敗は、強制措置の分権化に起因するものであるとされる[21]。すなわち、連盟は強制措置の組織化が不十分であった為に、瓦解したと見なされているのである。それは、唯一の強制措置発動事例である、1935年の「イタリア・エチオピア紛争」への対処の失敗が証明していると考えられている[22]。

もちろん、集団安全保障の最終的担保として、国際機構による強制措置は必要不可欠である。しかしながら、連盟において、強制措置の発動がわずか一件に留まることから、強制措置を中心として集団安全保障体制が組織されたとは考えがたい。すなわち、本節の問題意識は、連盟における集団安全保障体制が、強制措置を中心に組織化されたものではなかったのではないかという点にある。そこで、本節では、連盟における強制措置を規定した連盟規約第10条並びに16条を検討する。以下で、両条項の起草過程並びにその解釈上の問題、実行例を検討し、本節での問題意識を明らかにしたい。

2 連盟規約第10条及び16条の頓挫

凄惨な第一次世界大戦の結果生まれた連盟は、戦争の予防を主たる使命としている。すなわち、前文にもあるように連盟は、「國際協力ヲ促進シ且各國間ノ平和安定ヲ完成セムカ為」設立されたのである[23]。連盟規約においては、集団安全保障体制の具体的規定として、連盟規約第10条並びに16条の規定が存在する[24]。しかしながら、連盟規約第10条はカナダなどの安全保障を実現するために自国が過重の負担を強いられることを危惧する国から提議

---

20 本章脚注8参照。
21 小寺・岩沢・森田（編）『講義国際法』有斐閣、2004年、443-444頁。
22 Antonio Cassese, *International Law Second Edition*, Oxford University Press, 2005, pp.36-37.
23 國際連盟事務局『聯盟政治の現勢』巌松堂書店、1931年、25頁。
24 連盟規約第16条を非連盟国（連盟の非加盟国）に対して適用する際の条件を定めた連盟規約第17条3項の規定も存在する。

がなされ、連盟規約第10条の義務を弱めようとする方向に向かった。その結果、成立わずか数年して、実効なき単なる道徳的な意義しか持たない規定となったのである。連盟規約第16条についても同様である。そもそも軍事制裁を義務的とするような意図は、第16条起草の際に想定されていたものでなかった。こうした軍事制裁の義務の適用について連盟国内から異論が生じた。その結果、第二回総会では、連盟規約第16条に関する指針が採択され、連盟規約第10条と同様に厳格な運用の緩和を行う方向での議論が進んだ。このようにして、連盟規約第10条並びに第16条は、「侵略の認定や強制措置の実施が連盟規約の運用の上において各連盟国の主権的判断に委ねられ、それをいかに実施するかは連盟各国の『誠意』の問題とせられた」[25]のである。連盟規約[26]第10条と第16条の規定は以下の通りである。

連盟規約第10条：「連盟国は、連盟各国の領土保全及び現在の政治的独立を尊重し、且つ外部の侵略に対して之を擁護することを約す。右侵略の場合又はその脅威若しくは危険ある場合に於いては、連盟理事会は本条の義務を履行すべき手段を具申すべし。」

連盟規約第16条
　1項：「第12条、第13条又は第15条による約束を無視して戦争に訴えた連盟国は、当然他のすべての連盟国に対し戦争行為を為したものとみなす。他のすべての連盟国は、これに対し直ちに一切の通商上又は金融上の関係を断絶し、自国民と違約国国民との間の一切の金融上、通商上又は個人的交通を防圧すべきことを約す。」
　2項：「連盟理事会は、前項の場合において連盟の約束擁護の為使用すべき兵力に対する連盟各国の陸海又は空軍の分担程度を関係各国政

25　高橋通敏『安全保障序説』有斐閣、1960年、48頁。
26　連盟規約の公定訳は旧仮名遣いであるが、小論では便宜上、新仮名遣いにて表記することとする。但し、直接引用の箇所等の必要に応じて、旧仮名遣いにて表記させて頂くことを予め断らせて頂く。

府に提案する義務があるものとす。」

3項：「連盟国は、本条により金融上及び経済上の措置を執る場合において、これに基づく損失及び不便を最小限度に止める為に相互に支持すべきこと、連盟の一国に対する違約国の特殊の措置を拒否する為に相互に支持すべきこと、並びに連盟の約束擁護の為に協力する連盟国軍隊の版図内通過に付き必要なる処置をとるべきことを約す。」

4項：「連盟の約束に違反した連盟国については、連盟理事会に代表される他の一切の連盟国代表の連盟理事会における一致の表決をもって、連盟よりこれを除名する旨を声明することを得る。」

(1) 連盟規約第10条
① 起草過程[27]

　連盟規約第10条は、①連盟各国の領土保全と現在の政治的独立の尊重、②外部の侵略に対して領土保全と政治的独立を擁護、③侵略又は侵略の脅威もしくは危険がある場合には、連盟理事会は本条の義務を履行することが規定されている。これは、連盟における安全保障に関する最も端的な表現である。

　この連盟規約第10条は、連盟規約の起草過程で領土保全を中心としたハウス大佐 (Colonel House) 案の第20条として登場する[28]。それがウィルソン

---

[27] 連盟規約の起草過程に関して、D.H. Miller, *The Drafting of The Covenant*, G.P.Putnam's Sons, 1928 に加えて、英国と連盟規約起草過程について George W. Egerton, *Great Britain and the Creation of the League of Nations-Strategy, Politics, and International Organization 1914-1919,* Scolar Press, 1979、米国と連盟規約起草過程について Steh P. Tillman, *Anglo-American Relations at the Paris Peace Conference of 1919*, Princeton University Press, 1961 を参照した。また、起草者の意思については、Lord Robert Cecil, *A Great Experiment*, Jonathan Cape, 1941 並びに、Charles Seymour, *The Intimate Papers of Colonel House-The Ending of the War,* Houghton Mifflin Comapany, 1928 も参考にした。連盟規約の起草方式について簡便に記したものとして以下を参照のこと。船尾章子「国際連盟構想の起源とその展開」桐山孝信・杉島正秋・船尾章子（編）『転換期国際法の構造と機能』国際書院、2000年並びに、草間秀三郎『ウッドロー・ウィルソンの研究―とくに国際連盟構想の発展を中心にして―』風間書房、1974年。

[28] D.H. Miller, *The Drafting of The Covenant*, vol.1, p.15.

(Thomas Woodrow Willson) の第一草案における第3条[29]として、引き継がれることとなる。ウィルソンは一時この条項をもって連盟規約中の最重要の規定と評したこともある[30]が、この条項がモンロー主義に反するとして国民より強い反発を受け、この条項は侵略に対する担保義務を定めたものではなく、道義上の義務を定めたものに過ぎないと説くに至った。また、ウィルソンの他にも、アメリカのタフト(William Howard Taft)、イギリスのボロックも連盟規約第10条が法律上の担保義務を定めたものではないと説くに至った[31]。

　起草過程において、当時ウィルソンの法律顧問であったミラー(David Hunter Miller) は、ウィルソンの第二回草案すなわち、パリ第一草案第3条に対して意見を付した。それは、第一文に存在する文言がモンロー主義に反するものであり、この文言は適当ではないとした。この規定の下では、アメリカ同様にイギリス、フランス、そして日本なども南米に介入する義務が存する。加えて、政治的独立並びに領土保全に関していえば、もし被保障国が独立並びに領土保全を侵害されたと主張したならば、それは保障国による戦争を惹起するものであるとした。故に、ミラーは人民自決原則に基づく領土の整理と賠償の項目を削除し、モンロー主義に関する項目を追加した[32]。

　ウィルソンの提案のような領土保全並びに外部からの侵略に対する保護は、1919年1月16日のセシル案を若干変更した、1月20日付イギリス草案の

29　Willson's First Draft
　　Article Ⅲ. The Contracting Powers unite in guaranteeing to each other political independence and territorial integrity; but it is understood between them that such territorial readjustments, if any, as may in the future become necessary by reason of changes in present racial conditions and aspirations or present social and political relationships, pursuant to the principle of self-determination, and also such territorial readjustments as may in the judgment of three fourths of the Delegates be demanded by the welfare and manifest interest of the people concerned, may be effected, if agreeable to those people; and that territorial changes may in equity involve material compensation. The Contracting Powers accept without reservation the principle that the peace of the world is superior in importance to every question of political jurisdiction or boundary (D.H. Miller, *The Drafting of The Covenant*, vol.2, p.12).
30　Henry C. Lodge, *The Senate and the League of Nations,* 1925, pp.182-185.
31　立作太郎『国際連盟規約(一)』日本評論社、1937年、45-46頁。
32　D.H. Miller, *op.cit.*, vol.2, pp.70-72. ミラーは、このコメントにおいてヨーロッパを意味する 'extrinsic powers' の文言を用いて、アメリカ大陸は外的勢力からの植民地化の対象となるものではないとの一文を追加する提案をしている。

第1章第1条2項並びに3項にも存在した[33]。それを基礎として立案されたものにセシル・ミラー案[34]が存する。その第3条は、外部侵略に対して領土保全並びに現在の政治的独立を連盟国は尊重し擁護すると規定している。その後、英国代表の法律顧問であるハーストとミラーが会合を開き米英折衷案を作成するに至った。そのハースト・ミラー案は連盟委員会[35]第一回会議の付属資料とされることとなった[36]。ハースト・ミラー案では、第7条がセシル・ミラー案の第3条に相当した。内容は平和的解決手続をとりうることができない場合には連盟による適当な勧告ができるとする手続規定が削除され、「締約国は、外部侵略に対してすべての連盟国の領土保全並びに現在の政治的独立を尊重し、擁護する事を約する」とする簡潔なものになった[37]。ウィルソンはセシル・ミラー案並びにハースト・ミラー案と自身の第3草案を折衷して第4草案を作成した。そこでの第3条はハースト・ミラー案の第7条をそのまま引き継いだものであった[38]。その後に、1919年2月6日の連盟委員会第4回会議において、ハースト・ミラー案の第7条に議論は集中し、結果的に第2文を加えて連盟規約第10条の原型が出来上がった[39]。委員会案は骨子を変更されることなく、起草委員会が連盟委員会の最後に提出した連盟規約第10条は現行規定と同様の文言となった。

---

[33] British Draft Convention, January 20, 1919, with Notes; D.H. Miller, *op.cit.*,vol.2, p.106; 泉哲「聯盟規約第十條及十一條に關する研究」京城帝国大学編『法学論纂』1932年、479頁。

[34] Cecil-Miller Draft, January 27, 1919; D.H. Miller, *op.cit.*, vol.2, pp.131-141

[35] 連盟委員会は以下の参加者により構成された。アメリカよりウィルソン大統領、ハウス大佐、イギリスからセシル卿 (Lord Robert Cecil)、スマッツ将軍 (Lieutenant General J.C. Smuts)、フランスからはブルジョア (Léon Bourgeois)、ラルノード (Larnaude)、イタリアからはオルランド (Orlando)、シアロヤ (Scialoja)、日本からは牧野伸顕、珍田捨己、ベルギーからはイマンス (Hymans)、ブラジルからはペソア (Epitacio Pessoa)、中国からは顧維均、ポルトガルからはレイス (Jayme Batalha Reis)、セルビアからはベスニッチ (Vesnitch) の15名が出席した (D.H. Miller, *op.cit.,* vol.2, pp.229-239)。

[36] D.H. Miller, *op.cit.*, vol.1, p.67.

[37] D.H. Miller, *op.cit.*, vol.2, p.233.

[38] *Ibid.*, p146.

[39] D.H. Miller, *op.cit.*, vol.1,pp.168-174.

② 解釈上の諸問題

　紆余曲折を経た制定上の経緯は存在するものの、文言上、第10条はウィルソンが当初意図したように担保義務を定めたものであると解釈されるものである。すなわち、これを文理解釈すれば侵略に対する集団的担保義務[40]を加盟国に課したものであるということができる。連盟規約第10条は、連盟国に対し相互に「領土保全と現在の政治的独立を尊重する義務」を課している。これをもってして侵略を禁止し、侵略なき状態を確保するとともに、侵略が発生したとき連盟国に対し一切の手段を尽し、必要とあれば武力をもってこれを排除する義務である保障義務又は担保義務を課すところのものである。もちろん外部の侵略に対する擁護という一般的な目的を義務とされているのであるから、他の平和的手段によって目的を達しうる場合は、それによるべきものと考えられる[41]。

　しかしながら、連盟規約第10条はその適用の範囲を巡って解釈上の様々な論争を呼ぶことになる。アメリカは、この連盟規約第10条の存在を理由として講和条約の批准を拒否した。カナダは留保を付けて講和条約を締結したものの、1920年の第1回連盟総会において連盟規約第10条の削除を提案した[42]。カナダ側の削除理由は、一般的な理由と特別的な理由の二点からなるものであった。まず、一般的理由に関していえば、連盟規約第10条は連盟各国に獲得の時期、方法を問わず連盟国の領土占有を担保する義務を負わ

---

[40] 侵略に対する担保義務であるとされるが、「侵略」の文言は連盟規約の全文を通して、第10条のみに用いられている。この点に関して、ケルゼン（Hans Kelsen）は連盟規約第16条の「戦争」と同義であるとしている。ケルゼンは、連盟規約第10条を他の条項と関連付けて解釈するならば、侵略の文言がすべての侵略を対象としているかは疑わしいとしている。しかしながら、この疑念が、他の条文において規定されていない侵略でさえも、連盟規約第10条においては禁止されているものとして、連盟規約第10条の侵略の文言を解釈しなければならないということを排除するものではないとしている。そこから、連盟規約第10条は侵略戦争に対する他のすべての加盟国の領土保全並びに政治的独立を保護するものであると解している（Hans, Kelsen, *Legal Technique in International Law-A Textual Critique of The League Covenant-*, Columbia Univercity Press, 1939, pp.66-70）。

[41] 小谷鶴二「國際連盟規約による干渉」『国際法外交雑誌』第36巻第1・2・3号別刷、57頁。

[42] *League of Nations Special Supplement the Records of the First Assembly*, Plenary, 1920, p.275.

されているのであって、それは1919年のパリ平和会議において確定された領土に留まるものではないことである。これはすなわち、平和会議に参加し諸条項の決定を行った主たる同盟国及び連合国にとっては、講和条約によって得た領土を担保する義務が当然に生じる。しかしながら、連合国の領土獲得が正当であったか否かを問わずに、正当なものであるとしてその領土を担保することは不当であって、領土担保の義務を以後加盟しようとする国に対して認めさせようとすることは不可能であるとするものである。さらに特別の理由として、五大国とは異なる地位にあって国力の発展を将来にわたって期待することのないカナダにとって、将来の領土獲得を予想し得ない状況にあって、他国の領土を担保する義務がある事は負担が大きく、得られる利益が少ないとするものである[43]。

連盟総会は、カナダの削除要求を連盟規約修正委員会に付託すると同時に法律委員会に当該要求を回付し、その解釈を求めた[44]。それによれば、カナダによる現状の領土保全を意味するとする連盟規約第10条の解釈に対して、以下のように答えている。連盟規約第10条は原則的な概念を示したものに過ぎないのであって、後に続く連盟規約第16条の規定に拠るものである。連盟規約第16条に基づく措置は通商並びに金融関係の断絶、自国民と侵略国の国民との交通の禁止である。しかしながら、軍事的行動に至ってはこれを行う必要はなく、唯領土擁護のために使用すべき兵力に関して連盟理事会が陸・海・空軍の分担割合を提案するが、各加盟国はこれを拒否することができる。すなわち、連盟規約第10条の領土擁護義務に関しては、諸連盟国は連盟規約第16条に定められた経済封鎖に加わる必要があるものの、兵力を用いた法律上の義務が発生することを認めてはいないとするものであった[45]。

この連盟規約第10条改正問題は第1回連盟総会からの懸案であったのだが、第4回総会において法律委員会は第10条に関する解釈決議を提案する。その

---

43 立作太郎『國際連盟規約論』國際連盟協会、1932年、144-145頁。
44 *League of Nations Special Supplement the Records of the Second Assembly*, Plenary, 1921, pp.136-137.
45 立作太郎、前掲書、146-147頁。

決議の内容は、理事会が侵略または侵略の脅威の結果として軍事的手段の使用を推薦する場合には連盟国の特殊の事情及び地理的位置を考慮すべく、また理事会の推薦はすべての連盟国により、最も重要視せられ、かつ考慮に加えられるべきであるけれども、連盟規約第10条の義務を履行するためにいかなる程度の兵力を使用すべきかは、各国の憲法上の決定によるべきであるとするものである[46]。これは、カナダの原案に従った解釈決議であった。しかしながら、第一委員会の提出した解釈決議に関して、ペルシャ代表は異議を唱える。ペルシャ代表の反対理由は以下の通りである。まず、もしカナダが提案する解釈が採択されたならば、他国からの侵略に対する連盟の加盟国の責任が狭められるという点である。これはペルシャがカナダとは異なり、周りを非加盟国に囲まれたアジアにあり、小国であったとしても、カナダと状況は異なっていることに起因するものであると述べている[47]。すなわち、他国からの侵略に対して加盟国の責任が弱められれば、行動を執ることができなくなり、ペルシャのような小国にとっては逆に不利であるとする見解であった。この決議は全会一致を必要とするものであったため[48]に、ペルシャの反対により否決され、総会は理事会に投票の結果を報告した[49]。

---

46 *League of Nations Special Supplement the Records of the Fourth Assembly,* 1st Comittee, 1923, pp.56-57.

47 *League of Nations Special Supplement the Records of the Fourth Assembly,* 1923, Plenary, p.81.

48 この点に関して、総会において投票される決議は大まかに8から9分類することができる。それは承認決議、指示決議、要求決議、連盟規約決議、立法決議、予算決議、手続事項関係決議そして連盟規約の公式修正要求決議である。手続事項に関するものについては、多数決による投票が採用されている。その手続規則に関して、理事会の非常任理事国の選挙、そして調査委員会の設置決定なども含まれると解釈された。加えて、司法裁判所による勧告的意見の諮問が明確にこの分類に含まれるものであると見なすことは、不合理であるとは思えない。それ故に、修正決議は連盟規約5条における決定と見なされるものではなく、全会一致は不必要である。こうしたことから総会の慣行によって、指示決議や要求決議そして承認決議は、速やかに多数決が要求されるのみの勧告に変えられることとなった。しかしながら、総会決議の二つの部分に関しては、全会一致規則による採択が続けられた。それは連盟規約決議そして立法決議である。前者の連盟規約決議は連盟規約条項の公式解釈決議を採択することである（Cromwell A. Riches, *The Unanimity Rule and The League of Nations,* The Johns Hopkins Press, 1933, pp.167-169）。

49 横田喜三郎「國際連盟第四年の成績」『国際法外交雑誌』第23巻第7号、1924年、38-39頁. *Legaue of Nations Special Supplement the Records of the Fourth Assembly,* Plenary, 1923, p.87.

この投票の結果に関して議長であったキューバ代表は以下のように述べている。当時のキューバ代表は「連盟規約の解釈決議は全会一致によってのみ採択されるべきであり、全会一致によって採択されなかった場合にはその提案が採択されたものと宣言することはできない」[50]と述べている。しかしながら、それに続いてキューバ代表は「同様の事例において慣行が生じており、それが一致する場合には、その動議を否決したと宣言するべきではない」[51]としている。その理由をキューバ代表は、すでに行われた投票に関して正反対の解釈を支持することになると述べている。すなわち、連盟規約の解釈に関しては例え否決されたとしても、慣行の一致がみられればそれを全く無視することは適切ではないとするものである。実際の慣行をみると、1923年までに連盟規約第10条を援用して紛争の解決に当たったものは、1920年5月19日にペルシャが請求したロシアとの紛争解決に関するもの[52]のみであった。さらにこの事件は、援用条文として第10条と11条を用いているため、第10条を単独で用いた事例は存在しない。

加えて、連盟規約第10条の削除要求に対する法律委員会の以下のような見解が存在する。それによれば、カナダによる削除要求の理由は、連盟規約第10条の義務の範囲を拡大し広く一般的範囲に広げたものである。連盟規約を純粋に解釈すれば、世界のいかなる部分における侵略の発生においても理事会による軍隊の配備に加盟国は拘束されると考えられる。しかしながら、そのような場合連盟規約は単に勧告する権限を理事会に与えているのみである。その勧告の性質は、政治的並びに地政学的状況によって加盟国に対して申し入れが行われるものである。当委員会が連盟規約第10条の削除ではなく保持に賛成するのは、領土保全並びに政治的独立の意味合いとしての侵略の排除という連盟の根幹となる原則を含んでいるからであるとしている[53]。

これらを鑑みれば、連盟規約第10条は文理解釈上、担保義務を定めたも

50　*Ibid.*, 1923, p.87.
51　*Ibid.*
52　当該事件に関しては、本章第3節1項を参照。
53　*League of Nations Special Supplement the Records of the Second Assembly,* Plenary, 1921, pp.693-694.

のであることは疑いないが、その担保義務の範囲はカナダの解釈決議案が示すように狭いものであったと解すのが妥当であると考えられる。それ故に、採択の後にキューバ代表は慣行との一致がみられる場合には、解釈決議は否決されたと宣言することは適当ではないとしたのである[54]。この採択に関しては、全会一致が要求される場合に全会一致が得られなければ、決定は行われなかったことになり、それは「勧告」の価値も持たないことから生ずる問題であったといえる[55]。そこにおける議長の発言は一種の政治的調整による解決が図られたものであると考えられる[56]。結果的に、連盟規約第10条は連盟で初めて取り入れられた集団安全保障の原則を示したものであると解釈されることとなったのである。

(2) 連盟規約第16条

連盟規約第16条は、連盟において初めて導入された集団安全保障体制における「制裁」[57]を定めた規定である。この条項は、主として連盟規約第12条、13条及び15条による約束を無視して戦争に訴えた連盟国に対する制裁につ

---

[54] この点に関して、上述した解釈決議の採択並びに立法決議に関する想定として、この場合の提案が総会の多数肯定投票を受け入れることが失敗であると宣言されていた。なぜなら全会一致達成の失敗は多数ではない（例外である）としていたからである。その失敗は二例存在し、一例は連盟規約第18条の解釈決議の採択であり、もう一例は第4回総会の連盟規約第10条解釈決議の採択である。連盟規約第10条の解釈決議の例では、投票に際し多数投票が行われたけれども決議の採択に失敗した。この投票では29カ国の賛成票、1カ国の反対票そして22カ国が投票に欠席した。その29カ国の賛成の中には理事会の常任理事国がすべて含まれていた。それ故に、キューバ代表は否決された (rejected) のではなく、採択されなかった (not adopted) と宣言した。(Cromwell A. Riches, *op.cit.*, pp.169-172).

[55] 藤田久一『国連法』東京大学出版会、1998年、38頁。

[56] スコット (James Brown Scott) は、法律委員会におけるギリシャ代表のポリティス (M. Politis) の発言を引用して、連盟規約第10条の解釈に関する提案の目的は、小国の懸念を緩和することと、小国の関心事を大国の連盟に持ち込むことができるという希望を小国に与えたことであると結論付けている (James Brown Scott, "Interpretation of Article X of the Covenant of the League of Nations", *American Journal of International Law*, vol.18 no.1 (1924), pp.112-113).

[57] 小論における制裁は、国際法上制度化された組織による制裁という観点から、小論で用いる強制措置と同義である。

いて規定したものである[58]。連盟規約第16条による制裁は第1項の経済制裁を中心とし、その他にも2項に規定されているように軍事的制裁が存在する。4項に規定されている除名による制裁は、他の制裁とは法的性格を異にしており、一般に連盟規約の約束違反に対して加えられるものである[59]。

① 起草過程

連盟規約第16条の起草過程[60]は以下の通りである。まず、連盟規約第16条の原型は1918年3月20日のフィリモア案の第2条に起草された。ここで英国のフィリモア委員会(Lord Phillimore's Committee)[61]は「制裁」に可能な限り重点が置かれることが望ましいと考え、軍事並びに非軍事の制裁措置規定を置いた[62]。この第2条は、より具体化されて米国のハウス案第14条並びに15条に登場する[63]。ここでは第14条において、国際裁判への紛争の付託の失敗や裁判所の決定の不履行や紛争の仲裁への付託の失敗は、締約国との通商並びに交通の権利を剥奪する旨が規定されている。また、続く第15条においては、もしいかなる国が紛争を国際裁判や仲裁に付託することなく戦争や敵対行為を開始させよ

---

58 この他に例外的には、連盟規約第17条4項が非連盟国に対する理事会による措置の勧告を規定しており、一定の条件の下で強制措置を勧告することが可能である。
59 立作太郎、前掲書、247頁。
60 本章脚注27参照。
61 正式名称は、「国際連盟委員会 (The Committee on the League of Nations)」である。
62 D.H. Miller, *op.cit.*, vol.1, pp.5-6.
63 D.H. Miller, *op.cit.*, vol.2, p.9.
Draft of Conel House, July 16, 1918
Article 14: Any Power which the Delegates determine shall have failed to submit to the International Court any dispute of which that Court has jurisdiction as of course, or failed or neglected to carry out any decision of that Court, or of a national court to which a dispute has been submitted by consent for decision, or failed to submit to arbitration any dispute pursuant to Article 13 hereof, or lose and be deprived of all rights of commerce and intercourse with Contracting Powers.

Article 15: If any Power shall declare war or begin hostilities before submitting a dispute with another Power as the case may be, either to the International Court or to Arbitrators, as herein provided, or shall declare war or begin hostilities in regard to any dispute which has been decided adversely to it by said Court or by Arbitrators or pursuant to Article 12 hereof, as the case may be, the Contracting Powers shall not only cease all commerce and intercourse with that Power as in Article 14 provided, but shall also arrange to blockade and close the frontiers of that power and intercourse with the world.

うとする場合には、第14条に基づく通商並びに交通の禁止に加えて、世界中の国（非連盟国）との国境の封鎖並びに通行の禁止そして封鎖の実施をすべきであるとしている。ハウス大佐の想定する制裁については、少なくとも文言上においては戦争を意味するものではなく、経済的な封鎖を意味するものだと見なされた[64]。このハウス案はウィルソン第一案の第6条及び7条に引き継がれる[65]。しかしながら、ウィルソン第一案はハウス案からの若干の変更がなされ、第7条の文末の部分に、「(世界各国との通商並びに交通の封鎖の)目的を達成するためにいかなる武力の使用 (to use any force) も認められる」の一文が付け加えられることとなった。ここでウィルソンが、ハウス案にあえてこの一文を追記したことは、軍事的制裁についてより明示的に言及するためであった[66]。加えて、第10条で非加盟国が加盟国に対して敵対行動をとった際には、他の加盟国が武力を団結すること (combining their armed forces) をもって敵対行動に対処することが明記された[67]。第一草案における第7条並びに10条の二つの規定から、ウィルソンは発足する安全保障機構について集団安全保障と個別安全保障の両者の機能を持つ安全保障機構を想定していたと考えられる[68]。

連盟規約の起草に当たってウィルソンに多大な影響を与えたとされる、英国のスマッツ案もウィルソン第一案と同様に、第19条において非軍事的並

---

[64] D.H. Miller, *op.cit*, vol.1, p.15.
[65] D.H. Miller, *The Drafting of The Covenant,* vol.2, pp.13-14.
[66] D.H. Miller, *op.cit.*, vol.1, p.16. ウィルソンによる軍事的制裁措置強化の方向性は、後のパリ講和会議（1919年5月31日）における少数民族問題に関して「我々は、結局のところ大国による陸軍力並びに海軍力が最終的に世界の平和を保障するであろうとの事実に目を閉ざしてはならない」として非軍事的制裁に続く軍事的制裁の必要性を訴えたことにも表れている (Salvador De Madariaga, *Disarmament,* Oxford University Press, 1929, pp.27-28）。
[67] D.H. Miller, *op.cit.*, vol.2, p.15.
[68] この点について、ミラーはウィルソン第一草案が対内的並びに対外的の両者において仲裁裁判を拒否し戦争を遂行するいかなる国家に対しても武力を結集することを規定していると記している (D.H. Miller, *op.cit.*, vol.1, p.17)。これは、現在の地域的安全保障機構が域内における集団的安全保障機能と域外に対する個別的安全保障機能の両者を有している（例えば、北大西洋条約機構は第1条において域内における集団的安全保障を規定し、第5条において個別的安全保障として集団的自衛権を規定している）ことからすれば、当然の提案である。これは、当時の米国がモンロー・ドクトリンを掲げ中南米への欧州諸国からの不干渉を主張し、干渉への対抗を企図していたことからも明らかである。

びに軍事的制裁の規定を起草していた[69]。スマッツ案は、ウィルソン第一案とは多少文言が異なり、制裁措置の内容、制裁参加の義務並びに、制裁後の連盟規約違反国の処遇の三項からなる制裁措置規定を起草した。このスマッツ案を受けて、ウィルソン案は変更されることとなった。ウィルソン第二案における第6条は、制裁について理事会が加盟国の有効な陸・海軍の貢献を加盟国に勧告し、小国に対しては特別の配慮をもってして提案を行う特権並びに義務があるとして、平和と安全の保障に関する理事会の役割が明確に表された。また第7条において、締約国が理事会による討議並びに仲裁に紛争を付託した他の締約国に対して、宣戦布告ないしは敵対行為を始めた場合、締約国はすべての経済断交のみならず、武力行使を行うことに拘束されるとの制裁参加への義務規定が設けられた[70]。また、ウィルソン第一案における個別的安全保障規定は第10条として明記され、第7条とほぼ同等の義務が規定された。

ウィルソン第二案における第6並びに7条は若干の文言の修正を経て、ウィルソンの第三案すなわち第二パリ案第6並びに7条に起草される[71]。同時に、セシル案においてもスマッツ案並びにウィルソン第二案の規定と同様の提案が、盛り込まれていた[72]。その後、セシル並びにミラーにより英米の折衷

69　D.H. Miller, *op.cit.*, vol.2, pp.55-57.
70　*Ibid.*, pp.79-82.

Willson's Second Draft

Article 6; Should any Contracting Power break or disregard its covenants under Article V, it shall thereby *ipso facto* become at war with all complete economic and financial boycott, including the severance of all trade or financial relations, the prohibition of all intercourse between their subjects and the subjects of the covenant-breaking State, and the prevention so far as possible, of all financial, commericial or personal intercourse between the subjects of the covenant-breaking State and the subjects of any other State, whether a member of the League of Nations or not.

It shall be the privilege and duty of Executive Council of the Body of Delegates in such a case to recommend what effective military or naval force the members of the League of Nations shall severlly contribute, and to advise, if it should think best, that the smaller members of the League be excused from making any contribution to the armed forces to be used against the covenant-braking State.

〈以下、省略〉

71　*Ibid.*, p.101.
72　*Ibid.*, p.63.

案が起草され、この際ウィルソン案における第7条が第6条に統合されることとなった[73]。ハースト並びにミラーによって若干の修正が行われ、連盟委員会の第一回委員会第一回会合議事録において第14条として提出されることとなる[74]。これらの若干の修正の間に、ウィルソンが当初意図したような、締約国に対する軍事的制裁への義務的参加は草案からは消えることとなり[75]、義務的な参加は非軍事的制裁に限られることとなった[76]。連盟規約委員会では連盟規約第16条に関する議論はほとんどなされず[77]、条文は起草されることとなる。

② 解釈上の諸問題

(a) 制裁参加への義務

上述したような起草過程を辿った連盟規約16条であったが、連盟の実行において連盟規約第10条同様に様々な解釈上の問題を引き起こすこととなる。以下で連盟規約第16条における、解釈上の諸問題について触れたい。

まず、第一回連盟総会において連盟規約第16条に関してデンマーク、ノルウェー、スウェーデンから修正要求が提出される[78]。それは連盟規約第16

73　*Ibid.*, p.137-138; D.H. Miller, *op.cit.*, vol.1, p.59.
74　*Ibid.*, pp.235-236.
75　制裁参加の義務規定は、ウィルソン第一草案並びに第二草案（パリ第一草案）においては"bind（拘束する）"の文言が用いられていたが、ウィルソン第三草案（パリ第二草案）では"engage（約束する）"となった。また、セシル並びにミラーの折衷案では、義務的な文言は削除された。
76　この点について、藤田久一は非軍事的制裁措置については義務的であり、起草者はこれを自動的に適用されるべきものと考えたが、第16条3項の規定からすれば軍事的制裁措置は補助的なものにすぎず、任意的なものと考えられたと評している（藤田久一、前掲書）。
77　第16条についてはほとんど議論がされなかったにもかかわらず、ミラーは制裁規定について拡大するよりも限定的なものに留めるべきとの見解を示し、いかなる場合においても理事会は措置の段階について勧告すべきことをハウス大佐に対して示唆していた（D.H. Miller, *op.cit.*, vol.1, pp.177-178）。現行連盟規約第16条においては、「いかなる場合においても」の文言は削除されることとなり、制裁措置の発動に関して理事会の統制は弱められることとなった。
78　*League of Nations Special Supplement the Records of the First Assembly*, 2nd Comittee, 1920, pp.331-332.

条の適用に際して、連盟規約を違反した国（制裁対象国）から申し出があれば理事会はこの加盟国に対して、通商の継続を許可できるものであるとする一文を加えたものであった。スウェーデン政府の主張によれば、有効な強制的措置を執ることは連盟規約第16条の最重要事項 (utmost importance) である。しかしながら、二次的重要事項 (secondary importance) として強国が小国の領域支配を目論んでいる場合、重要な経済的利益の保護に関して、完全な通商の制限の結果としてより危険にさらされるとしている。それ故に、経済封鎖に参加する加盟国の義務は選択可能なものにすべきであるとしている[79]。

(b) 適用に際しての事前措置

　制裁を課すに当たって連盟規約第16条は、制裁発動までの段階について明記していない。それ故に、第一回の連盟総会においてイタリア代表から、連盟規約第16条適用のための事前措置と称する報告書が提出される[80]。その報告書において、イタリア代表は連盟規約第16条の措置は集団的に同時に一連の措置がとられる必要があり、こうした措置実施のために連盟は有用な段階を踏む必要があるとしている。それ故に、連盟規約第16条の適用に際しては事前にとられる手段の事前考慮が必要であることは明らかであるとしている。こうした、連盟規約第16条適用の事前措置の必要性からイタリア代表は、制裁適用の問題を取り扱う「国際封鎖委員会 (international blockade commission)」が第一回総会の権限において開催されるべきであることを提案した[81]。これを受けて、事務総長は「国際封鎖委員会」開催に賛同するメモランダムを発した[82]。

　そこで、理事会のイタリア報告に基づき、総会は「国際封鎖委員会」を組織した。当該委員会の目的は、連盟規約第16条の解釈上の諸問題を解決すべく、連盟規約第16条の現実的解釈を行うものであった。この現実的解釈とは、現状では連盟は封鎖に参加するように加盟国に強要する手段を持たず、米国が

79　*Ibid.*, p.332.
80　*Ibid.*, pp.332-333.
81　*Ibid.*, pp.333-334.
82　*Ibid.*, pp.334-336.

連盟外に留まる限り封鎖措置の実効性を当てにすることはできない[83]ことを踏まえた解釈を行うものであった。この現実的解釈の要請は、上院の否決により米国の参加が阻まれたことを意味し、連盟が当初意図されたところとは異なってユニヴァーサルなものとはなり得なかったこと[84]を反映したものであった。

③ 「連盟規約第16条適用の方針」

「国際封鎖委員会」は、1921年8月22日から28日まで討議を行った。そこでは連盟規約第16条の一般的解釈を与えるものでなく、条項適用の際に執られる手続に関して一般的な勧告をなすべきことであるとしている[85]。委員会から提出された報告書は、連盟規約第16条に関する①適用条件、②制裁の決定者、③制裁の時期並びに実行者、④制裁の手段の四部門に関するものであった。それらは連盟総会の第三委員会によって検討され、連盟総会は以下の決議を採択した。

第16条1項の後段部分は以下の通り解釈する。「……即座に、一切の通商上の若しくは金融上の関係を断絶すべきであり、彼ら（連盟国）の領域に居住する人民と違約国の領域に居住する人民との交通を禁止する。連盟国であれ非連盟国であれ、いかなる他の国の領域内に居住する人民と違約国間の領域に居住する人々との金融、経済若しくは個人的交通を断絶する」[86]。

第16条2項に関して以下の通り修正する。「連盟規約違反の存否につき意見を出すのは理事会である。理事会においてこの問題の討議を行う際、戦争に対して訴えている国、これら行動（戦争）の対象連盟国の投票は投票数に数えない（括弧部分筆者）」[87]。

第16条3項に関しては以下のように修正する。「理事会は連盟国に対して、

---

[83] 藤田久一、前掲書、46-47頁。
[84] 高橋通敏『安全保障序説』有斐閣、1960年、46-47頁。
[85] *League of Nations Special Supplement the Records of the Second Assembly,* 1921, Plenary Meeting, p.165.
[86] *Ibid.,* p.812.
[87] *Ibid.,* p.806.

この条項における経済的圧力適用のための勧告に際して、その日程を通知する」[88]。

第16条4項として以下の項目を追加する。「にもかかわらず、特定連盟国の事例に関して、理事会は（措置の）延期が前項規定された措置の目的達成を促進するものであること、若しくは加盟国に対して引き起こされるであろう損害や不都合を最小限にするために必要であることを満たした際には、特定の期間それら（経済的圧力措置）の実施を延長することができる（括弧部分筆者）」[89]。

上記の四決議は1921年10月4日に総会によって採択された。それらは、4分の3多数決で可決されたものの、連盟規約の修正には全会一致による批准が必要なため[90]、即時成立とはならなかった。しかしながら、同日の午後、「経済的武器に関する総会決議」が採択されることになる[91]。これは不成立に終わった修正案が効力を生ずるまでの間、連盟規約第16条の適用方針（guidance）として、総会が理事会そして連盟国に向けてなす勧告とされた[92]。19項目の内主要な項目は以下の通りである[93]。

---

88 *Ibid.,* pp.806-807.
89 *Ibid.,* pp.807-808.
90 連盟規約は第26条で連盟規約の改正に関して規定しており連盟理事会及び連盟総会の加盟国の半数が批准した際に、その効力を生ずるとしている。しかしながら、改正を起草しかつ採択するのはどの機関かについて、1920年にすべての連盟国の代表者から構成される総会が改正を起草・採択すべきであるという原則が確立した。しかしながら、総会はそれを過半数（多数決）または全会一致のいずれによって採択すべきかに関しては見解が分かれた。それは総会と理事会のすべての議決に適用される一般的規則である全会一致を定めた連盟規約第5条が援用された。他方では、総会での改正の投票は議決（decision）ではなく加盟国の批准に従う単なる希望（voeu）であるから第5条には入らないとされた。この両見解の妥協のために、4分の3多数決が採用された（藤田久一、前掲書、26-27頁）。
91 Jean Ray, *Commentaire du Pacte de la Société des Nations selon la Politique et la Jurisprudence des Organes de la Société,* Recueil Sirey (Paris), 1930, pp.515-518.
92 この決議の正式名称は、「連盟規約第16条の適用における国際連盟加盟国並びに理事会に対する総会勧告の暫定方針規則 (Rules for guidance which the Assembly recommends, as a provisional measure, to the Council and to the Members of the League in connection with the application of Article 16)」である。
93 連盟規約第16条の方針が採択されるまでの一連の議論は、*League of Nations Special Supplement the Records of the Second Assembly,* Plenary Meeting, 1921, pp.808-814 を参照した。小論では、決議の原文は *League of Nations Official Journal Special Supplement No.6-Resolutions and Recommendations adopted by the Assembly during its Second Session-,* October 1921, pp.24-26 から抜粋した。

1項：総会によって採択された連盟規約第16条の修正提案そして決議は、修正が連盟規約の要求する形式によって効力を持たない限り、暫定規則として、総会による連盟規約第16条適用に関連する理事会そして連盟国に対する勧告は方針（guidance）としての役割を果たす。

3項：違約国の単独行動（unilateral action）は[94]、戦争状態を構成するものではない。それは単に他の連盟国に対して、戦争行為若しくは違約国との戦争状態を宣言する資格を与えるのみである。しかしながら、連盟規約の精神に従えば、少なくとも最初の内は経済的措置によって、戦争回避並びに平和の回復を試みるべきである。

4項：連盟規約違反に関与しているか否かを決定するのは各連盟国の義務である。

8項：理事会は連盟規約第16条に基づく経済制裁の発動開始に関して勧告をし、すべての連盟国に対してその日時を通告する。

10項：経済制裁の適用される個別事例においてとられる、経済的、通商的そして金融的な各種措置の詳細に関して事前決定することは不可能である。

14項：経済的措置適用を延長する際には、より厳格な措置を執ることができる。違約国の市民に対する食料供給の断絶は、もし他にとりうる手段が不適当であった際にのみ適用される極度に徹底した措置としてみなされる。

16項：人道的援助は継続されるべきである。

18項：特別事情における、経済的措置適用の支援に関して、以下の策を執りうる。：(a)違約国の海岸線の効果的封鎖の実施；(b)一部の連盟国に対して、封鎖任務執行を委託すること。

上記の決議は、まず連盟規約第16条の適用条件を著しく緩和したものであると解することができる。違約国の単独行動は連盟規約第16条の文言を用いたなら、「第12条、第13条又は第15条による約束を無視して戦争に訴

---

[94] 第12条の紛争の平和的解決及び、第15条の紛争の解決手続に違反して執られる単独行動を指す。

えた連盟国は、当然 (ipso facto) 他の総ての連盟国に対し戦争行為を為したるものとみなす（括弧内原文より引用）」とされる。これを鑑みれば連盟規約違反国による単独行動は当然に、連盟国に対する戦争行為と見なされ制裁の対象と考えられうる。

しかしながら、決議第3項は制裁の対象となりうる戦争状態と見なすものではなく、単に連盟国に対して戦争へ訴える権利を与えるものであるとしている。さらに、但書きとして連盟規約の精神から、当初は経済制裁によって戦争回避並びに平和の回復に努めるべきであるとしている。また、第10項においては経済的措置に関して段階的に行われるべきである旨が述べられている。これは、連盟規約第16条が段階的な経済的措置を重視したものであると解釈できる。それと同時に、連盟規約第16条が委員会で討議された適用条件確定の困難性故に、制裁までの手続を重視するものとなったことが極めて重要な点である。適用条件確定の困難性は、決議第4項において連盟規約違反国か否かの決定が、加盟国に任せられるとされたことに顕著に現れている。

制裁発動の要件となる違約国の判定が各国の判断に任せられることとなった以上、集団的措置の発動は困難なものとなった。しかしながら、それに加えて決議第18項は特別な事情がある場合において、海上封鎖をとりうるのであって、特別な事情がなければ海上封鎖がとられることはないと解することができる。故に、段階的にとるべきとされた経済制裁に関しても海上封鎖などの極端な措置をとる際には、特別な条件がなければならないとし[95]、連盟規約第16条の制裁の意味は弱められることとなったのである。

確かに、この決議は連盟国並びに理事会に対する勧告の形をとる方針

---

[95] 加えて、制裁の延期に関しても厳格な要件が課されていたとされる。ヴィナック (Harold M. Vinacke) によれば、「（連盟規約第16条に関して）すべての国家は経済制裁と同様に適用すべきであるとする一方、勧告の形で理事会は特定国家に対して特別措置の実施（海上封鎖など）を提案することができ、加えて特定国家の経済制裁に関して延期の提案を行うことができる。しかしながら、後者（制裁の延期）は共同行動の継続が望ましく、加えて制裁適用による特定加盟国の人的・経済的損失を最小限にすることが期待されない限りは提案されるべきではない」としている (Harold M. Vinacke, *International Organization*, F.S. Crofts & Co., 1934, p.341)。

(guidance) に過ぎないのであって、法的拘束力を有するものではない[96]。しかしながら、実際問題としては連盟国のほとんど全会一致によって公然と否認された連盟規約第16条が、連盟国に対していかなる精神的権威を持ちうるか[97]ということに対する答えは、想像するに難くないものであろう。

こうして、集団安全保障体制における核であるとされた制裁規定を定めた連盟規約第16条は、加盟国の全会一致によっていわゆる「連盟規約第16条適用の方針」が採択されたことによって、その義務を弱められることとなったのである。

(3) 連盟規約第16条適用事例──イタリア・エチオピア（アビシニア）紛争

連盟国によって連盟規約第16条の義務は弱められることとなったのであるが、1934年に生じたイタリアとエチオピア間における国境紛争において、最初で最後の適用がなされることとなる[98]。ここでは、連盟規約第16条の適用のみに焦点を当てて[99]、イタリア・エチオピア紛争に適用された対伊制裁の性格を以下で分析する。分析の焦点は、連盟国が制裁措置参加へ積極的な参加を行ったか否かにある。唯一の適用事例において、制裁措置が積極的に

---

[96] 立作太郎はこの点を捉えて「連盟規約第16条適用の方針」の意義を、「理論の上にては、決議中、改正の提議なるものは、其の未だ改正の手続を完了せざる間は、現在の規約本文の解釈又は其の補完たるものに比すれば、一層実際の適用上の参考とするの価値が劣るものと見ねばならぬ。…（中略）…所謂指針（方針）は、之を軽き意義に解し、実際の適用の参考用足るものと解すべきである（括弧内筆者）」（立作太郎『國際連盟規約論』國際連盟協会、1932年、255-256頁）としている。しかしながら、立がこの方針案が連盟総会において投票に付された際に一国の反対も得ずに採択された事実を鑑みても、軽い意味に解釈すべきであると述べているのかは、採択時の状況に関して触れていないため明らかではない。

[97] 田岡良一「連盟規約第十六条の歴史と国際連合の将来」『恒藤博士還暦記念──法理学及国際法論集』有斐閣、1949年、316頁。

[98] 当該事例以外にも、1931年の満州事変並びに1934年のボリヴィア・パラグアイ紛争（チャコ紛争）において規約第16条の適用が検討された。しかしながら、いずれの場合においても連盟規約第11条による解決が試みられた上で、連盟規約第15条9項の手続によって総会に当該問題を委託し、勧告により当該問題を審議する委員会が作成された。ボリヴィア・パラグアイ紛争については以下を参照。波多野里望「チャコ事件」波多野・筒井・加藤（編）『国際判例研究　領土・国境紛争』東京大学出版会、1979年、184-192頁。

[99] 本事件は連盟規約第16条の適用以前に、連盟規約第11条並びに連盟規約第15条を用いての紛争処理を試みている。

執られたならば、連盟における集団安全保障体制は制裁強化の方向に最終的に向かうことになったと評す必要があることから、連盟規約第16条の適用に関して以下で分析を行う。以下での分析は、イタリア・エチオピア紛争の発端となったワルワルにおける武力紛争の鎮圧に関するものではなく、国境紛争事件が解決した後のエチオピアにおける特殊権益を求めたイタリアの行動に対する、連盟並びに加盟国の行動に焦点を当てて分析を試みる。

① 事 実[100]

1934年11月、エチオピア領内ワルワル (WalWal)[101]においてエチオピア軍とイタリア軍の衝突が発生した。紛争の発端は国境事件であった[102]。イタリア現地軍は、辺境地帯であったワルワルを1930年以来事実上占拠していた[103]。イタリア人による支配はエチオピア政府に公式的には認識されていなかったが、ワルワル事件が生じるまで政府からのいかなる抗議も存在しなかった[104]。

---

100 事実関係は、高橋通敏、前掲書、99-100頁、Maurice Fanshawe, *What the League Has Done 1920-1938*, Pelican Press,1938, pp.18-22. David W. Wainhouse, *International Peace Observation-A History and Forcast-,* The Johns Hopkins Press, 1966, pp.68-70. F.P. Walters. *A History of the League of Nations,* vol.2, Oxford University Press, 1952, pp.623-691 を参照した。また、このアビシニア危機に関する史的考察は、以下が緻密かつ詳細である。長尾雄一郎『英国内外政と国際連盟―アビシニア危機―九三五〜三十六年―』信山社、1996年。

101 ワルワルはエチオピアの南東部のオガデン地方 (Ogaden) に位置していた。この一帯は1930年代に入ってもなお、無境界地帯であって隣接する英領ソマリーランド、伊領ソマリーランドとの間に国境線が画定されていなかった。

102 この国境紛争の背景には、当時のイタリアの英国並びにフランスに対する不満が存在した。1915年当時、三国同盟の一員であったイタリアは第一次世界大戦への参入を躊躇していたが、後に連合国として参戦した。この際、ウィルソンの提言に基づいてドイツが保持していたアフリカ植民地は英国並びにフランスが領域統治者となる委任統治とされたが、イタリアに対してはドイツの旧植民地に対する領域統治者としての保証はなされなかった。こうしたイタリア排除の体制に加えて、アフリカ南部に存在したイタリア植民地は資源に恵まれてはいなかった。一方、イタリア植民地のエリトリアとソマリラントの間に存在したエチオピアは豊富な資源を有していた。そこで1933年、首相ムッソリーニは、エチオピアへの侵略戦争の準備を開始したのである (David W. Wainhouse, *op.cit.*, pp.68-69.)。

103 Arnold J. Toynbee, *Survey of International Affairs 1935, vol.II-Abyssinia and Italy*, Oxford University Press, p.134.

104 "Decision of the Italo-Ethiopian Commisiion of Conciliation and Arbitration" dated the September 3, 1935 (*League of Nations Official Journal,* November 1935, pp.1351-1355).

第1章　国際連盟期における防止措置　35

　エチオピアと英領ソマリーランド[105]との国境画定のための英国・エチオピア混合委員会が、エチオピアの護衛隊と共に、1934年11月23日にワルワルに到着したところ、事実上占拠していたイタリア現地軍と合流した。混合委員会は後退したもののエチオピア護衛軍はその位置に留まり、12月5日双方の間に銃火が開かれるに至った。戦火において、数百人のエチオピア人と30人のイタリア現地軍が死亡した。双方ともワルワルが自国領であって、相手方が先に攻撃を加えてきたことを主張した。

　そこで、エチオピア政府は、12月9日に1928年の両国間の友好調停及び仲裁裁判条約に従い、紛争を仲裁裁判に付託することをイタリアに申し出た[106]が、イタリア政府はワルワル事件の真相は明らかであって調停並びに裁判に付託するものではないとして応諾しなかった[107]。一方で、イタリア政府は公式謝罪と補償をエチオピアに対して要求していた[108]。その後、イタリア政府及びエチオピア政府はそれぞれが連盟事務総長に対して、自国の立場を説明する電報を送り続けた。加えて、相互に外交交渉も進めた。エチオピアは、もし仲裁の結果によってワルワル事件の責任があるとされた場合、イタリア政府の要求に答えるとしたが、相互の責任に関して審査が行われる以前に要求に対して、同意することはできないとした[109]。エチオピアは、12月末まで理事会に対して問題を付託することを控えていたのであるが、様々な外交手段を尽くした上で事態改善の兆しがみえないために、1935年1月3日、エチオピアは事件を連盟規約第11条に基づいて連盟理事会に付託した[110]。

105　本章脚注101参照。
106　*League of Nations Official Journal*, February 1935, p.272.
107　*Ibid.*, pp.273-274.
108　*Ibid.*, pp.272-273.
109　*League of Nations Official Journal*, June 1935, p.727.
110　高橋通敏は、自著の中でエチオピアが12月14日に連盟規約第11条に基づいて提訴したとしているが、こうした記録は残っていない。おそらく、連盟に対してエチオピアの事件に対する見解を送達した日付と混同しているものと思われる（高橋通敏、前掲書、99頁）。加えて、藤田久一も自著の中で、1934年12月ワルワル事件以来一連の事件に対して、エチオピアは連盟規約第11条の適用を要求したと著している（藤田久一、前掲書、67頁）。しかしながら、厳密にいうなればこのときのエチオピアの提訴は、イタリア軍がエチオピアの護衛隊へ行った1934年12月28日の攻撃行為に対して、平和を維持するためのすべての効果的な措置をとることを理事会に対して要求したものであって、一連の事件に関して連盟規約第11条の適用を要求したものではない。実際の提訴は、*League of Nations Official Journal*, February 1935, p.252 を参照のこと。

しかしながら、イギリス並びにフランスが連盟で、この問題を取り上げることに消極的であった為、1月11日にエチオピアは当該紛争を理事会の議題から取り下げることを認めた[111]。そこで、問題解決は当事者交渉に任されることとなった。その間、2月11日にイタリアは、予備兵を招集し、戦闘体制を構築していった。これに対して、脅威を感じたエチオピアは1935年3月17日、事務総長に対してイタリアとの紛争に関して理事会において取り上げるように2回目の要請を行い、連盟規約第15条に基づく理事会の介入を要請した。このとき、エチオピアは、イタリアの戦争体制構築が連盟規約第10条において規定された、加盟国の領土保全並びに政治的独立を脅かすものであり、連盟規約第15条に基づいて、1928年の仲裁条約の履行を強制させるすべての調査並びに考慮を求めた[112]。しかし、ここにおいてもイギリス並びにフランスの消極的態度によって、連盟によるワルワルで発生した武力紛争問題の審議は5月まで延期されることとなった。

　その間、4月には両国間で紛争を仲裁に付託するための話合いを行ったが、付託条件と仲裁人の指名に関して了解を得ることができずに頓挫することになった[113]。そこで、エチオピアは5月11日再度、連盟規約第15条に基づいてエチオピアの領土保全並びに政治的独立維持のための措置を執るように理事会に対して要請した。理事会は5月20日、第48会期理事会を開催し、連盟規約第15条に基づいて当該問題を審査することを決定した[114]。そこで、8月25日までに、両国政府が仲裁裁判の開始合意に達することを要求する決議を採択した。このため、8月19日より仲裁裁判が開始され、9月3日に判決が下された。

　しかしながら、その内容はエチオピアが要求した国境画定に関する条約の審理などには全く触れておらず、妥協的な判決であった。判決は、ワルワル事件発生については、イタリア・エチオピアいずれの国家にも責任は生じな

111　Arnold J. Toynbee, *op.cit.*, pp.138-139.
112　*League of Nations Official Journal,* May 1935, p.572.
113　Arnold J. Toynbee, *op.cit.*, p.163.
114　*Ibid.,* p.152.

い、またその後に生じた武力紛争は小規模のもので、国際責任を生じさせるものではないとした[115]。

② 理事会による措置

理事会は、エチオピアの要求に基づいて、はじめに連盟規約第11条に基づく解決を試み、続いてエチオピアの要求によって、連盟規約第15条による処理を試みた。そこで、ワルワルにおける武力衝突を発端とする一連の事件は、上述したように仲裁裁判によって解決されることとなった。

しかしながら、エチオピアでの特殊権益の保護を画策していたイタリアは1935年9月4日より開催された理事会において、エチオピアの条約違反などを訴える。1935年9月6日、理事会は英、仏、ポーランド、スペイン、トルコの五カ国からなる委員会をつくり、これにイタリア・エチオピア関係を調査して紛争の解決を立案する任務を託した。

この五国委員会は、エチオピアにおけるイタリアの特殊権益を認め、前者の独立と領土保全を尊重しつつ、後者の利益のために多大の譲歩を要求する解決案[116]を作成したが、この案をイタリア政府はイタリアの国益そして権利が考慮に入れられていないとして拒否した。理事会は調停活動に失敗したことを受けて、連盟規約第15条4項に基づく紛争解決への勧告を含んだ事実報告書の作成段階に移った。しかしながら、その手続最中である10月3日にデ・ボーノ将軍は戦闘開始を宣言して、兵をエチオピア領内に進めた。その口実は、9月28日にエチオピアがイタリア軍の増強に対して出した動員令が、イタリアに対して戦争挑発を構成するとのことであった。

---

115 *League of Nations Official Journal,* August 1935, p.968.
116 解決案は以下の通りであった。①軍隊並びに警察に属さない人民による武力行使を規制、ヨーロッパ人の居住する市の中心への警察活動、農耕地帯における安全の保証そして国境地区における秩序の維持そして奴隷抑圧に対して責任を有する警察並びに軍隊を創設すること、②エチオピアにおける経済発展促進補助、③国家予算策定に関するそして税金の算定並びに徴収に関する助言をすること、④司法、教育そして公衆衛生の実施そして組織再建に関して助言すること。エチオピア皇帝によって承認を受け、連盟理事会によって指名された最高顧問 (the principal advisers) を、それら公職の長とする (League of Nations , "Counicil Report on the Dispute Between Italy and Ethiopia", *Monthly Summary,* Annex-1, October 1935).

理事会は、10月7日の会議において、イタリアが連盟規約第12条及び15条に違反して、戦争を開始したことを認める決議を採択した。このときイタリアは反対を表明したが、当事者の評決は反対票として認められず、決議は成立することになった。こうした事から、理事会によって連盟規約違反による戦争行為が認められるに当たって、連盟規約第16条に基づく措置の前段階は完了した事となる。

③ 連盟総会による措置

理事会は発動の前段階の準備を整え、当該問題に対する連盟総会の協力を求めることとした。連盟総会は、10月9日に連盟規約第16条適用の賛否を、各連盟国に表明させた。そこで、オーストリア、ハンガリー、アルバニア、ヴェネズエラの四カ国は公然と反対の意を表明した。その理由は様々であったが、各国がイタリアと隣接していること並びに、経済的断絶は自国経済及び金融に壊滅的な打撃を与えることが主たる要因であった。

10月10日、総会において当事国であるイタリア、エチオピアを除く全連盟国の代表によって委員会を組織し、制裁措置の手段に関しての決定を行うことを要望する決議が可決された。この決議に基づいて作られた委員会は、「調整委員会 (co-ordination committee)」とよばれ、その下に18カ国からなる小委員会が設けられて、これが実際に対イタリア制裁の方針を決定することとなった。

18カ国の決定は5項目に分かれ、すべて連盟国に対する提案の形がとられた。その内容を以下で簡単に示す[117]。

　　第一提案：イタリアへの武器、弾薬、軍用機材の輸出禁止に関するもの[118]。
　　第二提案：金融上の措置に関するもの。イタリア政府への借款及びイタリ

---

[117] 制裁措置の準備委員会は1935年11月11日から19日にかけて開催された。そこでの提案など一連の議論に関しては、*League of Nations Official Journal Special Supplement*, No.145, pp.14-27 を参照した。

[118] "Export of Arms, Ammunition, and Implements of War" adopted by the Co-ordination Committee on 11 October 1935.; *Ibid.*, pp.14-15.

ア公債への応募の一切の禁止[119]。
第三提案：イタリアから輸出される製品の不買に関するもの[120]。
第四提案：連盟国がイタリアに向けて供給する物資の制限に関するもの[121]。
第五提案：上記の四提案の実施から生ずる各国の損害を軽減するための連盟国間の協力に関するもの[122]。

④ 措置の実施

　措置の実施が加盟国の任意とされることは、「連盟規約第16条適用の方針」において明示されていた。しかし、実際には連盟国はいかなる措置を講じたのであろうか。上述した五つの提案は、調整委員会に提出されて可決された後、連盟事務総長から各連盟国政府に通達され、各連盟国政府は、提案を受け入れるか否か、及び提案を受け入れた際にはその実施を報告することを要求された。

　連盟国による報告は、第一提案に関して提案受諾の回答並びに、実施の報告が51カ国であった。第二提案に関しては提案への回答は51カ国、実施の報告は49カ国であった。第三提案は51カ国の受諾回答があり、実施の報告は43カ国であった。第四提案への回答は51カ国によってなされ、44カ国が実施を報告した。第五提案は41カ国の受諾が報告された[123]。こうしたことから、委員会の提案を受諾するか否かについて、加えてそれを実行するか否かという点に関して連盟国の意思に一任されていたのである。実際には、一

119　"Financial Measures" adopted by the Co-ordination Committee on 14 October 1935.; *Ibid.*, pp.16-18.
120　"Prohibition of Importation of Italian Goods" adopted by the Co-ordination Committee on 19 October 1935; *Ibid.*, pp.20-21.
121　"Embargo on Certain Exports to Italy" adopted by the Co-ordination Committee on 19 October 1935; *Ibid.*, pp.24-25.
122　"Organization of Mutual Support" adopted by the Co-ordination Committee on 19 October 1935; *Ibid.*, pp.25-26.
123　Quincy Wright, "The Test of Aggression in the Italo-Ethiopian War", *American Journal of International Law,* vol.30 no.1 (1936), pp.47-48. League of Nations, "Co-Ordination Committee", *American Journal of International Law,* vol.30 no.1, Supplement: Official Documents. (1936), pp.52-55. Maurice Fanshawe, *op.cit.*, p.20.

旦は実行の開始を報告したものの、後に措置を取りやめる国も少なくなかった[124]のである。

結果として、イタリアに対する制裁措置は、イタリアの軍事行動を阻止するには至らず、伊領エリトリアとソマリーランドから侵攻したイタリア軍は、1936年5月にエチオピア首都のアジス・アベバを占領し、ハイレ・セラシェ皇帝は海外に亡命することとなったのである。その後、1936年6月26日の連盟理事会は、イタリアに対する経済的措置の放棄を連盟総会で審議することとした。また、総会は6月30日の会議でこれを承認するに至った。こうして、イタリアに対する制裁措置は、1936年7月15日を以って正式に終了されることとなるのである。

⑤ 制裁措置とその評価

(a) 制裁措置の法構造

上述してきたようなイタリア・エチオピア紛争に関して実際に制裁措置が発動されたか否かに関して法的観点から若干の考察を行いたい。連盟規約に基づいた手続が執られていないとすれば、連盟規約第16条の発動事例であるとすることは不可能であって、その法的評価は定まらない[125]。

まず、連盟規約第16条の適用に際して、第12条、13条並びに15条との比較において、連盟規約第12条に規定された「国交断絶に至る虞のある紛争」の存在が前提となる。連盟は、この国交断絶に至る虞のある紛争か否かを判断するにあたって様々な手続きを用いた[126]。その結果、この「国交断絶に至

---

124 田岡良一、前掲論文、330頁。
125 ここでの法的評価を巡って、1928年に締結された「戦争放棄に関する条約」いわゆる「不戦条約」違反であるか否かについても検討する余地があるが、差し当たり以下を参照。広瀬善男『力の行使と国際法』信山社、1989年、79-92頁。広瀬の分析によれば、不戦条約は連盟規約第15条第6項並びに7項に基づいて間接的に認められる例外的な武力行使をも制限するものであると理解される。よって、以下で展開される法的評価は、当時の武力行使規制における最大公約数に基づく（不戦条約の留保としての自衛権に基づく）ものである。
126 具体的には連盟規約第11条並びに15条の適用であって、この手続の重要性に関しても検討する必要がある。

る虞のある紛争」は前述した仲裁裁判において解決がなされた。そこで、ここでの焦点はワルワル紛争が解決された後において、イタリアがエチオピアにおける既得権益を求めて、侵略行為をなしたことに対して連盟規約第16条が適用されたか否かという点である。

すなわち、ここではイタリアのエチオピアに対する侵略行為が、連盟規約第16条発動の要件を満たしていたか否かという点が問題となる。発動の要件に関して、連盟規約第16条1項は連盟規約第12条、13条又は15条に拠る約束を無視して戦争に訴えた連盟国を全ての連盟国に対して戦争行為を為したものとして見做すと規定している。そこで、以下ではイタリアが、①連盟規約第12条、13条又は15条に拠る約束を無視したか否か、②戦争に訴えた連盟国であったか否かという二点を検証し、連盟規約第16条が発動する要件を満たしていたか否かについて検討する。

まず、第一の点である連盟規約第12条などの諸条項を無視したか否かについて[127]は、明確である。イタリアとエチオピアによる第一段階目の紛争であるワルワルにおける武力紛争に関しては、仲裁裁判によって解決されるに至った。しかしながら、イタリアが仲裁裁判での解決を合意してその判決（1935年9月3日）後3カ月も経たない10月3日にイタリアがボーノ将軍を主導として軍事行動を起こした第二段階目の紛争は、連盟規約第12条1項後段「……仲裁裁判官の判決若しくは司法裁判の判決後又は連盟理事会の報告後三ヶ月を経過する迄、如何なる場合においても、戦争に訴えないことを約する」とする、いわゆる「戦争モラトリアム」[128]の規定に違反するものである。

---

127 英文では、"Should any Member of the League resort to war in disregard of its covenants under Articles 12, 13, or 15,……" と規定されており、連盟規約第12条そして13条ないしは15条を無視して戦争に訴えたものではなくとも、連盟規約第12条、13条、15条のいずれかを無視して戦争に訴えた場合に連盟規約第16条の発動要件が整うと考えられる。

128 戦争に訴える自由を一定期間停止することを義務付けるものである。国際連盟においては、連盟規約において国交断絶に至るおそれのある紛争については、国際裁判または連盟理事会に付託することを義務付け、国際裁判の判決または理事会の報告の後、3カ月を経るまでは判決または理事会の全会一致による報告書に従う連盟国に対しては戦争に訴えることを禁止した（柳原正治「戦争の違法化」国際法学会（編）『国際関係法辞典―第二版』三省堂、2005年、546-547頁）。

このような、連盟規約違反行為に対してイタリアも認識していたと考えられる。それは、イタリアが当該軍事行動を自衛行動であるとして正当化を試みたという点である[129]。すなわち、イタリアは、9月28日にエチオピアのセラシュ皇帝が出した総動員令を、イタリアに対する攻撃の意図を明確にしたものと見なして、これに対する自衛行動を執ったとしている[130]。このように、一方的武力行使を自衛行動とする正当化は満州事変において、日本が行った主張と同様のものである[131]。

この点に関して、エチオピアが総動員令を発布したことが、イタリアの自衛権発動要件となりうるか否かという点が問題となる。エチオピアの皇帝による総動員の発令は、国際法上の違反行為と見なされるものではない。故に、イタリアがここで正当化の根拠とした自衛とは、当時の国際慣習法上の自衛権に他ならない[132]。すなわち、緊急避難的に相手に対して自衛権を発動したものとして、イタリアは正当化を試みたと考えられる。しかしながら、そうした場合、カロライン号の先例から導かれる、当時の国際慣習法上の自衛権の要件を満たさなければならない。その要件は、差し迫って圧倒的な自衛の必要（necessity of self-defence, instant, overhelming）があり、手段選択の余地がなく、熟考の時間もなかったこと並びに自衛によって正当化される行為は、必要性（necessity）によって限界付けられその範囲内でなければならないのである[133]。しかしながら、当時は仲裁裁判によって軽微な紛争は解決の方向へ

129 　注125でも述べたように、ここでは不戦条約違反に関しての法的検討は除外する。ここでは、不戦条約に対する留保としての自衛権として、イタリアの自衛行動が正当化されるうるものか否かについて論ずる。

130 　Arnold J. Toynbee, *op.cit.*, pp.199-202.

131 　満州事変の事例に関しては、小論の検討の対象外であるが、イタリアのエチオピア侵略における自衛権に基づく正当化根拠は、満州事変の日本の主張した根拠より薄弱なものであったという点のみをここでは付言しておく。

132 　イタリアの主張からは、エチオピアの違法行為が当該自衛行動の根拠であるとの主旨は汲み取ることができない。イタリアは攻撃の意図を明確に示したものとしてこれに対する自衛行動をとったとしており、差し迫った自衛の必要性に訴えようとしたものと捉えられる。

133 　大沼保昭（編）『資料で読み解く国際法 第二版－下』東信堂、2002年、7頁。国際連盟における自衛権行使においても、カロライン号事件で提示されたウェブスター・フォーミュラが適用されるとの指摘は以下を参照。根本和幸「国際法上の自衛権における必要性・均衡性原則の意義（2・完）」『上智法学論集』第50巻2号（2006年）、32-35頁。

と向かっていたのであり、差し迫って圧倒的な自衛の必要性は存在しなかった。当然、総動員令の発令が、差し迫って圧倒的な自衛の必要性を構成するものではない。加えて、手段選択の余地は十分にあった。それは、理事会がエチオピアとイタリアに対する勧告案を作成中であったことからも、平和的解決の十分な時間があったことは明らかである。最後に、エチオピアの首都を占領する行為はたとえ差し迫った脅威が存在したとしても、必要性によって限界付けられる範囲を超えている。以上から、イタリアの一方的行為は自衛権の発動とは認められうるものではない。

　加えて、当時、各国は不戦条約締結に際して交換公文の形で留保を付していた。その留保の一つとして、「自衛」のための武力行使が挙げられていた。この「自衛」の性格に関して、各国の解釈公文から導き出されるのは、「外国から武力による攻撃や侵入を受けた国が、これを反撃するために武力を行使する権利」であるとされる[134]。ここで重要な点は、武力による攻撃や侵入を受けた国を対象としている点である。すなわち、不戦条約の締結国が付した留保は、自衛行為を武力による攻撃や侵入を受けた国に限定するものである。故に、相手国に国際法違反行為があったとしても、攻撃や侵入を受けていない国家が武力を持って相手国に対抗することは、不戦条約に対して付せられた「自衛」としては許容される性格のものではないということは明白である。この点について、イタリアの軍事行動を評価すれば、セラシュ皇帝が総動員令を発布したことがイタリアに対する武力攻撃を構成するものではないが故に、イタリアによるエチオピアへの侵略行為は、上述した「自衛」の性格に該当するものではなく、許容されうるものではない。以上の二点から、イタリアが連盟規約第12条などの平和的解決手続に反して軍事行動をとり、その行為が自衛として正当化される余地もないことが明らかとなった。

　それでは、イタリアは戦争に訴えたのであろうか。この点に関しては、連盟規約第16条が示す「戦争」がいかなるものであったかという点が極めて肝要である。すなわち、ここでの「戦争」とはすべての武力行使を含むのか、

---

[134] 田岡良一『国際法上の自衛権―補訂版』勁草書房、1981年、171-174頁。

若しくは一定の条件を満たしたものであるのかという点である。この点に関して、当時の国際法の学説は二分された。小谷鶴次は、連盟規約第16条の発動要件に関して論ずる際の要件としての戦争とは、国際法上の戦争の意味であるとしている。小谷は、連盟規約は第12条に基づいて紛争の平和的解決義務を課しており、それ以外の強制的解決（筆者注：強力的解決）方法が禁じられており、一定の冷却期間（戦争モラトリアム）を設けたものであるとしている。しかしながら、強制的解決方法と戦争が同義であるか否かに関して、一般国際法上両者は区別されるものであって、連盟規約においても特段に規定されていないが故に、両者は区別されるものであるとしている[135]。さらに、松原一雄は、この点に関して詳述している。松原は、連盟規約第16条の文言における「戦争」とは一切の武力使用を断念するものではないとする。その根拠としてポーター条約を引き合いに出して、連盟規約草案では兵力に訴えること（resort to armed force）が禁止されていたが、確定文では「戦争」に訴えることを禁止すると変更されたのであって、連盟規約第16条は一切の兵力使用を禁止するものではないとしている[136]。加えて、戦争に至らない兵力の使用の場合の強制手段は非平和的手段であることを認めつつも、それが非友誼的手段（non-amicable modes short of war）とは同義ではなく、非友誼的手段とは文言から戦争に発達しない限りは、戦争それ自身ではないと論じている[137]。

　これに対して、立作太郎は起草改定における文言の変更は、「戦争」の語を用いることで、冗漫な語句の変更（a change in verbiage in the opening word）をしたに過ぎないものであったとする。そこから、連盟規約において結局、戦争という用語が用いられることになったものの、兵力の語と実質上の相違はなく、決して厳格に法律的な戦争の場合に限ったものとして読むべきではな

---

[135] 小谷鶴次「國際連盟規約による干渉」『国際法外交雑誌第36巻第1・2・3号別刷』、1937年、108-111頁、特に注釈2。

[136] 松原一雄「不戦条約及聯盟規約に於ける戦争の地位」『法学志林』第35巻1号、（1933年）、38-41頁。

[137] 同上論文、39頁。

いとしている[138]。故に、連盟規約第12条における「戦争」の語義中には厳密な国際法上の戦争の外に、紛争の強制的処理方法の一つとしての武力復仇行為として行う強力的手段が含まれていたと解すべきであるとしている[139]。

しかしながら、連盟規約第16条における「戦争」に関して述べれば、連盟規約第12条、13条又は15条による約束、すなわち紛争の平和的解決手続を無視して戦争に訴えたという前提が「戦争」の文言の前に置かれている。これは、紛争の平和的解決手続に反したすべての非平和的解決手続、すなわち強制的解決手続は戦争に訴えたものであると解釈することが適当である。これは、二度と戦争の惨禍を招かないために作られた連盟の性格を十分に加味しての解釈である。こうした連盟が、わざわざ非平和的解決の中でも、「戦争」に至らない武力の行使が強力的解決ではないとしたとは考えがたい[140]。以上のことから、イタリアはエチオピア侵略に際して、連盟規約の規定する「戦争」に訴えたと考えられるのである。

(b) 制裁措置の評価

本事例研究では、連盟規約第16条が実際問題としていかに適用されたかを検討することを主眼としていた。唯一の適用例から導き出されることは、連盟の初期において連盟国が確認した、制裁措置の弱体化という点に関して、各国に措置の採択並びに実施が任されていたという実体から方針の変更はな

---

138 立作太郎『國際連盟規約論』國際連盟協会、1932年、186-187頁、註1。ウィリアムズ (John Fischer Williams) も、同様にして連盟における「戦争に訴える」ことは第三国による中立の監視を要請した上で、相互の敵対行動を行うという完全なる法的意味での戦争遂行を意図している必要はないとの見解を示す (John Fischer Williams, "The Covenant of the League of Nations and War", *The Cambridge Law Journal,* vol.5 no.1 (1933), pp.13-14)。
139 立、前掲書、184-185頁。
140 連盟が1935年10月5日に、最終的にイタリアの侵略について連盟規約第12条に反して戦争に訴えたと判断した根拠は、連盟規約第16条の文言上、連盟規約第12条に反して戦争に訴えたものは、事実上当然に (*ipso facto*) 他の連盟国に対して戦争行為に関与したと見なされるとし、連盟規約第16条の適用に当たっては戦争が公式的な宣戦布告がなされていることは必ずしも必要ではないとするものであった (League of Nations, *Official Journal,* November 1935, pp.1223-1226)。これに対して、明確な宣戦布告の欠如の状態において、連盟が敵対行為を戦争状態と認定しないことで、敵対行為者に対して制裁を適用しないための口実を付与することになるとの指摘も存する (Quincy Wright, "The Test of Aggression in the Italo-Ethiopian War", *American Journal of International Law,* vol.30 no.1 (1936), p.51)。

されなかったということができよう。

　本来、集団安全保障体制における制裁は、統一組織による決定が加盟国を拘束し、措置の実施に当たるものである。しかしながら、「連盟規約第16条適用の方針」の採択にみられるように各国がその適用を拒んだ。また、適用された場合においても各国は経済事情を理由として措置の実施を拒んだ。こうした事実は、集団安全保障体制における制裁措置の有効性に疑問を投げかけるものであって、その意味では連盟時代においては、集団による制裁措置はなされなかったと見なすこともできる。この評価の根拠は、以下の点によるものである。まず、「連盟規約第16条適用の方針」の採択により、制裁発動の要件認定が個別国家によるものになった。加えて、実際の制裁発動に当たって集団的意思決定機関である連盟理事会は、勧告による形式の決議の採択ではなく、提案としての拘束力のない決定を行ったに過ぎない。よって、イタリアに対して行われた50カ国程度による経済封鎖は、集団的な経済制裁とはみなすことができない。また、経済制裁の実効性についても、極めて薄弱なものであった。故に、連盟期においては、有効な集団的な非軍事的強制措置は行われなかったと結論付けることができる。

3　小　結

　本節では、連盟における集団安全保障体制が、制裁措置規定を中心にして組織化されたか否かを問題意識として検討を進めてきた。この点に関して上述したように、制裁措置規定の起草過程並びに解釈から明らかになったのは、連盟における集団安全保障体制は制裁措置を中心にして組織化されたものではなかったということである。

　すなわち、起草過程において当初軍事的制裁措置と非軍事的制裁措置について同等の義務が検討されたが、幾度かの修正を経て、最終的に成立した連盟規約第16条の文言は、非軍事的制裁のみに締約国の参加義務を課すものとなった。また、連盟発足後には、「連盟規約第16条適用の方針」が採択され、集団的制裁措置の手続を強化するどころか弱体化させる決議を、当時の国際社会がほぼ全会一致で採択した。この決議の採択により、非軍事的制裁措置で

すら集団的に実行される可能性が閉ざされた。これらに鑑みれば、単純に連盟が集団的制裁措置を重視して組織化されたものであったとは、評価することはできない。

これらの証左として、連盟における唯一の制裁措置発動事例であるとされる、イタリア・エチオピア紛争での非軍事的制裁措置が実際には集団的に講じられなかったのである。故に、国際社会における初の普遍的集団安全保障体制は、制裁措置の適用を主要な目的として組織化されたものではなかったということが結論付けられる。それでは、集団安全保障体制がいかなる点を、目的として組織化されたのであろうか。この点に関して、次節で連盟規約第11条による、紛争解決事例の検討を通じて明らかにする。

第2節　連盟規約第11条と防止措置

1　序

第1節では、連盟における集団安全保障体制が、制裁措置を目的として組織化されたものではないことを示した。それでは、いかなる手段によって連盟期における紛争は、解決されたのであろうか。

この点に関して、連盟成立以前の1913年から1914年にかけてアメリカが締結したブライアン諸条約[141]は、戦争モラトリアム(猶予期間)を規定している。これは、武力紛争の発生に際して、事態を変化させることを防止するために、国際審査制度を強化したものであった。この中には、審査委員会が仮保全措置[142]を命令することができる規定が含まれていた。こうしたブラ

141　詳しくは本章脚注154を参照のこと。
142　仮保全措置とは、国際裁判において、訴訟当事者の権利を保全するために、本案判決までの間、裁判所が訴訟当事国に指示する措置のことをいう(高田映「仮保全措置」国際法学会(編)『国際関係法辞典―第二版』三省堂、2005年、157頁)。紛争の平和的解決の一環に位置付けらる、国際裁判における仮保全措置(interim measures of protection)と安全保障における武力紛争拡大防止の措置である暫定措置を同列に論じる点については、厳密な検証が必要であると考えられる。

イアン諸条約における制度は、初の一般的国際機構である連盟においても組み込まれることとなったと考えられる。具体的には、国交断絶のおそれがある紛争を連盟理事会の審査に付託することを規定した、連盟規約第12条に組み込まれることとなった。しかしながら、連盟規約第12条に組み込まれることとなったのは、審査制度の利用による紛争の平和的解決義務条項と、戦争モラトリアム条項のみであった。これに対して、ブライアン諸条約における仮保全措置（暫定措置）命令は、連盟規約第11条1項に独立して規定されることとなったと考えられる。連盟規約第11条1項は以下のように規定している。

連盟規約第11条1項
「戦争又は戦争の脅威は、連盟国の何れかに直接の影響あると否とを問わず、総て連盟全体の利害関係事項たることを茲に声明す。よって連盟は、国際の平和を擁護するため適当且つ有効とみとむる措置を執るべきものとす。この種の事変発生したる時は、事務総長は、何れかの連盟国の請求に基づき、直ちに連盟理事会の会議を召集すべし。」

連盟において、約30件の紛争が付託されたが、連盟規約第15条によって連盟に紛争の付託が試みられたのは、1922年のチュニス・モロッコ国籍法事件、1923年のイタリア・ギリシャ間におけるコルフ島事件、並びに1932年の満州事変、1934年のボリヴィア・パラグアイ紛争であった[143]。これ以外の紛争は、連盟規約第11条に基づいて紛争が付託された。連盟規約第11条の規定に基づき連盟理事会は、敵対行為がすでに行われ始めている際には、これを停止する事を行い、敵対行為が発生していない際には、これを予防する措置を執らなければならないとされている。すなわち、連盟規約第11条に基づいて執られる措置は、現に行われている敵対行為を停止させ、差し迫った敵対行為を防止することを目的とする、応急的な防止措置に関するものである[144]。

---

[143] しかしながら、満州事変並びにボリヴィア・パラグアイ紛争については、連盟規約第11条も適用されており、単純に連盟規約第15条のみによって紛争が付託されたと見なすことはできない。

[144] 立作太郎『國際連盟規約論』國際連盟協会、1932年、165-167頁。

このように仮保全を目的とした、防止措置の重要性は、「予防は治療に勝る(prevention is better than cure)」との格言からも想像するに難くない。

防止措置に関して、一般的には1925年の「ギリシャ・ブルガリア国境紛争」を契機として重要性が認識されたとされている。これは、集団的措置における防止措置の関心が著しく高まったことによるものであるとされている[145]。しかしながら、連盟規約が起草される以前に、仮保全措置を規定したブライアン諸条約が存在したことから、起草段階から防止措置の重要性は十分に認識されていたとも考えられうる。

本節では、連盟規約第11条の起草過程、その解釈上の問題並びに、事例を検討する事で、連盟における防止措置の発展を検証する。本節では以下のような順で検証を進める。まず連盟規約第11条の起草過程に関して考察する。連盟規約第11条は文言上、その事項的範囲は明らかではない。故に、起草過程を踏まえた上で、実際の実行を検討し、連盟規約第11条1項並びに2項の解釈を検討する。小結で、連盟規約第11条の起草過程と防止措置の意義に関して論ずる。

2　連盟規約第11条

(1) 起草過程

①　序

連盟規約第11条の起草過程に関する一般的見解は、アメリカの法律顧問として、連盟規約の起草に加わったミラーの以下の発言に代表されるものである。すなわち、「ハースト・ミラー案の第9条(連盟規約第11条)は、変更無しで採択された。恐らく、これに関しては議論はなされなかったであろう。…(中略)…私のノートは、『採択された』と書かれているのみである。恐らく、この条項の重要性は、考慮されていなかったであろう」[146]というものである[147]。

145　田畑茂二郎『国際法新講―下』東信堂、1991年、210頁。
146　D.H. Miller, *The Drafting of the Covenant,* vol.1, G. P. Putnam's Sons, 1928, p.173.
147　このミラーの記述は、第一次資料であるパリ講和会議におけるミラーの日記によっても裏付けられる。D.H. Miller, *My Diary At the Conference of Paris,* Appeal Printing Company, 1924.

このようなミラーの発言は、連盟規約第11条に関する先行研究に対して多大な影響を与えている。すなわち、連盟規約第11条の重要性は後日認識されたものであり、その措置の重要性に鑑みて採択されたものではない[148]という評価をもたらすことになったのである。ミラーは、ハースト・ミラー案の採択に当たって、連盟規約第11条に関して上述したような評価を下している。しかしながら、ハースト・ミラー案に連盟規約第11条が起草されるに当たって、いかなる議論が尽くされてきたのかという点に関して、ミラーは検討を欠いている。連盟規約第11条は、ハースト・ミラー案に登場する以前に、ハウス案並びにウィルソン（ワシントン）案に登場している。故に、この点に関して、しかるべき検討を加えなければ、連盟規約第11条が起草過程でいかに評価されていたかを決することは不可能である。実際、連盟規約は、連盟規約委員会が開催された時に配布されたハースト・ミラー案に至る以前の、英国によるフィリモア案、スマッツ案並びに米国によるハウス案、ウィルソン案において、大幅な修正が行われている。この点に関して、以下で順を追って連盟規約第11条の起草過程を検討してゆく。

② ハウス案

連盟規約第11条の起草に関して、1項についてはハウス案によって起草され、ウィルソン（ワシントン）案において発展され、2項はウィルソンのパリ案において挿入された[149]。

148　例えば、横田喜三郎『安全保障の問題』勁草書房、1949年、77頁。高橋通敏『安全保障序説』有斐閣、1960年、70-71頁。神谷龍男『国際連合の安全保障―増補版』有斐閣、1979年、66頁。田畑、前掲書、210頁。森肇志「国際連合安全保障理事会の拘束力ある決定の範囲―黙示的一般権限と特定権限―」『本郷法制紀要』第3巻（1994年）、291頁。

149　D.H. Miller, *op.cit.*, vol.1, p.173. しかしながら、フィリモア案（1918年3月20日付）において、すでに連盟規約第11条の萌芽ともよべる案が提案されていたとも考察しうる余地がある。すなわち、フィリモア案は、戦争放棄、紛争の平和的解決、連盟国と非連盟国の関係、条約の抵触の四部より構成されている。この時点では、現行連盟規約第11、12、14、15条相当の規定が、複合的に規定されており、厳密に第11条の根拠となる条文を特定するのは困難である。しかしながら、連盟規約第11条の根幹である、連盟による勧告規定はフィリモア案第11条に規定されていた。この勧告がいかなる措置を含むものであるかは明確ではないが、この時点では事実調査から平和維持軍の派遣まで、最広義の措置が考慮されていたと考えられる。後に、起草が進むにつれて、その勧告は連盟規約第11条1項並びに第15条における理事会による、紛争解決手続規定へと理論化が進んでいったとも考えられうる。

ハウス案 (1918年7月16日)[150]では、連盟規約第11条1項が、第5条と第7条として起草された[151]。第5条並びに7条の具体的規定は以下の通りである。

第5条：「いかなる戦争若しくは戦争の脅威も、連盟に対する脅威故に (thereof)、加盟国の脅威とする。」

第7条：「代表団 (the Delegates) は、戦争の風評並びに脅威がある際並びに代表団の一国が代表団に対して平和の利害に関する会議開催が望ましいとの通告をなした際には、いつでも平和の利害に関する会議を開催する。」

　第5条は、集団安全保障の概念を端的に示す極めて重要な一文である。すなわち、一国に対する脅威が全体の利害として認識されることは、連盟以前の安全保障条約には規定されていなかった。故に、集団安全保障の具体的規定として、現行連盟規約第11条の序文に取り入れられることとなったのである。ハウス案における、第7条はフィリモア案に規定された連盟による勧告規定をより一般化したものである。すなわち、フィリモア案第7条では紛争解決並びに技術的係争の目的にのみ、会議の招集が規定されていたが、ハウス案は平和の利害に関して要望があれば召集できるとした[152]。

　加えて、ハウス案は紛争の平和的解決に関して、貴重な示唆をしている。ハウス案は、第13条において、「締約国は、外交並びに国際裁判所において解決されなかったいかなる性質の紛争を、仲裁裁判に付託すること (shall be

---

150　これ以前の1918年6月25日付セシル卿宛の書簡にて、ハウスは連盟の創設に当たって、いかなる戦争もすべての国の関心事とすることを必須条件として指摘していた (Charles Seymour, *The Intimate Papers of Colonel House-The Ending of the War-*, Houghton Mifflin Company, 1928, pp.19-20)。

151　D.H. Miller, *op.cit.*, vol.1, pp.14-15; vol.2, p.7.
　　Draft of Colonel House, July 16, 1918
　　Article 5. Any war or threat of war is a matter of concern to the League of Nations, and to the Powers, members thereof.
　　Article 7. The Delegates shall meet in the interests of peace whenever war is rumored or threatened, and also whenever a Delegate of any power shall inform the Delegates that a meeting in the interests of peace is advisable.

152　*Ibid*, p.15.

referred for arbitration)」[153] を規定している。これは、紛争の強制付託義務であり、後の1928年「国際紛争平和的処理に関する一般議定書」に結実してゆくものであると考えられる。

③ ハウス案とその背景

初の一般的国際機構に集団安全保障体制を導入したハウス案は、突如として登場したわけではなかった。この規定が持ち込まれた背景には、米国がノックス・ブライアンの多国間協定[154]を、締結した際の大統領であるタフトと、

---

[153] D. H. Miller, *op.cit.*, vol.2, p.8.
[154] 国際紛争平和的解決の補助的手段として1899年のハーグ会議によって創案された国際審査委員会は、アメリカが1911年英国及びフランスとの間に調印したノックス条約 (Knox は当時の国務長官の名) に規定された混合審査委員会 (Joint High Commission of Inquiry) 及び1913年から14年にかけて三十数国との間に個別的に結んだブライアン条約 (Bryan は当時の国務長官の名) に規定された常設国際委員会 (Permanent International Commission) によってさらに進歩したものとなった。ブライアン条約はアメリカと多数国間の条約であるため、条約ごとに内容は多少異なるのであるが、骨子は以下の通りである。①5名からなる委員会は常設である、②委員会の審査に付せられるべき紛争は、外交交渉によって解決することができなかった総ての紛争であって、単に事実問題に関する紛争に限らない、③紛争を委員会に付託するのには両当事者の合意を必要とせず、委員会は、一方の当事者の付託によって、その活動開始をする。また締約国間に紛争が発生しているにかかわらず、いずれの当事者もこれを委員会に付託しない場合にも、委員会はその発意によって、調停の労務の提供を当事者に申し入れることができる、④委員会は紛争を事実問題、法律問題その他紛争解決に必要な諸般の観点から審査してその結果を当事者に報告する、⑤報告は当事者を拘束しないが、委員会に紛争を付託したことによって当事者は次の二点において拘束を受ける。一点目として、委員会の審査の進行中に、当事国は相手方当事国に向って戦争を宣言しまたは武力行動に訴えることはできないとする、いわゆる戦争モラトリアム（猶予期間）を規定している。これは、後の連盟規約第12、15条や国際紛争処理に関する諸条約に採用される事となる。二点目としては、紛争が当事国のすでにしたかまたは将になそうとする或る行為を原因とするものである場合には、委員会は審査終了まで当事国の権利を保全するための仮措置をできるだけ速やかに指示せねばならぬ、との規定を設けた点である。審査の進行中に当事国が事態を変化せしめて、事件を審査に付託したときと異なる状態を作り出すことは、紛争を審査に付した目的に反するのはいうまでもない。故に、この規定は適当であり、第一次大戦後の仲裁裁判及び調停条約に広く模倣させられた。ノックス・ブライアン条約は、戦争モラトリアムについて、以下のように規定している。

United States of America-France, Treaty of September 15, 1914
Art1: The High Contracting Parties agree not to resort, with respect to each other, to any act of force during the investigation to be made by the Commission and before its report is handled

上院議員であるルート (Elihu Root) による議論が決定的な影響を及ぼしている。この議論には、多国間条約を初の一般国際機構に移植する際における極めて有用な議論が包含されている。タフトとルートによる会談は1918年4月11日に行われ、そこにおける主要な要点は、ルートによって1918年8月16日にハウス大佐宛に書簡で送付された[155]。ミラーは、ハウスが主として提案した、上院外交関係委員会における「連盟規約に関する批評と指摘」と呼ばれるペーパーを参考にして、後述するウィルソン第二案に対して修正意見を付している[156]。すなわち、集団安全保障体制の根幹規定の導入に当たっては、ハウスひいてはタフト並びにルートによる議論によるところが極めて大きい。

スガナミ (Hidemi Suganami) によれば、ルートによる集団安全保障体制の概念は、平和の不可分原則とよばれ、ハウス大佐案を経て連盟規約第11条に一体化されたとされている[157]。しかしながら、問題となるのは、その平和の不可分原則がどのような措置を念頭に置いていたかである。この点に関してスガナミは、国内類推によるものであると分析しているのみである。この平和の不可分原則、すなわち集団安全保障の概念は、ルート書簡によれば以下のように指摘されている。

ルートによれば、紛争を防止するための諸国家間の平和協調の持続の第一の要件は、平和に対する国際的原則の変更である。現在一般的に適用されている見解は、或る一国による他国への武力行使は、専ら二国間の主要な関心事項である。第三者が、その問題に関して意見を申し立てるには、特定利害を示す必要がある。不当な干渉への救済に、参加する際には、他国の挙証責

---

in. (Karin Oellers-Frahm and Andres Zimmermanns (eds), "*Dispute Settlement in Public International Law: Text and Materials 2nd completely revised and updated edition*", Springer, 2001, pp.287-292).

同様にして、1911年から1940年までの紛争解決手続の発展における、ノックス・ブライアン条約の重要性を指摘するものとして以下を参照。J.G. Merrills, *International Dispute Settlement 4th Edition,* Cambridge University Press, 2006, pp.52-53.

155　Alfred Zimmern, *The League of Nations and The Rule of Law 1918-1935*, Macmillan, 1945, pp. 230-231.
156　D.H. Miller, *op.cit.*, vol.1, p.44.
157　Hidemi Suganami, *The Domestic Analogy and World Order Proposals,* Cambridge University, 1989, pp.88-89.

任は問われてはならない。二国間の主要な関心事項であったが故に、1914年のセルビアへの侵攻を食い止めることができなかった。こうした見解は放棄され、国際的な平和破壊は、国家共同体のすべての利害事項であり、すべての国家が利害関係を持ち、取消し不可能である事を受諾し、宣言する必要がある。この二見解は、国内法上、民事責任並びに刑事責任の概念と相応なものである。すなわち、安全の確保における暴力の制限は共同体の利害によるものである。平和の破壊に対する防止並びに処罰よる、共同体利益の発展が、文明的人民間における私闘をなくしたのである[158]。

確かに、スガナミの指摘する通り、ルートによる書簡の内容は、新しい一般的国際機構における国内類推の制度導入を想起させるものである。しかしながら、重要な点は、冒頭の第一文にあるように、紛争を防止するための諸国間の平和協調を維持のために、集団安全保障体制の概念が持ち込まれるべきであるとする点である。後の部分で、平和の破壊における処罰の必要性が論じられてはいるものの、その主眼は紛争の防止にあった。これは、ルートの対談相手が、在任中に仮保全措置命令を規定した多数国間条約を締結させたタフトであったことを加味すれば、集団安全保障体制の概念導入の目的がより一層明らかとなる。

④ ウィルソン第一(ワシントン)案

ハウス大佐の示唆に基づいて、ウィルソンの第一案は起草され、いくらかの修正を加えた上で、ハウス草案のうち13項目を引き継いだ[159]。ウィルソン第一案において第8条が、現行連盟規約第11条相当として起草された[160]。

---

158 Alfred Zimmern, *op.cit.*, pp. 230-232.
159 D.H. Miller, *op.cit.*, vol.1, pp.15-16.
160 D.H. Miller, *op.cit.*, vol.2, pp.12-15.
   Wilson's First Draft
   Article viii: Any war or threat of war, whether immediately affecting any of the Contracting Powers or not, is hereby declared a matter of concern to the League of Nations and to all the Powers signatory hereto, and those Powers hereby reserve the right to take any action that may be deemed wise and effectual to safeguard the peace of nations.
   〈以下、省略〉

同条文は以下の通りである。

第8条：「如何なる戦争若しくは戦争の脅威は、直接締約国に影響すると否とを問わず連盟並びに全締約国の関心事項と宣言する。故に、締約国 (those Powers) はこれにより、諸国の平和を救済する為に適当且つ有効であると思われる如何なる行動を執る権利を有する。」

〈以下、省略〉

ハウス案では、現行連盟規約第11条の序文のみであったが、ウィルソン第一案では後半部分が起草された。ここでは、集団安全保障の原則に基づいて、具体的行動を執る権利を有するものとされた。加えて、第8条にはハウス案第7条がそのまま引き継がれた。すなわち、具体的行動をとる際の、平和の利害に関して勧告が可能な、会議の召集事項も同時に規定された。また、ウィルソン案は第5条において、ハウス案と同様にして、義務的仲裁条項を規定していた。その一方で、ウィルソン第一案はミラーが指摘するように、仲裁裁判を拒否した上で、戦争に訴えたいかなる連盟外の国家に対して、武力の共助をもってして当たることも規定していた[161]。措置を執りうる主体が、締約国 (those Powers) と規定されていることからのみでは、措置の決定を締約国に一任するのか、連盟が決定するのかは明らかではない。しかしながら、ミラーの指摘を加味すれば、ウィルソン第一案はハウス案が想定した、純然たる集団安全保障規定を意図してはいなかったと考えられる。このように、集団安全保障体制の黎明期には、集団安全保障と集団防衛は渾然一体とならざるを得なかった。

⑤ スマッツ案

スマッツ将軍による1918年12月16日付の、「現実的提案 (Practical Suggestion)」[162]は、ウィルソン大統領に多大な影響を与えた[163]とされている。紛争の平和的解

---

161 D.H. Miller, *op.cit.*, vol.1, p.17.
162 D.H. Miller, *op.cit.*, vol.2, p.23-60.
163 D.H. Miller, *op.cit.*, vol.1, p.34.

決に関して、スマッツ案はフィリモア案の具体的規定を引き継いだ。ミラーは、スマッツ案による第18条から第21条が、フィリモア案の第4、6、8、9、10、並びに11条に相当する点を指摘している。しかしながら、ミラーはスマッツ案が、連盟規約第12、13、15並びに16条の規定を一致する広範な規定であると評価しており、連盟規約第11条は含まれていない。しかしながら、ハウス案の箇所において検討した通り、フィリモア案第11条は、連盟規約第11条に相当するものとも考えられ[164]、フィリモア案第11条を引き継いだスマッツ案第18条から21条も、連盟規約第11条の起草に際して重要な役割を果たしていると考えられうる。

　スマッツ案は、条文並びにそれに対するコメントが付与されて提案された。紛争平和的解決に関して規定したスマッツ案第18条は、連盟規約第12条に結実する戦争モラトリアムを規定し、第19条は連盟規約第16条に結実する経済的制裁に関して、第20条は紛争の平和的解決手続を規定した。連盟規約第11条に相当する文言は特に、スマッツ案第21条に起草された。スマッツ案第21条は、紛争の平和的解決手続と組み合わされて、戦争の脅威に対する理事会の行動が規定されている。具体的には以下の通りである。

第21条：「紛争が仲裁に付託されることが現実的ではないと証明された場合、紛争当事者のいずれかは、理事会の考慮を要請できる。理事会は、他方の当事者に対して要請の通告を与え、当該紛争を聴聞 (hearing) する為に必要な協定を結ぶ。理事会は、紛争の事実に関して確認し裁定に基いて、勧告をなし、公正並びに最終的な解決を保障することとする。連盟の他の加盟国は、当該紛争に関して理事会によって示されたすべての情報を、理事会の判断として確定する。理事会は、紛争の平和的解決に対する当事者合意を促す為の、仲介並びに調停を最大限執りうる。その勧告は、当事者宛として、決定の効力を有さない。万一、勧告にもかかわらず、当事者のいずれか一方が戦争をなす脅威があれば、理事会は勧

---

[164] 本章脚注149を参照のこと。

告を公表する。万一、理事会が勧告をなすことができない際には、理事会の多数並びに少数が各々の立場の勧告を公表し、その公表書は、当事者一方の非友誼的行動としては見なされない。」[165]

　スマッツは、他の起草者と異なり詳細な草案を提出した。特に、連盟の構成に関して多大な貢献をなした。具体的には、連盟は総会 (General Conference) と理事会 (Council)、仲裁並びに調停裁判所によって構成されるとした。スマッツによれば、理事会は連盟の「執行委員会 (Executive Committee)」であり、大国の代表と中堅国並びに小国代表によるそれぞれの委員会から、ローテーションによって代表を参加させるものであるとした[166]。こうした、大国のみならず中堅国並びに小国をも加えた理事会の意思決定は、現在の国連以上に民主的である。民主的な意思決定の構想は、安全保障分野の主要規定である第21条にも表れている。理事会が紛争に対する調査の事実並びに、紛争解決によってとった措置は、総会によって確定される必要がある。いかなる形式によって確定されるかは、この草案からは読み取れないが、少なくとも総会によって、理事会の行動は審議され、確定される必要があることは疑う余地がない。この条項は、執行委員会としての理事会に対して、総会への責任を負わせているといえよう。

　それでは、「執行委員会」としての理事会が、いかなる措置をとるかに関しては、スマッツ案は連盟規約以上に詳細に規定している。スマッツ案第21条は、紛争が紛争手続によって解決されない場合、理事会のイニシアティブによって審査が行われることを規定している。その事実調査に基づいて、理事会は事実に関する裁定を下し、それに基づいて平和的解決を促進する解決案を勧告する事が第21条に沿った、理事会による紛争解決手続である。これは、以下のように規定される連盟規約第11条2項の原型であると考えられる。

---

[165] D.H. Miller, *op.cit.*, vol.2, pp.58-59.
[166] D.H. Miller, *op.cit.*, vol.1, p.36.

連盟規約第11条2項

「国際関係に影響する一切の事態にして国際の平和又はその基礎たる各国の良好なる了解を攪乱せんとする虞あるものに付、連盟総会又は連盟理事会の注意を喚起するは、連盟各国の友誼的権利なることを併せて茲に声明す。」

連盟規約第11条2項は、序文はスマッツ案と異なるが、後半部分は酷似している。序文に関して、スマッツ案は勧告が受け入れられない上に、戦争の脅威があればと規定しており、連盟規約よりも詳細な規定となっている。スマッツ案によれば、戦争の脅威があれば、理事会は勧告を公表し、表決により勧告ができない際には、理事会の多数並びに少数が各々の立場の勧告を公表し、その公表書は当事者一方による非友誼的行動としては見なされないとしている。これは、連盟規約第11条2項の連盟総会または連盟理事会による注意喚起を、具体化した規定であると考えられる。すなわち、理事会が事実審査をした上で、勧告をして、受け入れられない場合は友誼的権利に基づいて勧告案を公表するとしている。このような起草過程からみれば、連盟規約第11条2項が具体的に執りうる措置が明らかとなる。すなわち、連盟総会並びに連盟理事会の注意喚起として、後の実行において頻繁に行われた事実調査を想定していた[167]。こうしたことを考慮すれば、連盟規約第11条2項は連

---

[167] この点に関して、那須仁は、連盟規約の事実調査機能の発展は、草案者によって意図されていないものであり、後の慣行によって形成されたものであるとしている (Hitoshi Nasu, "Investigation *Proprio Motu* for the Maintainace of International Peace and Security", *The Australian Year Book of International Law*, vol.23, p.11)。また、那須は、連盟における事実審査が事後審査ではなく、事態の予備的決定のための審査へと発展したとしている。この主旨からすれば、フィリモア案は予備的決定のための審査を予期させる文言を含んでいると考えられる。フィリモア案の段階においては、理論が緻密化されていなかった故に、連盟規約第11、12、13、15条の包括的規定を、第二部において起草している。その中では、理事会並びに総会(草案時点では単に会議)の権限分化は明確ではなく、規定も曖昧であった。しかしながら、フィリモア案第11条は、会議で一致した結論が出せない場合には、会議出席者の過半数による勧告として、紛争国が当該紛争に関して事実であろうと信じて発表している声明を、国家に代わって公表すること (to publish on behalf of the States which the represent a statement setting out what they believe to be the facts with regard to the dispute) は会議参加者の義務であると起

盟における、暫定措置を超えた防止措置である調査権を規定したものであり、国連憲章第34条の源流と見なすこともできる。

⑥ ウィルソン第二案（パリ第一案）

1919年1月10日付のウィルソン第二案（パリ第一案）[168]は、スマッツ案を大幅に引き継いで、ウィルソン第一案から大きな変更が加えられた。ミラーによれば、最も大規模な変更点は、紛争の平和的解決に関する部分であると評している[169]。ウィルソン第二案は、自身の第一案に起草した義務的仲裁条項を第5条に引き継いだ。その上で、スマッツ案に具体的に規定された、理事会による事実審査を有機的に結合させた。すなわち、第5条は交渉などによる通常の外交手段をもってして解決が困難である際には、仲裁裁判に付託し、その裁定を信義則に則って履行することを規定している。また、当該仲裁裁判の方式に関してウィルソン第二案は詳述している。こうした、紛争の平和的解決手続に関して規定した上で、その後にスマッツ案第21条を引き継いだ規定を設けた[170]。

しかしながら、ウィルソン第一案における、集団安全保障規定と集団防衛規定の併記は、変更されなかった。すなわち、この時点においても、連盟は従来型の集団防衛機構でもあるという見解は排除されることはなかった。

第10条：　　　　　　　〈省略〉

「締約国は、敵対行動に対する締約国の共助の為にも、各自の武力軍

草している。これに加えて、参加国は紛争の当事国に対して勧告の文言を付記することができるとされている（D. H. Miller, *op.cit.*, vol.1, p.5）。この文言は、ミラーの索引によれば、連盟規約第15条1項の関連綱目とはされていない。しかしながら、フィリモアが草案において、事実であろうと信じて発表している声明を公表し、それ加えて連盟（草案時には会議）が勧告を付すことができるとした意味はいかなるものであろうか。それには、述べられた事実を基に、勧告として事実調査団を派遣することも含まれていたとも考えられる。

168　D.H. Miller, *op.cit.*, vol.2, pp.65-93.
169　D.H. Miller, *op.cit.*, vol.1, p.40.
170　D.H. Miller, *op.cit.*, vol.2, pp.74-76.

の一体化を以ってして、結集する。」[171]

　1919年1月11日、ミラーはハウス大佐からウィルソン第二案に対して意見を付すことを命ぜられ、1月18日に提出した[172]。これに基づくミラーの意見によれば、第8条は単なる語句の変更に他ならないと評価している[173]。その一方で、ミラーは第8条に関する修正案として重大な提案を行っている。ミラーは、ウィルソンが単に代表団 (the Delegates) とした箇所を、代表機関 (the Body of Delegates)[174] に修正した。すなわち、単なる代表による会議であれば、その意思決定は集団的に行われる必要がない。しかしながら、あえて代表機関として会議を招集し、当該機関が勧告可能であるとする意味は、意思決定が集団によって行われるということである。こうした点を踏まえれば、ミラーによる修正案は、ウィルソン第一案における、集団安全保障規定と集団防衛規定の併記から、集団安全防衛規定を削除したものであると考えられる。この修正案が、ハウスひいてはタフト並びにルート各位の影響力を受けていることは、前述したとおりである。すなわち、すでに過去の集団安全保障法の発展を踏まえた議論が、ハウス並びにミラーによって連盟に導入されていったと考えられる。

⑦　ウィルソン第三案（パリ第二案）と英国案

　ブリス将軍 (General Bliss) による、ウィルソン第二案に対する意見[175]は、ウィルソン第三案に影響を及ぼしたとされている[176]。しかしながら、上述したウィ

171　D.H. Miller, *op.cit.*, vol.2, p.84-85.
　　Wilson's Second Draft or First Paris Draft, January 10, 1919 with Comments and Suggestions by D.H.M.
　　Article x：〈省略〉The Contracting Powers shall also unite in coming to the assistance of the Contracting Power against which hostile action has been taken, combining their armed forces in its behalf.
172　D.H. Miller, *op.cit.*, vol.1, p.44.
173　D.H. Miller, *op.cit.*, vol.2, p.83.
174　後には、総会に置き換えられる。
175　D.H. Miller, *op.cit.*, vol.2, pp.94-97.
176　D.H. Miller, *op.cit.*, vol.1, p.48.

ルソン第二案第8条に関しては、意見は付されなかった。故に、第8条に関して、ウィルソン第二案から第三案における変更は行われなかった。ウィルソン第二案から、第三案への重要な変更点は、経済封鎖条項に関する、合衆国憲法との整合性に関するものであった[177]。ウィルソン第三案が提案された後に、セシル卿は自身の初期草案を基にして、1919年1月20日に「英国連盟規約草案(以下、英国案)」[178]を提案した。英国案は、スマッツ案並びにウィルソン第三案を参考にして起草された[179]。英国案における最も特徴的な点は、常設国際司法裁判所(PCIJ)の創設に関するものであった。紛争解決手続に関しては、前述の三案を踏襲するものであった。英国案では、第2章第4条から6条が連盟規約第11条に相当する条項であった。第4条は、国交断絶の虞がある紛争に関して、司法解決に付託されない場合には、当事者一方の要求によって事態を連盟に付託するべきであるとした。また、事務総長は当該状況において最も適切であると考えられる時宜に、連盟理事会を招集する。また、理事会は、紛争の調査を速やかに進めるべきであると起草された。加えて、第5条は事務総長による理事会の招集によって、紛争が討議されている際にも、調査は継続されるべきであると規定した。

　英国案をさらに修正したものがパーシー卿(Lord Eustace Percy)から、「ウィルソン第二案並びにパーシー折衷案(以下、ウィルソン・パーシー案)」[180]として提出された。ウィルソン・パーシー案によれば、連盟規約第11条は第6条4項から8項に起草された。第6条4項は、戦争の虞がある紛争が、規定に従って仲裁裁判に付託されない場合には、当事者は適切な調停行動若しくは勧告を考慮するために、理事会に対して事態を付託すべきであるとしている。また、理事会は即座に要求に応じ、事務総長は当事者に通告をなし、すべての審査(hearing)並びに調査(investigation)と考慮をなすために必要な協定を結ぶとしている。これは、スマッツ案第21条の詳細な規定を、部分的に取り入れたものである。

177　D.H. Miller, *op.cit.*, vol.1, pp.48-50.
178　D.H. Miller, *op.cit.*, vol.2, pp.106-116.
179　D.H. Miller, *op.cit.*, vol.1, p.51.
180　D.H. Miller, *op.cit.*, vol.2, pp.117-130.

ウィルソン・パーシー案における最も重要な点は、ミラーがウィルソン第二草案に付した意見が、受け入れられたことである。具体的には、以下の通りである。

第8条：「戦争及びその脅威は、締約国（the High Contracting Party）の一に直接関係あると否とを問わず、連盟（the League of Nations）に関する事項であることを声明し、締約国は諸国の平和擁護の為に適当かつ有効と認める如何なる行動をとる権利を有する。」[181]

この時点において、普遍的集団安全保障体制としての連盟が誕生したと言っても過言ではない。このパーシーの修正は、第二案に対するミラーの意見が多大な影響を及ぼしていたことは疑う余地がない。このようにして、集団による意思決定に基づく安全保障機構誕生の基礎が作られた。

これに対して、連盟が行為能力の主体となり得ないことから、平和擁護の措置を執ることを連盟の権利とした、ウィルソン・パーシー案に対して疑義を唱えるものもいる。それ故に、行為主体として各国が平和擁護のための措置をとるとする、ウィルソン第一案の方が合理的であるとしている[182]。しかしながら、国際機構は限定された権限の下で、一定の法主体性を有するのであり、条約に則って兵力の提供などに際して取極めを結ぶことが可能である。むしろ、各国が国際平和擁護のための措置をとることができるとすれば、それは集団安全保障体制とは到底呼べるものではなく、普遍的集団安全保障体制としての連盟の価値を否定することとなる。故に、こうした批判は適当ではないと考えられる。

⑧ ハースト・ミラー案

米国側の法律顧問であるミラーは、最終的に英国の法律顧問であるハース

---

181 D.H. Miller, *op.cit.*, vol.2, pp.126-127.
182 松原一雄「連盟規約第十一条による聯盟の行動」『国際法外交雑誌』第30巻第10号（1931年）、8頁。

トと1919年1月31日に会合を開き、米国並びに英国の連盟規約案の結合を図った。これが、連盟委員会の事前議論の基礎となった「ハースト・ミラー案 (the Hurst-Miller Draft)」[183]である[184]。

ハースト・ミラー案においては、序で述べたように連盟規約第11条は第9条として起草された。その文言は、ミラーが評するように、現行連盟規約第11条とほとんど違わぬものであった。第9条は以下の通りである。

第9条第1項:「戦争及びその脅威は、締約国 (the High Contracting Party) の一に直接関係あると否とを問わず、連盟に関する事項であることを声明し、締約国は諸国の平和擁護の為に適当かつ有効と認める如何なる行動をとる権利を有する。」

第9条2項:「国際関係に影響する事態にして国際平和又は、その基礎たる諸国間の良好なる了解を攪乱しようとする虞あるものに付き、総会 (the Body of Delegates) 又は、理事会 (the Executive Council) の注意を喚起するは、締約諸国の友誼的権利なることを併せて、声明し且つ同意する。」

ミラーはウィルソン・パーシー案における第8条を、字句の変更なしでハースト・ミラー案に取り込み、最終草案として規定した。このハースト・ミラー案第9条は、総会と理事会の文言への変更と若干の語句修正[185]を経て現行連盟規約第11条として規定された。

⑨ 起草過程とその評価

連盟規約第11条は、加盟国の義務を定めた規定 (第8条、12条、13条など) が中心を占める中で、連盟理事会の「決定」が問題となる規定である[186]。正確を期すのであれば、連盟規約第11条2項も、紛争の平和的解決義務に基づ

183　D.H. Miller, *op.cit.*, vol.2, pp.229-394.
184　D.H. Miller, *op.cit.*, vol.1, p.67.
185　語句修正は第9条2項の「国際関係に影響する事態」を、「国際関係に影響する一切の事態」とした点であった (D.H. Miller, *op.cit.*, vol.2, p.306)。
186　森肇志「国際連合安全保障理事会の拘束力ある決定の範囲―黙示的一般権限と特定権限―」『本郷法制紀要』第3巻 (1994年)、290-291頁。

く任意付託を規定している故に、加盟国の義務を定めた規定といえる。こうしたことから、連盟規約の中において、理事会の「決定」が問題とされる連盟規約第11条1項の、特殊性が明らかとなる。この特殊性は、集団安全保障体制がいかなる点を目的として組織化を図ってきたかを如実に表している。この点に関しては、一連の検討を終えた上で、後の小結において再度言及する。

　起草過程に関する考察を踏まえると、ミラーが指摘するように、何の異議も無く連盟規約11条が採択されたのは、その重要性が、全会一致で認識されていた故のことであると考えられる。少なくとも、初の一般的国際機構に導入された集団安全保障規定である、連盟規約第11条は集団による武力紛争の拡大防止[187]を重視したものであったと考えられる。これは、1911年から14年にかけて締結された多数国間条約における、武力紛争拡大防止のための仮保全措置規定が、連盟規約第11条1項に独立して規定された経緯から明らかである。ルートも指摘するように、平和の破壊を防止するための第一の要件として、集団安全保障体制の概念が導入されたのである。

　このように、連盟における連盟規約第11条の起草は、多国間条約であった武力紛争拡大防止のための防止措置を普遍的集団安全保障体制に導入することを目的としていた。この際に問題とされたことは、ウィルソンが、自身の草案において集団防衛規定を削除することを躊躇したことに端的に表れている。すなわち、ウィルソンの懸念は、集団による意思決定に基づいて措置を執る機関に、安全保障問題を委ねることに対する不信感の表れであった。それは、第11条1項の草案が、戦争若しくは戦争の脅威に対して「適当かつ有効ないかなる行動をもとる権利を有する」としていたからであった。ウィルソンは、この行動の主体に関して、従来の個別安全保障とも解釈されうるような曖昧な文言を規定した。しかしながら、最終的にウィルソンはミラーによる集団による意思決定に基づく、防止措置(暫定措置)規定を受け入れた。

187　当時の「予防 (prevention)」の用法として、対象においていたのは「prevention of conflict（紛争予防）」ではない。当時の予防の主眼は、「戦争の予防 (prevention of war)」にあった。端的に述べれば、他のすべての手段が尽きた際に、敵対行動に対する直接行動（警察行動）を意味していた (L. Kofelmanas, "The Problem of Aggression and the Prevention of War", *American Journal of International Law*, vol.31 (1937), p.245)。

すなわち、連盟における集団安全保障規定は、防止措置による安全保障として導入されたのである。以上のことから、連盟における集団安全保障体制が、防止措置を基礎として構築されたことが、起草過程から明らかとなった。

　一方で、連盟において紛争の平和的解決手続の発展もみられた。これは、様々な草案が紛争の平和的解決手続に関して詳述していた点からも明らかである。すなわち、起草案の各案は、仲裁裁判手続を規定した上で、それに適さない問題並びに戦争に至るおそれのある紛争に関して、連盟への付託を義務付けた。加えて、各草案は連盟における対処方法として、事実調査を基礎とした調停行動並びに適当な勧告を想定していた。しかしながら、上述したように、ウィルソンが最後まで固執したのは、適当且つ有効ないかなる措置を執ることが、連盟によって可能か否かであった。すなわち、武力紛争が実際に発生した際に、連盟が理事会を開催し、適当かつ有効ないかなる措置を決定し、防止措置を執りうるか否かが問題であった。

　このような、連盟規約第11条1項に基づく措置の重要性は、以下の点に集約される。連盟体制において、戦争のおそれに対して連盟理事会が、緊急会議を招集することができるとしていることは、戦争回避のための危機的会議を恒久的機構に導入する試みである。慣習国際法上、戦争のおそれは法的評価が与えられてこなかった故に、仲介でさえ非友誼的行動の謗りを免れなかった。しかしながら、自助の維持される国際秩序において、戦争のおそれに対して国際社会における事実上の事態として、連盟規約第11条1項が法的評価を与えることは戦争のおそれに対する共同体の統制の点から重要な第一歩である。国際社会において、集団的な関心事項として裁判が行われる以前に、小火は消火されなければならない。紛争の解決は、武力並び武力のおそれが統制されていることが前提条件であって、故に連盟規約第11条に基づく予備的行動が必要とされるのである[188]。こうしたことから、連盟規約第11条1項は従前の安全保障法において欠落していた部分を、補ったことに極めて重要な意義がある。この補完された部分こそが、戦争のおそれを集団に

---

[188] Julius Stone, *Legal Controls of International Conflict-A Treatise on the Dynamics of Disputes and War-Law,* Steven & Sons Limited, 1959, pp.168-170.

おける関心事項とした上で、小火を消火するための防止措置を執ることに他ならないのである。

こうした点を踏まえれば、制裁規定が具体的に規定されたことにより、「連盟の集団安全保障の誕生」が、すなわち「連盟の制裁規定の誕生」の問題として検討される[189]として、単純に結論付けることはできないのである。むしろ、以上の起草過程に鑑みれば、普遍的集団安全保障体制の発足は、防止措置の組織化を端緒としていると考えられる。すなわち、戦争若しくは戦争の虞がある武力紛争を、いかに拡大させずに凍結させるかということが、国際連盟における集団安全保障の導入の目的であったと考えられる。

⑩ 文理解釈と解釈上の諸問題

連盟規約第11条に関する法律的問題を検討するには、1項並びに2項の事項的範囲に関して検討する必要がある。第11条1項の適用要件は、「戦争又は戦争の脅威」である一方、2項の適用要件は、「国際関係に影響する一切の事態にして国際の平和又はその基礎たる各国間の了解を攪乱せむる虞あるもの」である。連盟規約第10条は、連盟規約第11条と比して、適用要件は極めて厳格で、「侵略の場合又はその脅威若しくは危険ある場合」である。連盟規約第10条に関しては、集団安全保障体制における担保義務の原則的表明に留まることを、解釈上の問題として議論した[190]。このように、連盟規約第10条と比して広範な権限を有すると考えられる、連盟規約第11条の事項的範囲は、平和攪乱の原因に対する事実審査及び紛争の解決に関する勧告を含むと解釈される[191]。各規定に関して、立作太郎は、連盟規約第11条1項の「戦争又は戦争の脅威」と、2項「国際関係に影響する一切の事態」の文言に注目して、措置の性質の分類を試みている[192]。しかしながら、連盟規約第11条1項と2項の文言からすれば、その適用範囲は相当広く、その適用に際しての選択的

---

189 粕谷進「国際連盟の集団安全保障―その構想と成立―」『経済集志』第46号別巻(1976年)、33-34頁。
190 本章第1節2項(1)②参照。
191 立作太郎『國際連盟規約論』國際連盟協会、1932年、165-168頁。
192 立作太郎『國際聯盟規約』日本評論社、1937年、52-58頁。

規定が存在しない故に、どちらの規定によるかは任意となりかねない[193]。故に、上述した立の分析は説得的ではない。一般的に、連盟規約第11条1項と2項の事項的範囲に関して詳細な検討はなされていない。それは、先行研究が連盟理事会と総会の権限関係に注目して分析してきたからに他ならない[194]。故に、連盟規約第11条1項と2項の措置の性質の違いは、ことさら論じられることがなかった。

　しかしながら、連盟規約第11条2項は、友誼的権利としての加盟国による紛争の付託条項であり、国連憲章第35条に相当する文言である。すなわち、国連憲章第35条1項は、国連加盟国はいかなる紛争並びに、いかなる事態に関しても安保理又は、総会の注意を促すことができるとしている。これと同様にして、連盟規約第11条2項は、連盟総会又は連盟理事会の注意を喚起することは、連盟国の友誼的権利であるとしている。連盟規約第11条2項の文言からすれば、友誼的権利を有するのは非紛争国に限られていない。すなわち、加盟国の友誼的権利は、紛争当事者も平等に有している。これは、友誼的権利を有する主体が、いかなる加盟国になっていることから明白である。加盟国は、友誼的雰囲気を維持するために監督が必要な状況、すなわち紛争の初期段階において、友誼的権利に基づく紛争の付託が好まれた[195]。こうした連盟規約第11条2項に基づく紛争の付託は、友誼的雰囲気が存在する状況から、緊急行動の必要性がないものが大半を占めた。唯一、緊急的行動が必要とされる事態が付託されたのは、1924年にモスール国境における紛争の危機を取り除き、イギリス軍とトルコ軍の間の境界画定を行ったトルコ・イラク国境紛争事件のみである。

　国連憲章との相違は、憲章が第34条に調査権を独立して規定している一方で、連盟規約第11条2項は「連盟総会又は連盟理事会の注意を喚起する」

---

[193] 澤田謙『國際連盟新論』嚴松堂書店、1927年、139-140頁。

[194] 例えば、神谷竜男「国際連盟理事会について」『国際法外交雑誌』第66巻第6号 (1968年)、1-14頁。森肇志「国際連合安全保障理事会の拘束力ある決定の範囲—黙示的一般権限と特定権限」『本郷法制紀要』第3巻 (1994年)、286-319頁。

[195] T.P. Conwell-Evans, *The League Council in Action*, Oxford University Press, 1929, pp.19-20.

とする文言に調査権を含んでいると考えられることである。これに関して、注意喚起がどの程度の措置を執りうるか文言上は明らかではない。起草過程において、連盟総会並びに連盟理事会による、事実調査がとりうることが想定されていた。

一方で、連盟規約第11条1項は、「国際平和の擁護の為に適当且つ有効と認める措置」を連盟がとることができると規定している。連盟規約第11条2項は、その措置に関して総会若しくは理事会のどちらかの注意喚起を促すとするものであったが、1項は事務総長による理事会の召集を規定しており、措置決定の主体は理事会である。このように、措置の主体を第1項と2項で区分したことから、連盟規約第11条2項に存する「連盟総会又は連盟理事会の注意を喚起する」とする文言に基づいて、総会又は理事会が連盟規約第11条1項と同等の措置をとることが可能か否かに関しては、疑問が残る。すなわち、連盟規約第11条1項並びに2項における事項的範囲から導き出される、総会に対する理事会の安全保障問題に関する優越が、連盟にも存在したと考えられる。以上のような理由から、措置の法的性質に関して明確に区別し、分析する必要があると考えられる。この点に関して、次節以下で事例研究を踏まえて検討してゆく。

第3節　連盟規約第11条の適用事例研究

1　ペルシャ港湾事件（1920年）

(1) 事　実

1920年5月18日、ボルシェヴィキ（Bolshevik）軍艦13隻は、ペルシャのエンゼリ（Enzeli）港を砲撃した。翌5月19日、ペルシャ政府は、5月19日付書簡[196]において、ソヴィエト政府との交渉を継続中である旨を通達した上で、

196　"Letters from Prince Firouz to the Secretary-General", *League of Nations Official Journal*, July-August, 1920, pp.215-216.

以下のような事態の概要を報告した。幾つかの砲弾が、関税事務所を直撃したので、ペルシャ政府は軍艦を派遣した上で、説明を求めた。ボルシェヴィキ軍艦の司令官は、カスピ海の警戒活動をモスクワ政府より委任されており、ディンキン（Denkin）将軍の軍艦がエンゼリ港において、庇護を求めていることは、カスピ海の脅威の原因であるが故に、司令官の発意により砲撃を行ったとの説明を行った。ボルシェヴィキ軍艦の司令官は、最終的にディンキン軍艦の引渡しを要求し、ソヴィエト政府とイギリス政府による非公式予備会談の結果が出るまで、エンゼリ港の占拠を要求した。以上の要求に対して、ペルシャ政府は以下のような返答を行った。①ペルシャ政府は、中立港の爆撃ないし警告なしでのペルシャ港への侵略行為に対して、挑発することなく抗議する。②ペルシャ政府が、当該問題に関してボルシェヴィキ軍と交渉の用意があるか否かにかかわらず、中立であるエンゼリ港に庇護を求めたディンキンの海軍艦は、国際法に従って武装解除並びに抑留する。③ペルシャ政府は、エンゼリ港のいかなる形式の侵略も許可することはできない。

こうした事実報告の後に、ペルシャ政府は連盟規約第11条に従って、正当化し得ない侵略に対して、公式的な抗議がなされることに対して敬意を表するとした。また、理事会に対して、当該問題に関して注意を払うことを要請した。これに加えて、1920年5月29日並びに31日には、ペルシャ領域からソヴィエト政府のボルシェヴィキ軍艦が撤退しないことを理由として、理事会が連盟規約第11条1項に基づいて、当該事態に関して審議を行うために特別理事会（Special Meeting of Council）を開催することを要求した。

(2) 国際連盟における討議

ペルシャ政府による要請を受け、1920年6月16日、理事会はペルシャを含む全会一致により、連盟規約第10条並びに11条に基づく提訴に関して、友好的決議を採択した[197]。当該決議の内容は以下の通りであった。すなわち、ペルシャ政府はソヴィエト政府との交渉に尽力し、ソヴィエト政府はペ

---

197 "Appeal under Articles 10 and 11 of the Covenant Made by the Persian Government to the League of Nations", *League of Nations Official Journal*, July-August, 1920, pp.217-218.

ルシャ領域からの軍艦の撤退を命令している。加えて、ペルシャ政府に対して、当該問題に関して平和的解決を進める意向を示している。故に、理事会は連盟規約第10条に従って、ペルシャの領土保全を維持することを宣言する。また、理事会は連盟規約に規定された義務的にとられる措置を勧告する以前に、現在進行中の交渉に対して全幅の機会が与えられることが望ましいとして、ソヴィエト政府による約束を待つことを決定する。また、この間、理事会はペルシャ政府に対して、交渉の進捗状況に関して事務総長を通じて、報告することを要求するものであった。

(3) 検 討

　当該決議の採択に関して、再三理事会に対して、連盟規約第10条並びに11条に基づいて、領土保全のための措置を要求してきたペルシャ政府にとっては満足のゆく措置でなかったとされる[198]。しかしながら、ソヴィエト政府は革命の直後であり、連盟の加盟国でないばかりか、大多数の国が政府承認を行っていなかった。こうした状況において、理事会がとりうる手段は、特別理事会の開催により、当該事態を加盟国に対して広く周知せしめることと、交渉の過程を報告せしめることのみであった。故に、当該事態における連盟規約第11条1項の適用は、特別理事会の開催という手続的側面に留まるものであるとも理解される。

　しかしながら、交渉の継続と進捗状況の報告を課しており、当事者が連盟の適当かつ必要と認める措置を履行したことにより、事態が武力紛争へと発展することはなかったのである。こうした理事会の活動にいかなる特徴を見出すことが可能であるかといえば、連盟規約第11条2項に基づく措置が、法的問題に転化可能な問題であり、とりわけ戦争の脅威が差し迫っていない場合に執られる措置であるのと比して、高度な政治問題であり緊急性の高い事例に対してとられた措置であるということである。ペルシャ政府は、高度な政治問題であり、「中東の平和を攪乱する脅威となるこれら事件による、極

198　澤田謙『國際連盟新論』嚴松堂書店、1927年、262頁。

めて深刻な事態にペルシャは晒されている」[199]とする緊急性の高い事態に対して、特別理事会の開催を要求した。連盟において、初の連盟規約第11条の適用に際して、事態の審議のために特別理事会の開催が要求されたことは、単なる手続的側面に関する問題ではなく、総会と理事会との権限関係に結実する問題でもある。

2 オーランド諸島帰属問題 (1920年)

(1) 事　実[200]

オーランド諸島 (the Aaland Islands) は、バルト海へ注ぎ込むボスニア湾の河口に存在し、戦略的に重要な拠点であった。オーランド諸島は、第一次世界大戦後、フィンランドが領有していたが、スウェーデンによっても領有権が主張された。その理由は、諸島がスウェーデンの本土よりフィンランドに近いものの、冬季には氷原によりフィンランドと繋がっていたことによるものである[201]。

スウェーデンは戦略的理由のみならず、以下のような事情も踏まえて領有権を主張した。

18世紀初頭のロシアによる短い統治期間を除いて、1809年以前において、オーランド諸島はスウェーデンに帰属していた。故に、オーランド諸島には、スウェーデン人が住んでいたが、スウェーデンのロシア敗北を契機として、1809年にロシア領へ帰属することとなった。オーランド諸島は、1856年の

199　"Letters from Prince Firouz to the Secretary-General", *League of Nations Official Journal*, July-August, 1920, p.216.
200　事実は以下を参考とした。家正治「オーランド諸島事件」田畑・竹本・松井 (編)『判例国際法』東信堂、2000年、58-62頁。平野正義「アーランド群島問題と国際連盟」『國學院大學大學院紀要』第6輯 (1974年)、151-160頁。Charles Noble Gregory, "The Nutralization of the Aaland Islands", *American Journal of International Law*, vol.17 (1923), pp.63-76. Norman J. Padelford and Andersson K. Gosta, "The Aaland Islands Question", *ibid*, vol. 33 (1939), pp.465-487.
201　具体的には、フィンランドから50キロメートル並びにスウェーデンから70キロメートル離れた位置に存在し、約300の島からなる島嶼であった。その面積は1442平方キロメートルであり、25,000人の住人の大半はスウェーデン人であった (Philip Marshall Brown, "The Aaland Islands Question", *American Journal of International Law*, vol.15 (1921), p.268)。

パリ条約において、スウェーデンと他の欧米諸国による要塞化を禁じ、非武装化されることとなった。その後、ロシアにおける混乱に乗じて、フィンランドがオーランド諸島と共に1917年12月15日に独立宣言をした。しかしながら、フィンランドとオーランド諸島住民の思惑は必ずしも一致していたわけではなく、大多数のオーランド諸島住民はフィンランドから独立し、母国であるスウェーデンへの帰属を望んだ。オーランド諸島自治体は、スウェーデン政府並びに議会に対して、早急にオーランド諸島をスウェーデン領に再統合する旨の申出を通達した。

1918年12月、スウェーデンは公式にフィンランド政府に対して、オーランド諸島の政治的帰結を決定するための住民投票を要請した。この住民投票は、ほぼ全会一致でスウェーデンへの帰属を求める結果となった。これに対し、フィンランドはオーランド諸島の経済的並びに軍事的な必要性から、結果の受入れを拒否した。1920年5月、フィンランドはオーランド諸島に対して自治権を与え、独立の扇動者の排除を求めたが、両国の関係は悪化の一途を辿った。スウェーデンは当該紛争の解決に際して、武力行使を示唆し、フィンランドも最終手段に訴えるとしていた。これに対して、連盟の公式成立以前であったもの、事務総長のドラモンド（E. Drummond）は解決策を準備した[202]。これに基づき、1920年6月19日に、イギリスはオーランド諸島の帰属問題が、「国際関係に影響する一切の事態にして国際の平和又は其の基礎たる各国間の良好なる了解を攪乱せんとする虞あるもの」として連盟規約第11条2項に基づき、連盟に当該事態を付託した。この「オーランド諸島帰属問題」は、連盟規約第11条の友誼的権利を行使した初の事例とされる[203]。

(2) 国際連盟における討議

1920年7月11日、連盟規約第11条2項の「連盟国の友誼的権利」に基づい

---

202 Lorna Lloyd, "The League of Nations and the Settlement of Disputes", *World Affairs*, vol.157 Issues 4 (1995), p.162.
203 Reginald Berkeley, "The Work of the League of Nations", *British Year Book of International Law*, vol. 2 (1921), pp.158-159.

て付託された紛争に関して、連盟理事会は、当該紛争が世界平和に影響を及ぼすものであり、連盟規約第12条、15条及び17条の基本原則に結びつく事態であるとして、連盟規約第4条4項に従って、連盟理事会で取り上げることを決定した。しかしながら、連盟理事会の審議において、フィンランド代表はオーランド諸島の帰属問題は、連盟規約第15条8項に規定されている、当事国の管轄権に属する事項に付いて生じたものである故に、連盟理事会が関与する余地はないとした[204]。

連盟理事会は、連盟規約第15条8項の適用可能性に関して、PCIJが設立されていれば当該機関による勧告的意見を求めたであろうが、理事会はできる限り迅速に当該問題を解決するべきであるとして、3人の国際判事からなる委員会(以下、法律家委員会)に対して、勧告的意見を求めることとした。フィンランド並びにスウェーデン代表を含む、全会一致により以下の決議が採択された。

「法律家委員会は、遅滞なく以下に掲げる問題に関して勧告的意見を理事会に対して与えることを約束しなければならない。
(1)オーランド諸島に関して、理事会により考慮中のスウェーデンの事例は連盟規約第15条8項の意味における、専らフィンランドの管轄権に属する事項において生じたものであるか。
(2)オーランド諸島の非武装化に関する国際義務を有しているのは現在どこの国であるのか。」[205]

法律家委員会への諮問期間中に、オーランド諸島における状況を変化させないことをスウェーデンとフィンランドの両国に要請し、両国は受け入れた[206]。連盟理事会からの諮問に対して、法律家委員会は8月3日から9月5日まで、討議を行い以下のように結論付けた。

---

204 *League of Nations Official Journal*, July-August, 1920, pp.247-248.
205 *Ibid.*, p.248.
206 平野正義、前掲論文、153頁。

オーランド諸島問題が、スウェーデンの国内管轄権に属するものであるか否かに付いて、委員会は以下のような意見を付した。
> 「(1)スウェーデンとフィンランド間の紛争は、極めて政治的な事態でもなければ国家の排他的領域主権に拠るものではない。
> (2)他方、オーランド諸島の政治的移譲により引き起こされる、事実上の事態から紛争は生じている。そして、こうした政治的移譲は、民族自決権を援用する住民内の分離派による行動に由来するものである。これは、フィンランドが未だ国家としての要件を具備していないときに、軍事的な事件に付随して、ロシア帝国からの分離をしたことにも由来している。
> (3)以上のことから、当該紛争に対して国際法は、フィンランドの国内管轄権に権限を委ねたものではない。
> (4)故に、連盟規約第15条4項に基づいて、連盟理事会は当該事例に対して公正かつ適当であると思われるいかなる勧告をなす権限を有する。」[207]

また、オーランド諸島に関する非軍事化に関して、以下のように結論付けた。
> 「(1)オーランド諸島の非軍事化に関する、1856年3月30日の平和条約の規定は有効である。
> (2)これら規定は、欧州諸国の利益を規定したものである。欧州諸国はオーランド諸島の軍事問題に関して特別な国際的地位を有する。すべての利害関係国は、他国により適当な時期に規定が再規定されるまでは、当該規定を遵守する旨を主張する権利を有している。諸島の地位に関していかなる国家も、当該規定により設立される非武装化の体制により生じる義務に従わなければならない。」[208]

この法律家委員会からの報告書を受け、連盟理事会は1920年9月20日に、

---

[207] *League of Nations Official Journal Special Supplement,* No.3, October 1920, p.14.
[208] *Ibid.,* p.19.

オーランド諸島問題に関して、勧告権限を有するとの決議を採択した。法律的問題は解決されたものの、政治的問題は依然として存在しており、連盟理事会はスウェーデンとフィンランド両国の同意を得た上で、当該問題に関して必要な調停を行うためのオーランド諸島委員会を設立した[209]。当該委員会は、現実の実情を調査し連盟理事会に報告する調査委員会であった。

連盟理事会は、オーランド諸島委員会からの報告並びにオーランド群島の住民の意見を聴取した上で、1921年6月24日に以下の勧告を行った。勧告は、①オーランド諸島の主権はフィンランドに属する、②オーランド諸島の自治法にスウェーデン語などの保護規定を定めること、③オーランド諸島の住民を保護するために、スウェーデンも含むすべての関係国による安全保障協定を締結することを骨子としていた[210]。

上記の勧告決議に従って、スウェーデンとフィンランドは交渉を行い、10カ国による保障協定が締結され、中立化問題に関しても解決されることとなった[211]。

(3) 検 討

「オーランド諸島帰属問題」に関しては、第一点目として連盟規約第15条8項の解釈問題が挙げられる。すなわち、国際機構法における、国内管轄事項不介入の原則がいかなる意味を有するかという問題である。これに関して、一般的には「チュニス・モロッコ国籍法事件」におけるPCIJの勧告的意見が先例とされている。当該判例は、連盟の管轄権と加盟国の管轄権問題に関して、明文で定式化したものであると考えられている[212]。当該判例は、連盟規約第15条8項に規定された国内管轄事項に関する定義を与えたものであるとされる。すなわち、ある事項が国内管轄権に属するか否かは、相対的な問

---

[209] *League of Nations Official Journal,* November-December, 1920, p.86.
[210] *League of Nations Official Journal,* September, 1921, pp.699-700.
[211] Charles Noble Gregory, *op.cit.*, pp.71-74. 調印国は、ドイツ、デンマーク、フィンランド、フランス、イギリス、スウェーデン、イタリア、ポーランド、ラトヴィア、チェコスロバキアであった。
[212] 大沼保昭『国際法―はじめて学ぶ人のための』東信堂、2005年、293頁。

題であり、国際関係の発展に依存することであるとされる[213]。当該判例に関する有力な見解によれば、国内管轄事項という概念が持つ相対的性質を明らかにし、原則的には国内管轄事項であっても条約上の義務の対象となることにより、国内管轄事項でなくなることを確認した先例的な判決であり、「オーランド諸島帰属問題」における法律家委員会の意見よりも一層重要な意義を持つものとされる[214]。

しかしながら、「チュニス・モロッコ国籍法事件」が扱っているのは、一般国際法における国内管轄事項に関するものであり、オーランド諸島帰属問題における法律家委員会による勧告的意見とその対象を異にするものであると考えられる。確かに、両事件は連盟規約第15条8項に関する解釈に関して勧告的意見を請求したものである。しかしながら、意見の内容は、「チュニス・モロッコ国籍法事件」と「オーランド諸島帰属事件」における勧告的意見では全く異なる。「チュニス・モロッコ国籍事件」においては、国籍法が一般国際法における国際関心事項であるか否かに関して論じられている。とりわけ、その基準に関して条約上の解釈や存続期間などに対して国際法上の問題を含む際には、国内管轄権の問題ではなく、一国の排他的管轄権に属さないというものであった[215]。

こうした「チュニス・モロッコ国籍法事件」での勧告的意見とは異なって、「オーランド諸島帰属問題」における勧告的意見は、国際機関において係争中の紛争が、国内管轄事項として、その紛争解決手続を妨げられるか否かに関して論じたものである。すなわち、連盟規約第15条8項における「専ら該当事国の管轄権に属する事項」の判断権限を保持するのは、いかなる主体であるかに関して論じられたものである。この点に関して、上述したように国家の主権的管轄権の下にはなく、連盟理事会が勧告をなす権限を有するとの意見が付された。故に、「オーランド諸島帰属問題」は国内問題に関する紛争の留保に関して、国際機関（連盟並びに国連）の各機関が認定することと解

---

[213] 田畑・竹本・松井（編）『判例国際法』東信堂、2000年、73頁。
[214] 金東勳「国際連合と国内管轄事項（一）」『法学論叢』第79巻第3号 (1966年)、42-43頁。
[215] *Permanent Court of International Justice Reports*, Series B, No. 4 (1923), p.24.

釈される[216]との極めて重要な先例であると考えられる。

　第二点目として、連盟理事会と連盟総会の権限関係問題が挙げられる。連盟規約第11条2項に基づいて、紛争を付託する際には、文言上は理事会と総会のどちらかを選択できることとなっている。これに対して、連盟に付託された最初の紛争が、理事会において審議されたことは、偶然の一致ではないと考えられる。それは、連盟規約第11条2項並びに、第12条及び15条の規定を複合的に考慮すれば、安全保障問題に関して、その付託を「原則として」連盟総会へ求めるものではない[217]。それは、連盟規約第15条による紛争解決の際に、理事会の発意によるか、紛争のいずれか一方の当事者の請求によってのみ、当該問題を総会で審議することができる（連盟規約第15条9項）との手続が規定されていることと深く関係していると考えられる。加えて、連盟規約第15条9項は、総会への当該問題への移管手続に関して、時間的制約を課している。すなわち、連盟規約第15条9項は「但し、右請求（移管手続）は、紛争を連盟理事会に付託したる後十四日以内に之を為すことを要す」と規定している。この時間的制約に加えて、連盟理事会と連盟総会の開催手続には若干の相違がみられる。連盟規約第3条は連盟総会の開催手続に関して規定しており、連盟規約第4条は連盟理事会の開催手続に関して規定しているが、一見して相違はみられない。しかしながら、以下の点を勘案すれば、手続規則に関して相違がみられると考えられる。連盟理事会は連盟規約第11条1項に基づいて、事務総長により連盟国の請求に基づき連盟理事会の会議を招集する手続規則が規定されている一方で、連盟総会に関してそのような規定はみられない。こうした手続規則に関する規定に鑑みれば、安全保障問題に関して連盟理事会が優先的に処理していたことは、偶然の一致ではないと考えられる。

216　高野雄一『全訂新版　国際法概論（下）』弘文堂、1986年、200-201頁。
217　平野正義、前掲論文、158頁。

3 ポーランド・リトアニア紛争（1920年）

(1) 事　実[218]

　ポーランドとリトアニア間の紛争は、1919年12月8日、最高会議において決定されたポーランドの暫定国境線の画定に端を発するものである。最高会議において決定された暫定国境線は、カーゾン線（Curzon line）とよばれており、ポーランドの東端は列強によって修正されることなく画定されたものであった。この暫定境界線により、独立に際してポーランドはボルシェヴィキ政権からヴィルナ（Vilna）市を承継した。これに対して、ボルシェヴィキ政権は、リトアニアの支持を得るために、ヴィルナ市とその州の大部分をリトアニアに対して割譲することとした。

　しかしながら、1920年7月に入り、ソ連は最初にポーランドと交渉を行ったことを理由として、リトアニアへのヴィルナ市の割譲を撤回した。これにより、ポーランド並びにリトアニア軍はスヴァルキ（Suvalki）において、衝突することとなった。ポーランドは、ロシアとの戦争を継続する一方で、リトアニアとの敵対行動を防止するために、1920年9月5日に連盟規約第11条に基づいて連盟理事会へ提訴した[219]。

(2) 国際連盟における討議

　連盟理事会は、両国に対して調停を行った結果、両当事者の合意に達したため、以下の内容の決議を9月20日に採択した。決議の内容は、以下の通りであった。まず、双方に対して敵対行動を停止することを要請した。その上で、ポーランドに対しては、ソ連との戦争継続中は暫定国境線の東側のリトアニアが占拠した中立地帯を尊重することを要請した。また、リトアニアに対しては、暫定国境線の西側への兵力の撤退を行うことを要請した。両国政

218　事実部分に関しては以下を参考にした。T.P. Conwell-Evans, *The League Council in Action,* Oxford University Press, 1929, pp.90-100. David W. Wainhouse, *International Peace Observation-A History and Forecast,* The Johns Hopkins Press, 1966, pp.15-20.
219　Minutes of Ninth Session of Council of the League of Nations, September 20th, 1920.

府に対して、暫定的取極を締結することを要請した上で、取極から生ずる義務の関係当事者による遵守を現地で確保する任務を負う委員会を、理事会が設置するというものであった[220]。

この決議に基づき、理事会はフランス、イギリス、イタリア、日本、スペインの理事国が任命した将校5名により構成される、軍事委員会 (Military Commission) を設置した。委員会は、10月5日に国境線沿いに到着し、10月7日に一切の敵対行動を停止し、暫定国境線から双方の軍隊を4マイル撤退させる旨の協定を締結させることに成功した。その後、ポーランドの将軍による非正規部隊が軍事境界線を越えて進撃した後に、ヴィルナを占領する事態に発展したが、軍事委員会はポーランドのツェリコフスキー (L. Zeligowski) 将軍率いる非正規部隊と、リトアニア軍の休戦にこぎつけ、全長105マイル、幅10マイルに及ぶ中立地帯を設置することに成功した。また同時に、軍事委員会は両国の正規軍の間にも第二の中立地帯を確保することにも成功した[221]。

この後に、10月28日、連盟理事会はポーランドとリトアニア間の紛争を解決するためにヴィルナ市の帰属を、連盟主催の住民投票により決定し、その後に理事会の管轄する国際軍を派遣し、現地を占領中のポーランドの非正規部隊と交替させることを提案した。ポーランド並びにリトアニアは当該提案を受け入れたため、11月に入り、連盟理事会は国際軍の派遣を検討し、承認されることとなった[222]。当該国際軍は、1,800人規模であり、その任務は警察的行動に限られるものであった。こうした計画はなされたものの、結果的に国際軍の派遣は、住民投票が行われないことと相まって、1921年3月3日の理事会により、実施されないことが決定された[223]。

1921年、連盟理事会は住民投票が行われないこととなった両当事国間の事態の打開のために、調停活動を行った。当該調停活動は、一年間にわたっ

---

220 *League of Nations Official Journal*, October 1920, p.398.
221 David W. Wainhouse, *op.cit.*, pp.16-17.
222 *League of Nations Official Journal*, January-February 1921, pp.5-6.
223 Gabriella Rosner, "The International Military Force Idea: A Look at Modern History", in Joel Larus (ed.), *From Collective Security to Preventive Diplomacy*, John Wiley&Sons, Inc., 1965, p.448.

て続けられたが、進捗することがなかった。1922年、紛争の火種となっていたポーランドの非正規部隊を率いるツェリコフスキー将軍が、ヴィルナを去ったものの、配下の軍隊は駐留し続けた。加えて、非正規部隊は、ポーランド並びにリトアニアに加えて連盟理事会も承認していない、住民投票を一方的に実施した。この住民投票の結果は、ヴィルナをポーランド領とするものであった。この住民投票を契機として、事態は急速に解決の方向へと向かい、3月15日の大使会議[224]で、ポーランド並びにリトアニア間の国境が画定したことにより、解決された。

(3) 検 討

当該事例は、迅速な軍事監視団の展開の後に速やかに紛争解決案が受諾された、ギリシャ・ブルガリア国境紛争と比べて、その評価が決して高いとはいえない[225]。その評価としては、対応が迅速ではなかった、ないしは調停が迅速に行われなかった旨の批判が多い。しかしながら、当該事例における防止措置としての軍事監視団の派遣は、以下の三段階の役割を果たした。第一段階として、一切の敵対行動を停止し、暫定国境線から双方の軍隊を4マイル撤退させる旨の協定を締結させた。第二段階として、ポーランドの非正規部隊とリトアニア軍の休戦にこぎつけ、全長150マイル、幅10マイルに及ぶ中立地帯を設置することに成功した。第三段階として、軍事委員会は両国の正規軍の間にも第二の中立地帯を確保することにも成功した。こうした、三段階にわたってとられた措置は、紛争の事態に迅速に対処しており、紛争の発生当初において、特別理事会が開かれなかったことは批判されるべき事

---

[224] 大使会議の決定に関して、ウェインハウスは否定的な見解を示している。ウェインハウスは、ヴィルナ紛争（ポーランド・リトアニア紛争）を例として挙げながら、以下のような説明をしている。すなわち、国際連盟と大使会議の二重の組織により当時の安全保障問題が議論されていたことから、満足のいく対処が不可能であったことを挙げている（David W. Wainhouse, op.cit., p.19, note 5）。しかしながら、こうした決定方法の有用性は、連盟規約第11条2項に関する事例研究からも明らかであり、満足のいく対処ができなかったと評するのは妥当ではない。

[225] 例えば、泉哲「聯盟連盟規約第十條及十一條に關する研究」京城帝国大学（編）『法学論纂』1932年。高橋通敏『安全保障序説』有斐閣、1960年。

由とはならない。また、調停活動は迅速に行われることが望ましいが、紛争の平和的解決の達成は、紛争の性質にも大きく左右されるものである。連盟規約第11条の価値は、紛争の防止措置としての価値であって、後の紛争の平和的解決の迅速性が、当該事例において執られた防止措置の価値に対して何ら影響を及ぼすものでないと考えられる。

　この事例の最も重要な点は、国際軍の派遣が検討されたが、結局派遣されることがなかったという事実である。これは、国家間紛争、とりわけ国境確定紛争に関しては、平和維持部隊の派遣以上に軍事監視団が紛争防止に高い効果を有していることを証明したものである。当該事例において、高い効果が証明されたからこそ、三年後にギリシャ・ブルガリア国境紛争において、軍事監視団が迅速に派遣され、調停が迅速に行われたのであって、その先例としての価値は決して軽んじられるものではない。

4　上部シレジア分割問題（1921年）

(1) 事　実[226]

　上部シレジアは、北部とオーデル河西部にドイツ系住民の農業地域、南東部にポーランド系住民の農業地域があり、それらの中間に両者混在の三角工業地域が存在した。上部シレジアは、豊富な石炭並びに亜鉛鉱山などを基礎にして工業が発展しており、当時のヨーロッパ重工業の四大拠点の一つであった。

　第一次大戦後、ドイツ並びにポーランド双方が上部シレジアの領有権を主張した。ポーランドは700年にわたって、この地域に関して何ら支配を及ぼしていなかった。一方、文化的並びに経済的に、上部シレジアはドイツの影響を強く受けてきた。しかしながら、ヴェルサイユ講和条約の締結に当たって、その原案は上部シレジアの全域が新生ポーランドの一部を構成すること

---

[226]　事実は以下を参考にした。T.P. Conwell-Evans, *op.cit.*, pp.201-210. Krystyna Marek (ed.), *A Digest of the Decisions of the International Court,* vol.1, Martinus Nijhoff, 1974. F.P., Walters. *A History of the League of Nations,* Oxford University Press, 1953. 濱口学「上部シレジア定境紛争（一九二一）の射程」『国学院法政論叢』第十三輯 (1992年)、1-19頁。

になっていた。そこで、ドイツがこの原案に抗議をしたため、英首相ロイド・ジョージは仏首相クレマンソーの反対を押し切って、上部シレジア帰属問題を住民投票にかける規定を講和条約に書き込んだ。ここから、上部シレジア帰属問題が生じることとなった。住民投票の結果は、ドイツの圧勝であった。しかしながら、問題は一直線に上部シレジアを分割することは、ドイツ領域におけるポーランド人を広範に退去させることになり、逆も然りであった。加えて、工業地域の発展のためには鉱業地域との密接な関係が必要であり、上部シレジア地域の分割は困難を極めた。この地域に関係するフランスとイギリスの緊張関係が増してきたために、合意の失敗が紛争を導くおそれがあったことから、ロイド・ジョージの示唆により、当問題を最高理事会(フランス、イギリス、日本、イタリア)により連盟理事会へ付託することとした。

(2) 国際連盟における討議

　1921年8月24日、連盟理事会は特別会期を開催したが、上部シレジア問題は極めて複雑であった。それは、紛争の当事者の一方（ドイツ）が非加盟国であった故、連盟の紛争解決手続を利用するためには、様々な困難が伴った[227]。こうしたことから、理事会は紛争当事者から意見聴取を行うことが不可能であった。そこで、この状況を打開するために理事会は、当該上部シレジア問題をドイツとポーランド間の紛争ではなく、ヴェルサイユ条約の条文の適用に関する係争事項であるとして、理事会による勧告を可能にした。しかしながら、両者から聴聞を行うことが望ましいのはいうまでもなかった。この紛争の第二の当事者である、フランスとイギリスの意見は平行線を辿っていたため、当時の理事会議長であった石井子爵（Viscount Ishii）は、この事件の当事者として両者を招集しなかった。

---

[227] 連盟規約第17条は、非加盟国が関係する紛争に関して規定している。それによれば、非加盟国は一定の条件を受諾したことをもってして第12条から第16条の手続を利用することができると定めている。しかしながら、勧誘されなければこの規定を利用できないことに対して、上部シレジア紛争を付託しようとしたドイツと連盟理事会の見解に相違があった。すなわち、理事会は勧誘していないドイツが、紛争を付託することはできないとする見解を示していた (T.P. Conwell-Evans, *op.cit.*, p.25.)。

両者を招集しない代わりに、事件を調査するために石井を議長とした非公式会議は、公平な四名からなる審査委員会に対して当該問題を諮問し、その報告書に基づいて理事会としての決定を行うことを決定した。この四名は、ブラジル、中国、スペイン並びにベルギーの各国から選出され、当該紛争に関して事前に関係したことのないものが選ばれた。これら調査団は、仲裁的な政治的妥結を図ることはしなかった。しかしながら、住民投票の事実に基づく提案を作成することが可能であった。それは、地政学的並びに経済的条件を考慮に入れた分割というよりは、住民の意思に基づく分割方法の提案であった。これは、経済的条件を考慮する大国からみれば、不条理なものであると見なされたが、それが住民投票の事実に基づいて提案されたことから、そうした論叢は次第に収束に向かった。

　1921年10月21日、事実調査団が最終的に提出した報告書は勧告として採択された。その概要は以下の通りである。上部シレジアの国境画定のみでは当該問題は、公平な解決が望めない。故に、ヴェルサイユ条約第92条5項によって経済協定を締結し、公平を期すために工業地帯は不可分のものとはせず、一部をドイツに分割し、一部をポーランドに分割する。これは、住民投票から得られる分割のみでは、ドイツ領が極端に小さくなることを考慮した結果である。その協定は、向こう15年間は経済、財政、及び工業に関する現状維持を保障し、ポーランド領におけるドイツ人の保護に関しても言及する。その他、連盟理事会はドイツ並びにポーランド両国の同数の委員及び第三国の委員長をもって組織する監督委員会を設置し、その過渡期的規定に関して監督を及ぼす。加えて、15年以内に商工業などに関する紛争が生じた際には、連盟に紛争を付託することができるとする。この勧告に基づいて、理事会は委員会の構成員を指名し、1922年にドイツ・ポーランド間に協定を締結させるに至った。

(3) 検　討
　当事例は、「オーランド諸島帰属問題」並びに「ポーランド・チェコスロバキア国境紛争」と同様に、領土紛争であった。今回の紛争が連盟における最

大の困難とよばれたのは、大国が関与する領土問題であったことである。しかしながら、複雑な事情を抱えた領土問題に関して、理事会は調査団の派遣による事実調査に基づく報告書を基にして、紛争を解決に導いた。戦争のおそれがそれほど厳しくない事例の解決として、連盟の効果を最大限に発揮した事例といえるであろう。後に、上部シレジア問題はこの際に締結した条約が問題となり、紛争が再燃した。しかしながら、この際には速やかに PCIJ に対して事件が付託され、法律的紛争として処理されることとなった。この問題に対する連盟の対処は、解決が困難な純然たる政治的問題を、事実調査を基にした解決方法によって条約を締結させることで、法律的問題に転化させたという意義も大である。

5 ポーランド・チェコスロバキア国境紛争（1923年）

(1) 事　実[228]

1923年の「ポーランド・チェコスロバキア国境紛争」は、ジャウォジーナ地域 (the region of Jaworzina) の国境画定問題を端緒としている。チェコスロバキアは、大使会議の決定に基づいて設置された、1922年9月26日の国境画定委員会の決定に対して、無効を申し立てていた。ポーランドは、1920年7月28日の大使会議の決定に基づく、国境画定によりジャウォジーナ地域の国境線の一部が侵害されているとして争っていた。すなわち、両者は自国に有利な国境画定の決定を巡って争っていた。

(2) 国際連盟における討議

1923年11月に、ポーランド軍の活動を停止させる為に、連盟理事会の介入が必要とされるまでに事態は進行した。事態は、それほど深刻ではなかったものの、イギリス、フランス、イタリア、日本を代表とする大使会議は、緊急事態として理事会に当該問題を付託するために連盟規約第11条

228　事実関係は以下を参考にした。*League of Nations Official Journal*, November 1923, Annex 567, pp.1472-1476. John Fischer Williams, *Some Aspects of the Covenant of the League of Nations*, Oxford University Press, 1934.

2項を適用した。理事会での手続は、極めて簡潔であった。当事者の代表は連盟規約第17条に従って、理事会に出席を求められた。そこで、報告者 (the Rapporteur) は両当事者の意見並びに、国境画定委員会の意見を聴取した上で、以下のような提案を理事会に付した。当該紛争は、法的紛争であり、両者の希望により、常設国際司法裁判所 (PCIJ) の勧告並びに、大使会議の提案による解決をなすべきである。

　理事会において、実質的に領土確定に関して意見は定まっていたが、報告者によるPCIJへの勧告的意見の要求提案は承認された。理事会は、PCIJに対して、以下のような請求を行った。

> 「ポーランドとチェコスロバキア間の国境画定紛争問題は継続しているのか、若しくは承継手続の細則が改変されたことにより、慣習的なジャウォジーナ地域の国境画定規則が、最終的に決定されて解決されたと見なすべきであるのか。」[229]

　ポーランドは、こうした理事会の行動に対して、「事態がPCIJに付託されることになったことは、その解決案が有効で最終的なものとして、すべての人々に認められることである」としている。留意すべきは、本来ならば理事会による国境画定に関して、事前に理事会自身による検討が行われるのであるが、そのような議論は行われなかった。当該問題の解決に関して、当事者はPCIJに対して当該問題の排他的な管轄権を認め、かねてからPCIJの判決が最終決定となることを宣言していた。これにより、勧告的意見に基づいて国境画定紛争が解決されることになった。PCIJはポーランド・チェコスロバキア間の国境画定に関する、1920年7月28日の大使会議の決定が最終的な解決策であって、この決定をもって結審とし、確実に同意され、この点に関して両政府間の紛争はもはや存在し得ないとの勧告的意見を述べた。報告者は、PCIJの勧告的意見に基づき理事会としての勧告を行った。ここでの問

---

[229] *League of Nations Official Journal,* November 1923, p.1332.

題点は、大使会議の決定と国境画定委員会の決定のうちのどちらを、最終的な判断とするかであったが、報告者は理事会による国境画定委員会の決定に対して否定的であった。

こうした勧告を受けて国境画定委員会は、最終的に1924年3月17日にPCIJの勧告的意見を基にした、新たな国境画定案を策定した。それは、両当事者に受け入れられることとなり、紛争は解決された。

(3) 検 討

当該理事会が執った措置は、PCIJに対する勧告的意見の請求による、紛争解決であった。しかしながら、理事会は単に勧告的意見を請求したのみではなく、両当事者に勧告的意見が最終判断であることを予め宣言させた。その上で、法律的問題に関してはPCIJに付託したのである。こうしたことに鑑みれば、理事会の行動は仲裁裁判の履行確保の役割を果たしていたと思われる。もちろん、裁判はPCIJによって行われたのであって、仲裁裁判ではないが、理事会が連盟規約第11条2項に基づいて仲介をし、判決履行を宣言させた上で、司法的解決に持ち込んだことからすれば、仲裁裁判以上の役割を果たしたといえる。

加えて、意思決定手続に鑑みれば、連盟における全会一致規則により、集団安全保障体制が機能しなかったとする結論は妥当ではない。むしろ、現在の国連以上に意思決定は、速やかであり効率的であった。一方で、集団安全保障問題が大使会議とよばれる小数の大国によって牛耳られていたかといえば、そうではない。「ポーランド・チェコスロバキア紛争」においては、勧告的意見を求めた上で、その意見を踏まえて最終的な理事会の勧告を行った。すなわち、ある一定程度までは少数の意思決定に委ねられているが、最終的な判断に関しては大国のみでは決定され得なかったのである。こうした意思決定は効率的である上に、少数意見の反映もなされる。故に、全会一致に基づく連盟の意思決定が、非効率であったと単純に論ずることはできないであろう。

6 アルバニア国境紛争（1921-23年）

(1) 事　実[230]

　第一次大戦後、アルバニアの国家としての地位と国境は不確定であったが、1913年の欧州列強6カ国のロンドン会議においてアルバニアとして割り当てられた領域の大半を、事実上の政府であるティラナ（Tirana）政権が掌握していた。アルバニアは、北部並びに東部沿いの国境は1913年の会議当初は明確に規定されなかったため、ユーゴスラヴィア軍が国境線を越えて占領をしており不安定な要素が多々存在した。こうした状況において、アルバニアは1921年4月29日並びに6月25日に、連盟規約第11条に基づいて連盟に事態を付託し、ユーゴスラヴィア軍によるアルバニアへの違法な占領から撤退するように求めた[231]。

(2) 国際連盟における討議

　1921年6月25日、理事会はアルバニア政府による事態の付託を受けて、アルバニア、ユーゴスラヴィア、ギリシャの三国から聴聞を行うこととした。そこで、アルバニア代表は本国の国境は1913年のロンドン会議において画定されており有効であって、理事会は監視のために審査委員会を送ってほしい旨の要請をした。一方、ギリシアとユーゴスラヴィア代表は、1913年の国境画定は後の実行によって無効であり、この問題において唯一の決定権限を有する大使会議によって、アルバニアと自国の国境の再画定を要求する旨を主張した。これに対して、理事会は大使会議がアルバニア問題を取り上げていることを理由として、大使会議に対して遅延なき決定を下すことを要求

---

[230]　事実は、以下の文献を参考にした。Arnold J. Toynbee, *Survey of International Affairs 1920-23,* Oxford University Press, 1925, pp.343-356. Byron Dexter, *The Years of Opportunity: The League of Nations, 1920-1926,* The Viking Press, 1967, pp.117-120. David W., Wainhouse. *op.cit.*, pp.29-33.

[231]　Appeal to the Council of the League of Nations by the Albanian Government, *League of Nations Official Journal,* July-August 1921, p.474. Telegram from the Albanian Prime Minister, *League of Nations Official Journal,* July-August 1921, p.477.

する勧告を行ったのみであった[232]。アルバニア代表は大使会議が唯一の権限を有するとする見解を拒否し、次回の総会にて、再び問題が取り上げられる権利を保持するとの見解を示した。

1921年9月、大使会議が再度延期されたため、アルバニアは総会に事態を付託した。総会において、多数の加盟国から連盟が極めて危険なアルバニアの状態を放置していることに対して非難の声が上がった。10月6日、総会における連盟国の重圧を受けて、理事会は審査委員を指名した上で、11月から大使会議の決定の履行並びに地域の不安定を監視するための審査委員会の派遣を決定した[233]。理事会により与えられた審査委員会の任務の一つである大使会議の決定は、会議の延期により11月18日に行われることとなった。その決定は、ユーゴスラヴィア並びにアルバニアに対して、25マイルに及ぶ国境画定区域からすべての軍隊を撤退させることを通告するものであった。

理事会により派遣された審査委員会は11月19日に国境付近に到着した。審査委員会の任務は、①暫定国境地域からのユーゴスラヴィア並びにアルバニア軍の撤退監視、②アルバニアの秩序を乱しかねない外部からの内乱の支援を与えないことを監視、③事態の再発を防止し、現在の混乱を収束させることを目的とした理事会の措置を監視することであった[234]。審査委員会は、1923年4月まで派遣されその任務を終了した[235]。

(3) 検 討

「アルバニア国境紛争」は、「ポーランド・リトアニア紛争」と同様の国境紛争であった。当該事例に対する評価は、「ポーランド・リトアニア紛争」と同様にして、連盟の対処は迅速でなかったために貴重な時間が失われたと評

232　Minutes of the Sixteen Meeting of the Council June 25th, *League of Nations Official Journal,* September 1921, pp.725-726.
233　David W., Wainhouse. *International Peace Observation-A History and Forcast-,* The Johns Hopkins Press, 1966, p.30.
234　Third Public Meeting, *League of Nations Official Journal,* December 1921, pp.1191-1192.
235　Report of the Commission of Enquiry in Albania (June to December 18th, 1922), *League of Nations Official Journal,* January 1923, pp.113-118; Final Report of the Commission of Enquiry, *League of Nations Official Journal,* May 1923, pp.504-510.

価されている。この評価の根拠は、アルバニアの最初の要請より6カ月を経た後にしか連盟による審査委員会が派遣されなかった故に、介入した際には多数の人命が失われていたことによるものである[236]。一方で、審査委員会による勧告は、単なる侵略の排除を超えて独立国家としてのアルバニアの有効性を確立する効果を有し、連盟の活動によりアルバニアの独立国家としての地位が確固たるものとなった点については評価が与えられている[237]。

このような評価に対して、国際組織法上の観点から以下の評価が与えられる。第一点目として、措置の性質の混同により紛争防止の効果を著しく減じたと評価される。連盟理事会は、上述したように連盟規約第11条1項の軍事監視と、連盟規約第11条2項による調査を兼ね備えた任務を付与した委員会を設置し、当該地域に派遣した。故に、ユーゴスラヴィアは、領域国が同意をする道徳的義務を有していた連盟規約第11条1項に基づく、敵対行動防止の為の軍事監視団の展開を拒否した。この結果、ユーゴスラヴィアのアルバニアに侵入は継続され、アルバニアにおける惨害をもたらすこととなった。ユーゴスラヴィアのアルバニア侵略撤退の契機は、英政府が連盟規約第16条の適用に基づいて、経済制裁を適用することを要請した1921年11月16日のことである[238]。

第二点目としては、防止措置と紛争解決を混同した点が指摘される。「ポーランド・リトアニア紛争」においては、特別理事会が開催されなかったにもかかわらず、停戦ラインを設定し軍事監視を行うことが可能であったが、本事例においては特別理事会の開催を行ったものの、大使会議の決定がなされない限り、実際に防止措置をとることはなかった。この原因は、連盟がアルバニア国境問題に付いては、大使会議のみが事項管轄を有しているとの解釈（紛争解決）と防止措置を混同していたことに他ならない。これは、「ポーランド・リトアニア紛争」において、紛争解決の前段階として武力紛争の防止措置として軍事監視団が派遣されたことからすれば、極めて大きな後退であ

---

236 David W., Wainhouse. *op.cit.*, p.31.
237 *Ibid.*, pp.31-33.
238 *Ibid.*, p.32. Arnold J. Toynbee, *op.cit.*, p.345.

るとみなされなければならない。

　これら二点を勘案すれば、本事例において、連盟は1921年4月のアルバニアの提訴に基づき、大使会議の決定とは切り離した形で、武力紛争のおそれを取り除く防止措置を講じる必要があった。また、この措置についても、後に派遣された審査委員会は、軍事監視と調査の両者の機能を備えたものではなく、別個の措置として、軍事監視団を先に派遣する必要があったと考えられる。

7　ギリシャ・ブルガリア国境紛争（1925年）

(1) 事　実[239]

　1919年から1922年のギリシャ・トルコ戦争の終結の後、マケドニア並びにトラキアにおけるギリシャ・ブルガリア間の国境は不安定要素が存在しており、しばしば事件も生じていた。1925年10月19日、デミ・カプウ（Demir-Kapu）[240]においてギリシャとブルガリア歩哨の間で、発砲事件が発生した。発砲事件の目撃者は存在せず、最初の発砲者については特定できなかったが、ギリシャ兵が発砲した後に殺害され、その遺体はブルガリアの領土に存置されていた。発砲音を聞きつけて、ギリシャ並びにブルガリアの小隊（ギリシャ側8名、ブルガリア側6名）が現れ、戦闘が始まった。救出に向かったギリシャ士官も殺害されたことにより、戦闘は拡大した。

(2) 国際連盟における討議

　1925年10月23日、ブルガリア政府は連盟規約第10条並びに11条に基づいて、連盟に事態を提訴し、連盟理事会の即時開催を要請した[241]。事務総長は連

---

[239]　事実関係は以下の文献を参考にした。C.A. Macrtney, *Survey of International Affairs 1925*, vol.2, Oxford University Press, 1928, p.134. F.P. Walters, *op.cit.,* vol.1, Oxford University Press, 1952, pp.311-315. David W., Wainhouse. *op.cit.*, pp.48-53; 高橋通敏『安全保障序説』有斐閣、1960年、89-98頁。

[240]　デミ・カプウはブルガリアのペトリッチェ（Petrich）より、南西に12キロメートル離れた山中の国境付近の駐屯地であった。

[241]　"Telegram from Bulgarian Minister for Foreign Affairs to the Secretary-General, dated Sofia", October 22nd 1925, *League of Nations Official Journal,* November 1925, p.1696.

盟規約第11条1項に基づき、10月26日に特別理事会の招集することを決定した。同時に、連盟理事会議長はギリシャ並びにブルガリア両政府に対して、「戦争に訴えない」義務を確認し、すべての敵対行動を停止し、各国境線まで軍隊を撤退させることを要請する旨の電報を送付した[242]。これに対して、翌24日、ブルガリア軍はギリシャ領土内に一度たりとも侵攻していないが、事態を悪化させるようないかなる行動をも慎むように厳命することを約するとの電報を、ブルガリア政府は連盟宛に送達した[243]。同様にして、ギリシャ政府もブルガリアの領内における軍事活動は自国の人民を保護するための行動であり、自国の管轄区を再占領することができれば、軍隊は速やかに国境線へ撤退する旨の電報を連盟宛に送達した[244]。

　第36回特別理事会は、1925年10月26日より30日まで開催された。理事会議長は、ギリシャ・ブルガリア間の事態には、①事実関係並びに責任の確定、②敵対行動の停止の二つの問題が生じているが、より緊急性が存するのは敵対行動の停止であり、当事国政府より議長の電報を受電した後の敵対行動の停止状況並びに軍隊の撤退状況について聴聞することを提案した[245]。聴聞に先立って、理事会は敵対行動の停止を要請する以下の決議を採択した。決議の内容は、当事国に対して①24時間以内に両国政府が無条件で国境まで軍隊を撤退させる旨命令すること、②敵対行動を停止させ、戦闘の再開が厳格な処罰の対象となることをすべての軍に警告し、60時間以内に国境まで軍隊の撤退を完了させること、を要請するものであった。これに加えて、理事会並びに当事国政府を支援するために、理事会はフランス、イギリス、イタリアに対して、両国軍の国境への撤退並びに敵対行動の停止を、両当事国が合意した期限後に速やかに理事会に報告することを目的とする士官の派遣

---

242 "Telegram from the Acting President of the Council to the Greek and Bulgarian Goverments", *Ibid.*, pp.1696-97. 理事会議長の権限による、敵対行動の停止勧告は前例のないものであった（David W., Wainhouse, *op.cit.*, pp.48-53)。
243 "Telegram dated October 24th, 1925, from the Bulgarian Minister for Foreign Affairs to the Secretary-General", *Ibid.*, p.1697.
244 "Telegram dated October 24th, 1925, from the Greek Minister for Foreign Affairs to the Secretary-General", *Ibid.*, p.1697.
245 League of Nations, *League of Nations Official Journal,* November 1925, p.1698.

を要請した[246]。両当事国は、理事会の上記決議案を受諾し、10月27日午後3時には両国政府が軍隊に対して撤退命令を与えたことを確認した[247]。また、10月28日の夜半にギリシャ軍のブルガリア領内からの撤退が完了し、撤退に際して事件の発生はなかった旨、イタリア士官より報告がなされた[248]。

　理事会は、両当事国に対して緊急的課題である、敵対行為の停止と両軍の撤退を勧告すると同時に、紛争解決として事実関係の確定を進行させていた。10月27日に開催された第二回会合において、理事会はギリシャ並びにブルガリアの両国から聴聞を行った。それによれば、ブルガリアの主張はギリシャの歩哨が越境の上、ブルガリアの歩哨を狙撃したため、これに応戦する形でギリシャの歩哨を殺害するに至り、その後ブルガリアの歩哨は白旗を掲げ停戦を要請したにもかかわらず、ギリシャ側はこれに応じなかったと主張した[249]。これに対し、ギリシャはブルガリアの歩哨がギリシャの国境部署の前に越境したことに対し応戦した際に、ギリシャの歩哨が射殺されたと主張した。歩哨の遺体がブルガリア領土に存置されているのは、ブルガリアの歩哨によって領土内に移動された故であると主張した。また、ギリシャの士官が白旗を掲げた上で、存置された歩哨の説明と調査の開始のためにブルガリア領土に侵入したところを射殺したことを主張した[250]。両者の聴聞を踏まえて、理事会は、10月29日にイギリス大使を代表とする審査委員会を設立する決議を採択し、審査委員会に対して、①紛争について事実関係と責任調査を行った上で必要であれば賠償額の決定を行うこと、②紛争の再発を妨げるために一般的な原因の除去並びに制限を行うこと、の二点の任務を与えた[251]。当該決議は両国の承諾を得て、理事会は賠償額の決定が行われた際には、それに従う旨を当事国に約束させた。

　審査委員会による報告は決議において11月末日までの期限が設定されて

246　*Ibid.*, pp.1699-1700.
247　*Ibid.*, pp.1707-1708.
248　*Ibid.*, p.1714.
249　*Ibid.*, pp.1701-1704.
250　*Ibid.*, pp.1704-1706.
251　*Ibid.*, pp.1712-1713.

いたため、審査委員会は事態の審査を即時開始し、12月7日より開催された理事会に報告書を提出した。報告書は、諸所の点を検討した結果、以下のような結論を下している。報告書は、デミ・カプウにて生じた紛争につき、①このように不穏な事件は、ヌイリ条約 (Treaty of Nuilly) に反して武装したブルガリア文民が増強されなければ発生し得なかったものである、②ギリシャ軍部大臣が歩哨と士官が殺害されたことに驚愕したことは誠に自然であるが、その後の報告において事態を実際よりも誇張する報告がなされ、それを打ち消す報告もなされぬまま当初の報告による印象が維持されたことを指摘した上で、このような事実に無関係に委員会はギリシャ軍により行われた行動は正当化されないと結論付けるとした[252]。また、この結論から、ブルガリアは連盟規約に従って行動したにもかかわらず、ギリシャについてはギリシャ軍によるブルガリア領土の一部占領は連盟規約違反を構成すると判断した。故に、ギリシャによる士官の死亡についての補償を除く500万ドラクマの賠償請求は認められず、ブルガリアに対して3,175万レバの支払いを決定した[253]。

さらに、審査委員会は事件の再発を防止するために以下の勧告を行った。勧告は、①国境警備隊の改組、②二人の中立士官を含む両国の士官による調停委員会の組織、③国境付近の難民への対処、を骨子とするものであった[254]。審査委員会による上記報告は、両当事国により受諾され、紛争は解決された。

(3) 検 討

本事例は、連盟が遺憾なくその紛争防止効果を発揮した事例として高く評価されている[255]。理事会の討議においても、当該紛争における理事会の対処について、議長であるブライアン (M.Braian) とイギリス代表のチェンバレ

---

252 "Report of the Commission of Enquiry into the Incidents on the Frontier between Bulgaria and Greece", *League of Nations Official Journal,* February 1928, pp.196-209.
253 *Ibid.*, pp.203-204.
254 *Ibid.*, pp.205-208.
255 例えば、香西茂『国連の平和維持活動』有斐閣、1991年、38-41頁、髙橋通敏、前掲書、94-98頁、David W., Wainhouse, *op.cit.*,pp.52-53, J.W. Garner, "Settlement of the Greco-Bulgarian Dispute", *American Journal of International Law,* p.337.

ン（O.Chamberlain）が、連盟理事会が緊急的な解決の要求に対して対処できないという批判は不当なものであり、不運にも生じてしまう国際の平和に対するおそれとなる紛争に対して理事会の調停が有効である旨の評価をした[256]。

当該事例では、理事会によって即時の撤退勧告並びに停戦を監視する軍事監視団の派遣による停戦の履行確保が、事態を武力紛争に移行させないための防止措置として高い効果を発揮した。また、その後の審査委員会による紛争の平和的解決のプロセスが、今後の紛争予防に果たした役割も極めて大きいものであった。こうした指摘は妥当であるが、本事例は紛争防止と紛争の平和的解決という二つの機能を有機的に結合させたという点で、連盟における紛争処理事例として高い評価を与えられる。

第一点目の機能としての防止措置は、当事国による敵対行動の停止並びに国境への撤退を監視する停戦監視措置がとられた。連盟における停戦監視は、すでに検討した「ポーランド・リトアニア紛争」[257]並びに「アルバニア国境紛争」[258]において実施されている。本事例が先行する「アルバニア国境紛争」と比して評価されるべき点は、何よりも防止措置の迅速性である。防止措置は、事態が武力紛争に移行する以前にとられなければ、効果を発揮することが困難であり、「アルバニア国境紛争」はその機会を逸したことにより紛争の拡大を招いた。この証左として、理事会の審査委員会による報告書は、理事会議長が敵対行動停止を要請する電報が命運を握ったと報告している。審査委員会による報告は、ギリシャ軍が事件の発生したデミ・カプウから進軍して、ペトリッチェ[259]に対して総攻撃を仕掛けることを企図しており、数分の節約が惨劇を救ったのであり、当該事例は連盟理事会による極めて迅速な行動の必要性を正に証明したと論じている[260]。

---

256 League of Nations, *League of Nations Official Journal,* November 1925, p.1709. また、ガーナー（J.W. Garner）も、「この紛争（ギリシャ・ブルガリア事件）解決は、危険な結末へと導かれるおそれのある軽微な紛争の調停のための組織としての連盟の本質を、明白に証明した」（J.W. Garner, *op.cit.*, p.338）と評している。
257 本章第3節3項参照のこと。
258 本章第6節6項参照のこと。
259 本章脚注240を参照のこと。
260 "Report of the Commission of Enquiry into the Incidents on the Frontier between Bulgaria and Greece", *League of Nations Official Journal,* February 1928, pp.196-209.

第二点目としては、事実関係を確定することにより紛争の平和的解決を促進した、連盟による審査機能が評価される[261]。先行する「ポーランド・リトアニア紛争」においては、連盟による調停活動が継続されたものの、進捗することなく一方的な住民投票が実施される結果となった。一方で、本事例においては、双方が理事会の審査結果を受け入れることが合意された上で審査が実施され、政治的な解決案が受諾され、理事会による政治解決案が履行されることとなったことが評価されなくてはならない。

　本事例は、防止措置の効果的な活用事例として高く評価されるが、本来注目されなければならないのは、措置の性質を踏まえた上での防止措置と審査機能の連携が紛争解決の成功要因となったことである。本事例は、「ポーランド・リトアニア紛争」と「アルバニア国境紛争」という二つの先行事例の失敗点を吸収したことから、国際連盟における紛争解決において輝かしい成績を収めることとなった。防止措置は、あくまでも一時的に事態を凍結することに他ならないのであり、紛争解決するものではない。よって、政治的解決を促進する紛争の平和的解決手段との連携が重要となるのであって、本事例はその萌芽として、高い評価が与えられる。

第4節　連盟規約第11条と防止措置の法理

1　事項的範囲と解釈理論

　一般的に、連盟は完全な法的組織というより、未完成の組織であると論じられる[263]。故に、その解釈は後の実行理論によるところが大であった。国連に関しては、当事者意思主義的アプローチに基づいて、起草過程が丹念に検討されるものの、連盟に関して、そのような検討は皆無であった。こうした検討を踏まえずに、連盟が未完成の法的組織と論ずるのは早計であろう。

261　*Ibid.*, p.208.
262　審査機能の詳細については、後述第4節2項を参照のこと。
263　藤田久一『国連法』東京大学出版会、1998年、40-41頁。

第4節 連盟規約第11条と防止措置の法理

小論では、第2節に於ける連盟規約第11条の起草過程から明らかになった連盟規約第11条の事項的範囲の推定と、後の実行理論を基礎として解釈理論を展開する。それに加えて、集団安全保障法における組織手続規範の形成という観点を踏まえた上で、連盟における目的論的解釈に基づいて、本節における解釈理論を展開している[264]。結論から先に述べれば、連盟は未完成な組織ながら、完全な法的組織であると考えられる。それは、連盟規約第11条2項の事項的範囲として執りうる限界としての調査権を、起草過程において想定していたことからも、結論付けられると考える。

連盟規約第11条2項に基づく、友誼的権利としての紛争付託に対して、連盟がいかなる措置をとりうるかに関して、事例研究での検討を進めてきた。連盟規約第11条2項は、1項に規定される「戦争又は戦争の脅威」と比して、「国際関係に影響する一切の事態にして国際の平和又は其の基礎たる各国の良好なる了解を攪乱しようとする虞あるもの」に対して適用されるものである。こうしたことから、連盟規約第11条2項の対象となる紛争は、連盟規約第11条1項よりも広範なものであると考えられる。

連盟規約第11条2項が対象とする紛争が、連盟規約第11条1項より広範であることから、必然的にその事項的範囲が広範なものであるとは類推されない。それは、連盟規約第11条1項が「連盟は、国際の平和を擁護する為適当かつ有効と認める措置を執るべきものとする」と規定しているのに対して、連盟規約第11条2項は「連盟総会又は、連盟理事会の注意を喚起する」と規定していることから、行動の主体に関して解釈する必要が存する。連盟規約第11条2項の文言に関して、注意を喚起するのは連盟各国であることは明確であるが、実際に注意を喚起する主体に関しては文言上不明確であった。この点に関して、連盟理事会ないし連盟総会であることが上記の実行の検討[265]

---

[264] 国際組織の解釈理論に関しては以下を参照。佐藤哲夫『国際組織法』有斐閣、2005年、111-114頁。
[265] 連盟規約第11条2項に基づき、連盟各国による友誼的権利として、問題が付託されたのは1920年のオーランド諸島問題、1921年の上部シレジア事件、1923年のメーメル問題、1921年の東カレリア問題、1923年のポーランド・チェコスロバキア国境紛争、1923年のハンガリー・ユーゴスラヴィア国境紛争である。

から明らかとなった。加えて、連盟規約第11条2項の事項的範囲として、以下の三点の活動が実行の検討から導き出される。すなわち、①法律家委員会の設置による紛争解決、② PCIJ に対する勧告的意見の請求による紛争解決、③調査権に基づく事実調査活動である。

　こうした連盟による措置が、いかなる法的効果を有するかに関して考察すれば、以下の通りである。総会に関しては、その活動は理事会又は連盟国に向けられた勧告（recommendations）並びに招請（invitations）の形式をとるとされてきたのと同様に、理事会の活動に関しても同様の形式がとられた[266]。こうしたことは、上記で検討した事例においても、理事会による各措置は勧告の形式がとられたことから、その法的効果は勧告的なものに留まる[267]。しかしながら、上記の措置の中でも、大使会議の決定を経た調査権活動は勧告的効果に留まるものではなかった。すなわち、紛争を取り上げる際の事前審査としての事実調査活動であったため、上部シレジア分割事件で明らかとなったように、当事者の黙示の合意により、調査団を理事会のイニシアティブで派遣することが可能であった[268]。法理的には、イニシアティブにより派遣された調査団による報告書を、勧告として採択する形式がとられた。故に、法理上は勧告的効果に留まるが、実際には勧告以上の効果を持っていたと考えられる。法理上、こうした報告書採択による勧告方式の最大の利点は、紛争当事国除外による全会一致規則の適用外に置かれることである。連盟規約第15条6項が、「連盟理事会の報告書が紛争当事国の代表者を除き」と規定しているように、連盟理事会による報告書の作成は、連盟規約第5条に規定される全会一致規則の適用を受けない。また、こうした勧告以上の効果に際しては、調査権法理の箇所において論ずるように、大使会議による意思決定という手続が大きな役割を担っていたと考えられる。このように、連盟規約第11条2項に基づく、連盟理事会のイニシアティブによる調査団の派遣は、

---

[266] 藤田久一、前掲書、39-40頁。
[267] 立作太郎『國際聯盟規約論』国際連盟協会、1932年、173頁。
[268] 理事会のイニシアティブによる事実調査は、差し迫った状態にあったイタリア・エチオピア紛争や満州事変の事例でさえ受け入れられており、拒否する事例は皆無であったと考えられる。

法理上のメカニズムと共に政治的な手続の補完により達成されたと考えられる。

予防措置である調査権の法理は、厳密には連盟規約第11条2項に基礎付けられる。一方で、防止措置である軍事監視団の法理は、連盟規約第11条1項に基礎付けられると考えられる。こうした措置の違いが顕著に表れたのが、1920年のアルバニア国境紛争による、連盟の対処が孕む問題点である。連盟における事実調査活動の法的根拠を、連盟規約第11条1項に求める見解も存するが[269]、後述するように、その法的根拠は連盟規約第11条2項に求められる。この措置の問題点は、連盟規約第11条に関する事項的範囲の解釈問題に帰結するが、連盟規約第11条2項に関して、事項的範囲の限界は調査団の派遣にある。

現に、連盟規約第11条1項と2項の区別に関して、理事会による連盟規約第11条の有権的解釈とされる1927年12月6日に理事会により採択された[270]「連盟規約第11条適用の指針」[271]では、以下のような見解がとられている。その区別は、「戦争の脅威がないか、その脅威が厳しくない場合」と「戦争の脅威が差し迫った場合」である。この区別は、前者は連盟規約第11条2項に関して、後者は連盟規約第11条1項に関する解釈の区別と考えられる。この区別に基づく解釈による連盟規約第11条2項の事項的範囲の限界は、当該指針2(d)項に規定さている。(d)項は、以下の通りである。

「紛争の事実関係について疑義がある場合には、現実に起こったこと又は起こりそうなことを確認するために、連盟の委員会を現地に派遣することができる。この委員会がいずれの当事国の領域へ赴くためにも、当該領域の所属する国の同意が必要なものと解される。」

---

269 Hitoshi Nasu, "Investigation *Proprio Motu* for the Maintainace of International Peace and Security", *The Australian Year Book of International Law,* vol.23, 2003, pp.111-115

270 Reduction of Armaments: Methods or Regulations which would enable the Counicil to take such Decision as may be necessary to enforce the Obligations of the Covenant as expeditiously as possible, *League of Nations Official Journal,* February 1928, p.125.

271 Reduction of Armaments-Report Approved by the Committee of the Council on March 15th 1927 on the Subject Point I (b) of the French Proposal (C.169.1927.IX), *League of Nations Official Journal,* July 1927, pp.832-833.

一方で、連盟規約第11条1項に関しては、当該指針3(d)項、並びに(g)項において規定されており、以下の通りである。

「(d) さらに理事会は、紛争の悪化を防ぎ平和的解決を容易にするために、現状が乱されないことを確保する手続をとることができる。この目的のため理事会は当事国に対し軍隊の移動、兵力動員その他避けるのが望ましい措置を指示することができる…（後略）…。
(g) 当該国がなお敵対的な準備や行動を止めない場合には、海軍の示威行動のような、警告行動をとることもできる。過去には、こうした目的のために、海軍の示威行動がとられたこともあった。合理的な範囲内で空軍の示威行動をとることも可能である。各場合の状況に応じて、これ以外の措置が適切なこともあり得よう。」

このように、連盟規約第11条1項並びに2項においては、各々その事項的範囲が異なると考えられる。すなわち、連盟規約第11条1項の事項的範囲は2項よりも広範である。これに対して、連盟規約第11条1項が広範な事項的範囲をとりうること並びに、2(e)項が調査に関して言及していることから、連盟規約第11条1項を調査権の基礎として援用することができると考察できる可能性がある。しかしながら、当該指針2(e)項の規定する調査は、「これらの措置（防止措置）が履行された方法を確認し、事態の推移に対して情報を得るために……」との前提条件が付されている。これは、事態に関する予備的決定の為の、調査とは性質を異にするものである。故に、連盟規約第11条1項が、那須が意図する調査権法理の基礎とされる旨の見解は、妥当ではない。受入国の同意に基づく事実調査活動は、確かに単なる事後審査ではなく、予備的決定の意味合いを持っていたが、それは連盟規約第11条2項に基づくものである。加えて、そうした紛争予防活動は、当該受入れ国の同意がなければ不可能であることは、那須が示す事実調査の発展が、あくまで理論的なものに留まっていることが裏付けている。すなわち、ポール・ボンクールの覚書において言及される、義務的な調査はその後のブルッケール報告並

びに、実際に採択された「連盟規約第11条に関する指針」では、採択されることがなかった。満州事変の際には、日本が進んで受け入れたことにより調査を実施することが可能ではあったが、アルバニア国境紛争においてユーゴスラヴィアは、事実調査団の派遣を拒否した。これは、連盟規約第11条1項が、領域国が軍事監視団の派遣に同意する道徳的義務を有していたのとは大きく異なっている。連盟規約第11条1項と2項の措置の区別の必要性は、当該指針の4(b)項に端的に表されている。すなわち、以下のように規定されている。

「上記の諸措置のいずれをとるに際しても、当然のことながら理事会は、『戦争ノ脅威』を扱う第11条1項と「各国ノ良好ナル了解ヲ攪乱セムトスル虞アル（事態）」を扱う同条2項との区別に、留意すべきである。」

こうしたことから、連盟規約第11条1項と2項の措置には、厳密な区別が必要である。

上述した措置の区別の重要性は、ユーゴスラヴィアによるアルバニア国境紛争と、満州事変の事例において顕著に表れている。アルバニア国境紛争において、連盟理事会は、連盟規約第11条1項の軍事監視と調査を兼ね備えた任務を与えた委員会を設置し、当該地域に派遣した。故に、ユーゴスラヴィアは、領域国の同意をなす道徳的義務を有していた連盟規約第11条1項に基づく、敵対行動防止のための軍事監視団の展開を拒否した。この結果、ユーゴスラヴィアはアルバニアに侵入し、アルバニアにおける惨害をもたらすこととなった。当時、理事会が上記の区別を明確にし、防止措置としての軍事監視団のみを派遣していれば、ユーゴスラヴィアによるアルバニアへの侵略を防止できた可能性は高い。こうした経験を踏まえて、ギリシャ・ブルガリア国境紛争においては、軍事監視団と調査団を別個の組織として、派遣することで紛争の解決へと導いた。以下では、調査権並びに平和維持活動の機能的な区分に基づいて、個別具体的な法理の検討を行う。

2 調査権の法理

理事会による調査権に基づく活動として、1921年の「上部シレジア分割事件」並びに同年の「ユーゴスラヴィア・アルバニア紛争」、1924年の「モスール問題」が挙げられる。このような事例に鑑みれば、起草過程において想定された、理事会自身による調査権の行使が行われていたと見なすことができる。このような、事実調査活動はそれ以前の単純な審査とは異なる意味合いを持つ[272]。それは、紛争の発生後に行われる事実審査ではなく、紛争のおそれの際に事態を審査することにより、紛争の発生を未然に食い止めるということである。この決定的な相違は、連盟規約第11条2項における理事会並びに総会への注意喚起の文言を基にして、連盟の発意で紛争の調査が可能としたことに表れている。連盟規約第15条1項の手続は、連盟国自らが紛争を付託しなければ開始されえない措置であった。故に、連盟期の紛争の大部分は、連盟規約第11条1項若しくは2項による手続を用いて解決されたのである。

　このような、事実調査活動を可能にしたのは、前述した国際連盟理事会と大使会議の存在がとりわけ大きい。それは、法理上、連盟規約第11条2項に基づく行動は、加盟国の友誼的権利に基づいて、国際の平和又はその基礎たる各国間の良好なる了解を攪乱しようとするおそれのある事態の発生を総会若しくは理事会に対して注意喚起をなすことが前提条件である。その注意喚起をなすのが、大使会議であった。大使会議は、加盟国（主として、フランス、イギリス、イタリア、日本）からなる組織であった。これら加盟国による、注意喚起によって理事会は行動を開始することが可能であった。この注意喚起に基づいて、理事会並びに総会が執りうる措置の事項的範囲としては、以下で検討する理事会自身による調査活動が限界であったと考えられる。また、連盟における調査権は、連盟規約第11条2項に規定されていたと結論付けることができる。

　この点に関して、後にブルッケール報告に基づいて、連盟規約第11条の適用に関する一連の規則として、第8回総会並びに1927年12月6日の理事会

---

[272] 那須は、事後的な審査と紛争を取り上げる際の予備的決定としての事実調査を区別して議論を展開しており、その点に関しては説得的である（Hitoshi Nasu, *op. cit.*, pp.111-115）。

によって採択された「連盟規約第11条適用の指針」[273]を検討することでより明確となる。そこでは、2項として「戦争の脅威がないか、その脅威が厳しくない場合」に関して、3項として「戦争の脅威が差し迫った場合」として紛争に関する各々の状況に関して適用の指針を規定している。この区分は、連盟規約第11条1項と2項の分け方に準じたものであり、指針の2項は連盟規約第11条2項に対応するものである。一方、指針の3項は連盟規約第11条1項に対応するものである。この指針は、序論(a)において述べられているように、連盟規約第11条の有権的解釈ではないとされるが、総会と理事会において採択された指針が有権的解釈ではないとするのは、国際機構法の解釈理論からすれば疑問がある。内容を検討するならば、指針の2項はその事項的範囲として、①理事会の招集、②理事会自身による調停活動、③解決方法の勧告、④領域国の同意を得た上での調査団の派遣、⑤PCIJの勧告的意見の要請を挙げている。これは、筆者が検討した連盟規約第11条2項に関する事例研究から導き出される事項的範囲と、ほぼ一致するものである。一方、指針の3項に関してはその事項的範囲として、①特別理事会の招集、②事務総長による現状維持の指示、③理事会による平和の破壊の回避の警告、④軍隊の移動並びに中立地帯の設置を含む、紛争悪化の防止措置、⑤海軍の示威行動を含む警告措置である。この指針に鑑みれば、連盟規約第11条1項の有権的解釈においては、その事項的範囲は平和維持軍の派遣に類する活動である。一方で、連盟規約第11条2項の有権的解釈からは、平和維持軍の派遣までは認められておらず、調査団の派遣にその事項的範囲の限界が位置付けられる。

3　平和維持活動の法理

連盟理事会における平和維持活動は、主として軍事監視団の派遣という手段をもってして行われた。小論における事例研究で検討したように、1920年の「ポーランド・リトアニア紛争」、1921年から23年の「アルバニア国境

---

[273] *League of Nations Official Journal Special Supplement*, No.54 (1927), p.177. 高橋は以下で論じる点に関して、明確に分類して議論をしていない為、議論の緻密さに欠ける(高橋通敏『安全保障序説』有斐閣、1960年、70-74頁)。

紛争」並びに1925年の「ギリシャ・ブルガリア国境紛争」において、理事会による軍事監視団の派遣が行われた。これら軍事監視団の派遣による連盟の平和維持活動は、防止措置として高い効果を発揮した。平和維持活動は、一般的に国連軍型の大規模武装集団による平和維持軍の派遣が注目される。しかしながら、国際連盟における初期の平和維持活動が、すべて小部隊の非武装による軍事監視団であったことに加えて、国際連合における平和維持活動の大半が軍事監視団の派遣であることに鑑みれば、軍事監視団の派遣は平和維持軍の派遣以上に高い価値を有すると考えられる[274]。

「アルバニア国境紛争」並びに「ギリシャ・ブルガリア国境紛争」において、事務総長による特別理事会の開催が決定された後に、理事会の決定により軍事監視団の派遣が行われた。一方、連盟における初の平和維持活動の事例と見なされる「ポーランド・リトアニア紛争」における軍事監視団の派遣は、特別理事会の開催を経ずに行われることとなった。

事例研究において取り扱った事例において、理事会の行動は特別理事会の開催を経たか否かの相違はあるものの、第8回総会並びに1927年12月6日の理事会によって採択された「連盟規約第11条適用の指針」[275]の第3項における事項的範囲と合致するものである。当該指針第3項は、①特別理事会の招集、②事務総長による現状維持の指示、③理事会による平和の破壊の回避の警告、④軍隊の移動並びに中立地帯の設置を含む、紛争悪化の防止措置、⑤海軍の示威行動を含む警告措置を事項的範囲として指摘している。以下で、連盟規約第11条1項の事例研究に基づき、その事項的範囲を検討する。

まず、紛争付託について、連盟規約第11条2項に基づく調査権法理では、文言上の制約より大使会議という媒介メカニズムを通してのみ紛争を取り上げることが可能であった。一方、連盟規約第11条1項の適用事例として挙げ

---

[274] 国連における初期の平和維持活動であるギリシャにおける事実調査のための軍事監視団の展開並びに、公式的には国連初の独立した軍事監視団として平和維持活動のリストに名前を連ねる国連パレスチナ休戦監視機構についてもその前身はパレスチナ調停委員会の軍事監視団により構成された。この点に関して、本書の第2章第2節を参照のこと。

[275] *League of Nations Official Journal Special Supplement*, No.54 (1927), p.177.

られる事例研究のうち二事例では、事務総長による特別理事会の招集により、「ギリシャ・ブルガリア国境紛争」においては、ブルガリアによる紛争の付託の即日に特別理事会の招集が決定された（実際の招集日は三日後であった）。また、適切な紛争防止措置を施すに至らなかった「アルバニア国境紛争」においてでさえ、アルバニアの付託の即日に事態を審議した。連盟規約第11条1項に基づく措置は、当該事態を悪化させることを防止する措置であり、何よりも緊急性を要する。このことは、連盟における紛争防止の成功例として評価される「ギリシャ・ブルガリア国境紛争」における、理事会の討議において明らかである。すなわち、理事会は、事態の事実関係の確認よりも現状を悪化させない措置をとることが優先されるべきであるとして、3カ国より構成される軍事監視団を停戦監視のために派遣した。緊急性を要する武力衝突を、武力紛争ひいては戦争に発展させないための防止措置は大使会議による媒介メカニズムを通した紛争付託によっては実施され得なかったと考え、代わりに事務総長による特別理事会の招集という手続がその一端を担っていたと考えられる。

　上述の紛争付託に次いで、事態を固定化して現状を悪化させないことに重要な役割を果たしたのは、「連盟規約第11条適用の指針」において事項的範囲として指摘される、事務総長による現状維持の指示であった。連盟規約第11条1項の、連盟における最初の適用事例と見なされる「ポーランド・リトアニア紛争」において、理事会における調停工作が功を奏したのは、事務総長のイニシアティブによるところが極めて大であった。これにより、特別理事会は開催されなかったものの、速やかに停戦ラインを設定し、軍事監視団を派遣することが可能であった。これと対照的に、「アルバニア国境紛争」は大使会議において当該問題を諮問中であったことから、理事会は連盟規約第11条2項の紛争付託プロセスの俎上に当該紛争が載っていることを考慮し、アルバニアによる紛争付託を約3カ月放置したことにより事態は悪化の一途を辿り、ユーゴスラヴィアによるアルバニアの侵略は継続された。しかしながら、この際の失敗を活かし、事務総長の強力なイニシアティブによって、「ギリシャ・ブルガリア紛争」における迅速な解決を実現したことは評価されるべきもので

ある[276]。

連盟規約第11条1項と2項の区別を極めて端的に表しているのが、紛争を取り上げる際の予備的決定としての調査と紛争の事後審査の役割を果たす審査の差である。連盟規約第11条1項の事項的範囲として、「連盟規約第11条適用の指針」3(e)項の規定する調査は、「これらの措置が履行された方法を確認し、事態の推移に対して情報を得るために……」との前提条件が付されている。これは、事態に関する予備的決定のための、調査(investigation)とは性質を異にするものであり、むしろ審査(enquiry)に類するものである[277]。「ギリシャ・ブルガリア国境紛争」においては、軍事監視団を展開させた後に、事態の事実関係を調査するために別個の審査委員会が派遣され、政治的解決の勧告も速やかに行われた。一方で、この審査と調査の峻別が十分になされなかったのが、「アルバニア国境紛争」であった。これは、大使会議により

---

[276] エヴァンスは、「ギリシャ・ブルガリア国境紛争」における理事会議長による、停戦維持勧告の手続が、両軍の引き離しのみの単一問題しか取り上げないこと並びに後の実行(とりわけコルフ島事件)において、連盟による強力的措置の有効性に疑問が投げかけられたことから、高く評価されるべきではないと論じている(T.P. Conwell-Evans, *The League Council in Action*, Oxford University Press, 1929, pp.36-38)。しかしながら、こうした見解に対しては、小論における防止措置に関する法的性質についての各所における言及並びに、ウィリアムズによる「この条文(連盟規約第11条)の要諦は、防止であって、抑圧することではない」(John Fischer Williams, "The Covenant of the League of Nations and War", *The Cambridge Law Journal*, vol.5 no.1 (1933), p.135)との指摘を考慮に入れなければならない。

[277] この点につき、柘山はパレスチナにおける休戦監視機構を事例分析した上で、軍事監視団の基本的任務として、調査を指摘している。その指摘によれば、調査とは発生した事件に関してその事実調査を行い、混合休戦委員会または国連休戦監視機構の参謀長に対して報告する任務であり、当事者の要請によるのみではなく、軍事監視員や国連休戦監視機構の独自の活動としても行われるものであったとされる。また、平和維持活動においては、事件の発生を防止することが主たる任務とされるが、発生した違反行為の事実を違反者に突きつけることにより、今後の事件発生を防止すると共に、防止措置をとるための重要な資料を提供するものであるとしている(柘山堯司『PKO法理論序説』東信堂、1995年、40頁)。

筆者がここで、調査ではなく審査に類するものであるとした理由は、本章第4節2項における紛争の予備的決定としての審査権との区別を明確にするためであり、その意図する機能については、柘山の指摘する軍事監視団の基本的任務としての調査に他ならない。事実、「ギリシャ・ブルガリア国境紛争」においては、理事会の勧告により基本的任務としての調査履行に必要な調停委員会が組織されたことが事例研究から明らかとなっている。

係争中の国境紛争が紛争解決への入口である審査段階にあると理事会が判断し、事態を取り上げなかったことに問題があった。

連盟における平和維持活動として、小論にて検討を試みた三事例の中でも、「ポーランド・リトアニア紛争」において派遣された軍事監視団と「ギリシャ・ブルガリア紛争」において派遣された軍事監視団では、その構造に変化がみられる。「ポーランド・リトアニア紛争」における、軍事委員会の目的は事態の調査活動にあったといえる。すなわち両国の同意に基づいて、事実調査を行った上で連盟の介入が必要か否かを決定する予定であったと考えられる。その証左として、軍事委員会の報告を基にして、連盟理事会は派遣されることはなかったが、1,800人規模の国際軍の派遣を決議しているのである。連盟の平和維持活動の黎明期においては、調査活動と平和維持活動が密接に結合していたと見なされる。すなわち、調査活動と平和維持活動は未分化の状態にあったと考察される[278]。この際、軍事委員会は明確な停戦監視任務などを与えられておらず、軍事委員らが当事者に対して、一切の敵対行動を停止し、暫定国境線から双方の軍隊を4マイル撤退させる旨の協定を締結させることを成功させた。

一方で、国際連盟における三例目としての、「ギリシャ・ブルガリア紛争」においては、調査活動と平和維持活動が分化されていたと見なされる。当該事例においては、ブルガリア領土に対するギリシアの侵略が継続中であり、当事者に対して速やかに自国領土内への撤退を勧告すると共に、その撤退を監視する防止措置がとられた。この際には、決議において明確に両当事者の撤退監視を任務とする士官の派遣が言及され、各国はそれに従った。このような連盟の対処は、上述したように「アルバニア国境紛争」の轍を踏まえたものである。

---

[278] 調査活動と平和維持活動が未分化の状態であったことは、国連の初期におけるギリシャへの事実調査団の派遣の事例からも明らかである。1946年、ギリシャからの事態の付託を受けた安全保障理事会は、調査委員会を設置した上で、56名の調査員(軍人)からなる調査団を派遣した。この際、3カ月ほどの調査が終了すると、補助委員会を設置して現地に駐留させ、駐留した委員がギリシャへの領土侵犯を調査し解決し、国境監視を行った(柘山堯司、前掲書、5-7頁)。

以上の分析から、事態の推移を踏まえた上で紛争予防と防止措置はとられるべきものであり、法理上、連盟規約第11条1項と2項の事項的範囲には明確な区分が存すると考察される。それは、単純に連盟規約第11条1項の事項的範囲が広範であると結論付けられるものではなく、紛争処理のメカニズムそのものが異なっている。このことは、上記で検討してきたように予防措置として位置付けられる調査活動と、事態を武力紛争に推移させないための防止措置として位置付けられる平和維持活動の性質の相違から導き出されるものである。こうした措置の区分の重要性は、後の国連において憲章第34条に調査権として、予防措置を規定し、第40条において暫定措置の発動として、防止措置を規定したことによっても裏付けられるものである。

4　小　結

　上述してきた連盟規約第11条に関する様々な経験も、満州事変の際には十分に生かされなかった。それは、連盟理事会が軍事監視団を派遣するのではなく、調査団を派遣したことである。当時の調査団は、紛争解決としての事後審査の役割が大きく、軍事監視団の展開がなされた後の段階で用いられるべきものであった。これに関しては、指針にも言及されているように確実に領域国の同意が必要であるとされ、上述した軍事監視団の派遣の際に用いられる連盟規約第11条1項のように、領域国が同意を与える道徳的義務を有してはいなかった。日本は、調査団の派遣を受け入れたものの、それは紛争の防止には繋がらなかった。こうした措置の性質の混乱によって、紛争の拡大防止に失敗したのが、国際連盟の末期における連盟の対処方法であった。確かに、ジェームス (A. James) が指摘するように、国際連盟は平和維持活動として後に知られるようになる領域において、有用な記録を残してはいる[279]。しかしながら、紛争防止が目的通り達成されなかった事例からも明らかなように、連盟規約第11条1項と2項の措置は、その性質を異にするものであり、この点を十分に理論化する必要があると考えられる。連盟規約第11条1項に

---

[279]　Alan James, "The Peacekeeping Role of the League of Nations", *International Peacekeeping*, vol.6 no.1 (1999), p.160.

基づく軍事監視団の受け入れ同意が、当時は道徳的義務とされていたことは、国連憲章第40条の後段に規定された、「安全保障理事会は関係当事者が暫定措置に従わなかったときは、そのことに妥当な考慮を払わなければならない」との文言に結実するものであると考えられる。

第5節　連盟総会と連盟理事会における権限関係

1　理事会開催手続と権限関係

　連盟における理事会と総会はその主要機関であり、連盟規約第2条は連盟規約に基づく行動は、連盟総会及び理事会によってなされるものであると規定している。しかしながら、その権限関係は不明確である[280]。すなわち、連盟規約第3条が連盟総会は連盟の行動範囲に属し又は世界の平和に影響する一切の事態を会議において処理するとしている。また、連盟規約第4条4項は、主語が連盟理事会となってはいるものの、連盟規約第3条3項と同様の文言を規定している。

　上述の一般的権限から引き出される、安全保障問題に関する特定権限は連盟規約第11条である。連盟規約第11条の1項と2項では、措置の主体が異なっており、1項では措置の主体として理事会のみが想定されている。その一方で、同条第2項は連盟総会若しくは理事会に対して注意喚起を促すことを規定しており、各機関の事項的範囲は文言上明らかではない。すなわち、この二点から導き出されることは、連盟規約第11条1項に規定される国際の平和を擁護するために適当かつ有効な手段をとることができる主体は理事会のみであるということである。これに対し、連盟規約第11条2項は注意喚起をなすことのみがその事項的範囲とされている。この1項と2項の文言の相違による、機能的区分による事項的範囲の相違は第4節において論じた通りである。

　280　C. Howard-Ellis, *The Origin Structure and Working of the League of Nations,* Houghton Mifflin Company, 1929, p.126.

一方、安全保障問題に関する権限関係を導き出すためには、連盟規約第11条2項に関する解釈理論から導き出さなければならない。すなわち、二つの機関に関して同一の事項的範囲を文言上規定している、条文に関する解釈を踏まえなければ、その権限関係は明らかとはならない。この権限関係に関して、機能面から分類する考察も存する。すなわち、総会は予算審議、年間の一般活動に関する計画の策定並びに、前年度の活動に関する報告などを行い、紛争解決には恒常的には用いられない。一方、理事会は三カ月に一度は開催され、総会が決定した枠組みに基づき連盟の活動を監督し、執行する役割を果たしている。加えて、紛争解決に対して恒常的に用いられ、その監督並びに執行機能を果たしているとされる[281]。

こうした見解からすれば、紛争解決に関して、理事会が優先的に扱っていたことは明らかとなるが、その具体的内容が伴っておらず、連盟における安全保障問題に関する総会と理事会の権限関係に関して明らかとはならない。

この点を具体的に考察すれば、連盟規約第11条2項による事項的範囲から明らかとなった、①法律家委員会の設置による紛争解決、②PCIJに対する勧告的意見の請求による紛争解決、③調査権に基づく事実調査活動に関しては、すべて理事会が決議を採択することにより、問題の解決が図られている。こうしたことから、連盟規約第11条2項に基づく事項に関しては理事会の優越が認められていたと考えられる。

連盟規約第11条2項に関しては、国連憲章第34条の調査権と、第35条に基づく加盟国による任意付託が未分化のまま規定されていることを指摘した。一方、連盟規約第11条1項に関しては、国連憲章第37条の安保理への義務的付託[282]と防止措置が未分化のまま規定されていたと考えられる。故

---

[281] *Ibid.*, pp.126-127.
[282] ここでの義務的付託の意味は、義務的紛争付託を指し示すものではなく、義務的応訴手続と義務的紛争付託の中間に位置づけられる政治的なプロセスをも含む義務的な紛争付託手続を意味する。筆者は、連盟規約第11条1項の規定に国連憲章第37条1項の義務的紛争付託の萌芽がみられると考えるが、法理的にはそのような義務を課すものではない。よって、後述するように義務的付託手続の一環としての、平和解決手続の勧告が限界であったと考える。

に、ペルシャ政府は平和的解決手続により解決することができなかったとして、理事会に対して事態を付託し、特別理事会の開催を要求した。連盟規約第11条2項の手続において、理事会は特別会期を開催したことが上部シレジア分割事件の事例研究から確認されるとされるが[283]、特別理事会の開催は確認されていない。すなわち、オーランド諸島帰属問題に関して、イギリスが連盟理事会に事態を付託した後に、理事会が開催されるまで22日間を要している上に、議事録において特別理事会開催の旨が明記されていない。

これと比して、連盟規約第11条1項に基づき、紛争が付託された初の事例としてのペルシャ港湾事件は、日数的にはペルシャ政府の付託から16日間を要しているものの、議事録においては、ペルシャ政府からの特別理事会の開催要求に関して、再三触れられている。こうした、理事会の同種の問題に対する対処の違いは、ペルシャ政府が声明において言及したように緊急性に基づくものである。こうしたことから、連盟は戦争又は戦争の脅威と事態を区別して問題を処理していたことが、明らかとなった。すなわち、その区別のメルクマールが理事会による特別理事会の開催の有無にあったと考えられる。故に、特別理事会の開催手続は、連盟規約第11条1項においてのみ規定されるものであり、加盟国からの要請がなくとも、事務総長権限に基づいて開催することが可能であった[284]。この手続に基づく措置として、理事会は強制的付託手続の一環として、適当な平和的解決手続の勧告をなすことが可能であったのである。

特別理事会の開催手続に関しては、連盟規約第11条1項による、事務総長権限に基づく理事会の開催手続に加えて、「国際連盟理事会手続規則（以下、連盟理事会手続規則）」[285]を一体にして理解する必要がある。すなわち、連盟

---

[283] これに加えて、ユーゴスラヴィア・アルバニア紛争並びに、トルコ・イギリス紛争を事例として指摘するものとして以下を参照。T.P. Conwell-Evans, *The League Council in Action*, Oxford University Press, 1929, pp.24-25.

[284] John Fischer Williams, *Some Aspects of the Covenant of the League of Nations*, Oxford University Press, 1934.

[285] Rule of Procedure of the Council of the League of Nations Resolved at the Meeting of the Council in Rome on 17th May 1920, *League of Nations Official Journal*, July-August 1920, pp.272-274.

規約においては、特別理事会の開催手続に関しては明示では規定されていない。故に、特別理事会と通常理事会の区別に関しても明確ではない。この点に関して、連盟理事会手続規則は、第1条において理事会の開催に当たって、事務総長は政府代表者に対して信任状の送付を行う必要があるとしている。この信任状の送付は、少なくとも20日以前に行われなければならないと規定している。これに対して、特別に要請される状況があれば、事務総長は上記の期間を短縮することができるとも規定している。こうした規定を勘案すれば、日数的には20日以内に開催される理事会が、特別理事会と考えることが可能である。この特別理事会に関する諸規定は、事務総長が決定権を有している。故に、連盟規約第11条1項に基づく、事務総長による理事会の開催権限がなければ、当該手続を開始することは不可能である。故に、特別理事会の開催手続は、連盟規約第11条1項に基づいてのみ規定されていたと見なすことができる。連盟規約の起草者は、主たる機関を総会と理事会に二分することをためらい、連盟規約第3条3項並びに第4条4項において、安全保障問題に関して同一の権限を与えたとされている[286]。しかしながら、連盟規約第4条4項に基づく、連盟理事会の特定権限である連盟規約第11条を勘案すれば、その権限は同一であったとは考えられない。故に、理事会の開始直後に連盟理事会手続規則が策定されるにあたっても、事務総長権限による特別理事会の開催による事態の付託が考慮されたのである。この手続は、単なる経済問題等の付託ではなく、20日以内に理事会を開く緊急性がある安全保障問題の付託に用いられた。故に、安全保障問題に関する紛争付託の手続的側面に関しては、理事会の優越が認められていたと考えられる。

2 実質的措置と権限関係

手続的側面に関しては、事務総長の権限に基づく、特別理事会の開催による紛争の付託により、安全保障問題の付託に関する連盟総会に対する連盟理事会の優越が明らかとなった。しかしながら、連盟規約第11条2項との法理

---

[286] Henry G. Schermers and Niels M. Blokker, *International Institutional Law-Unity within Diversity,* Forth Revised Edition, Martinus Nijhoff Publishers, 2003, p.163.

上の相違を明確にするためには、連盟規約第11条1項に基づく実質的措置の事項的範囲に関して検証した上で、連盟規約第11条2項に基づく措置と比較する必要がある。

連盟規約第11条1項に関して、2項と同様にして、文言上からはその措置の事項的範囲に関しては明らかではない。この点に関して、立作太郎は、連盟規約第11条1項に基づく「国際の平和を擁護する為適当且有効と認むる措置」とは、連盟規約第4条5項の規定に従い、紛争当事国も加わった上での議決となるため、調停的、妥協的なものとなるとしている。また、具体的な措置として、①調停案の作成、②法律家委員会への問題付託、③PCIJへの問題付託による勧告的意見の請求、④事実調査団の派遣、⑤撤退監視措置、⑥中立地帯の設置、⑦停戦措置を挙げている[287]。これら措置の中で、理事会において連盟規約第11条2項に基づく措置として、①から④までの措置は執ることが可能であった。しかしながら、連盟規約第11条2項に関しては、事項的範囲の限界として調査権が位置付けられることから、④から⑦に関しては、連盟規約第11条1項に基づく措置としてのみとりうる措置であると考えられる。

実際、ペルシャ港湾事件においては、義務的付託手続の一環として、適当な平和的解決手続の勧告を理事会は行った。また、ポーランド・リトアニア紛争に関しては、防止措置としての軍事監視団の派遣が行われた。ギリシャ・ブルガリア紛争においては、軍事監視委員会の設置に基づき、停戦措置がとられた。総会並びに理事会においても、連盟規約第11条2項に基づき、調停行動が執られることがあったが、事実調査団派遣以上の行動はとられることがなかった。これと比して、連盟規約第11条1項に基づいて、理事会は軍事監視団の派遣並びに国際軍の派遣を行うことが可能であった。こうした、連盟規約第11条1項に基づく行動は、理事会のみがとりうるのであり、軍事監視団並びに国際軍の派遣決定に関しては、理事会が優越した地位を有していたと考えられる。前節における結論を踏まえれば、連盟規約第11条1項と2

---

287 立作太郎『國際聯盟規約論』国際連盟協会、1932年、170-171頁。

項において、その事項的範囲は異なるのであり、連盟規約第11条2項に基づく事項管轄権は1項に基づくものよりも限られたものであった。故に、連盟理事会は、文言上からは明らかとはならないが、実行を踏まえれば[288]総会に対して安全保障問題の勧告に関して優越する地位にあったと結論付けられる。

また、この優越する地位にあった連盟理事会の意思決定が、全会一致によるものであったことから非効率的な意思決定であったとも結論付けることはできない。第3節5項で検討した、「ポーランド・チェコスロバキア紛争」は迅速な決定とその最終的決定における総会の関与という微妙なバランスにおいて成り立っていた[289]。こうした権限関係は、現代における国連による領域管理統治問題においても貴重な示唆をなしている。伝統的国際法の下では、国際機構による領域管理は、自由裁量における領域処分を意味したのであり、国家間における承継を伴わない国家群に対する領域主権の委譲の根拠に関しては争いがあった。国家間の承継における自由裁量が、連盟の重要な意思決定機関である大使会議において認められるか否かに関して争われたのが、「ポーランド・チェコスロバキア紛争」において、PCIJに勧告的意見が求められた「ジャウォジーナ事件 (the Jaworzina case)」であった。この勧告的意見は、当事国の新たなる合意無しで大使会議が国境線を変更する権限を有してはいないとするものであった[290]。また、連盟における全会一致規則は、

---

[288] ワルプ (Paul K. Walp) は、起草過程の初期の草案においては、理事会と総会が同一の権限を持つとは想定されなかった（大国による理事会支配による理事会優位の構造を想定していた）が、連盟委員会の文言の確定段階における小国による圧力によって現在の曖昧な文言に落ち着いたと分析している (Paul K. Walp, *Constitutional Development of the League of Nations,* University of Kentucky, 1931, pp.41-42)。

[289] 理事会と総会における紛争処理について、バートン (Margaret E. Burton) は連盟の起草者が迅速性に優れる理事会を主たる紛争解決機関としたのは賢明だったが、連盟規約15条9項に基づいて容易に理事会に紛争が付託されなければ、総会は連盟規約第3条における権限に基づいて理事会の支援を行うことにより紛争解決に貢献できたことは疑う余地がないと評している (Margaret E. Burton, *The Assembly of the League of Nations,* The University of Chicago Press, 1941, pp.371-374)。しかしながら、バートン自身が指摘するように紛争処理における総会の代表者機関としての役割は、公正な政治的解決案を提案することであって、当該事例に鑑みれば、総会による紛争解決の貢献度は低く評価されるものではないと考えられる。

[290] James Crawford, *The Creation of States in International Law,* Second Edition, Clarendon Press, 2006, p.532.

連盟理事会手続規則第4条と5条に基づいて利害関係国を除外して表決手続を行うことが可能であったにもかかわらず、実際は利害関係国の同意なしで領域統治に関する決議が行われることはなかったのである[291]。こうした意思決定の事実から、国際連盟の意思決定手続が非民主的であったとの批判も妥当するものではない[292]。

第6節　結　論

　ここでは、集団安全保障体制における組織手続規範形成の過程を、防止措置の発展と捉えて法的分析を進めてきた。
　上記の分析から、集団安全保障体制が強制措置という、集団的措置の実効性強化に力点を発展してきたものではないことが明らかとなった。また、組織手続規範の欠缺を補うために、安全保障法は発展し、その中核として防止措置が考慮されていたことも明らかとなった。こうしたことは、一般的に「予防は治療に勝る (prevention is better than cure)」との格言からも、容易に推測ができる。最も重要なことは、統一された権力体を有さない地球共同体においては、この格言がより一層重要なものとならざるを得ないことである。すなわち、国際社会において、強制的紛争解決である強制措置は安全保障の手段として不適切であるということである。上位権力体による判断機関を持ち合わせない社会において、違法か合法かの判断は統一的に行われるわけではない。故に、国際社会における紛争の解決とは、平和的解決に他ならないのである。当然、強制措置が法益保護の最終的手段として担保されていなければならないが、担保されていることと、当該手段が適当であるか否かは別問題である。

---

[291] *Ibid.*, pp.548-549.
[292] 国家承認並びに国家承継に関して詳細な検討したクロフォードは、国際機関による領域管理統治の問題が生じてくるのは、1945年の国連体制以降であると指摘している (*Ibid.*, pp.546-547)。

しかしながら、現実的に武力紛争が生ずることは免れない。これに対して、紛争の平和的解決を促すための手段としての防止措置には、高い価値が認められる。これは、連盟における「イタリア・エチオピア紛争」の初期段階において、武力紛争が沈静化されたことからも明らかである。そこから、紛争の平和的解決への道程は十分に開かれていたのであり、再度の武力紛争の懸念があれば速やかに防止措置をとるべき状況であった。加えて、国連の成立後は、第34条、39条、並びに40条に基づき、防止措置が多々執られてきており、幾重にもわたって武力紛争の拡大を防止してきた。これは、内戦が多発する冷戦後の状況においても変わることなく、むしろその重要性はますます高まってきている。

　上記の事例が証左するように、国際社会における安全保障体制は、上位権力の不在を武力紛争の拡大を防止するための防止措置によって、補ってきたといえる。それは、強制措置を発動するか否かの判断を行う以前の状況において、紛争を真の解決に導く手段を発展させてきたことを意味する。もちろん、それには紛争の平和的解決手続という、集団安全保障法の発展も欠かせないものであった。それに加えて、ここで論題とした手続規範の発展に関しては、強制措置発動の手続を発展させてきたのではなく、防止措置の発展をもってして、国際社会は応えてきたのである。こうした点からすれば、連盟の集団安全保障体制における組織手続規範形成の過程は、防止措置の発展であったと結論付けることができる。

第2章　国際連合発足当初の防止措置

第1節　ギリシャ問題と国連

1　強制的活動の問題

　発足当初の国連活動では、平和的解決措置と防止措置とが未分化の状態で実行されている点が特徴といえる。

　1946年12月19日の安保理決議は、「憲章第34条の下に」、国境侵犯事件に関する「事実を確認するために」、11カ国の調査委員会の設置を決議し、委員会の権限として、ギリシャのみならず、アルバニア、ブルガリア、ユーゴスラヴィアの領内でも調査活動ができることを明示した[1]。その結果、委員国から提供された軍人による7組の監視班が組織されて、約4カ月間、関係4国を移動して調査活動を実施して、報告書が作成された。その中では、東欧3国による、ギリシャ国内の武装ゲリラに対する支援の事実が立証されており、その継続が国際の平和及び安全の維持を危うくする虞のあること（第33条、37条）が認定された。

　安全保障理事会理事国のソ連、ポーランド及び当事国の東欧3国にとっては、この報告書の内容には、大いに不満があった。その結果、事実上、この報告書に基づいたアメリカ提出の決議案を巡り、安全保障理事会では激しい

---

[1] *Security Council Official Records*, 1st Year, 2nd Series, no.28, 86th and 87th meeting, pp.700-701.

論争が展開された。ソ連は、調査実施の決定を含めて、第6章の下の一切の決定は、影響を受ける国々がとった態度からみても、勧告的性質を有すると判断した[2]。ブルガリア代表は憲章第34条の下に強制力を持つ「決定」による調査活動権を与えられたとすれば、調査委員会は憲章の規定に反しており、「バルカン諸国を委員会の被保護国の立場に置くものである」ことを繰り返し強調した[3]。さらに、ユーゴのヴィルファン(Vilfan)代表は第34条に関して、サンフランシスコ会議でボリヴィア修正案が否決されたことを例に出して、その調査権が勧告措置に過ぎず、安全保障理事会といえども、拘束力を持つ決定は第7章の下で平和の破壊の抑止又は鎮圧に関する場合にのみとりうる措置であることを主張した[4]。このボリヴィア修正案とは、安全保障理事会に対して、調査権の他に、必要と考える手段をとる提案権や「紛争や状況が継続することで国際の平和、安全、正義を危うくしないために選ばれた措置を決定する」権限を認めようとする内容であった[5]。ユーゴ代表はこの提案が否決されたことによって、第34条の下では、第7章の行動に類する強制的活動は一切否定されていることを強調したのである。

　こうした東側諸国の見解に対して、西側を代表する意見として、アメリカは、憲章第6章が紛争の平和的解決条項であることを認めるが、第34条の権限を他の条項の勧告権と区別して考えた。すなわち、理事会が調停者や平和維持者として機能するためには、「一定の行動権限(certain operating powers)」を必要とし、そういう権限が第34条の下で与えられている。したがって、加盟国は調査活動の実施に協力する義務があり、その根拠は第25条であるとした[6]。後に総会の行動権に関しては疑問を呈したオーストラリアも、安全保障理事会の調査権については極めて積極的に発言した。第6章の下での「決定権」を肯定し、調査委員会設置決議は勧告以上のものであり、委員会

2　*Security Council Official Records*, 2nd year, no.64, 167th meeting (25 July 1947), p.1541.
3　Louis B. Sohn, *Cases on United Nations Law,* Second Edition, The Foundation Press, 1967, pp.332-333.
4　*Ibid.,* pp.338-341.
5　*Ibid.,* p.338.
6　*Ibid.,* p.346.

に調査権と調停・仲介権を与えている。権限を付与している限りは、その実施に伴う権能は固有の (inherent) ものであると主張した[7]。つまり、調停活動は当事者の任意な対応がその基礎となるが、調査活動は国連機関が適切な措置をとるために必要な正確な情報を得ることであって、関係国の承諾は必ずしも必要とはしないと判断した。

　第34条の文言上は、憲章の原案、ダンバートン・オークス提案においては、"The Security Council should be empowered to investigate any dispute, …, in order to determine whether……"であり、サンフランシスコ会議では、安全保障理事会の調査権の法的性質を明確にすべきとの意見も出されたが、一旦、"…… is empowered to……"とされた後、理由もはっきりされないままに現行の"…… may investigate any dispute …"に落ち着いた[8]。したがって、この規定の下での［決定］が加盟国に調査機関の受入れを義務づけるものか否かについて、用語上は不明確である。一般論としては、第25条の「国連加盟国は、安全保障理事会の決定をこの憲章に従って受諾し且つ履行することに同意する」という、一般的拘束力の規定に基づいて判断されるのが適当であろう。

　第25条が、安全保障理事会の「国際の平和及び安全の維持に関する主要な責任」を規定した包括的条項である第24条に連動していることは、はっきりしているが、その適用範囲に関しては、必ずしも明確ではない。サンフランシスコ会議におけるベルギー修正案では、第25条の適用範囲を憲章第6章と7章に限定されることが提案された。イギリスやソ連の代表は安全保障理事会の権限はそれらに限定されるべきではなく、第25条の適用も、より広い範囲にわたることが含意されていると主張して、この提案に反対した[9]。結局、この修正案に関する票決は、14対13で賛成票が多数を占めたが、3分の2に達しなかったために、否決されることになった[10]。1947年にトリエステ

7　*Ibid.,* p.336.

8　Ernest L. Kerley, "The Powers of Investigation of the United Ntions SecurityCouncil", *American Journal of International Law*, 1961, p.894.

9　*Ibid.*, p.896.

10　L.M. Goodrich, E.Hambro and A.P.Simons, *Charter of the United Nations, Commentary and Documents*, 3rd and Revised Edition, Columbia Univ. Press, 1969, p.208.

自由地域問題が安全保障理事会において討議された中で、リー事務総長はベルギー修正案の否決を引用して、加盟国には一般的権限若しくは特定の権限でなされた理事会の決定を受諾し、かつ実行する義務があることを強調している[11]。しかし、安保理の強制権は国連という政治機構の本質から判断して、むやみに広く発動されるものと考えられるべきではない。第6章の規定をみても、第36条、37条、並びに38条の下での勧告には、第25条が適用されることはない。しかし、第34条に関しては、すでにみたように議論の余地がある。国連加盟国はその継続が国際の平和及び安全の維持を危うくする虞のある紛争を平和的手段で解決することが義務付けられ（第33条）、それができないときは、その紛争を安全保障理事会に付託しなければならないことになっている（第37条1項）。安全保障理事会は紛争の継続が国際の平和及び安全の維持を危うくする虞が「実際に (in fact) ある」と認めるときは、適当な調整の手続又は方法を勧告するか（第36条）、適当と認める解決条件を勧告するかのいずれかの決定をしなければならない（第37条2項）。このように、第34条の下での決定は国連が平和維持機構として、紛争の平和的解決を加盟国に義務付け、自らをも義務的に介入させる手続のための重要な先決的要件である。この決定が行われることによって、義務的に紛争処理に乗り出す国連の権利能力が認知されるわけであり、こうした重要な決定のための調査活動が第25条の下で、ある程度の強制力をもって実施され得るという解釈は妥当なものである[12]。

---

11 *Security Council Official Records,* 2nd year, 91st meeting, 10 Jan. 1947, p.45.
12 ちなみに、第25条が第7章にのみ関わるわけではない点について、1971年6月21日の「安全保障理事会決議276 (1970) にもかかわらず、ナミビアにおいて、南アフリカが継続する居座り状態の法的効果」に関する勧告的意見の中で、国際司法裁判所は次のように述べている。「第25条は、強制措置に関する決定に限られるものではなく、憲章に従って採択される『安全保障理事会の決定』に適用される。さらに、同条文は、第7章ではなく、第24条のすぐ後、憲章中の安全保障理事会の任務及び権限を取り扱う部分に置かれている。もし第25条が、専ら第41条および第42条に基づく強制措置に関する安全保障理事会の決定に関わるものであるとしたら、いいかえれば、拘束力を有するのは、そのような決定だけであるとしたら、そのときは、憲章第48条及び第49条によってこの効力が確保されているのだから、第25条は余計なものとなるであろう。」（皆川洸編著『国際法判例集』有信堂高文社、1975年、220頁。）

調査委員会設置決議の採択は、ソ連、ポーランドを含む全会一致でなされており、東側諸国の態度もあいまいであったことは否定できない。出された結果があまりに東側に不利であったことから、慌てた対応となったようである。以後、東欧諸国の態度は常に慎重になり、ギリシャ問題の安全保障理事会での審議は膠着状態に陥り、総会に移されるが、総会による活動にも非協力的であった。国連バルカン特別委員会設置の3カ月後に、安全保障理事会によって設置された国連インド・パキスタン委員会も、カシミールの領有権を主張する両国の同意の下に派遣され、事実調査活動を実施した[13]。その後の実行も、関係国すべての同意の下に調査活動は実施されてきており、結果的には、東欧諸国の主張が認められることになった。

2 調査活動の法的根拠

第34条に関するもう一つの問題は調査活動の範囲についてである。同条は「その紛争又は事態の継続が国際の平和及び安全の維持を危うくする虞があるかどうかを決定するために調査することができる」と規定した。しかし、安保理決議15 (1946) は、これをかなり拡大した権限として、調査委員会に付与している。すなわち、「申し立てられた境界侵犯事件に関する事実を確認するために」設置された委員会は、「上記の境界侵犯と攪乱事件の原因と本質を明確にするために」、自らの判断でギリシャとその北方3国において調査を実施する権限を認められた。

第34条の決定は、原則として、第36条の下で安全保障理事会が、自らのイニシアティブで平和的解決に乗り出す場合と、第37条の下で紛争当事国が紛争の安保理付託を義務付けられる場合との予備的条件である。伝統的紛争解決手続では、裁判も含めて必ず紛争当事者の合意を前提にして開始されるものであったが、前記2カ条の下の手続はそれを一歩進めた紛争解決プロセスであった。

---

[13] Security Council Resolution 39, 20 Jan. 1948, S/654. なお、安全保障理事会はインド・パキスタン委員会が現地における活動を実施する前に、「当該紛争の継続が国際の平和及び安全を危うくする虞があることを考慮する」決議を採択している (21 Jan. 1948, S/726)。

しかしながら、実際にはこの予備的決定を明示的にしないで、第6章の手続がとられる場合が多いようである[14]。主なる理由は国連の介入を望まない当事国が当該紛争を第34条下のものとは認めたがらないからである。安全保障理事会が最初に扱ったスペイン問題の審議においても、ギリシャ問題の審議においても、予備的決定を含んだ決議案が上程されているが、いずれも拒否権によって葬り去られている。1948年1月のカシミール問題に関する安保理決議39 (1948) 前文に、「その継続によって国際の平和と安全を危うくする虞があるいかなる紛争又は事態を調査する」という言及が初めてみられたが、決定として本文でなされたわけではなかった。国家は伝統的に自力解決を好み、解決を第三者の手に委ねることは、たとえ強制的解決をする裁判所ではなくても、極めて消極的である。国連の平和的解決手続といえども、その例外ではなかった。初期におけるこの問題に関する無為な討議を経験して、加盟国の大半は、予備的決定を平和的解決手続の不可欠の前提条件とすることを早々に見限り、安全保障理事会や総会の処理手続にのる紛争の範囲を、できるだけ広く捉える方向に傾いていったのである。

安保理決議15 (1946) が認めた拡大された権限に関しては、決定のなされた後においても、調査活動は継続され得るか否かという点で討議された。4カ月の現地調査の後、その継続が国際の平和及び安全の維持を危うくするおそれがある紛争が存在するという決定をして、決議の履行を支援する限定された調査の機能を与えられた新しい委員会の設置が提案されたが、決定が行われれば、調査を継続する必要はないと反論された[15]。しかし、理事国の多数はこのような決定がなされても、さらに調査活動の必要性が認められるならば、安全保障理事会が継続の権限を持つという立場を支持した。一部の支持国は第34条自体にその根拠を置き、別の支持国は安全保障理事会に課された平和維持に関する主要な責任と一般的権限にその根拠を求めた[16]。

---

14 Goodrich, Hambro and Simons, *op.cit.*, p.268.
15 1947年7月22日の安全保障理事会におけるシリア代表の発言。*Security Council Official Records*, 2nd year, no.61, 162nd meeting, pp.1423-1424.
16 L.M. グッドリッチ、A.P. サイモンズ『国際連合と平和と安全の維持』上巻、日本外政学会、1959年、227頁。

第2章　国際連合発足当初の防止措置　123

　広範な調査活動を実施するためには、実際に調査活動に携わる補助機関の設置を必要とする。調査委員会の下には、委員国から提供された軍事監視員による監視班が組織され、特別委員会の下には、小委員会が設けられ、その下にはやはり軍事監視員による監視班が組織された。調査委員会設置決議の言及では、「委員会の各代表は補助に必要な要員を選抜する権限を持ち、さらに安全保障理事会は任務の迅速且つ効果的遂行に必要な要員と支援を与えることを事務総長に要請する」[17]であった。現地調査が終了した後、安全保障理事会は補助小委員会を設置して、「調査委員会がその委任任務に従って指示する機能の遂行を継続するために」[18]、ギリシャに残留させた。総会の下の特別委員会は設置決議によって、小委員会の設置権と共に必要な手続の決定権が認められ、特別委員会は自らの手で監視班を設置して機能させた。

　最初の指令は総会決議109（Ⅱ）の第5項(1)に基づいて、「ギリシャとその北方隣国との国境地域にいかなる善燐関係が存在するかを継続的に監視して、委員会に対して報告すること」であったが、やがて、それは拡大されて、同決議第4項の下の任務が付加された。すなわち、アルバニア、ブルガリア、ユーゴがギリシャ国内の武装ゲリラに対する支援を控えさせるために、「直接監察、訊問、調査などの有効と考えられるあらゆる情報源の活用」が指示された。この点をオーストラリア代表は「越権とはいえないとしても、補助機能の不当な拡張である」[19]として、その立場を留保した。

　こうしたより拡大した機能を補助機関に付与する権限の基礎を、特定権限条項に求めずに、「一般的権限（general powers）」として、安全保障理事会の一般的権利能力（適格性）を決定している部分（包括的条項）から引き出そうとする考え方は、後の実行例の中に見出すことができる。「安全保障理事会決議276（1970）にもかかわらず、ナミビア（南西アフリカ）において、南アフリカが継続する居座り状態の法的効果」に関する勧告的意見（1971年6月21日）の中で、国際司法裁判所は決議276の法的基礎に関して次のように述べた。

17　Security Council Resolution 15, 19 Dec. 1946.
18　Security Council Resolution, 18 April 1947. supra note 13.
19　'1st Report of UNSCOB', Annex 4, 30 June 1948, R. Higgins, *United Nations Peacekeeping, 4.Europe,* Oxford University Press, 1981, p.24.

「この決議の法的基礎についていえば、憲章第24条が、安全保障理事会に対して、この場合にとられたような措置をとる必要な権限を付与している。本条の第2項で憲章のある章に基づく特定の権限に言及されていることは、第1項で付与された一般的権限の存在を排除するものではない。この点では、1947年1月10日に安全保障理事会に提出された、『憲章第24条に基づく理事会の権限は、第6章、第7章、第8章および第12章に掲げられた権限の明示的付与に限られない。……国際連合加盟国は、安全保障理事会に対して、平和および安全の維持に関する責任に相応する権限を付与した。唯一の制限は、憲章第1章に見いだされる根本的な原則および目的である』という事務総長のステートメントが参照されるであろう。」[20]

「この場合にとられたような措置」とは、委任統治の終了決定などの国連による様々な措置にもかかわらず、南アフリカ政府は南西アフリカの支配を継続したために、安全保障理事会は、1970年1月30日、南アフリカの統治は違法であり、同政府がナミビアに対してとったすべての措置は、違法かつ無効であると宣言した決議276を採択したことを指している。従来は国内管轄事項とされてきたアパルトヘイト問題が、1960年代から新興独立国の台頭により国際関心事項と認知され、その安全保障理事会による処理の基礎を第24条の包括的条項に求めたものである。第24条の下での安全保障理事会の一般的権限は憲章上、特定された権限に限られることなく、平和と安全の維持に関する主要な責任を遂行できると解釈されたわけである[21]。

---

[20] 皆川、前掲書、220頁。引用中の「事務総長のステートメント」とは、1947年1月初旬に安保理で行われたトリエステ自由地帯問題の討議の最中に提出されたものである (*Security Council Official Records*, 2nd year 89th meeting, 7 Jan. 1947)。

[21] この一般的権限の法理はしばしば類似の「黙示的権限 (implied powers)」の法理と混同される。国際機構との関連での黙示的権限の理論は最初、常設国際司法裁判所が1926年に国際労働機関の権能に関して出した勧告的意見の中で示されたが (P.C.I.J. Series B, No.13, p.18)、現在の国際司法裁判所も1949年の「国連の勤務中被った損害の賠償事件」に関する勧告的意見の中で、次のように述べた。

国際機構の設立文書の解釈の問題に関し、固有の権限や黙示的権限の一般理論を否定して、条文解釈の問題とするトゥンキンでさえ、次のように述べる。

「……とくに国連のような機構の構成文書では、任務がひじょうに広範囲で多様であるから、機構の将来の活動で予想できるすべてのばあいにたいして規定を設けることは実際には考えられないのである。当事者が、いうまでもなく、主要でない国際機構の活動の一連の問題は機構の任務遂行過程において構成文書の規定にもとづいて解決される余地がある、と仮定することは避けられない。」[22]

したがって、国連憲章の起草者達が「将来の活動」のために、包括的条項

「憲章は、明示的に、機構に対し、その賠償請求の中に被害者または同人を通じて権利を有する者に生じた損害を含める資格を付与していない。ゆえに、裁判所は、機構の任務に関する諸規定およびその職員が当該任務の遂行にさいして演じる役割は、機構が、その職員のために、そのような情況において被った損害の賠償を得る目的で請求を提出する限られた保護をその職員に保証する権限を含んでいるかどうかを調べることから始めなければならない。国際法上、機構は、憲章中にはっきりと述べられていないとしても、必然的推断により (by necessary implication) その任務の遂行に不可欠なものとして機構に付与される権限を有しているものとみなされるべきである。」(皆川、前掲書、135頁。)

以後、何回か同様の判断が繰り返されており、また幾多の学説によっても、国際機構法の一般的理論として確立されている法理である (D.W. Bowett, *United Nations Forces,* Praeger, 1964, pp.307-311. Finn Seyersted, *United Nations Forces,* Nijhoff, 1966, 143-160. 香西茂「平和維持活動の国連憲章上の根拠について」、『法学論叢』126巻4・5・6号、24-27頁。佐藤哲夫「国際組織設立文書の解釈プロセス (一)、法学研究16号、148-186頁)。すなわち、国際機構はその設立文書の中に明示されていない権能でも、必然的推断によって、明示された目的を遂行する上で不可欠なものと見なされる場合は認められるという考え方である。権限の基礎を包括的権限条項に求める一般的権限の法理との違いは、黙示的権限の場合はその基礎を機構の設立目的を明示した条項に求める点にある (Dan Ciobanu, "The Power of the Security Council to Organize Peace-keeping Operations", in A. Cassese, *United Nations Peace-keeping,* Sijthoff & Noordhoff, 1978, p.26)。したがって、ホルダーマンのように国連軍の法的基礎を国連憲章第1条に求める考え方は黙示的権限の理論に基づくものと考えるべきである (J. Halderman, "Legal Basis for United Nations Armed Forces," *American Journal of International Law,* vol.56 no.4)。別の分類は、香西茂『国連の平和維持活動』有斐閣、1991年、第3章第2節を参照のこと。

22　トゥンキン『国際法理論』法政大学出版局、1973年、325頁。

を準備したことは当然であった。これを動態的に解釈することによって、現実の国際的状況の変化に適合させることが可能になる。しかし、反面、条文上に特定されない権限を認めることから生じる濫用の危険性も同時に指摘されなければならない[23]。こうした点では黙示あるいは固有の権限理論の場合と同様である。1949年の「損害賠償事件」でのハックワースの少数意見では、この点を「黙示的権限は明示的権限が付与されているから生じるのであり、明示的に付与された権限の行使に『必要な』権限に限定される」と指摘した[24]。ブラウンリーは、この法理の適用には国連憲章の原則規定、特に加盟国の主権平等と国内管轄権を言及した条項を挙げて、これらと「関係づけられなければならない」と忠告している[25]。また、別の学者は「固有の権能 (the inherent capacity)」への制限として、設立文書の定める目的外の行動、同文書の明示的に禁じる行動、権限外の機関または規定外の手続による行動の他に、加盟国を拘束する一般的で固有な管轄権の行使を挙げている[26]。これらの指摘はいずれも、黙示的権限や固有の権限に関する言及であるが、特定されてなく、漠然としたものという点では一般的権限の場合も同じであって、やはりその限界に関して留意されなければならない。一般的権限を規定する第24条の第2項では、この点を配慮して、第1項の義務を果たすに当たっては、「安全保障理事会は、国際連合の目的及び原則に従って行動しなければならない」と釘を刺している。

　第34条が第6章と第7章の接合点と考えれば[27]、決定後の活動は多分に第40条の防止措置としての性格が強いと言える。しかし、すでに述べたように、安全保障理事会の下の調査委員会にしても、総会の下の特別委員会にしても、紛争の平和的解決のための機能と、後に概念化される平和維持活動としての機能を二重に付与されていた。そして、平和維持活動として独立した組織を

23　ブラウンリー『国際法学』成文堂、1989年、596頁。
24　I.C.J. Reports, 1949, p.198.
25　ブラウンリー、前掲書、596頁。
26　F. Seyersted, United Nations Forces, A.W. Sijthoff, 1966, pp.156-160.
27　アラン・プレ、ジャン＝ピエール・コット『コマンテール国際連合憲章　上』東京書籍、725頁。

持つわけではなく、未分化の状態にあったのであるから、やはり共に平和的解決のための第6章の延長線上で機能したと考える方が妥当である。

ギリシャ問題の処理は、安全保障理事会の下の調査委員会による継続的活動が東欧諸国による反対によって行き詰まった後、総会に移された。総会における特別委員会の設置決議案は、東欧6カ国の反対と11カ国の棄権があったが、結局、40カ国の支持を得て採択されている。特別委員会による調査活動は、東欧諸国の協力を得られなかったために、ギリシャ側からの活動に終始したが、1951年末に平和観察委員会にその任務を引き継ぐまでに、大部分の加盟国の支持を得て、多くの任務を遂行した。こうした活動に関連する総会の権限規定は第11条2項と第14条と考えられる。第11条2項は、「国際の平和及び安全の維持に関するいかなる問題も討議し、……勧告する」権限を総会に認めたもので、いわば総会の平和維持に関する包括的権限条項である。平和維持に関する主要な責任は安全保障理事会に任されたため、総会の特定権限条項は設けられていない。国連バルカン特別委員会は、形式的には憲章第22条の下で総会の補助機関として設置されたものであるが、同委員会に付与された二つの権限のうち、平和維持的活動の実質的な法的基礎はこの包括的権限条項の第11条2項に求めるしかない。もう一つの平和的解決機能については、いわゆる「平和的調整権」を規定した第14条の下での実行である。それぞれの規定の詳細な分析は、総会による平和維持活動として、後に実施されることになる第一次国連緊急軍と西イリアンのケースの中で扱うことにしたい。

3　小結として

当初、安全保障理事会の下に設置された調査委員会の活動は、「その紛争又は事態の継続が国際の平和及び安全の維持を危うくする虞があるかどうかを決定するために」、申し立てられた国境侵犯事件の真相を調査するという、第34条に明示された事実調査活動であった。調査活動が実施された地域は敵対武装集団が武力闘争を継続している山岳地帯であり、当然に軍事的訓練を受けた、頑健なかつ経験豊かな軍事要員を必要とした。現地で実際の調査

活動に当たった要員は、調査委員国から提供されて、各委員に直属する形で活動しており、その報告は一旦各委員の下に集められてから、委員からの報告として委員会に提出されていた。一通りの調査を終了した後、安全保障理事会は補助委員会を現地に残して、国境地域を監視させ、侵犯事件の発生を防止させることにした。

ところが、東欧の当事国はこれへの協力を拒否し、結局、補助委員会の下での監視員はギリシャ側から国境地域を監視することになる。その権限は限られたものではあったが、かえってそのために、監視員は調査委員会からの拘束を受けることなく、国連機関としての自立性を持って活動した。彼らの報告は直接、補助委員会に出され、そこから事務総長に提出された。彼らはもはや国家を代表するのではなく、後の平和維持活動としての国連監視員がそうであるように、国連の代表として紛争地域に展開したのである[28]。

この特徴はギリシャ問題が総会に移されて、特別委員会の下で活動が継続されても、変わることなく踏襲された。監視員たちは、最後まで公式には委員国に従属し、国連の代表ではなかったことから、後に認識される国連の重要な機能としての平和維持活動のリストからは外されているが、事実上は、これが国連の下での最初の「平和維持活動 (PKO)」であったのである[29]。実際に調査活動に従事した要員は非武装の軍事監視員であった。その任務の危険性から、大規模な武装兵員の派遣も検討されたが、一部の加盟国による強硬な反対があったため、実施はされなかった。しかし、数年後の1956年のスエズ戦争の際には、約6,000人もの武装兵員が派遣されて、これを契機として、平和維持活動が国連の重要な機能として定着するのである[30]。

調査活動の法的基礎に関しては、活動の実態が把握された上で判断されな

---

[28] D.W. Wainhouse, *International Peace Observation*, The Johns Hopkins Press, 1966, p.228.

[29] 最初の独立した軍事監視団と見なされる国連パレスチナ休戦監視機構にしても、その前身はパレスチナ停戦委員会構成国所属の要員であった。本章第2節、または拙稿「中東紛争と国連（その一）―国連休戦監視機構を中心として」『青山国際政経論集』9号（1988年1月）を参照のこと。

[30] 事実調査権の重要性に関する指摘については、次の文献を参照のこと。杉山茂雄「国連平和維持機能を検討する」『外交フォーラム』(1990年11月号)、83頁。

ければならない。ギリシャ問題に関する当初の安保理調査委員会の機能は、「第34条の下で」と設置決議に明示されたように、「その紛争又は事態の継続が国際の平和及び安全の維持を危うくする虞があるかどうかを決定する」（第34条）目的で、申し立てられた国境侵犯事件に関する事実を確認することであった。こうした活動の一部も後に概念化される「平和維持活動」の一種と考えることができる。問題は受入国の協力の必要性であったが、すでに分析したように、第34条の決定は、紛争の平和的解決ために国連への付託を加盟国に義務付ける重要な先決的要件である。この決定によって、国連は紛争処理に着手する権能が認められるのであるから、そのための調査活動の実施が決定されれば、第25条の下で、加盟国はそれへの協力が当然に義務付けられるものと法理上は考えられてよい。しかし、慣行上は関係国の自発的協力の下に実施されている。

　決定以後の調査活動については、紛争地域に国連機関をできるだけ介在させて武力衝突の発生を抑止し、平和的解決を促すという面では、やはり「平和維持活動」を構成するものと考えられるが、「平和的解決活動 (peace-making operations)」との未分化な状態で行われる限り、第7章に移行されたとは考えにくい。よって、安全保障理事会によるこうした活動は、「国際連合の迅速且つ有効な行動を確保するために、……国際の平和及び安全の維持に関する主要な責任を安全保障理事会に負わせるものとし、且つ、安全保障理事会がこの責任に基づく義務を果たすに当たって加盟国に代わって行動する」と規定する第24条の下での「一般的権限」をもって実施されると考えるべきである[31]。この種の活動の実施に当たっては紛争当事国の全面的協力を必要とする。バルカン特別委員会のように総会による場合には、第11条2項を根拠として、やはり関係国の全面的協力の下に実施されることになる。

---

[31] もっとも、同時期にインドネシアやパレスチナにおけるような停戦勧告決議を受けて実施される監視活動の場合には、「事態の悪化を防ぐため、……必要又は望ましいと認める暫定措置」（第40条）を関係当事者に要請し（停戦勧告決議の採択）、それが受け入れられてから、その確保のために派遣されるものであるから、第40条がその主たる基礎となる。

第2節　パレスチナ問題と国連

1　パレスチナ休戦監視機構の法的根拠

　国連休戦監視機構の法的根拠を考えるとき、その基礎となるべき明確な文書は存在しない。すなわち、国連機関による国連休戦監視機構の設置決議が見当たらないのである。したがって、まず、それに関係するものを特定することから始めなければならない。

　パレスチナ問題が国連に付託されたとき、引き受けた機関は総会であった。やがて、武力衝突が激化するに伴い、この問題は安全保障理事会に持ち込まれることになる。国連憲章によって、平和と安全の維持に主要な責任を負わされている安全保障理事会は、最初は憲章第39条に触れずに、武力行使の停止と平和的解決をよびかける決議を採択した。そして、それらが当事者によって無視されると、安全保障理事会は停戦委員会を設置して、停戦の実現を図ろうとする。一方、総会はパレスチナ問題の平和的解決を促進するため、国連仲介官を任命する。

　イスラエルの独立宣言と同時に開始されたパレスチナ戦争に伴い、安全保障理事会は相次いで停戦要請決議を採択するが、いずれも無視される。ようやく当事者双方が停戦を受け入れるのは、1948年5月29日の4週間停戦を命じた安全保障理事会決議の後である。この決議によって、総会の補助機関である仲介官に停戦の監視の役割が付与され、停戦委員会に対して、その任務の遂行に必要な「十分な数の軍事監視員を提供する」ことを決定した。そして、この決議を基礎に、調停委員会の構成国から63人の軍事監視員とスエーデンから5人の上級将校が提供されるが、これが国連休戦監視機構の最初の礎石となる。したがって、この決議は国連休戦監視機構の有力な法的基礎の一つといえる。国連憲章との関係では、ここまでの一連の停戦要請決議には、基づくべき条項は明示されていない。しかし、その内容から、いずれも憲章第40条に基づいて、防止措置を勧告したものと推定できる[32]。

---

[32]　D.W.Bowett, *United Nations Forces,* Praeger, 1964, p.62.

4週間の第一次停戦期間中、仲介官による積極的な和平工作にもかかわらず、解決への見通しも立たないまま、アラブ諸国は停戦期間の延長さえ認めようとはしなかった。戦闘の再開に伴い、7月15日、安全保障理事会はさらに強力な内容の決議を採択する。この決議では、まず、パレスチナの事態を憲章第39条にいう「平和に対する脅威」と認定する。第39条では、「平和に対する脅威、平和の破壊又は侵略行為の存在を決定」することを、安全保障理事会が第41条や42条の強制措置発動の前提条件として規定している。しかし、この決議は強制措置を命じているわけではない。いつでも強制措置の決定ができるようにした上で、暫定措置に従うことを要請する防止措置の規定である第40条を初めて明示して、停戦を命令した。

第40条の下では、安全保障理事会は強制措置の決定の前に、事態の悪化を防ぐため、「必要又は望ましいと認める暫定措置に従うように関係当事者に要請することができる。」暫定措置の要請は、緊急事態であることから、第39条の「平和に対する脅威」の存在認定は、「一応（prīmā faciē）推定される」ものとされるため、その認定は必ずしも必要としないが、それがなされた上での要請には一層の重みが加わることになる。これは第39条による「平和維持のため行なう勧告」と同じ防止措置となる。第40条には、「関係当事者の権利、請求権又は地位を害するものではない」ことが謳われているので、当事者を拘束するような「決定」によって、防止措置を発動できるわけではない[33]。

この決議には、特に軍事監視員についての言及はなされていない。この時点では、軍事監視員は仲介官に付属しており、仲介官に与えられた停戦監視

---

[33] この点で、バウエットは、第40条の下で安全保障理事会のとる権限が第25条及び第49条の適用可能な拘束力を持つ決定も含むとする立場をとる。Bowett, *op.cit.,* p.68. なお、イラン・イラク戦争に関して、1987年7月20日、安全保障理事会は決議597を全会一致で採択した。同決議は憲章第7章の第39条及び第40条に基づくことを明記した上で両国に停戦を要請し、決議の遵守を確保するための「追加措置」を審議する必要がある場合には再び会合するとした。すなわち、この決議の要請には強制力はないが、もし双方またはどちらかが決議に従わない場合には強制措置の発動が検討されることを意味している。これは、パレスチナ問題での7月15日の安全保障理事会決議と同種のものである。

の任務を現場で実施する立場にあった。したがって、その活動の法的根拠も、この決議に明示された憲章第40条にあるものと理解される。

　しかし、ここで、もう一つ考えなければならないのは、仲介官の機能についてである。仲介官はもともと、パレスチナ問題の平和的解決を促進するために、総会によって設けられた機関である。したがって、政治的仲介機能と、停戦の監督という安全保障理事会から託された二重の任務を負わされていたわけである。仲介官の下に派遣された軍事監視員、特に仲介官代理も務める上級将校は当然、仲介活動にも携わっており、軍事監視員のこちらの活動については別の法的根拠が考えられなければならない。

　この時点では、軍事監視員は独立した機関ではないが、安全保障理事会決議の下で組織され、仲介官の仲介活動を補佐するのであるから、その活動の種類は憲章第6章の範ちゅうのものといえる。第6章は安全保障理事会による紛争の平和的解決手続を規定した部分であるが、その中でも特に第34条の調査権の行使に含まれると考えるべきであろう。

　第34条は、安全保障理事会に、「いかなる紛争についても、国際的摩擦に導き又は紛争を発生させる虞のあるいかなる事態についても、その紛争又は事態の継続が国際の平和及び安全の維持を危うくする虞があるかどうかを決定するために調査する」権限を認めた規定である。この規定が適用された先例の一つに、ギリシャ問題[34]がある。これは、周辺の共産主義国からの不法侵入の申立てに対して、1946年12月19日、安全保障理事会によって設置された調査委員会が第34条に基づいたものであった[35]。また、インドとパキスタンのカシミール問題で[36]、1948年1月20日、安全保障理事会が設置した「インド＝パキスタン国連委員会」も、憲章第34条に基づく事実調査と紛争の調停の任務を課されたものであった[37]。そして、4月21日の決議で同委員

---

[34] Harry N. Howard, *The United Nations and the Problems of Greece*, Government Printing Office, 1947. なお、本章第1節を参照のこと。

[35] *U.N. Security Council Official Records*, 1st year, 2nd series, no.28, 86th and 87th meetings, Dec.19, 1946. Wainhouse, *op.cit.*, p.223.

[36] C.B. Birdwood, *Two Nations and Kashmir*, Robert Hale, 1956.

[37] *U.N. Document* S/654, Jan.20, 1948. Lourie, "The UN Military ObserverGroup in India and Pakistan", *International Organization*, 1955, p.19. Wainhouse, *op.cit.*, p.360.

会に対して、その仕事を補佐する軍事監視員を供する決定をしている[38]。

パレスチナにおいて、第一次停戦が切れて戦闘が再開されると、安全保障理事会は第39条の「平和に対する脅威」の存在を決定することを含む停戦命令決議を採択する。その基礎になったものは、軍事監視員によって集められた情報から作成された仲介官及び停戦委員会からの報告であった。こうした軍事監視員の活動も、まさに第34条の下での調査権の行使とみることができ、これらも一種の防止措置である。

バンチ仲介官代行の努力によって四つの休戦協定が成立すると、パレスチナ問題の仲介活動と、停戦監視活動が明確に分離される。これまで、これら2つの機能を重複して負わされていた停戦委員会と仲介官が解任され、パレスチナ問題の平和的解決を促進するためには、パレスチナ調停委員会が、1948年12月11日、総会によって設置された。

他方、平和維持活動としての停戦監視及び維持については、1948年8月11日の安全保障理事会の決議がこれに言及した。同決議によって、まず、国連休戦監視機構は一つの独立した機関として承認されたものと見なされる。そして、国連休戦監視機構に対しては、二重の機能が委ねられていることがわかる。一つは、1948年7月15日の安全保障理事会決議で当事者に命令され、新たに再確認された停戦の監視と維持である。この活動の基礎は一連の安全保障理事会決議に直接依拠しており、憲章上は先の決議に明示された通り、第40条に基づくものである。

もう一つは、イスラエルとアラブ諸国間で締結された休戦協定に直接的には基礎を置く活動である。例えば、イスラエル＝エジプト休戦協定によれば、まず、実施の監督をする混合休戦委員会の議長には、国連休戦監視機構の参謀長若しくは上級将校がなり、同委員会は任務の遂行上、必要な監視員を当事者又は国連休戦監視機構から採用できる（第10条）。委員会に編入された監視員は、委員会に持ち込まれた協定違反の申立てについての事実調査活動のほか、休戦ライン沿いの両軍の兵力削減の実施、非武装地帯の確保などの任

---

[38] *U.N. Document* S/726, 286th meeting, April 21, 1948.

務が与えられた。休戦協定体制は基本的には、当事者間の自主的な合意によるものであって、この下では国連はその実施を補佐する立場にあった。しかし、両者間の敵対意識が極めて強く、休戦協定で想定されたような両者による共同作業は、ほとんどが困難であったため、その活動の多くは国連休戦監視機構からの軍事監視員だけの編成で行われた[39]。

　四つの休戦協定はいずれも、国連憲章第40条の防止措置として、1948年11月16日、安全保障理事会が行った決議に応じて、国連仲介官代行バンチの主導の下に締結されたものである。したがって、その実施のために協力を義務付けられている国連機関の活動の憲章上の根拠は、やはり第40条にあると考えなければならない。

　以上の分析の結果、安全保障理事会が軍事監視員の派遣を行う場合、実質的には憲章第34条の調査権の行使（これも一種の防止措置）、若しくは第40条の防止措置としてなされることが明らかになった。また、形式的には第29条の補助機関の設置権の下で行うことも考えられるが、補助機関の設置は本来、手続事項とされており、平和維持の重要な任務を負う軍事監視員の派遣が、手続事項として処理されると考えるのは無理である。したがって、補助機関としての設置であっても、この場合は非手続事項として扱われることになる[40]。

2　軍事監視団の基本的性格

　国連のいずれの機関による場合でも、これらの措置は強制的性格を持つものではなく、受入国も含めた関係国の承認の下に行われた。これは後に平和維持活動とよばれるようになる一連の措置についての基本的原則の一つとなるのである。活動の基礎に関係国の承認または同意があるということは、任務遂行の途中であっても、その承認が撤回されれば、その活動は中止しなければならない。こうした不安定な基礎の下に活動がなされることは、平和維持活動としてのその効果を大きく阻害する要因となる。そこで、関係国に要

---

[39]　国際連合『ブルーヘルメット』講談社、1986年、40頁。
[40]　Bowett, *op.cit.,* p.67.

求されるのが、法の一般原則としての「信義誠実の原則」とよばれるものである。すなわち、法律上の権利義務関係にある当事者は、その約束した義務を誠意を持って履行することが義務付けられ、それを怠れば、過失責任が発生し、不法行為となるものである。

　この原則に従えば、受入れが行われたときに承認された任務が完了していなければ、当事国は一方的に、すでに与えた同意を撤回することはできない。それを撤回するためには、相手側を納得させるに足る十分な理由が存在しなければならない。そうした理由が提示されない限り、相手側は一方的撤回を容易に認める必要はない。スエズ戦争の直後の1956年11月、イスラエルはエジプトとの間の休戦協定の失効を一方的に通告した。しかし、国連とエジプトはこれを認めず、エジプト領域において、国連休戦監視機構の任務は継続された[41]。

　軍事監視団の活動が強制的性格を持たないことと関連して、軍事的措置ではあっても、非武装で戦闘力を全く持たない組織であることも重要な特徴である。軍事監視員の武装の問題は当初より、何回も安全保障理事会で取り上げられたが、いずれも否定されてきた。その本来の機能が、地球共同体の総意を背景とした国連の権威と当事者自体の同意に基づいて、停戦や休戦協定の監視・維持にあるので、軍事監視員には武装は不必要であるという考え方が強かったためである。しかしながら、その任務遂行の場が、敵対する当事者間の戦場であるだけに、仲介官ベルナドッテをはじめとして、ある程度の犠牲者は避けられなかった。

　軍事監視団が現地においてその任務を遂行する際、厳格に遵守せねばならない行動原則の一つは中立性の堅持である。中立性には軍事上の現状を維持する中立と政治的中立の二つがあるが、前者については軍事監視団が小規模の非武装集団であることから、あまり問題はない。しかし、政治的中立性については難しい面が存在する。神経を高ぶらせた敵対者双方の中間にあって、双方の言い分を聞いて、双方に満足のゆく解決へ導くことは大変困難な任務

---

[41] 1967年5月には、今度はエジプトが1956年からシナイ半島に展開していた第一次国連緊急軍の撤退を一方的に要求して、第3次中東戦争の勃発に至っている。

である。多くの国連休戦監視機構参謀長は必ずどちらかから、その態度の偏向を非難されたことからもそれは明らかである[42]。

軍事監視団の任務が国内紛争への介入の場合には、中立性の問題はさらに微妙である。1960年のコンゴ紛争や1964年のキプロス紛争の例にみられるように、中央政府の要請と同意の下に、外国の介入を防止し、国内の治安の維持などの任務が課された場合に、国連として、どの範囲まで国内問題に介入できるかは平和維持活動の基本的性格を左右する問題である。

パレスチナにおける国連休戦監視機構の軍事監視員の活動から、この基本的任務について主要なものを挙げておくことにする。

1) 監督——一定の作業の管理や指揮を行うもので、軍事監視員による他、仲介官や停戦委員会の代表をはじめとした国連の委任を受けた文民によることもあった。双方の紛争当事者をパートナー的存在と見なし、自制、忍耐、理解力を必要とする活動である。活動の種類は広く、兵力引き離し、撤兵、停戦・休戦ラインの画定、非武装地帯の設置、兵力・軍備の削減、捕虜の交換、住民の移動、難民収容所などについて行われた。

2) 監視——平和維持活動として最も基本的技術であって、事実を第三者として客観的にかつ正確に把握し、それを迅速に本部へ伝達することである。配置は監視ポストや道路の検問所を設けて行われた。監視ポストはできるだけ視界が広く、当事者双方からも確認しやすい場所が選ばれて設けられた。その理由は、監視ポストの存在が違反行為に対する抑止力となり、また双方からの誤った攻撃を防ぐためでもあった[43]。

3) 巡視——効果的に行うためには、できるだけ行動の自由の保障が当事者双方から得られることを必要とするが、休戦協定の下では軍事監視員の移動の自由は保障されていた。方法は、主に徒歩と車両によって行わ

---

42 よく知られた例では、イスラエルにアラブ寄りを非難された参謀長は、General Bennike と General Carl Von Horn、またアラブ諸国からイスラエル寄りを非難されたのは Colonel Leary と General Burns である。

43 例えば、1948年6月11日から7月6日までの第一次停戦のときには、パレスチナを5つの地区に分け、エルサレム地区に一つ、中央地区に四つ、西地区に三つ、南地区に二つ、北地区に1つの監視ポストが設けられた (*U.N. Document,* S/1025)。

れ、また空中や海上からのパトロールも実施された。国連旗や UN マークを示すことによって、監視体制を両当事者と地域住民に知らしめ、それによって戦闘再発を抑止し、同時に住民に対して安心感を与える効果があった。

4) 査察——多くの場合、紛争当事者の軍隊駐屯地域への立入りによって行われるため、公正なかつ威厳を持った態度を必要とする。軍事境界線や非武装地帯の両側に設けられた配置兵力・軍備の制限地域での査察や軍隊の移動・配置変更の検証が実施された。

5) 調査——発生した事件に関して、その事実調査を行い、混合休戦委員会または国連休戦監視機構の参謀長に対して報告する任務である。原則的には、混合休戦委員会の一方または双方からの要請によって行われたが、場合によっては、1951年のフレー湖 (Lake Huleh) 事件のように、軍事監視員や住民からの通報に基づいて、国連休戦監視機構独自の活動として行われることもあった。休戦ラインの侵犯や非武装地帯への不法侵入などの休戦協定違反事件の申立てについての調査が多かったが、その他住民への攻撃、人質・誘拐・行方不明者、電気・水道施設の破壊などの事件が含まれていた。平和維持活動としては、事件の発生を防止することが主たる目的とされるが、発生した違反行為について、その事実を違反者に突き付けることによって、今後の事件発生を防止する効果を持ち、また防止措置を執るための重要な資料を提供するものでもある。

6) 交渉と説得—— 一種の外交官や行政官として必要な技術で、場合によっては初歩的な斡旋、仲介、調停、仲裁などの司法的役割も含まれる。したがって、敵対する当事者との中立的立場での直接的接触を必要とし、特に個人的能力や資質に左右されやすい。また、語学力、論理性、常識、知性、駆け引き、忍耐力、公平さなどについて、事前に十分な訓練を行っておくことが望ましい。

7) 介在——武力衝突の起きやすい場所に介在して、戦闘を直接防止することを目的とする。効果的な介在には正確なタイミングが重要である。不注意な介在は双方の不信感を煽り、戦闘を誘発したり、犠牲者を出す

結果ともなる。

8) 護衛——国連の管理地域や非武装地帯などにおける紛争当事者の移動に同行し、移動者の安全を保障し、相手方には違反行為や危険のないことを保障するものである。その他、地域住民の移動、捕虜の交換、戦死者・傷病者の収容・移送などにも出動した。

9) 情報収集——日常の継続的情報収集活動と特定の事項・事態に関するものとがある。手段は観察と聞込みを主とし、すべて公認された方法により行われ、諜報的手段は一切使用されない。客観性、正確さ、迅速性を必要とする。主な対象は、当事者双方の兵力の増減や配置の変更、装備の変動、地域住民の動向、治安状態などであった。

10) 報告——定期的報告と特定の場合に行われるものとがある。原則としては、一定の様式に従った文書を作成しなければならない。緊急を要する際には、無線通信機や電話が用いられるが、後に文書による報告書の提出が必ず義務付けられている。客観的事実のみを公正な立場で迅速に伝達することが要求される。

国連の権威の下にその任務を遂行する軍事監視団の組織の持つ利点は数人からせいぜい数百人規模の非武装集団であるため、財政的負担も比較的少なく、緊急時に迅速に対応しやすく、受入れ側を不必要に刺激しないことである。この点は、国連平和維持活動のもう一つの組織である大規模な武装集団の国連軍型との比較の上でも、その存在価値は同等以上のものがあるといえる。半面、こうした平和維持活動の持つ限界は、現状を凍結するための手段であっても、紛争そのものを解決するための手段ではないことである。したがって、軍事監視団や国連軍による平和維持活動に平行して、効果的な政治的紛争解決のための努力がなされなければ、中東紛争にみられるように、紛争をいたずらに長引かせるだけのものとなってしまうであろう。

第3章　国連総会による防止措置の実行

第1節　スエズ戦争と第一次国連緊急軍 (UNEF-I)

　第一次国連緊急軍は約6,000人の武装兵団からなり、国際連合の下では、そうした武装兵団の派遣は、最初の経験であったために、多くの議論が行われた。UNEF-Iの設置の際に、総会が採択したいずれの決議にも、根拠とすべき憲章条文の明示はされていない。特に依拠する条文を明示しない決議によって、勧告を発令することは特別に珍しいことではなかったが、実施された措置が軍隊の派遣という影響力の大きいものであっただけに、単に総会の補助機関としてだけでなく、実質的機能の面から、その法理上の検討が必要となる。
　まず、UNEF-Iが「憲章第22条に基づいて設置された国連総会の機関」であることは、1956年2月8日の「エジプトにおける国連緊急軍の地位に関する協定」の前文に明記され、同23条には「総会により設立された国連の補助機関としての国連緊急軍」と規定された。また、2月20日に事務総長により発令された国連緊急軍規則第6条でも、「国連緊急軍は、1956年11月5日採択の総会決議1000 (ES-I) によって設立された国連司令部、並びに加盟国から国連司令部に派遣されているすべての軍事要員から成る国連の補助機関である」と明記されている[1]。

---

[1] 1958年10月9日、ハマーショルド事務総長は、'Summary Study of the experience derived from the establishment and operation of the Force' と称する報告書を作成し (A/3943)、その中で「同軍は国連憲章第22条の権威の下に設立された、総会の補助機関として承

憲章第22条は、「総会は、その任務の遂行に必要と認める補助機関を設けることができる」と規定する。憲章によって総会に付与された任務の範囲は広く、「この憲章の範囲内にある問題もしくは事項又はこの憲章に規定する機関の権限及び任務に関する問題もしくは事項」(同10条)に及ぶ。そのため、付託された責任を実行するためには多くの補助機関を必要とする。このように総会が補助機関を設置できる権限が憲章上、認められていることははっきりしているが、総会が憲章によって与えられた権限を超えた任務を遂行するような補助機関を設置するのではないかという点で、異議が出されるケースは希なことではない。特に、事実上の行動を伴う補助機関の場合には、その実質上の権限を裏付ける法的基礎が必要となる。

1947年の「中間委員会」の設置[2]や1950年の「平和観察委員会」設立[3]の際の議論の中では、総会の補助機関は受入国の同意がない限り、その国の領域内で活動できないことが確認されている[4]。

総会の補助機関の任務に対して、異議の出される場合の多くは、安全保障理事会の権限に抵触するのではないかという点にある。先に挙げた中間委員会、1947年のパレスチナ分割案を実施するためのパレスチナ委員会、1949年のフィールド・オブザーバー名簿、1950年の集団措置委員会などの設置案の討議の際には、特に安全保障理事会との権限関係が議論の焦点であった。UNEFの場合もこの点に集中した。ソ連は、UNEF設置決議の一つである総会決議1001の投票には棄権したが、クズネソフ代表の発言によれば、憲章上、軍隊を創設できるのは安全保障理事会だけであり、総会がUNEF-Iを設置す

認された」(127項)と、UNEFの法的性格について言及した。また、UNEFの憲章上の根拠を第22条に求めた例として、香西茂「国連軍」田畑茂二郎(編)『国際連合の研究』第一巻、有斐閣、1962年、112頁。那須聖『国際連合の全貌』日本外政学会、1962年、392頁。補助機関説でも、UNEFを総会が設置した「安全保障理事会の補助機関」としての法的性格を持つとする見解もある。関野昭一「国連軍形成の諸例とその先例的意義」『綜合法学』第29号(1960年12月1日号)、56-57頁。
2　U.N. General Assembly Resolution 111 (II), Nov.13, 1947.
3　U.N. General Assembly Resolution 377 (V), Nov.3, 1950.
4　L.M. Goodrich, E. Hambro and A.P. Simons, *Charter of the United Nations*, 3rd and revised edition, Columbia University Press, 1969, p.190.

るのは憲章違反となる。それにもかかわらず、ソ連が棄権をする理由は、侵略の犠牲者であるエジプト自身が軍の駐留を認めたことにあるとした[5]。この主張は、その後、憲章第17条2項の下で割り当てられた UNEF の経費の支払い拒否の理由として維持され、ついに総会は、1961年12月20日、UNEF-I とコンゴ国連軍の経費が憲章第17条2項に規定された「この機構の経費」をなすものか否かの問題に関して、国際司法裁判所の勧告的意見を要請する決議を採択した。裁判所の意見は翌年7月20日に出されているが[6]、その中で総会の権限に関して、裁判所は次のような立場をとる。

裁判所はまず、この議論のためには、国際の平和と安全の維持に関する、憲章上の総会と安全保障理事会の任務を検討しなければならないとする。憲章第24条は次のように規定する。

「国際連合の迅速且つ有効な行動を確保するために、国際連合加盟国は、国際の平和及び安全の維持に関する主要な責任を安全保障理事会に負わせるものとし、……。」

裁判所は、ここで安全保障理事会に与えられた責任は「主要な」ものであって、「排他的」なものではないと考える。理事会には、この主要な責任を果たすために、侵略者に対する強制行動をとる独占的権限が与えられている。一方、総会もまた、平和と安全の維持に関与する権限が認められている。憲章第14条は、総会に、「起因にかかわりなく、一般的福祉又は諸国間の友好関係を害する虞があると認めるいかなる事態についても、これを平和的に調整するための措置を勧告する」権限を与えている。この「措置」という用語には、なんらかの行動を含意しており、これに対する制限は第12条のみである[7]。

UNEF 設置の反対国の主張の根拠となったのは、憲章第11条2項の末文の「行動」の解釈であった。同2項は以下の通りである。

5　U.N. *Official Records*, General Assembly, 1st Emergency Special Session, paras. 291-297.
6　"Certain Expenses of the United Nations", Advisory Opinion of July 20, 1962, *ICJ Report,* 1962.
7　*Ibid.*, pp.163-164. 皆川洸編著『国際法判例集』有信堂高文社、1975年、173頁。

「総会は、国際連合加盟国若しくは安全保障理事会によって、又は第35条2項に従い国際連合加盟国でない国によって総会に付託される国際の平和及び安全の維持に関するいかなる問題も討議し、並びに、第12条に規定する場合を除く外、このような問題について、一若しくは二以上の関係国又は安全保障理事会あるいはこの両者に対して勧告することができる。このような問題で行動を必要とするものは、討議の前又は後に、総会によって安全保障理事会に付託されなければならない。」

裁判所は、第11条2項末文の「行動」は強制行動であるとする。平和及び安全に関する一般的問題のみならず、第35条によって国が総会に付託した特定ケースに対しても適用される本項は、その第1文で、国若しくは安全保障理事会又はこの両者に対する勧告によって、関係国の要請により、又はその同意を得て、平和維持活動を組織する権限を、総会に与えている。これは、第11条2項末文による制限を受ける以外、第10条又は14条による権限をいかなる点でも損わない特別の権限である。末文の「行動」は、後述するように (146-148頁)、「平和のための結集決議」で総会の権限と確認されたもの以外の、専ら安全保障理事会の権限内にある行動を意味している。それは憲章第7章の表題にいう「平和に対する脅威、平和の破壊及び侵略行為に関する行動」である。したがって、この制限は、必要な行動がそのような強制行動でない限り、適用されることはない。総会が第11条や14条に基づいて、委員会やその他の機関の設置に関する勧告を実施するには、国際の平和と安全の維持に関する組織的活動、すなわち行動が必要となる。このような総会の任務には、調査、観察、監督などが含まれるが、その実施には、関係国の同意を必要とする。

中東活動に関する最初の総会決議997 (ES-I) の第5項は次のように規定する。

「安全保障理事会と総会が憲章に従って適当と見なす行動がとられるように事務総長に対し、この決議の履行を監視し、これらの機関に迅速に

報告することを要請する。」

　この決議からも、行動をとりうるのは安全保障理事会のみならず、総会にも行動権が認められていることは明らかである。裁判所は、これらの行動は、第11条の下に勧告された「行動」というよりも、むしろ第14条によって勧告された「措置」と考える。1956年の中東における事態の性格に関する限りでは、「国際の平和と安全の維持」に関わるものと見なしうるのみならず、「諸国間の友好関係……を害する虞がある」ものともいえるからである[8]。
　以上のように、裁判所の意見では、総会は UNEF-I を、とりわけ第14条に依拠して設置したとするが、何故第14条の勧告を強調するかについては、十分に説明されていない。条文は次の通りである。

　第14条　「第12条の規定を留保して、総会は、起因にかかわりなく、一般的福祉又は諸国間の友好関係を害する虞があると認めるいかなる事態についても、これを平和的に調整するための措置を勧告することができる。この事態には、国際連合の目的及び原則を定めるこの憲章の規定の違反から生ずる事態が含まれる。」

　この条項はダンバートン・オークス案にはなく、サンフランシスコ会議の中で加えられたもので、問題が深刻な段階に達する前に、それを処理するための国連の機能と責任を拡大しようという意図があった。最初の案では、総会に条約の改正について審議し、かつ勧告する権限を認めたものであった。これは、適用不能となった条約の再審議を行い、平和的変更を加盟国に促すための、国際連盟規約第19条の規定を継承したからである。このような規定が追加された理由は、国際平和維持機構が単なる現状維持のためのものであってはならず、憲章の基本的目的と原則の実現に役立つような、不都合な現状の変更を平和的手段によって実行するように奨励すべきであると考えら

8　*ICJ Report,* 1962, pp.170-172. 皆川、前掲書、174-175頁。

れたことによる[9]。しかし、条約改正の規定を挿入することは、条約に基づく法的安定性を損わしめるものとして、特に戦後の講和条約の再審議への懸念が強い反対論が出された。その結果、条約の平和的変更に関する勧告も含めた、より広い範囲に適用されうる条文となった。

したがって、憲章は総会の権能に関して、第10条の一般的権限規定の外に、国際の平和と安全の維持に関する問題の処理についての第11条と、さらに広く「一般的福祉又は諸国間の友好関係を害する虞があると認める」あらゆる問題についての処理規定としての第14条を置くこととなった。

第14条の規定は、それまでにも総会における討議の中で、しばしば援用されてきている。多くの場合は、第10条と一緒に引用されるが、ときには第35条や第1条、2条との関連で用いられる場合もある。しかし、総会決議の中に、その行動の法的基礎となるべき条項を明記することは希である。第14条が明記された例の一つに、1953年の第8総会の決議[10]がある。これは、南アフリカ連邦政府のアパルトヘイト政策に関するもので、「憲章上の諸規定、とくに第14条との関連から」事態を研究し、かつ事態を緩和し、平和的解決を促進するのに役立つ措置を助言することを、「3人委員会」に要請したものである。この委員会は前年の第7総会で設置されたものであるが、この年の総会に提出した第1回報告書は、南アフリカの事態が「一般的福祉又は諸国家間の友好関係を害する」可能性を疑いなく、有するものであると、やはり第14条を引用している。もう一つの例は、ポルトガルに対する1960年の決議[11]である。同国がインドのゴア（Goa）、ダマオ（Damao）、ディウ（Diu）などの海外領土の住民に対し、抑圧政策を続けた結果、不穏な情勢となっており、総会が、ポルトガルの海外領土を憲章第11章の非自治地域と認定し、同国に対して、これらの地域に関する情報の提供を求め、施政国委員として、非自治地域情

9　L.M. グッドリッチ、サイモンズ（神谷龍男他訳）『国際連合と平和と安全の維持』日本外政学会、1959年、291-292頁。
10　U.N. General Assembly Resolution 721 (VIII), Dec.8, 1953.
11　U.N. General Assembly Resolution 1542 (XV),Dec.15, 1960.

報委員会の作業に参加することを、第14条の下で要請したものである[12]。

総会は、その決議の中に「第14条」と明記しない場合でも、同条項の中の表現を引用するケースもある。南アフリカのインド系人民の待遇に関する決議41(I)の中で、総会は「2カ国間の友好関係が害されてきた」と述べ、南アにおけるインド人の待遇を、両国間の条約上の義務および国連憲章上の関連規定と一致させるべきであると勧告した。南アフリカはこれに対し、この問題は憲章第2条7項に保障された国内管轄事項であると反論するが、総会はこれを否定して、再び第11条および14条に基づき、パキスタンを加えた3国による円卓会議を含む勧告を1947年と1949年に採択した[13]。また、1947年のパレスチナ分割決議案[14]の前文では、「パレスチナの現状は一般的福祉及び諸国間の友好関係を害する虞のある事態である」とした。このように、過去の実行にみる第14条の援用は、概して、人権問題や民族自決権問題に関して、総会の権限が国内管轄事項と抵触するか否かの議論の中で行われることが多かった。

このように見てくると、第14条の下での実行の多くは、第1条1項後段「平和を破壊するに至る虞のある国際的な紛争又は事態の調整又は解決を平和的手段によって且つ正義及び国際法の原則に従って実現すること」、及び2項「人民の同権及び自決の原則の尊重に基礎をおく諸国間の友好関係を発展させること」とに密接に関連しており、安全保障理事会の機能でいえば、第6章の下における紛争の平和的解決の規定に相当するものと考えられる。したがって、外国軍隊の侵入という「平和の破壊」が行われた後で、総会がとった行動について、特に第14条をその法的基礎として示唆した国際司法裁判所の判断には疑問が残ると言わざるを得ない。

UNEF-Iを設置した総会は、1950年11月の「平和のための結集決議」の下

---

[12] この要請にポルトガルが応じなかったため、1962年12月14日、総会は、加盟国に対し、住民抑圧に利用されるおそれのある武器の禁輸を含む援助を差し控えること、さらに不履行の場合は、安全保障理事会に対し、適当な措置をとることを要請した。経塚作太郎『国際連合二十年の活動』鳳舎、1968年、237-238頁。

[13] Bentwich and Martin, *A Commentary on the Charter of the United Nations,* Kraus Reprint Co., 1969, p.45.

[14] U.N. General Assembly Resolution 181 (II), Nov.29, 1947.

に招集された緊急特別総会であって、そこでの総会の決定も、やはり同決議に基づいてなされたものであるとする主張も有力に存在する[15]。ハーバード大学のソーン教授によれば、UNEF-I は侵略者に対する強制措置ではないが、「その妥当性はそうした小型の軍隊の設置権が大型の戦闘兵力の設置権の中に暗黙の内に含まれるという前提に基づいているように思われる」[16]と説明される。ハマーショルド事務総長自身も、1956年11月6日の第二報告書の中で、UNEF は「平和のための結集決議の諸条項の下で到達された決定に基づいて任務を行なう……」(9項)と説明している。同決議AのA節1項前半は次の通りである。

「平和に対する脅威、平和の破壊又は侵略行為があると思われる場合において、安全保障理事会が、常任理事会の全員一致を得られなかったために、国際の平和及び安全の維持に関するその主要な責任を遂行し得なかったときには、総会は、国際の平和及び安全を維持または回復するための集団的措置 (平和の破壊又は侵略行為の場合には必要に応じ兵力を使用することを含む) を執るように加盟国に対し適当な勧告を行う目的をもって、直ちにその問題を審議すべきことを決議する。」

国連憲章第1条は、国際の平和と安全の維持という目的を達成する手段として、「平和に対する脅威の防止及び除去と侵略行為その他の平和の破壊の鎮圧とのため有効な集団的措置をとること」を規定した。この集団的措置には防止措置と強制措置があり、それらは共に軍事的措置と非軍事的措置の場合がある。平和のための結集決議は、総会が、「平和の破壊または侵略行為の場合には」軍事的強制措置を勧告権の行使によって実施できることを認定

---

15 Yoel Arnon Tsur, "The United Nations Peacekeeping Operations in the Middle East from 1965 to 1976", in A. Cassese, *United Nations Peace- keeping; Legal Essays,* Sijhoff & Noordhoff, 1978, pp.193-194. Oran R. Young, *The Intermediaries; Third Parties in International Crises,* Princeton University Press, 1967, p.129. 岡本順一「国連警察軍は可能か」『外交時報』1960年8月号、71頁。
16 Louis B. Sohn, "The Authority of the United Nations to Establish a Permanent United Nations Force", *American Journal of International Law,* no.52, 1958, p.234.

したものである。総会が憲章体制の下で国際の平和と安全の維持に関して、副次的責任を負わされており、「残存的権限」[17]を行使しうることは早くから認められてきた。

例えば、1946年、スペインのフランコ政権に関して、総会は、平和に対する潜在的脅威の存在を認定し、加盟国に対して、国際機構へ加盟させないこと、並びにマドリッド派遣の大公使の召喚、すなわち外交関係の断絶を勧告している[18]。さらにまた、1949年も、ギリシャの共産主義ゲリラを支援したブルガリアとアルバニアへの武器の禁輸を、加盟国及びその他のすべての非加盟国に対して勧告した[19]。1962年の第17回総会は南アフリカ共和国に対して、そのアパルトヘイト政策を非難して、非軍事的強制措置を勧告した。すなわち、同国との外交関係の断絶、同国の船舶の自国港への入港禁止、同国への入港禁止、同国製品のボイコット、同国への禁輸、同国の航空機の着陸及び通過の拒否を加盟国に対して要請した。これらはいずれも非軍事的強制措置についての勧告である[20]。それでは果たして、勧告権の行使とはいえ、軍事的強制措置の実施権まで、憲章が総会に認めているといえるだろうか。

「平和のための結集決議」の支持者の多くは、憲章第11条2項の「行動」を、第25条、48条、並びに49条の下で、全加盟国が履行の義務を負う「決定」に基づいて、安全保障理事会のみがとりうる軍事的強制措置と解釈する[21]。そうすることによって、総会は加盟国の自発的行動によって、軍事的強制措

17　1950年11月1日の第5総会299 集会におけるアメリカ代表ダレスの発言（Joel Larus (ed.), *From Collective Security to Preventive Diplomacy,* John Wiley & Sons, Inc., 1965, p.256）。

18　U.N. General Assembly Resolution 39 (I), Dec.12, 1946. *U.N. Document* A/64/Add.1. この決議に関する第1委員会における討議の内容については、Louis B. Sohn, *Cases on United Nations Law,* 2nd edition, The Foundation Press, 1967, pp.312-318.

19　U.N. General Assembly Resolution 288 A (IV), Nov.18, 1949. *U.N. Document* A/1251.

20　VOTING: 67-16, with 23 abstentions. 国際連合『国際連合《20年の歩み》』鹿島研究所、1966年、106頁。

21　J. Andrassy, "Uniting for Peace", *American Journal of International Law,* no,50, July, 1956, p.568. D.W. Bowett, *United Nations Forces,* Praeger, 1964, pp.285-298. M.S. MacDougal, and R.N. Gardner,"The Veto and the Charter:An Interpretation for Survival", *Yale Law Journal,* vol.60, no.1 (Jan., 1951), pp.262-292. 横田喜三郎編『国際法』青林書院新社、1966年、355頁。高橋通敏『安全保障序説』有斐閣、1960年、209-210頁。

置を勧告することが可能になるからである。

　もともと国際機構の下での集団的安全保障体制はこの軍事的強制措置の発動を抑止力として、平和の維持を図ろうと企てられたものであり、その基盤は5大国一致による行動であった。それを保障するものとして、拒否権制度が導入された。逆説的であるが、最初から、5大国が一致して行動できる見通しはなかったからこそ、拒否権制度が導入されたといってもよい。現実はまさにその通りで、冷戦構造が紛争処理に当たる国連の活動を妨げた。最初から想定された通りに、拒否権制度が機能したからである。「平和のための結集決議」は、そうした中で、朝鮮戦争を契機として、安全保障理事会の紛争処理機能の行詰まりを打開する手立てとして、成立したものである。

　先に引用した国際司法裁判所の意見では、第11条2項の「行動」を単に「強制行動」(coercive or enforcement action) と解釈した。この意見は UNEF 及びコンゴ国連軍の経費に関するものであって、国連の軍事的活動について論じており、ここにいう「強制行動」が「軍事的」強制行動を意味しているものと理解してよいであろう[22]。意見の中で、裁判所は「平和のための結集決議」の法的妥当性ついては何ら言及していないが、上のように解釈すれば、軍事的強制措置の発動権は、それが勧告によるものであっても、または決定によるものであっても、安全保障理事会にのみ認められた権限であることになる。したがって、軍事的強制措置を含めた集団的措置の勧告権を認めた「平和のための結集決議」の妥当性は、裁判所の意見によっては否定されたことになる。このような議論とは別に、UNEF の機能が、すでに検討したように、関係国の同意に基づいた防止措置であったことからも、同決議の援用は不必要である。

　このようにみてくると、再び憲章上の規定に戻らなければならない。第1条は、国際の平和と安全の維持のために、「有効な集団的措置をとること」を予定した。この役割を果たすための「主要な責任」は、第24条の下で安全保障理事会に負わされている。しかし、安全保障理事会が十分にその機能を遂行できない場合には、総会の副次的権限が排除されていないことは、「平

---

[22] 裁判所がいう「強制行動」に、もし「非軍事的」強制行動も含まれるとすれば、すでに例示したような総会の行動は憲章違反となってしまい、整合性が失われることになる。

和のための結集決議」採択の際の討議や、先に引用した国際司法裁判所の勧告的意見の中でも明らかにされており、これまでの多くの実行によっても裏付けられるところである。それでは、どの範囲までが総会の権限として認められるのか。総会の権限と見なされるのは、過去に複数の実行がある「勧告による非軍事的強制措置」については問題がない。「勧告による軍事的強制措置」については、未だに実行はないが、「平和のための結集決議」で認められた権限をあえて否定する理由も見当たらない。グローバル化した世界の平和維持機構として、国連の機能をより活性化するためには、総会の権限を一層拡大させる必要がある。

他方、防止措置は、強制措置が発動される前に、若しくはそこまでまだ進展していない事態に対して、それ以上の事態の悪化を防止するためにとられる措置である。これには、やはり非軍事的措置と軍事的措置とがあるが、いずれの場合も勧告による措置のみであり、拘束力を伴う決定によることはない。実行機関は安全保障理事会と総会であるが、強制措置の場合と同様に、前者に優先権が与えられている。安全保障理事会がその任務を遂行している間は、原則として、安全保障理事会が要請しない限り、総会は勧告権を行使することはできない。安全保障理事会については、憲章第40条がその中心規定であるが、総会については、特にそうした規定は存在しない。第11条2項の下での実行をみると、通常まず、停戦などの暫定措置を要請し、さらに当事者間の交渉をよびかけている。そして、その実施を監視するために各種の補助機関を設置してきている[23]。これらは一連の防止措置である。

1948年12月12日、総会は朝鮮半島からの外国軍隊の撤退を勧告すると共に、その監視と検証をし、さらに統一のための斡旋を任務とする「朝鮮国連委員会」(U.N. Commission on Korea, UNCOK) を設置した[24]。7カ国からなるこの委員会には、その任務遂行のために、軍事スタッフと装備と共に10名の軍事監視員が提供された[25]。委員会は1949年6月のアメリカ軍の撤退を確認したが、

23　Goodrich and Simons, *op.cit*., p.126.
24　U.N. General Assembly Resolution 195 (III).
25　D.W. Bowett, *United Nations Forces*, Praeger, 1964, p.64.

ソ連軍の撤退の確認はできなかった。1949年12月21日、同委員会は、朝鮮において軍事的衝突に至るおそれのある事態の推移を監視し、報告するという新たな任務が付加されている[26]。

先にも引用したギリシャ事件では、総会は「国連バルカン特別委員会 (U.N. Special Committee on the Balkans, UNSCOB)」[27]を設置した。その決議の前半で、総会はアルバニア、ブルガリア、ユーゴスラヴィアに対し、ギリシャ国内のゲリラへの援助を禁止して、さらにこれら3カ国とギリシャに対し、正常な外交関係の樹立、国境協定の締結、難民及び少数民族問題の解決により、相互間の紛争処理に協力することを要求した。そして、この勧告の実施につき、4カ国を援助し、その進展を監視することが同委員会の任務であった。委員会は専門スタッフを伴った監視団を構成して、3カ国の同意が得られなかったためにギリシャ側から監視活動を行った[28]。

もう一つの例は、西イリアンに関するケースである。1962年に国連が仲介して、同地域がオランダからインドネシアに引き渡される合意ができ、住民投票までの間、国連が暫定統治機構 (U.N. Temporary Executive Authority, UNTEA) により施政権を行使した。その際、同地域の停戦監視のために、6カ国21人からなる軍事監視団が派遣された。さらに、法と秩序の維持のために、アメリカとカナダの支援を受けた1,537人のパキスタン兵により構成された国連保安軍 (U.N. Security Force, UNSF) が設置派遣されている[29]。

---

26 U.N. Genaral Assembly Resolution 293 (IV).
27 同委員会は11カ国から構成されることになっていたが、ソ連とポーランドは、委員会の機能がアルバニア、ブルガリア、ユーゴスラヴィアの主権を侵害するとの理由から参加を拒否した。
28 David Wainhouse, *International Peace Observation*, The Johns Hopkins Press, 1966, pp.224-241.
29 これらの機関の設置を直接勧告した総会決議はなく、オランダ・インドネシア間の協定の中で規定され、それを総会が1962年9月21日の決議で承認したことにより、総会の補助機関と見なされる。実質的には、第11条2項の下での措置と考えられるが、UNSFについては第14条に基づく措置との見解もある (Rosalyn Higgins, *United Nations Peace-keeping 1946-1967, 2. Asia,* Oxford University Press, 1970, p.280.)。また、「総会による承認がなされない段階で、事務総長は独断ですでに保安隊提供の構想を明らかにしている」から、監視団とUNSFの設置は「事務総長の手になるもの」との見解もある。三好正弘「国際連合の平和維持活動」、神谷龍男編『国際連合の基本問題』酒井書店、1973年、35頁。

UNSFはまさにこの種の補助機関であって、形式上は第22条の措置であるが、実質的には第11条2項の下での「軍事的防止措置」と見なすべきである。

第2節　西イリアン紛争と国連

1　事務総長の仲介権能

　オランダとインドネシア間の西イリアン紛争の収拾に当たっては、数年にわたる総会による平和的解決措置が功を奏しないとみたウ・タント事務総長は、紛争当事国に対して、平和的解決の要請を繰り返した後、自らの代理仲介人として、バンカー大使を現地に派遣して、西イリアン協定の成立を実現している。こうした他の国連機関の委託を直接には受けずに、事務総長が当事国の同意の下に、自らの判断で紛争の処理に乗り出した事例は、今日まで数多くあるが、法理的にはかなりの混乱がみられる。
　事務総長の政治的権限に関しては、まず第98条の下で、事務総長は諸機関から委託される任務を遂行する権限が規定されている。この権限の範囲は諸機関の決議によって明示されるが、委託権限の遂行実施に当たっては、事務総長自身にかなりの裁量権が認められなければならない。そこから事務総長に、ある程度の政治的権限が派生する余地が生まれるのである。この第98条からの派生権限は軍事監視団の設置には関連すると思われるが、西イリアン協定成立までの仲介活動については、第98条からの派生権限が、総会によって事後承認されたものとみることには多少問題がある。西イリアン協定は成立してから、約一カ月後に国連総会決議本文の中で事後承認されたが、成立までの事務総長の行動に関しては、その前文で、「この平和的解決を成功させた事務総長代行の努力を称賛をもって注目し、」とあるだけに過ぎない。さらに、協定によって事務総長に委任された任務に関しては、決議本文の中で「承認し（to acknowledge）」、「授権する（to authorize）」と明示されているからである。
　他の機関からの委託を受けずになす事務総長の政治的権限について、その

主たる法的根拠を憲章第99条に求める論者は多い[30]。しかし、政治的権限といっても多種多様であり、それぞれの行動についてその法的性質を考えなければならない。この規定の下で事務総長は国際の平和及び安全の維持を脅威すると「自らの意見で (in his opinion)」認める事項について、安全保障理事会の注意を促すことができる。西イリアン問題の処理には安全保障理事会はかかわらず、総会がその処理機関であった。総会に対しては、第98条で提出が義務づけられている年次報告書により、また総会手続規則第13の(g)項[31]に基づき、事務総長は総会への提出を必要と認めるすべての議題を提起できる。こうした権限から派生する権能の範囲の中に、事務総長の行う様々な政治的権限の根拠を求めようとする考え方が通説である。

主たる派生権限の一つは、安全保障理事会または総会に注意を喚起するために必要と自ら認める事実調査のために、受入国の協力を得て、紛争地域に自ら出かけたり、特別代表や使節団を派遣する権限である。また、もう一つのしばしば行使される派生権限は、安全保障理事会あるいは総会に対して、事務総長自らが審議中の問題に関する見解を表明したり、混乱する法的議論を調整するために、自らの見解を示した文書を提出したりする権限である[32]。

1948年5月15日、イスラエルの建国宣言に対抗して、周辺のアラブ5カ国が同国に対して軍事行動を開始したが、安全保障理事会は何ら有効な措置をとることができなかった。業を煮やしたリー事務総長は翌日、常任理事国に対して、迅速かつ有効な行動を促す書簡を送付している。すでにパレスチナ

---

[30] Stephen M.Schwebel, *The Secretary-General of the United Nations: His Political Powers and Practice,* Cambridge: Harvard University Press, 1952, pp.23-26. Leon Gordenker, *The UN Secretary-General and the Maintenance of Peace*, New York: Columbia University Press, 1967. pp.137-139. T.M.Franck, "Finding a Voice:How the Secretary-General Makes Himself Heard in the Councils of the United Nations", in J.Makarczyk, *Essays in International Law in Honor of Judge Manfred Lachs,* The Hague: Martinus Nijhoff, 1984. p.481. 神谷龍男『国際連合の安全保障（増補版）』有斐閣、1973年、243-244頁。林司宣「国連事務総長の周旋活動 (1)」『国際法外交雑誌』第90巻第1号（1991年4月）、15頁。

[31] 「規則13 通常会期の仮議事日程には、次のものを掲載するものとする。
(g) 事務総長が総会への提出を必要と認めるすべての議題……」

[32] Leland M. Goodrich, *The United Nations in a Changing World,* New York: Columbia University Press, 1974, p.93.

問題は安全保障理事会で審議中であった。リー事務総長としては、平和維持機構の長として、本来的に与えられている責任を尽くすためには、このような手段を選んだのであったが、これも「実質的には第99条による責任を果たそうとした」[33]ものと見なされるであろう。

しかし、紛争自体に関して、事務総長が自らの発意で、当事国間の仲介者として、紛争の平和的解決のために介入する権限までが、この第99条から派生すると拡大して考えることは困難である[34]。1953年、在韓米軍の偵察機が中国領で撃墜され、11人の乗員が拘束された。この返還交渉へのハマーショルド事務総長の介入は、誰もが知る古典的事例である。総会の委託を経てのハマーショルド自らの北京訪問であったが、国連を米国の代理機関と見なす周恩来との交渉に際しては、総会による委託権限の下での仲介ではなく、事務総長自身の権能によるものであることを強調して、共通の地盤の構築にある程度成功し、半年後の全員の返還を実現した[35]。

西イリアンにおける国連の統治が開始される直前に、イエーメンではサウジ・アラビアとアラブ連合を巻き込んだ内戦が勃発し、ウ・タント事務総長は関係国の代表との和平協議を経たのち、独自の判断で、特使としてラルフ・バンチ事務次長を現地に派遣している。バンチ特使は米国代表のバンカーの協力を得て、1963年4月には停戦と軍事監視団の受入れ合意に成功した[36]。

このように、事務総長が独自の判断で、紛争の平和的解決に乗り出して紛争処理をなす事例は、今日では一段と活発化しており、実際上は、否定されえない政治的権限と見なされている。しかし、国連憲章の中に、こうした権限の明示規定を求めることは可能であろうか。ハマーショルド事務総長は第2期の選任を受けての総会演説の中で、次のように述べている。

33　入江啓四郎『国連事務総長』日本国際問題研究所、1966年、68頁。
34　Rosalyn Higgins, *United Nations Peace-keeping 1946-1967: Documents and Commentary, I. Middle East,* London:Oxford University Press. p.627.
35　リチャード I. ミラー『平和への意志―ハマーショルド総長の生涯―』日本外政学会、1962年、43-44頁。
36　David W. Wainhouse, *International Peace Observation: A History and Forcast,* Baltimore: The Johns Hopkins Press, 1966, pp.421-425.香西茂『国連の平和維持活動』有斐閣、1991年、211頁。

「行動の指針が憲章上も国連の主要機関の決定にも見当たらない場合には、事務総長は加盟国から行動を求められるべきではないと信じる。しかしながら、その与えられた限界内で、実際上の状況の各段階で許される最大の能力と範囲で、事務局と国連の機構を機能させることが事務総長に課された任務であると考える。

一方、平和及び安全の擁護のために国連憲章と伝統的外交が備えている仕組の中に現れる真空状態を埋めるのに役立つと判断される場合には、事務総長がそうした行動指針のないままに、行動すべきものと考えられても、それは憲章の基本原理に沿ったものであると私は信ずる。」[37]

ハマーショルドの後を受けて、独自の政治的活動を展開したウ・タント事務総長も赤道ギニア問題への介入活動に関して、安全保障理事会議長に当てた書簡の中で次のように述べた。

「本日午前中にお会いした際に、情報として、赤道ギニアへ代表を送る意図をお伝えしました。それはいかなる意味においても、協議ではありません。国連事務総長としての私の任期中、安全保障理事会の議長や構成国との事前協議を行うことなく、これまでに何度となく同様の行動をとってきました。私は私自身の発意でとった行動を報告しただけのことです。今回のケースで事前協議の先例を作ることは私の目的とするところではありません。」[38]

さらに後の講演で、「事務総長は第33条を念頭に置いて、当該国が要請した場合には、安保理や国連の他の機関から特別な権限を与えられていなくても、紛争や困難を解決するために斡旋を行わなければならないということに

---

[37] Wilder Foote (ed.), *Dag Hammarskjöld: Servant of Peace,* New York: Columbia University Press, 1962, p.150.

[38] U.N. Document S/9055, March 7, 1969.

何の疑問ももったことがない」[39]と述べている。

こうした一連の言及からも明らかなように、普遍的平和維持機構の長は、単なる行政的責任者に留まる必要はないはずである。関係当事者の合意もしくは要請があり、国連憲章に明示されたその機構の目的と原則に反しない限り、事務総長は、自らの地位に固有する権限の下で、独自の外交的若しくは政治的行動をとりうる余地が当然に存在すると考えられる[40]。

事務総長の発意による憲章第33条の下で、加盟国は紛争の継続が国際の平和及び安全を危うくする虞のある場合には、当事者の選ぶいずれかの平和的解決手段に委ねることを義務付けられている。紛争の当事者が合意して国連事務総長を紛争解決の助言者に、あるいは斡旋者または仲介者に選ぶことは、その地位、特に憲章第97条及び100条に規定される職務遂行上の中立性と、責任の国際性から、とりわけ望ましい手段の一つと言えるであろう。

2 国連軍事監視団の設置権

次に、法理的に問題とされるべき事項は、国連軍事監視団の設置に関するものである。軍事監視団の活動は1962年8月18日から9月21日までであったが、この間に国連総会による任務の付託はなされていない。正式には9月21日付の総会決議1752（XVII）の第2項（「総会は協定で事務総長に付与された任務を承認する」）によって、事後承認されたこととなる。

停戦の実施は西イリアン協定に付属する「敵対行動の停止に関する了解覚書」によって取り決められた。同覚書は協定成立の当日に、ウ・タント事務総長に対して提出され、即日、事務総長は、他の国連機関の承認を得る手続

---

39 ウ・タント『国際平和のために』国際市場開発、1972年、13頁。
40 この点に関して、事務総長が本来有するものとして、「単に安全保障理事会付託権に限らず、98条の総会への年次報告権、98条の諸機関よりの委託事項履行の任務、さらに97条のこの機構の行政職員の長としての職務遂行の責任等、事務総長としてのすべての任務達成のために必要な当然の派生的権限または政治的権限として認められている」とする見解もある（斎藤鎮男『国際連合の新しい潮流』新有堂、1984年、287頁）。さらに、三好論文では、「憲章によって十分カバーされない部分、または規定上はカバーされても運用面でカバーされない部分については、事務総長はそれを埋める権限を有する」というSteinらの見解を紹介している（三好正弘「国際連合の平和維持活動」、神谷龍男編『国際連合の基本問題』酒井書店、1973年、83頁及び87頁の注17）。

なしに、そこに記された責任の受諾を解答した。同覚書第1項の主旨は以下の通りである。

 i ）停戦の実施は1962年8月18日から行われ、以後、両国は西イリアン地域の軍隊の増強をしてはならない。
 ii ）国連事務総長は(i)協定実施を監視し、(ii)特に両国軍の安全確保に必要な措置をとるために、国連要員を派遣する。
 iii）停戦違反は当事者から国連要員に即時通告され、国連要員は両当事者との協議の下で現状回復に必要な措置をとるものとする。

　事務総長の主導の下に組織された軍事監視団の構成員は21人で、小規模ではあったが、その任務こそが本来の平和維持活動であった。こうした活動をどこまで事務総長は独自の判断で実施可能であろうか。

　国連発足当初から、平和維持活動のための要員の確保に関しては、様々な提案や試みが事務総長によってなされている。初代事務総長のリー (Trygve Lie) は1947-8年度の年次報告書[41]の中で、国連護衛隊 (the United Nations Guard Force) の提案を行っている。この構想によれば、事務総長により採用される1,000人から5,000人規模の非戦闘員で、安全保障理事会及び総会の利用に供されるが、憲章第42条の強制措置の国連軍とは異なり、各種の国連使節団の護衛をその任務とする。例えば、住民投票の実施、休戦監視、イエルサレムやトリエステのような国際管理地域における警察隊、平和を脅かす事態の悪化を防止するためにとられる防止措置の実施などに利用されることが考えられた。こうした提案の背景には、ギリシャやインドネシアにおける国連の平和維持活動が現地での武力的脅威に晒されて、困難をきたしていたという現実があったのである。

　事務総長の特使として、パレスチナ問題の仲介に当たっていたベルナドッテ伯爵の暗殺事件[42]（1948年9月17日）から11日後、第3回総会に対して、事

41　*United Nations Document* A/565, Annual Report, July 1, 1947-June 30, 1948, pp.XVII-XVIII. この中で、事務総長はその法的基礎を憲章第97条と第98条に置いている。
42　"Reparation for Injuries Case", *International Court of Justice Report*, 1949.

務総長から護衛隊に関する緊急提案[43]が出されている。それは国連機関の要請を受けて、現地に在る国連の要員や財産を保護することを主たる任務とし、緊急防護用軽火器装備の800人の規模で構成されるが、そのうちの500人は予備要員とする。憲章上は第97、98、100、101条に基づいて、事務局の一部として設立されるというものであった。

こうした提案に対しては、多くの加盟国から多種多様な反応が表明された。アメリカ、スウェーデン、ペルー、ハイチなどは、ほぼ無条件に支持したが、賛成派でもフランスは実行性から規模が小さ過ぎること、南ア、中国、インド、イギリスなどは財政面、統合性、国軍や警察隊との調整の問題などで条件付きであった[44]。強硬な反対は当然に、ソ連圏諸国からのものであった。当時、パレスチナに介在していた約100人の軍事監視員の3分の1がアメリカ軍人であり、応援として派遣されていた国連本部の警備隊員51人の多くはアメリカ人であり、輸送、通信などの支援部隊や装備もほとんど同国からであったことから、特にソ連は事務総長提案がこうしたアメリカ主導の国連活動の拡大につながることを懸念した。ソ連の主張では、第42条の軍事的強制措置以外の兵力の使用は国連憲章では予定されておらず、事務総長提案は事実上、戦闘部隊の設置であり、その設置権をも、事務総長に認めることは憲章に違反するというものであった[45]。

第4回総会では、事務総長は「フィールド・サービス（a Field Service）」と「フィールド待機要員名簿（a Field Reserve Panel）」の2案[46]を提出し、そのための特別委員会の審議に付された。同案は委員会において、何点かの修正（例えば、後者は「フィールド監視員名簿」と名称の変更がなされた）を経た後、1949年11月22日、総会により正式に採択された[47]。その後、300人の規模で創

43　*United Nations Document* A/656, Sept.28, 1948, *General Assembly Official Records,* 3rd Session, Part 2, Annexes, p.6.
44　*General Assembly Official Records,* 3rd Session, Ad Hoc Political Committee, Meetings April 6-May 10, 1949, p.37.
45　*Ibid.,* pp.29, 30-33, 40.
46　*General Assembly Official Records*, 4th Session, Supplement 13, A/959.
47　General Assembly Resolution 297 A and B (IV).

設された国連フィールド・サービス（現地活動）要員は、今日まで国連が介入したあらゆる活動に参加し、輸送や通信の便宜提供に尽力してきた。他方、フィールド監視員名簿への登録も順調に実施されていったが[48]、以後に創設された軍事監視団への要員は、この名簿からの採用は行われていない。

　フィールド監視員は休戦監視や住民投票などに直接携わる軍事要員であり、派遣には総会や安全保障理事会の決議を必要とすると考えられ、事務総長の下にある要員を派遣することについては、事務総長に固有の政治的権限の中に紛れ込むことに対する強い憂慮があったためである。

　先に挙げたイエーメン内戦の処理において、ウ・タント事務総長は安全保障理事会に先んじて、停戦監視のための軍事監視団の受入れ合意を紛争関係国から取りつけ、国連パレスチナ休戦監視機構の参謀長ホルン中将を実質問題の協議のために関係国へ派遣して、必要とされる要員数や経費の概要を作成した。この間、事務総長は安全保障理事会への報告を数次にわたり行っているが、事務総長の独走を懸念したソ連は急遽安全保障理事会の開催を要請し、国連イエーメン監視団（UNYOM）は安全保障理事会の決議[49]を経て、事務総長に設置派遣を授権した。2年後のインドとパキスタン国境の武力衝突に際しては、事務総長は予め安全保障理事会の授権決議[50]を受けて、国連インド・パキスタン監視団（UNIPOM）の設置を決定している。

　その後の実行においても、PKF（平和維持軍）の設置も含めて、この手続が踏襲されてきている。すなわち、事務総長は関係国からの同意や要請がある場合でも、平和維持活動のための軍事措置を、独自にとる権限をいかなる法的根拠に基づいても有していないのである[51]。

　西イリアンのケースでは、事務総長の判断が先行して、軍事監視団を派遣

48　Larry L. Leonard, *International Organisation*, New York: McGraw-Hill, 1951, p.247.
49　Security Council Resolution S/5331, June 11, 1963, Voting 10-0-1.
50　Security Council Resolution 210, Sept.6, 1965, Voting 11-0.
51　Nabil Elaraby, "The Office of the Secretary-General and the Maintenance of International Peace and Security", in UNITAR, *The United Nations and the Maintenance of International Peace and Security,* The Hague: Martinus Nijhoff, 1987, p.184. Rosalyn Higgins, "A General Assessment of United Nations Peace-keeping", in A. Cassese (ed.), *United Nations Peace-keeping; Legal Essays,* Alphen aan den Rijn: Sithoff and Noordhoff, 1978, p.7.

して、事実上の平和維持活動を完了した後に、総会による授権を事後承認の形で受けている。しかし、審議の過程でも、事務総長のこうした行動に対する非難は全くなされていない。決議採択に際し、反対はなく、棄権した一部の加盟国は、西イリアン住民の意思決定を国連統治下で行うべきであるという立場からのものであった[52]。しかし、それだからといって、PKO のための軍事監視団の設置権限が、事務総長独自の政治的権限として認められたとみるべきではない。西イリアンについては、紛争関係国間にすでに政治的決着がついており、事務総長による平和維持活動は事後処理的行動であって、他の平和維持活動のような事態の一時的凍結の場合とは著しく異なっている。こうしたことから、加盟国は事務総長の行動を総会の権限、すなわち、第11条2項の国際の平和と安全の維持に関する権限、及び第14条の平和的調整権の下での行動として、事後承認したものと考えられるのである。

3　国連の領域統治権

最近では、カンボジアや東チモールなどで、国連の暫定統治が実施されているが、西イリアン地域での国連による統治は6カ月という短期ではあった。国連としては、実際に統治機構が現地に設立されて、統治が実施された最初のケースとなった。国際機構は国家と異なり、自らの領域を保有しておらず、領域統治の組織を本来的に備えているわけではない。しかし、実際に古くは国際連盟時代のダンチッヒ自由市やザールランドの統治、国連によるトリエステ及びエルサレムの統治計画などが行われている。比較的新しい例では、1989-90年の「国連ナミビア独立支援グループ」や1999年の「東チモール国連暫定統治機構」のケースがあるが、いずれの場合にも、法的根拠については明確にされていない。

旧イタリア領トリエステの戦後処理は、連合国による管理の合意が得られ

---

[52] *General Assembly Official Records,* 17th Session, 1127th plen. meeting, pp.56-57. Rosalyn Higgins, *United Nations Peace-keeping 1946-1967,* 2. Asia (Oxford University Press), pp.113-115. Finn Seyersted, *United Nations Forces in the Law of Peace and War*, Leyden: A.W.Sijthoff, 1966, p.141.

ずに、国連安全保障理事会への付託となり、1947年の決議224によって、安保理の下での統治が決定された。この決議に棄権したオーストラリアは、国連憲章には、第81条の信託統治の場合以外に、安保理の領域統治権を明示した規定が存在しないことを指摘した。この指摘に対しては、安全保障理事会の一般的権限を規定した第24条が引用され、リー事務総長は同条に基づく理事会の権限は「第6章、第7章、第8章および第12章に掲げられた権限の明示的付与に限られない。……国際連合加盟国は、安全保障理事会に対して、平和及び安全の維持に関する責任に相応する権限を付与した。唯一の制限は、憲章第1章に見出される根本的な原則及び目的である」[53]と述べて、安保理の統治権を認め、ソ連を含む他の理事国もこれに同調した。ここでの議論は国連自体の統治権限に関するものではなく、安全保障理事会にそうした権限が付与されているかに論点があったようである[54]。

　エルサレムの場合は、1947年11月29日の総会決議[55]の中で同市を信託統治理事会の下で国際管理とすることが決められた。信託統治理事会はエルサレム市規約を作成し、規約により理事会が「国連を代表して、同市に代わって、対外関係を含めたすべての行政権を行使する」[56]総督を任命し、憲章第100条下の国際公務員が行政業務を補佐することになっていた。しかし、後に理事会に提出された報告書では、同市が憲章第12章や第13章の信託統治地域にする予定ではなかったことが明記されている[57]。パレスチナ分割案に反対するアラブ諸国は、信託統治理事会のエルサレム統治権限を否定したが、もともとは総会決議で処理されたものであるから、総会が、その一般的権限で特定の任務を他の機関に委託したと考えれば、これも問題はない。トリエステ計画もエルサレム計画も実施には至らなかったが、いずれも法的に問題

53　*Security Council Official Records,* 2nd year, 89th meeting, Jan.7, 1947. この事務総長のコメントは、「安全保障理事会決議276 (1970) にもかかわらず、ナミビア（南西アフリカ）において、南アフリカが継続する居座り状態の法的効果」に関する国際司法裁判所の勧告的意見の中で、安全保障理事会の一般的権限を支持する言及に引用されている。
54　Seyersted, *op.cit.*, p.149.
55　General Assembly Resolution 181 (II).
56　エルサレム規約第13条1項。
57　Seyersted, *op.cit.*, p.149.

があったわけではなく、当該領域に関係する諸国の協力が得られずに実施できなかったに過ぎない。西イリアンのケースでは、事前に関係国に引渡しの合意が存在しており、総会が第10条の一般的権限及び第14条の平和的調整権の下で、事務総長に対して、総会の補助機関（第22条）としてのUNTEAの設置権と行政権の行使を委託したものと理解すれば、法理的には十分説明がつく[58]。

4　国連保安軍の法的基礎

国連保安軍（UNSF）については西イリアン協定第7条に規定された。すなわち、「事務総長は国連行政官が必要と考える保安軍をUNTEAに提供する。この軍は法と秩序の維持という任務で現存するパプア（西イリアン）警察の支援を第一とする。国連行政官の着任からオランダ軍と分離されるパプア義勇軍及び現地にあるインドネシア軍は同様の任務のために、事務総長の権限の下に置かれ、その使用に供される。国連行政官は法と秩序の維持のための国連保安軍として、可能な限りパプア（西イリアン）警察を使用し、また自らの裁量でインドネシア軍を使用する。オランダ軍はできるだけ早く本国に送還されるが、当該地域にある間はUNTEAの権限の下に置かれる。」

さらに、同協定の付属書Aの第7項では「1962年10月1日までに、事務総長は補助的な武器及び役務を備えた一歩兵大隊を設置し、法と秩序の維持という任務で現存するパプア警察を主として支援するために、国連暫定統治機構（UNTEA）の使用に供するものとする」ことが明記された。そして、この協定第1条の規定に従って、1962年9月21日、オランダ、インドネシア両国の批准の後、協定により事務総長に付与された役割を承認し、委託された任務を実施する権限を事務総長に与えることを認めた両国の共同提案が国連総会に上程され、即日採択されて（賛成89、棄権14）、同協定と付属書は発効した。

総会の委託を受けた事務総長は、早速、国連軍の編成にかかり、パキスタ

---

[58] 神山論文では、エルサレムの総会による施政案の法的基礎を第10条と第14条に求めているが（神山晃令「国際連合の施政機能」『国際法外交雑誌』第87巻号第1号、55頁）、西イリアンの場合は事務総長の権能として、第98、99条に求めている（同64頁）。

ンによって1,500人の兵士が提供されることが決まり、10月3日、第一陣の340人が現地に到着した。このように実際の設置は事務総長が行っているが、その権限は憲章第98条の下での総会による委託である。軍の任務の一つは、残留していた約9,600人のオランダ兵の撤退を確保し、その後の空白状態を補完することであったが、11月15日までにこの任務は支障なく完了している。しかし、UNSFの主たる任務は協定第7条にある通り、現地警察の補佐・支援であって、敵対国間の停戦監視のための国連軍とは異なる存在であった。したがって、西イリアンに入った国連保安軍の実体は、平和維持活動のための軍事措置というよりは、むしろ国連暫定統治機構の一部をなす「警察部門」というべきものであって、「その責任は、UNTEAの行政任務の円滑実施の確保から、永続性のある現地警察隊の育成の監督にまで及んだ」[59]のである。

　総会の国連平和維持軍（PKF）の設置権限については、1956年のスエズ紛争時に派遣された第一次国連緊急軍（UNEF-I）に関する議論の中で十分に検討され、様々な解釈が行われた。筆者が妥当とするところは、一般的には、総会による国連平和維持活動の法的基礎を第11条2項の国際の平和及び安全の維持に関する勧告権の行使とする見解である。しかし、UNSFのケースではすでに見てきた通り、西イリアン地域の治安維持を主たる任務とする警察隊であるから、その法的基礎は総会による領域統治権の中に包摂されるものとして、第14条の平和的調整権の下に、総会の補助機関として設置されたと見る方が適当である[60]。

---

[59] 国際連合『ブルーヘルメット』講談社、1986年、362頁。
[60] D.W. Bowett, *United Nations Forces,* New York:Praeger, 1964. p.256. R. Higgins, *(op.cit.)*, p.120.

第4章　安全保障理事会によるPKFの実行

第1節　コンゴ紛争と国連

1　コンゴ国連軍と安全保障理事会の権限

　総会決議で設置された1956年の国連緊急軍とは対照的に、コンゴ紛争に派遣された国連軍は、事務総長の発意により緊急招集された安全保障理事会の決議で設置された。最近では、PKOの設置権は安全保障理事会にしかないように誤解されるほどに独占状態であるが、安保理による設置は1960年になって実施されたコンゴ国連軍が最初のものである。

　コンゴの場合も一連の決議の中には、その法的基礎に関する言及はなされなかった。今日までの実行例においても、そうしない場合も多いが、この傾向は国連の基礎法である国連憲章の法的効力を軽視しているというよりも、法的論議によって時間を空費するのを避けて、実際的行動を優先させた結果である[1]。しかし、法的基礎が無視されることになれば、その行動の範囲が曖昧なものになり、無制限の行動の拡大につながるおそれもあり、たいへん危険な問題が招来されることになるから、それを明確にしておく必要がある。

　まず、設置後の公式文書の言及をみると、「コンゴ国連軍規則」[2]の第5条

1　金東勲『人権・自決権と現代国際法』新有堂、1979年、325頁。
2　'The Regulations governing the UN Force in the Congo,' ST/SGB/ONUC/I, 15 July 1963. この規則が成立した時期は遅かったが、その効力は国連軍の派遣時まで遡及するものと考えられた。Rosalyn Higgins, *United Nations Peace-Keeping 1946-1967 3. Africa*, Oxford University Press, p.70.

(b)で、「コンゴ国連活動 (Opération des Nations Unies au Congo–ONUC) は、1960年7月13日の安全保障理事会決議の下で設置された国連の補助機関であり、コンゴ国連軍はその不可欠な一部である」と規定されている。そして、コンゴ国連軍は、安全保障理事会の補助機関として任務を遂行したのであるから、国連憲章第29条がその十分な法的基礎と見なされるとする見解がある[3]。同様の立場は国連緊急軍のケースでもあり、総会の補助機関設置権を規定した第22条をもって、その法的基礎とするものであった。しかし、いずれの場合についても、もしこれだけで十分であるとすれば、その結果はやはりたいへん危険なことになるであろう。軍事力の行使を含めた実際的行動をとる権限を認められた組織が、単なる手続事項としての採決手続によって設置されてしまうことになるからである。したがって、それぞれの組織に与えられた具体的機能を、法的に基礎付ける憲章上の規定が存在しなければならない[4]。

コンゴ国連軍の法的基礎について、より厳密に分析するためには、先の規則第5条に明示されているように、コンゴ国連軍は「コンゴ国連活動(ONUC)」の一部門として組織されており、もう一つの重要な部分として「文民援助部門」があったことにも注意を払わなければならない。これは、一方は軍事的措置であり、他方は非軍事的措置であるから、多くの論者がやっているように、これらを一緒にして、ONUCと捉えて考察することは適当ではない。また、これは、最近の専門家がいう「複合型」である。PKOは、初期から内戦介入を行う「複合型」が多く、「在来型」などといわれるPKOは存在しない。「国家間紛争介入型」または、「国内紛争介入型」である。

複合型の文民援助部門は、コンゴ共和国の統一的基盤が危機に瀕した時点から、積極的に活動した。カタンガ州の離脱宣言の後には、中央政府自体が四つに分裂して、コンゴ共和国は、その基本法の下での主権国家としての存

---

[3] 香西茂「国連軍」田畑茂二郎(編)『国際連合の研究』第一巻、有斐閣、1962年、119頁。G. Draper,"The Legal Limitations upon the Employment of Weapons by the United Nations Force in the Congo", *International and Comparative Law Quarterly*, vol.12, pt.2, p.392. E.M. Miller, "Legal Aspects of the United Nations Action in the Congo", *American Journal of International Law*, vol.55 no.1, pp.10-11.

[4] D.W. Bowett, *United Nations Forces*, Praeger, 1964, p.178. 高野雄一『国際法概論 (下)』弘文堂、1968年、391頁。

在が危ぶまれた。緊急特別総会は、1960年9月20日の決議でコンゴ諸問委員会に対して、調停委員会の設置を勧告し、15カ国からなる調停委員会が組織されて、各派の間の調整に乗り出した。同時に文民の専門家グループがONUCの一部門として派遣されて、不信感や対立意識の強い各派の指導者の間に入って、相互の和解のための工作を行った。

1961年6月2日のアドウラ統一政府の誕生は、こうした活動の結果であった。さらに、カタンガ州の離脱問題が収拾された後、コンゴ共和国の再構築のために行われた一連の援助活動（今日の平和構築活動）も、ONUC文民援助部門の人々の仕事であった。

こうした専門家集団に与えられた任務は、一国家の国内秩序の再建のためのものであって、直接には国連憲章に規定する「国際の平和と安全を維持すること」とは関係がないとみられるが、先に引用したように、安全保障理事会決議と総会決議で、コンゴの国内秩序の回復が国際の平和及び安全の維持に有効に貢献することが確認されている。したがって、ONUC文民援助部門の任務は、国連憲章第6章の規定する安全保障理事会に与えられた紛争の平和的解決権の範囲に入るものと考えられる。その中でも特に、第37条2項は「安全保障理事会は、紛争の継続が国際の平和及び安全の維持を危うくする虞が実際にあると認めるときは、第36条に基づく行動をとるか、適当と認める解決条件を勧告するかのいずれかを決定しなければならない」と規定している。

第6章の下では、紛争当事国は、まず、自らの判断で「その継続が国際の平和及び安全の維持を危うくする虞のあるもの」については、当事者間の合意で交渉、審査、仲介、調停、仲裁裁判、司法的解決、地域的機関又は地域的取極の利用などの手段による解決を求められ（第33条1項）、解決ができないときには、安全保障理事会への付託が義務付けられている（第37条1項）。付託されると、理事会は先決問題として、その紛争の継続が国際の平和及び安全の維持を危うくする虞が「実際に」あるか否かを審査する（第34条）。その基準については、明瞭で客観性のあるものが存在するわけではないから、理事会の裁量権に委ねられることになる。それが認められれば、理事会は当事者に対して、(1)適当な調整の手続又は方法を勧告する、(2)適当と認める解

決条件を勧告するかのどちらかの措置をとらなければならない。この二つの措置はどちらが先にとられてもよい。勧告が行われると、理事会は必要と認めれば、委員会を設置したり、個人を指名したりして、様々な補助機関を設けてその任務を遂行させることもできる。したがって、必要が認められれば、軍事的機関であっても、その任務の性格によっては第6章の規定の下で設置され得る。例えば、1947年にギリシャ紛争に際して設置された調査委員会、あるいは1948年のパレスチナ戦争の際に設置された国連休戦監視機構 (UNTSO) の任務の一部は、憲章第6章の第34条で十分説明できる。しかしながら、すでにみたように、2万にも及ぶ実戦部隊が、受動的にとはいいながら、戦闘行動に携わったコンゴ国連軍の法的基礎をこの第6章の規定の範囲で説明できるとは考えられない[5]。したがって、ONUC（コンゴにおける国連活動）に関する法的議論は、文民活動と軍事活動とを分離して行う必要がある。

国連憲章の起草者たちは、「平和に対する脅威、平和の破壊及び侵略行動に関する行動」の表題の下に第7章を準備した。これは平和的解決手段を規定した第6章に対照させたもので、「平和に対する脅威の防止及び除去と侵略行為その他の平和の破壊の鎮圧とのため有効な集団的措置をとる」という第1条1項の実施規定である。第7章の下で予定された集団的措置には、強制措置（第39条、41条、42条）と防止措置（第34条、39条、40条）の2種類がある[6]。そして、それぞれに軍事的措置と非軍事的措置がある。手続的には、強制措置には決定によるものと勧告によるものがあるが、防止措置は勧告によってのみ実施される。第39条後段の「決定」による措置の実施については、第25条と第49条がその関連規定である。前者は加盟国に「安全保障理事会の決定をこの憲章に従って受諾し且つ履行することに同意する」ことを約束

---

5 説明できるとする説は、香西茂「国連軍をめぐる『関係国の同意』の問題」『法学論叢』第68巻第5・6号、157頁。さらに、同氏はONUCを「平和軍」として、「第七章に予定された型のものとは性格を異にする」と述べる。香西茂『国際平和維持活動』有斐閣、1991年、127頁。

6 第39条の勧告を起草者の意図に合わせて、平和的解決手続へ誘導を目的とする「調整措置」として捉える説もある。森脇庸太「コンゴ問題」田畑茂二郎（編）『国際連合の研究』第三巻、有斐閣、1966年、75-76頁。

させ、後者は「決定した措置を履行するに当たって、共同して相互援助を与え」ることを加盟国に義務付けたものである。

　1960年8月9日の安全保障理事会決議は、これら二つの条項を引用して、「第25条と第49条に従って、安全保障理事会の諸決定を受諾し且つ履行すること及び理事会が決定した措置を履行するに当たって、共同して相互援助を与えることをすべての加盟国に要請」した (5項)。しかしながら、同決議には決定事項は見当たらない。「決定」の用語が用いられた唯一の決議は同年7月14日のものであった。同決議2項はすでに引用したように、事務総長に対して、必要な措置をとることを決定したものであって、加盟国に対して実質的措置をとることを決定したわけではない。したがって、同決議の決定は第25条や49条にいう「決定」とは異なり、「承認する」という程度の意味しか持たないものである。「承認する」とか「採択する」という意味での「決定」の用語法は国連の公式文書の中では希なことではなく、国連憲章の中にさえ随所に見られるところである (第27条、37条等)。このように考えると、この安全保障理事会決議の第25条及び49条の引用は加盟国に対して、国連の行動を積極的に支持して協力すべきことを促したものと理解できる[7]。したがって、コンゴ紛争に派遣された国連軍に関する安全保障理事会決議は「勧告」による軍事的措置を発令したものと考えてよい。

　そうとすると、残るはそれが第39条の勧告に基づく強制措置か第40条の防止措置かという問題である。コンゴ中央政府が分裂して、内紛が拡大していく中で採択された1961年2月22日の決議と、カタンガ州政府と国連との間で締結された停戦議定書をカタンガ側が無視して、国連軍の駐留地区へ攻撃を仕掛けた。その直後の1961年11月24日の決議は、武力の行使を含めた強力な行動を指令したものであり、これらによって、それまでの平和維持活動のための国連軍から、強制措置のための国連軍に変質したとする見方も有

7　加盟国に課されるこのような一般的義務は第2条5項にも規定されている。すなわち、「すべての加盟国は、国際連合がこの憲章に従ってとるいかなる行動のついても国際連合にあらゆる援助を与え……なければならない。」　各国はこの一般的協力義務を当然受諾して加盟するが、実際上はすべての国連の行動に拘束力があるわけではない。

力である[8]。しかし、まず、機能に関する分析の中で、コンゴ国連軍が強制措置ではないことはすでに述べた通りである。

それでは、法的手続論としてはどうであろうか。憲章第39条は安全保障理事会が強制措置の発動を勧告または決定する前に、その紛争が「平和に対する脅威、平和の破壊又は侵略行為の存在」であるかどうかを決定することを義務付けている。これは強制措置が集団安全保障制度の最後の拠り所として、強力な制裁力として準備されたもので、一旦発動されると、国連は一方的な判断で国内問題も含めてあらゆる紛争に介入できることになる。そのため、その発動には極めて慎重な判断を必要とするからである。この点で、安全保障理事会は1962年2月21日の決議の前文で「安全保障理事会は、……コンゴにおけるこのような重大な犯罪の繰り返し、広まった内戦の危険と流血並びに国際の平和及び安全に対する脅威に深い関心を有する」と述べたに留まり、それ以上の言及はどの決議のも見当たらない。

また、コンゴ中央政府が国連に援助を要請するために、最初にハマーショルド事務総長に宛てた電報の中に、「国際平和に対する脅威である外部からの侵略」という表現がみられること、憲章第99条は事務総長に「国際の平和及び安全の維持を脅威すると認める事項について、安全保障理事会の注意を促すことができる」権限を認めた規定であるが、先の電報を受けた事務総長が安全保障理事会の緊急招集を求める際にこの条項を引用していること、同理事会において、多くの代表がコンゴの事態を「ベルギーの侵略」(ソ連、ポーランド、チュニジアの各代表)、あるいは「潜在的国際紛争」(エクアドル、イタリア、チュニジアの各代表)とみる発言をしていること[9]、またやはり事務総長が安全保障理事会に対する第一報告の中で、この事態を「平和と安全に脅威を与え、かつコンゴ共和国政府の明示的要請に基づいて国連が介入することを正当化するもの」と述べていること、などの一連の事実から、安全保障理事会

---

8 F. Seyersted, *United Nations Forces in the Law of Peace and War*, Sijthoff, 1966, p.140. J. Halderman, "Legal Basis for United Nations Armed Forces", *American Journal of International Law*, vol.56 no.4, p.984.

9 Higgins, *op.cit.*, pp.15-17.

が第7章の強制措置を発動しうる条件、すなわち国際の平和及び安全に対する脅威又はその破壊の存在を暗に認定しているといいうるかもしれない[10]。しかし、先程述べたように強制措置発動の意味の重要性から考えて、やはり安全保障理事会がその決議の中で明示的に認定しなければ、強制措置を発動し得る第39条の予備的要件は満たされていないと考えるべきである。先に挙げた一連の事実は、せいぜい国連が何らかの形で介入しうるための要件となりうるに過ぎない。

1961年12月20日、総会は、第一次国連緊急軍やコンゴ国連軍の費用が通常分担率で割り当てられる国連の経費（憲章第17条2項）と認められるかについて、国際司法裁判所に対して勧告的意見を要請し、翌年7月20日に出された意見の中で、裁判所はコンゴにおける国連活動の法的性格に関して、以下のような判断を示した。

> 「裁判所は、憲章のどの条文が安全保障理事会の決議の基礎であったかについて意見を述べる必要はない。しかし、ONUCの活動は、安全保障理事会が第39条の下で、侵略行為をなしまたは平和を破壊したものと決定した国に対する武力の行使を含んだものではなかった。コンゴにおいて使用された軍隊は、いかなる国に対しても、軍事行動をとることを許されていなかった。この活動は、憲章第7章に基づく、国に対する『防止措置又は強制措置』を伴うものではなく、したがって、第11条で用いられている『行動』を構成するものではなかった。」[11]

国際司法裁判所は、コンゴ紛争に関して、安全保障理事会の採択した諸決議を分析した上で、このように判断しており、しばしばこの部分はコンゴにおける国連活動が強制措置ではなかったことを示す証拠として引用されて

---

[10] Bowett, *op.cit.*, p.175. 広瀬善男「いわゆる"国連軍"行動の法的性質」『防衛論集』第一巻第四号 (1963)、47頁。

[11] *International Court of Justice Reports*, 1962, p.177. 皆川洸編著『国際法判例集』有信堂高文社、1975年、183頁。R. Higgins, *op.cit.*, p.58. D.W. Bowett, *United Nations Forces*, Praeger, 1964, p.176.

きた。しかし、多くの場合、「この活動は、憲章第7章に基づく、国に対する『防止措置又は強制措置』を伴うものではなく、」の部分のみが引用されるため[12]、かえって混乱を招く結果になりやすいので注意が必要である。その理由は裁判所の用語法にある。ここで用いられている「防止措置 (preventive measures)」という言葉は憲章では第50条にみられる外、これと結びつく用語は第2条5項及び5条の「防止行動 (preventive action)」と第40条の「事態の悪化を防ぐため、……(In order to prevent an aggravation of the situation,……)」の部分である。これらから判断される「防止措置」の意味は、強制措置以外の暫定措置を含めた国連の武力紛争防止活動であると考えられる。そうとすると、この部分の意味は、ONUCの軍事活動が、強制措置も防止措置も含めた第7章の下の措置ではないということになってしまうのである。しかしながら、先に引用したように、その前後の文脈から、また同意見の他の箇所でも明示されているように、裁判所のいいたいことは、やはりONUCの軍事活動は、憲章第7章の「強制行動」ではないということであって、防止措置まで否定しているわけではないと考えるべきである

　1961年2月21日の安全保障理事会決議の成立以後、国連軍は特にカタンガ軍との戦闘に巻き込まれることが多くなったが、すでに検討したように、この時期における国連軍の主要任務は、カタンガ州の独立自体を武力的に阻止することにあったわけではなく、カタンガ軍を率いていたベルギー人をはじめとする多くの外国人顧問や傭兵を排除することにあった。そのため、法的に合意されていた移動の自由を同州全域で確保する必要があり、そうした活動を武力で妨害しようとするカタンガ州軍との間に衝突が生じ、結果的にカタンガ州の分離独立行動が収拾されたと考えられる。したがって、コンゴにおける国連軍の行動は、憲章第39条の「平和に対する脅威、平和の破壊又は侵略行為の存在」を明示的に決定した上でとられる強制措置ではなく、第40条に規定された防止措置とみなす方が適当と思われる[13]。第40条は以下

12　Higgins, *op.cit.*, p.58. Bowett, *op.cit.*, p.176.
13　安全保障理事会から授権されて措置を実行した事務総長自身の言葉にも、この点は表れている。①1960年7月18日の理事会への報告 (S/4389) では、「コンゴ国連軍は、決められた期間内、決められた目的のために、コンゴ共和国の同意の下に、コンゴに駐留

の通りである。

「第40条　事態の悪化を防止するため、第39条の規定により勧告をし、又は措置を決定する前に、安全保障理事会は、必要又は望ましいと認める暫定措置に従うように関係当事者に要請することができる。この暫定措置は、関係当事者の権利、請求権又は地位を害するものではない。安全保障理事会は、関係当事者がこの暫定措置に従わなかったときは、そのことに妥当な考慮を払わなければならない。」

　この措置は紛争の平和的解決勧告と違法行為に対する強制措置との中間的手段である。この防止措置規定には、第39条にみられるような強制措置発動の要件である「平和に対する脅威、平和の破壊又は侵略行為の存在」の決定（予備的決定、予備的要件などという）についての言及はない。これまでの慣行では、この決定が行われた後に発動されるケースと決定がなされずに発動されるケースがある。第40条の防止措置の一つは「必要又は望ましいと認められる暫定措置に従うように関係当事者に要請すること」である。「暫定措置」は紛争当事者に対する停戦指示である。この「暫定性」は、決定に時間を要する「平和に対する脅威」（予備的決定）が「一応（prīmā faciē）」は存在すると推定して、迅速に行動することを予定したものである。したがって、第40条の下での防止措置の発令には、予備的決定は必要としない。

　また、これは「関係当事者の権利、請求権又は地位を害するものではない」から、防止措置は基本的には、いかなる国をも拘束しない。「勧告」あるいは「要請」の形で出されるが、「関係当事者がこの暫定措置に従わなかったときは、

する暫定的な保安軍と見なされる」と述べられている。②8月8日の理事会での説明の中で第40条を引用した (Security Council Official Records, 15th year, 884th meeting, p.4.)。③8月30日付けの理事会への報告 (S/4475) の中で、ベルギー軍が撤退前に使用していた二つの基地への国連軍の駐留について、第40条に基づく暫定措置と説明した。④12月13日には、やはり安全保障理事会で、「私が理事会に表明してきた見解は、諸決議は黙示的に第40条の下で採択され、その意味では、第39条の黙示的認定に基づくものと見なされるだろうというものである」と述べている (Security Council Official Records, 15th year, 920th meeting, p.9.)。

そのことに妥当な考慮」を払って、安保理は、即時停戦や部隊の引離しを支援するために、「軍事的防止措置」をとることができる。これが国連平和維持活動といわれてきたものである。

こうした措置には軍事監視要員や部隊の派遣といった軍事的措置だけでなく、平和回復に必要な文民活動も含まれる。軍事的措置は、強制措置としての制裁的性格の強いものとは異なり、「事態の悪化を防止し」、かつ紛争の平和的解決を促すために、紛争当事者達の合意の下でとられる軍事的措置である。コンゴ共和国に対する国連軍の派遣は、この種の軍事的防止措置であったと見なすことができる。

さらにまた、第39条は、先の決定をした後に、「国際の平和及び安全を維持し又は回復するために」勧告をする権利を安全保障理事会に認めている。条文には、その対象も内容も明示されていないが、起草時においては、第6章の平和的解決の手段や解決条件を紛争当事者に対して、改めて勧告することが意図されていたようである[14]。しかしながら、集団的措置を集約的に規定した第39条全体の主旨からみて、あえて狭義に解釈する必要はなく、その前提となる予備的決定がなされていれば、もっと広範な内容の勧告ができると解されるべきであろう。そうとすれば、もしコンゴにおける場合と同様に、治安維持のために実力的介入を必要とする措置が、第39条の予備的決定を明示的に行った後にとられたときには、その法的基礎をこの第39条の平和維持勧告権に求めることも可能である。

第2節　キプロス紛争と国連

1　キプロス国連軍の機能

キプロス国連軍の機能については、1964年紛争時から1974年のクーデター

14　L.M. Goodrich, E.Hambro, and A.P. Simons, *Charter of the United Nations, Commentary and Documents,* 3rd and Revised Edition, New York: Columbia University Press, 1969, p.300.

発生までの第一期とそれ以後の第二期とに分けて考えなければならない。

(1) 第一期

　紛争勃発直後に、安全保障理事会において採択された決議186の第5項では、軍の機能として、ⅰ）戦闘の再発を防止すること、ⅱ）法と秩序の維持及び回復に貢献すること、ⅲ）通常状態への復帰に貢献すること、の三つが挙げられており、それらの目指すところは「国際の平和と安全の維持のため」であった。このように、紛争地での国連軍の任務が具体的に何なのかについて、この決議の文言では、あまりにも漠然としていたため、多くの加盟国はこれらを様々に解釈し、あるいは疑念を抱くことになった。例えば、ソ連は、国連軍の任務の一つをキプロス共和国の安全と領土保全の強化と解し、そのためには国連軍はある程度キプロス政府の要求に従うべきであると見なした[15]。キプロス政府にとって、国連軍はトルコ系住民の暴動鎮圧に当たり、同政権の権威の回復に貢献すべきものと見なしており、この点で相通ずるものがあった。スエズやコンゴの経験から国連の軍事的介入には懐疑的であったフランスは、国連軍の役割を平和と秩序の回復のために、紛争当事者の双方に手を貸すことにあるとみていた[16]。公平さの点で、この立場がより多くの支持を得ていた。こうした疑問に答えるため、事務総長は「キプロス駐留国連平和維持軍の機能と活動についてのいくつかの問題に関する覚書」[17]と題する文書を作成し、加盟各国に配布したが、その中では中立性の原則について、次のように述べている。

> 「12. 軍の要員は当該国の政治問題に関して、いかなる意見をも公式に表明してはならない。また、ギリシャ系及びトルコ系住民に対して、自制して、完全な公平さをもって行動しなければならない。」

15　*U.N. Document* S/PV.1102, 4 March 1964, para.13.
16　*Ibid.*, para.31.
17　"Aide-Mémoire dated 10 April 1964 concerning Some Questions relating to the Function and Operation of the United Natins Peace-keeping Force in Cyprus", *U.N. Document* S/5653, 11 April 1964. *International Legal Materials,* 1964, vol.iii no.3.

キプロス紛争はコンゴ紛争の場合と同様に国内紛争であって、やはり中央政府の要請の下に国連は介入している。そうした条件の下での中立性の維持は、はじめから困難なことであった。外部からの軍事的援助の受入れ禁止は防止的活動の一つとして実施されたが、ギリシャ系住民の支持を受けたキプロス政府は、これに対して当然の国家行為として強く反発した。一方、トルコ系住民側は国連軍の介入を受入れはしたが、停戦ラインに接する地域で実施された軍備や兵員の削減について、はじめから劣勢にあることを理由にしばしば拒絶した[18]。コンゴの場合ほどではなかったにせよ、内戦に介入する国連の立場は常に微妙であった。中立的と信じて行動しても、それが当事者達には、一方に偏向したものと見なされることが多いからである。国連軍への兵力提供国の政治的立場さえも、当事者達の神経に微妙に影響を与えるであろう[19]。こうした点で、軍の構築から機能遂行上の指揮までの権限を委任される事務総長に課された責任は重大である。そのために、事務総長は、1964年4月29日付の報告書付属文書の中で、決議に示された三つの目的に加えて、九つの目標とさらに、九つの暫定目標を具体的に提示した[20]。

　第一期における機能は大きく分けると次の二つになる。第一は停戦の実施とその確保、第二は国内の法と秩序の回復及び維持である。そして、それらのいずれにも緊急的活動（救急的活動）と防止的活動[21]が混在した。

　第一の機能については、コンゴ紛争におけると同様に多くの困難に直面した。キプロス政府の要請により、その同意の下に派遣された国連軍であり、現地において行動の対象になるのは、反政府的立場にあるトルコ系住民の武

18　香西茂「キプロス平和維持軍」『法学論叢』京都大学、第81巻第3号、28頁。J.A. Stegenga, *op.cit.*, p.128.

19　Marianne von Grünigen, "Neutrality and Peacekeeping", in A. Cassese, *United Nations Peacekeeping,* Sijthoff and Noordhoff, 1978, pp.125-153.

20　"Objectives and Interim Aims of a Comprehensive Programme of Action for the United Nation Peace-keeping Force in Cyprus", *U.N. Document* S/5671, Annex I, 29 April 1964.

21　活動（介入）の類別に関しては次の文献を参照のこと。拙稿「アラブ＝イスラエル紛争と国連の介入」『国際法外交雑誌』第75巻第4号（1976年）。Alan James, *The Politics of Peace-Keeping,* Chatto & Windus, 1969, pp.177-368.

装組織と考えられたが、実際には、キプロスにおける少数派はトルコ系であるため、トルコ系住民を保護する活動が多く、トルコ系住民地区での国連軍への妨害は希であった[22]。むしろ、キプロス系組織に妨害されたり、キプロス国防軍からの攻撃による犠牲者が少なくなかった。キプロス政府と国連との間で締結されていた国連軍の地位協定[23]によって、国連軍はキプロス国内ほぼ全域で移動の自由が保障されていたが、実際には、監視活動中の国連軍兵士は様々なケースで多くの妨害を受けた。

1964年7月、ギリシャ系住民のエノシス派が国外（主にギリシャ）から武器の援助を受け入れているとみられたリマソールのドックに国連軍兵士が立入り調査をしようとしたところ、ギリシャ住民によって拒否されるという事件が発生した。これに対するウ・タント事務総長の抗議を受けて、キプロス政府は次のように回答した。「ドック、港などの政府の管理区域に国連軍が立ち入り又は駐留することは、『移動の自由』には含まれない。そうした行動には、政府の同意が必要である。国防上の問題で秘密保持の必要のある場所へは、国連軍のパトロールでも立ち入ることはできない。移動とは、キプロス国内の公道を移動することであって、軍の指揮官の指示する場所に立ち入り、捜査したり、兵士を駐留させる権利まで拡大解釈することはできない。」[24]

しかし、交渉の末、8月には、マカリオス大統領はウ・タントへの親書の中で、「法的見解とは別にして、キプロス国連軍がキプロスの領域において、完全な移動の自由を享受することが私の希望である」[25]と述べて、その態度を軟化させた。そして、11月には、移動の自由に関する協定が国連とキプロス政府間に成立し、安全保障上、どうしても認められないとキプロス政府が主張する約60平方マイル（全域の1.65パーセント）を除く、すべての領域で国連軍は完全な移動の自由が保障されることになった[26]。事実、この協定の発効

22　J.A. Stegenga, *op.cit.*, p.124.
23　"Status of the Force Agreement, contained in Report of Secretary-General on organization and operation of the UN Peacekeeping Force in Cyprus", *U.N. Document* S/5634, 31 March 1964, par.32.
24　*U.N. Document* S/5842, 28 July 1964.
25　*U.N. Document* S/5855, 6 August 1964.
26　*U.N. Document* S/6102, 12 Dec. 1964, par.128.

後は、少なくとも政府側からの妨害行動は激減した。発生する場合も、多くは下級指揮官による不用意な命令による偶発的なものであった[27]。

　二つの紛争当事者間の戦闘を防止し、停戦を維持するという、第一の機能遂行に当たって、移動の自由の行使との関連で重要な原則は、武力の行使の範囲に関するものであった。平和維持活動として派遣される国連軍は、強制措置の場合と異なり、いかなる先制攻撃も仕掛けてはならず、原則として、武力行使は不可避的な自衛行動のみに限定される。国連はコンゴ活動で苦い経験をしており[28]、キプロス紛争にも同様の懸念があった。そのため、事務総長は先に触れた「覚書」の中で、ある程度詳しく、以下のように言及している。

　「自衛の諸原則」
16. キプロス国連軍の部隊は武力行使において、先制行動に出てはならない。武力の使用は自衛にのみ許される。「自衛」とは、
　(a) 武力攻撃された国連監視所、管理地、車両の防衛、
　(b) 武力攻撃されたキプロス国連軍の他の要員の支援、をいう。
17. キプロス国連軍の部隊は次の場合を除いて、キプロスの双方の住民との直接衝突に至るおそれのあるいかなる行動もとらない。
　(a) 軍の隊員が自衛のために行動することを強いられた場合、
　(b) 軍またはその隊員の安全が危機に瀕した場合、
　(c) 住民双方によって受諾された協定が侵犯され、戦闘再発の危機が迫るか、または法と秩序が乱されようとしている場合、若しくは現場の司令官がそのように判断した場合、
18. 自衛行動がとられる場合は、最小限度の実力行使の原則が常に適用され、武力はすべての平和的手段による説得が失敗に帰したときにのみ、行使される。これらの場合で実力行使に出る時期の決定は、現場の司令官に委ねられる。司令官は、発砲の不必要な事件と部隊の実力行使が認

27　*U.N. Document* S/7001, 10 Dec. 1965, par.19.
28　拙稿「コンゴ紛争と国連の介入」『青山国際政経論集』第12号 (1989年3月)。

められうる事態とを判別しなければならない。部隊が実力行使を認められうる例には、次のようなものがある。
  (a) 司令官からの命令によって、進駐している場所から撤退することを実力で強制し、司令官により保持が必要とされた場所に実力で侵入または包囲し、部隊の安全を危機に晒す行為、
  (b) 部隊を実力で武装解除しようとする行為、
  (c) 司令官の命令による任務の遂行を、実力で阻止する行為、
  (d) 国連管理域内への実力による侵犯、及び軍または民間の国連要員を逮捕あるいは拉致しようとする行為、
19. 武力行使の必要のある場合には、可能な限り、事前警告を出す。極度の緊急時を除いて自動火器は使用せず、発砲は緊急の目的を達成する間に限って継続できる。

　キプロス国連軍はこのような行動原則の下に慎重に行動した。国連軍の各部隊は武力衝突の予想される地域を選んで配置され、その存在自体が当事者に対する大きな抑止力となった[29]。武力衝突が発生した場合には、即時に現場に入り、双方との折衝によって停戦の実施に努力し、十分な事実調査を行った[30]。戦闘回避のための説得と交渉は通常は国連軍と両系住民の指導者達と直接行われた。特定の措置のために、当事者双方の合意が必要な場合には、国連軍の上級顧問と副参謀長からなる「政治連絡委員会 (Political Liaison Committee)」が双方の連絡将校との個別交渉を行った[31]。さらに高度な判断を必要とする場合には、国連軍司令官と事務総長特別代表がマカリオス大統領とキュチュク副大統領との個別会談によって決定された。
　キプロス国連軍の第1期における機能を二分した場合の二つ目は、国内の法と秩序の回復及び維持である。これには、現地の警察当局との協力によって行う治安維持活動と、赤十字国際委員会や地元の行政当局との協力で実施

29　*U.N. Document* S/6228, 11 March 1965, par.109.
30　*U.N. Document* S/5950, 10 Sept. 1964, "Report of Secretary-General", pars.8-10.
31　*U.N. Document* S/6228, 11 March 1965, par.13.

する人道的活動がある。

　キプロス国連軍には、過去の経験を踏まえて、当初から軍事要員とは別に、文民警察隊の設置が予定され、5カ国から173人が提供された。国連文民警察隊の活動の主たる対象は非武装の一般住民であった。原則として、キプロス警察との緊密な連絡がとられ、巡回活動が合同して実施された。また、特に必要性の認められた地域には、国連警察隊の派出所が設置されて、要員が配置された。実際の活動としては、路上の車両検問、行方不明者の捜索、両系住民の関係した事件の調査などが行われた。ギリシャ系警察の設置した路上検問所に配置された国連警察官は、物理的な力の行使こそ認められていなかったが、トルコ系住民に対する行き過ぎた検問や屈辱的な行為を抑止する役割を果たした[32]。

　人道的活動には、安保理決議186でいう「常態への復帰」のための活動も含まれていた。したがって、これには社会福祉的、民生的あるいは行政的活動も含まれる。狭義の人道的活動は、国連難民高等弁務官、赤十字国際委員会及びキプロス合同救済委員会との連携の下に行われた[33]。1967年のアイオス・テオドロス村における大規模な軍事衝突のように、多くの犠牲者の出た場合には、傷死者の収容や行方不明者の捜索、捕虜の交換などに尽力した。また、両系住民の占住地域の変動によって、多くの難民（大半はトルコ系で、1964年末で25,000人）が出たため、その救済活動も積極的に行われた。民生的活動としては、主にトルコ系住民地区において行われた一般住民の生活上の保護、農作業の護衛、水道・電気・食料などの公共事業の支援、工業・建設・貿易などの経済活動の支援、教育組織・学校の再建などが行われた[34]。

(2) 第2期

　1974年の軍事クーデターに伴うトルコ本国の軍事的介入によって、キプロス国連軍の立場は大きく影響を受けた。安保理決議353 (1974) は紛争当事

32　U.N. Document S/5764, 15 June 1964, "Report of Secretary-General", par.54.
33　U.N. Document S/6102, 12 Dec. 1964, "Report of Secretary-General."
34　U.N. Document S/6228, 11 March 1965, "Report of Secretary-Genaral."

者に対して停戦と外部からの軍事介入の停止を求めると共に、保障国に対して和平交渉の開始を要請した。これを受けて開催されたジュネーブ交渉においてまとめられた宣言によって、キプロス国連軍は四つの機能が確認された[35]。そして、その実行のために適当な行動をとるよう要請する決議355（1974）が、8月1日、安全保障理事会によって採択された。その四つの機能とは以下の通りである。

① トルコ軍とギリシャ系のキプロス国防軍との軍事境界線に緩衝地帯を設けて、国連軍はその中に監視所を配置して、停戦の監視と維持を行う。
② ギリシャ系住民地区側に孤立したトルコ系住民占拠地の保護を行う。
③ 両系住民の混在地域においては、1964年の安保理決議で与えられた機能を遂行する。
④ 人道的活動を諸機関と協力して行う。

第1期における主要な機能は、国内の敵対集団間の停戦の実施と維持であったが、第2期にあっては、侵入した外国軍隊を一方の当事者とした戦闘の停止と、その維持という本来の国際的平和維持機能が主たるものになった。それだけに戦闘の規模が拡大したため、第一期の後半には、2,300人程に削減されていた国連軍は新たに2,000人余り増強しなければならなかった。それでも、本格化した戦闘は鎮静化ならず、国連軍監視所が占拠され、非戦闘員に犠牲者が出るほどで、1日平均27件の発砲事件が報告されている[36]。

キプロス島がトルコ軍制圧地域と、ギリシャ系のキプロス国防軍制圧地域に大きく二分されたことにより、この間に全長約180キロにわたる緩衝地帯が設置された。それぞれの住民地域に取り残されていた反対側の住民は、それぞれの住民地域へ移住させられて、孤立地や混住地が次第になくなっていったことにより、防止的活動としては、緩衝地帯での監視活動が中心になっていった。

法と秩序の維持に関する機能は、第一期におけると同様に継続されたが、

35　*U.N. Document* S/11398, 30 July 1974. 国連軍の機能については、par.3 (a)-(d) に言及されている。

36　*U.N. Document* S/11568, 6 Dec. 1974, "Report of Secretary-General", par.24.

トルコ軍の支配下にある北部地域での国連軍の移動の自由は大幅に制限された。人道的活動でさえも、トルコ軍の許可の下にトルコ軍を同行して実施された[37]。

2 キプロス国連軍と国連憲章

(1) 事務総長権限とキプロス国連軍

　キプロス国連軍設置決議となった安保理決議186（1964）の採択の際、第4項に関して三カ国が棄権をしている。その4項の主たる内容は国連軍の設置勧告であるが、三カ国の棄権理由は設置することに対してではなく、「軍の構成と規模はキプロス、ギリシャ、トルコ及びイギリス政府と協議して、事務総長が決定する。軍の司令官は事務総長が任命し、……」という部分にあった。すなわち、こうした権限を事務総長に委託することは、安全保障理事会の権限を奪うものであるという点で3カ国の言い分は共通していた。

　フランスは次のように述べた。「……このように安全保障理事会は自らに属し、手放すことが確かに難しい権限を自ら奪っている。このことはわが国の原則留保をまさに強めるものである。……この件では、各代表の持つ権限が一人の人間に委ねられ過ぎていると考える。いかなる場合にも、この決定が先例と見なされるべきではないことを強調したい。」[38] また、チェコスロバキアの代表は「国際軍の構想は必ずしもすべてが憲章の規定に一致していない。……憲章では明確に安全保障理事会に排他的に属する責任を事務総長に移管するとする文言に関しては、我々は深刻な疑念を抱いている」といい[39]、ソ連の代表は「この通りに実施されるならば、安全保障理事会がバイパスされてしまうという事実は否定できない」と述べた[40]。

　こうした議論は決して目新しいものではない。UNEFやコンゴ国連軍の設置の際にも同様の議論が行われている。しかし、それらは必ずしも法理上一貫性を持って主張されてきたわけではない。多くの場合は自国の国益優先の

　37　*U.N. Document* S/11717, 9 June 1975, "Report of Secretary-General", pars.25-32.
　38　*U.N. Document* S/PV.1102, 4 March 1964, par.32.
　39　*U.N. Security Council Official Records,* 1102 meeting, 4 March 1964, pp.6-7.
　40　*U.N. Document* S/PV.1102, 4 March 1964, par.8.

政治的思惑からなされてきていることは過去の事例からも明らかである。例えば、事務総長の権限が強化されることに対して、最も強く反対の意思表示をしてきたソ連ですら、コンゴ国連軍設置の2年後の1962年の西イリアンへの国連軍派遣の際には、同様の権限を事務総長に委託することに対して賛成しているのである[41]。

事務総長の政治的権限に関する憲章上の規定は第98条と99条であるが[42]、この場合には、安全保障理事会の決議によって明示的に委託された権限に関する議論であるから、第98条が問題となる。同条によれば、事務総長は総会、安全保障理事会、経済社会理事会及び信託統治理事会から委託される任務を遂行すると規定されている。したがって、基本的には、その任務遂行上の権限の範囲は、それぞれの機関の採択した委託決議によって決定される[43]。しかし、多くの場合、決議の文言は厳密な権限範囲を明示するわけではない。そこに事務総長自身に自由裁量の余地が出てくることになる。どの程度まで、それが許されるかは、加盟国が事務総長に対してどの程度信頼を置いているかによって決まるであろう。委任する機関は決議の実施に当たり、特定の個人や国家に委託したり、そのための委員会を組織したり、様々な方法をとることができる。そうした中で事務総長に委託される理由は、その立場上の公正さや事務局という情報・人材源を抱えていることの他に、これまでに同様の任務を何度も経験していることなどであろう。これまでに、平和維持に関して事務総長に委託された任務には、平和維持国連軍の組織構築の他に、軍事監視団の要員任命、それらの任務遂行の監督、外国軍隊の撤退交渉の指揮、停戦協定の締結促進などがある。いずれも迅速性を要求されるであろうが、特に国連軍や監視団の組織は停戦監視という緊急性を要する場合が多い。

41　1962年9月21日、総会は西イリアンに対する措置の実施を事務総長に委任するが、その決議1752（XVII）の票決は87-0-14であった。賛成票の中にソ連も含まれていた。

42　安保理決議186（1964）については、実施の際に特にその文言の曖昧さが問題とされた。Leon Gordenker, *The UN Secretary-General and the Maintenance of Peace,* Columbia University Press, 1967, p.248.

43　Nabil Elaraby, "The Office of the Secretary-General and the Maintenance of International of Peace and Security", in UNITAR, *The United Nations and the Maintenance of International Peace and Security,* Martinus Nijhoff, 1987, p.184.

憲章第43条の特別協定による待機軍制度が実現していない現在においては、事務総長にその編成を任せることが最も即応性のある方法であろう。ウ・タント事務総長はキプロス紛争の前に、コンゴと西イリアンに派遣された国連軍と軍事監視団を経験しており、この任務に最適任者であったといえる。

これまでの異論の中にみられる主たる点は、安全保障理事会または総会の排他的権限を、不当に事務総長に譲り渡しているのではないかということにあった。しかし、いずれの場合も、国連軍を設置して派遣するか否かの基本的判断は、それらの政治的機関に委ねられており、事務総長が自らのイニシアティブで設置できるわけではない[44]。コンゴ紛争に対する安全保障理事会と事務総長との権限関係に関して、国際司法裁判所は1962年の勧告的意見の中で次のように述べた。

> 「憲章は、安全保障理事会が、それ自身の選択する手段を通じて行動することを禁止していない。第29条により、安全保障理事会は、『その任務の遂行に必要と認める補助機関を設けることができる』し、第98条により、事務総長に対し、『他の任務』を委託することができる。」[45]

キプロス国連軍の場合も「軍の構成と規模」について、関係国と協議して決定するのであって、安全保障理事会によって決定された措置を実施するための技術的、行政的権限の委託に過ぎない。したがって、法理上の問題はない。しかし、軍の規模が軍の任務遂行上の効率に影響を与えることは否定できない。情勢の変化に従って、どのくらいの規模を維持するかについての判断は極めて微妙である。それにしても、1974年の事態がキプロス国連軍の規模が最も縮小されたときに起きたことは皮肉であった。

(2) キプロス国連軍設置の法的基礎

---

44 Nabil Elaraby, "The Office of the Secretary-General and the Maintenance of International Peace and Security", in UNITAR, *The United Nations and the Maintenance of International Peace and Security*, Martinus Nijhoff, 1987, p.184.

45 皆川洸編著『国際法判例集』有信堂高文社、1975年、183頁。

キプロス国連軍の法的基礎が、平和的解決手続を規定した憲章第6章にあるとする説を主張する専門家が多い。一つの理由は設置決議の中で安全保障理事会がキプロス紛争の国際性を認知して、「キプロスに関する現状は国際の平和と安全を脅かすおそれがある……」と言及した部分について、第7章第39条の「平和に対する脅威、平和の破壊又は侵略行為の存在」の決定とは異なり、第6章に何度か言及されている「国際の平和及び安全の維持を危うくする虞のあるもの」(第33条) という表現に近いことが挙げられている[46]。また、設置決議がキプロス国連軍の設置を「勧告」していることについて、第7章の措置ならば、「決定する」はずであるから、同決議はやはり第6章に基づいているのではないかとする理由付けもある[47]。これらは、いずれも第7章が強制措置のみを規定したものであるという単純な誤解から生まれている。この点については後に述べる。

　第6章においては、安全保障理事会は国際の平和及び安全の維持を危うくする虞のある紛争又は事態について、当事者に対してその平和的解決のための適当な調整の手続又は方法を勧告することができる (第36条)。また、当事者により義務的に付託された紛争については、その継続が国際の平和及び安全の維持を危うくする虞が実際にあると認めるときは、第36条に基づく行動をとるか、適当と認める解決条件を勧告するかのいずれかを決定しなければならない (第37条)。

　こうした平和的解決手続に従って、安全保障理事会は決議186 (1964) の第4項で、キプロス問題の平和的解決のために、両住民代表及びキプロス政府とギリシャ、トルコ、イギリス政府と共に最大の努力をする仲介人を、それら政府との合意の下に、事務総長が指名することを勧告している。これを受けて、事務総長はフィンランドのサカリ・ツオミオヤを国連仲介人に指名し (1964年3月25日)、後にエクアドルのガロ・プラザ・ラソに引き継がれた。

　1965年の仲介人の報告書では、両住民代表の会談開催が勧告されたが、

46　D.W. Bowett, *United Nations Forces*, Praeger, 1964, p.553. Finn Seyersted, *United Nations Forces in the Law of Peace and War*, Sijthoff-Leyden, 1966, p.141. 香西茂、前掲論文、11頁。
47　Seyersted, *op.cit.*, p.142.

結局はトルコ系住民の拒否によって、仲介人の和平活動（仲介活動）は挫折した。その後は事務総長の特使の派遣によって、紛争自体の平和的解決努力（斡旋活動）は継続され、1968年からようやく両住民間の交渉は開始された[48]。しかしながら、かなりの紆余曲折はあったが、特筆すべき進展はみられなかった。

このように安保理決議186の第4項は、紛争当事者に対する勧告ではないが、事務総長に仲介人の指名を勧告することによって、間接的に当事者に対して仲介手段による解決を勧告したものと見なすことができる。この措置は第37条2項に基づいてとられた「第36条に基づく行動」である。

キプロス国連軍に与えられた機能はすでに検討したように、こうした第6章の下での直接的に紛争自体の解決に当たることではなかった。この点は、これまでの同種の国連軍の場合も同様である。また、やはり機能の点では、内戦ではあったが、紛争当事者の双方及び保障国が同意した上での平和維持活動を実施していることから、第7章の「強制措置」としての行動でないことは明らかである。しかし、第7章では、強制措置の他にも何種類かの措置が準備されていることを忘れてはならない。第40条は、第39条の措置をとる前に「事態の悪化を防ぐため」に、暫定措置を要請できるという防止措置の規定である。第50条には「防止措置」という用語が出てくる。また、第2条5項及び第5条には「防止行動」という用語がある。この防止行動は、文脈からみて防止措置と同じものと考えられる。

1962年に出された国連の平和維持活動経費に関する国際司法裁判所の勧告的意見の中で、裁判所は「この活動は、憲章第7章に基づく、国に対する『防止措置又は強制措置』を伴うものではない」[49]と述べている。これは平和維持活動の法的性質についての言及であって、その文脈から考えれば、裁判所は平和維持活動を第7章の活動とは見なしていないことになる。しかし、憲章

---

[48] 国連の紛争解決活動に関しては、公文書では「斡旋(good offices)」と「仲介(mediation)」が用いられているが、和文では「調停」の用語が多く使われている。しかし、「調停」に対しては、'conciliation' という全く別の方法を指す用語が存在するのであるから、和文でも明確に区別して使用されるべきである。その意味で、本書では、'mediator' も「調停官」ではなく、「仲介人」又は「仲介官」（本書第2章第2節）とした。

[49] 皆川洸、前掲書、183頁。

第4章　安全保障理事会によるPKFの実行　185

第40条の防止措置の目的が事態の悪化を「防止すること」(to prevent)であって、これまでの平和維持活動実施決議の中にも、主要な目的が当事者の同意を得た上での戦闘再発の「防止」であることがはっきりと言及されている[50]。

また、第40条の起源を辿れば、国際連盟規約第11条に求められることが知られている[51]。この第11条は、連盟が機能的に成功した数少ない例である1925年のギリシャ・ブルガリア紛争に適用されて、その「防止機能」の有効性が国際的に認知された規定である。この規定では「国際ノ平和ヲ擁護スル為適当且有効ト認ムル措置ヲ執ルヘキモノトス」として、実質的には文脈上「防止措置」の規定ではあるが、防止措置という言葉は用いられていない。しかし、これを契機に、この規定をより充実したものにすべく設置されたブルッケール委員会の案 (1926年) やルートヘールス報告 (1927年) が基になって成立した「戦争防止手段の促進に関する条約」(1931年) では、非軍事的「防止措置」が明示的に規定され (第1条)、違反した場合には第16条の軍事的措置に連動するようになった (第16条)[52]。この点は国連憲章第40条の「安全保障理事会は、関係当事者がこの暫定措置に従わなかったときは、そのことに妥当な考慮を払わなければならない」という部分に通ずるものである。こうして考えてくると、国連憲章の「防止措置」や「防止活動」は、第40条の「暫定措置の要請」に相当するような、受入国の同意を前提とする措置を意味していると見なさなければならない[53]。

第7章にはこれらの措置の他に、第39条の勧告措置がある。第39条では、まず、「平和に対する脅威、平和の破壊又は侵略行為の存在」を決定するが、これが「予備的決定」である[54]。それから、国際の平和及び安全を維持するための勧告をするか、または回復するための勧告ができる。前者は防止措置

50　安全保障理事会決議186 (1964) 5項、"……to prevent a recurrence of fighting ……".
51　本書第1章を参照のこと。
52　高橋通敏『安全保障序説』有斐閣、1960年、70-84頁。
53　「防止措置とは『事態の悪化を防ぐ』ためになされる『暫定措置』受諾の要請である」として、両者を同じものとする見方もある (森脇庸太「コンゴ問題」『国際連合の研究』第三巻、有斐閣、1966年、76頁)。
54　L.M. グッドリッチ、A.P. サイモンズ『国際連合と平和と安全の維持』下巻、日本外政学会、1959年、39頁。

の勧告であり、後者は強制措置の勧告である。さらに、第41条及び42条に従って、とるべき措置を安全保障理事会は決定する。この「決定」は第25条にいう決定で、すべての加盟国を拘束するものである。

　第39条の勧告措置については、どういう内容の勧告をどこに対して行うのかが明示されていない。憲章の成立過程においては、第6章の平和的解決に関する勧告を紛争当事者に改めて行うことが意図されていたと言われる[55]。あるいは、これを「調整措置」とよんで、「平和的解決への誘導を目的とする『勧告』である」として[56]、他の措置と区別する考え方もある。しかし、解釈上、当初の意図に拘束される必要はなく、文脈上も、あえて狭義に解釈する方がむしろ不自然である。また、これまでの実行からみても、この勧告措置としてとられたものの中には、防止措置や強制措置と見なされるものが含まれていることからも、広義に解釈すべきである[57]。

　憲章上、強制措置が全加盟国に「強制」的である必要はない。勧告措置として任意的に実施されても、対象国に強制的に執行されれば、それは一種の強制措置である。第39条の勧告措置もそうした柔軟性を持たせて解釈し、実行していくことが憲章全体の主旨に合致すると思われる。特に現在の状況、第43条の特別協定が未締結であるために、「決定」による軍事的強制措置の実行は不可能である。それ故に、こうした柔軟な解釈により、一層有効な集団安全保障制度の運用を図っていくことが、国際平和維持機構としての国連の目的に適うことになるのである。

　このように考えれば、第39条の勧告措置（防止措置）としても、平和維持活動は実行可能である。しかしながら、この防止措置が発動されるためには、「平和に対する脅威、平和の破壊または侵略行為の存在」を決定するという予備的決定を行うことが必要である。この点が、第40条の防止措置との違

55　Goodrich, Hambro, and Simons, *op.cit*, p.300. グッドリッチ他、前掲書、78-79頁。
56　森脇庸太、前掲論文、75-76頁。
57　高野雄一「いわゆる"平和維持活動"について」『国家学会雑誌』第83巻第11・12号、16頁。J.W. Halderman, "Legal Basis for United Nations Armed Forces", *American Journal of International Law*, vol.56 no.4 (Oct. 1962), p.983. 神谷龍男『国際連合の安全保障』（増補版）有斐閣、1973年、65頁。

いである。

　予備的決定はしばしば「決定」による「義務的」強制措置（決定措置）のための要件と考えられやすいが、文脈上、当然に勧告措置の必要要件でもある。予備的決定から直接「決定措置」に行くこともできるし、勧告措置を経て決定措置に移行することも可能である。多くの非軍事的強制措置は、この手順で実施されてきた。

　また、追加決議によって、対象国の同意を前提とする防止措置から、勧告による強制措置に移行することも可能である。このことは、第39条の勧告措置としてとられる平和維持活動をたいへん勇気づけることになる。予備的決定が行われていることにより、いつでも勧告または決定による強制措置に移行することができることは、活動の対象となる当事者にとっては、大きな圧力になるからである。

　これに似た配慮は第40条にもある。安全保障理事会は、関係当事者が暫定措置に従わなかったときには、「そのことに妥当な考慮を払わなければならない」という文言が、それである。しかし、暫定措置を要請するという「防止措置」には、必ずしも第39条の予備的決定を必要としないことが、慣行上確立しており[58]、実行例も予備的決定をしないで行われるケースが多い。そうした防止措置の場合の「妥当な配慮」は、強制措置を意味するわけではない。これまでの実行では、国連の手で、関係当事者の即時停戦や兵力引離し、停戦後の監視を任務とする軍事監視委員や部隊の派遣を行って、暫定措置が速やか且つ確実に実施されるための補助活動を行ってきている。これが二次的な「軍事的防止措置」であり、国連平和維持活動（PKO）とよばれるものである。

　すでにコンゴ紛争で経験したように平和維持活動としての実行であっても、治安維持のためには、ある程度の実力的介入を必要とするケースもありうるのである。そうした場合には、予備的決定に相当する言及を決議の中で行えば、第40条の防止措置としても、十分効果的な平和維持活動が可能である。

　キプロス国連軍については、その設置決議ではこの予備的決定は行われて

---

[58] グッドリッチ他、前掲書、39頁。高橋通敏、前掲書、133頁。神谷龍男、前掲書、68頁。

いない。したがって、その法的基礎は第40条であり、「暫定措置を勧告する防止措置」としての実行と考えるべきものである[59]。しかし、1974年の諸決議では、すでに述べたごとく、第39条の「平和に対する脅威」の存在を明示的に認定したと見なすことができるのであるから、この時点で第40条の防止措置から、第39条の防止措置へ移行したものと考えることもできる[60]。

平和維持活動の法的基礎に関しては、1956年の国連緊急軍の設立以来、幾多の議論が繰り返されてきた。そして、国連設立者達の構想の中には、平和維持活動として、現在位置付けられる種類の活動は含まれていなかったものとして、憲章に反する措置としたり、第6章と第7章との間に位置するものとして「6章半」の措置、憲章に明示規定はないので、黙示的権限であるとか、慣行の累積によるものなど、奇妙な議論も多い。しかし、2万を越える兵力組織をこうした曖昧な根拠で派遣できると考えるのは、不自然である。

憲章の起草者たちは、国際連盟期の経験を土台にして、まさにこの「6章半」の措置を第7章の規定の中に準備していたのである。このことは、国連の実践例からも裏付けられる。国連設立当初のギリシャ問題やインドネシア問題に対する対応をみれば、すでにこの当時において、何の躊躇もなく、平和維持活動として位置付けられる活動が実施されている。この後、パレスチナ紛争やカシミール紛争の処理が続くわけで、こうした地味な平和維持活動（軍事監視要員の派遣）が国連緊急軍の設置に繋がったと考えれば、防止措置としての軍事的措置が唐突に発意されたものではないことが理解されるであろう。

こうした武力紛争防止活動を、大国の軍備を寄せ集めた国連軍による強制活動を中心とする「本来の」集団安全保障体制の挫折から生まれた仮の装置とみなす従来の考え方に、筆者は立たない。

---

59 Rosalyn Higgins, *United Nations Peace-keeping; Documents and Commentary*, 4. Europe 1946-1979, Oxford University Press, 1981, p.144.
60 キプロス国連軍の法的基礎について、1964年の設立時に遡って、直接安保理によって勧告されたのであるから「第39条の『勧告』にある」とする説もみられるが（三好正弘「国連の強制行動―実行におけるその意味―」『法学研究』慶應義塾大学、第42巻第4号、1969年、30頁）、設置決議では予備的決定はなされていないのであるから、この時点で第39条の勧告措置とみることはできない。

強力な軍事力を中心とした威嚇的安全保障体制では、朝鮮半島での経験を持ち出すまでもなく、公権力の発動とはいえ、国連が戦闘に当事者として参加することである。その結果、一部の国家群の利益獲得の具とされ、多くの犠牲者が残されるだけという無駄な結果に終わる危険も多い。したがって、国連設立者たちの構想した集団安全保障制度は、武力紛争を国連の介入で早期に止めて、紛争の平和的解決を図るというものであったのである。平和維持活動を本来の装置にとって代わるべきものと考えるためには、国連の権威を背景にして、ある程度の「力のよる」平和維持活動が実現されなくてはならない。そのためには、大国の参加も含めて、平和維持活動の強化策が必要である。特に、最近のように、国内紛争が多発する傾向に対応するためには、国家間紛争への介入の場合以上に、多様な手法を準備すべきである。特に、破綻国家における民間武装勢力の多くは、その国の元兵士たちである。軍人としての正規の訓練を受けており、装備も軍隊並みである。これを武装解除するためには、寄せ集めの軍隊では、とても対抗できない。

　キプロス国連軍にはイギリスが基地や兵員の提供で大きな貢献をしたが、大国の参加または協力は平和維持活動が開始された当初からみられたのである。最も初期の中東のUNTSOにはアメリカ、フランス、イタリアの将校が参加したし、その後の国連軍事監視団にも必ず大国からの参加がある。UNEFやコンゴ作戦ではアメリカ軍の協力なしには不可能であったし、1962年のUNSFには59名のアメリカ軍兵士が参加した。1978年のレバノン国連軍にはフランス軍が参加した。また、1974年のゴラン高原のUNTSOにはアメリカ軍とソ連軍の将校が43名ずつ参加している。このような例をみても、国連の平和維持活動への大国の参加問題は特別に目新しいものではない。大国の参加によってもたらされる利点が編成や活動実施の上でいかに大きいかについてはいうまでもなかろう[61]。

　しかし、留意しなければならないことは、平和維持活動は紛争当事国の協力を基礎としている点である。そこで、平和維持活動としての実力的介入は

61　Alan James,"The Enforcement Provisions of the United Nations Charter", in UNITAR, *op.cit.*, p.233.

「防止行動」という範囲で実施されるものであって、強制措置としての介入とは本質的に異なることが強調されなければならない。なぜならば、大国を含めた「実力的」介入となれば、やはり強制措置としての介入が持つものと同じ危険性を伴うであろうという指摘もなされやすいからである。より実効的な平和維持活動の実現にはやはり大国の協力は不可欠である。冷戦終結後に発した国際社会の構造の急激な変動に対応できない大国病の後遺症はしばらくは続くであろう。

しかし、大国が新しい現実を認識して理性的に対応できるようになれば、彼らを含めた平和維持活動のためのガイド・ラインの策定は可能になるであろう。

第5章 集団的介入と防止措置

第1節 ソマリア紛争と国連の介入

1 第一次国連ソマリア活動 (UNOSOM I) の展開

　アフリカの北東部に位置し、「アフリカの角」とよばれてきたソマリアは、インド洋に面し、アラビア半島の石油基地や紅海を望むという重要な地理的位置を占めており、長らくイギリス、イタリア、そしてフランスに分割されて植民地として支配されてきた。1960年7月1日、旧イギリス領の北部ソマリアと旧イタリア領南部ソマリアが併合して、現在の「ソマリア共和国」は誕生した。1969年の軍事クーデターで成立したバーレ政権は、当初はソ連との関係が強かったが、1977年の隣国エチオピアとの「アフリカの角戦争」の結果、カーター政権のアメリカとの関係を強めることになる。この間にソマリアには、ソ連から、そして、後にアメリカから膨大な兵器、武器類が持ち込まれた。バーレ政権は特定部族を優遇したことによって、他の部族からの不満が反政府活動を助長し、1980年代後半には、北部にソマリア民族運動 (SNM) が、南部では統一ソマリア会議 (USC) が武力闘争を激化させ、1991年には反政府統一戦線がバーレ政権を崩壊に追い込んだ。しかし、まもなく統一戦線の中にも対立が生じ、ソマリア全土は各部族ごとに分かれた武装勢力同士の戦場と化し、全くの無政府状態になっていったのである。内戦による国土の荒廃から農業生産も止まり、餓死者も激増し、全人口約840

万のうち、半数が飢餓に晒され、約30万が殺戮と餓死による犠牲者となったといわれる。

当初は赤十字国際委員会を中心に、NGO によって、人道的援助活動が実施されていたが、1992年にデクエヤルからガリに国連事務総長の職が引き継がれ、国連によるソマリア問題の審議が開始される。アイディード派とマーディ派の交渉が2月14日、国連の仲介により、ニューヨークで開催され、3月3日には停戦協定が締結された。しかし、戦闘は継続され、4月24日安全保障理事会は決議751を採択して、当事者達の同意の下に停戦監視の軍事要員50人と救援物資の輸送を確保し、要員や施設の警護要員500人 (PKF) をソマリアに派遣することを決定した (第一次国連ソマリア活動、UNOSOM I)[1]。8月28日の決議751では、さらに4カ所に国連救援活動を拡大し、各地区に750人、合計3,000人の警護要員の派遣が決定された。しかし、アイディード派は国連が彼らとの協議をせずに、こうした措置を決定していることを不満として、国連軍の増強を拒絶したため、これは実施されず、10月には当初派遣された国連要員の撤退が要求され、国連部隊部隊への攻撃が続発するようになった。

2 統合特別部隊 (UNITAF) の設置

こうした状況の下に、ガリ事務総長はブッシュ政権との積極的協議を開始する。選択肢は、ⅰ) 3,500人の米軍による第一次国連活動の拡大、ⅱ) 米海軍及び空軍による国連軍の支援、ⅲ) 米軍独自のソマリアへの介入、の三つであったが、アメリカは第三の方法を強く主張した。指揮権を国連の下に置くことに固執するガリに対して、ペンタゴンはこれを一蹴して、アメリカ主導の多国籍軍「統合特別部隊 (UNITAF)」が設置されることになる。1992年12月3日、安全保障理事会は決議794を採択した。同決議は前文第2節で、「ソマリアにおける紛争で発生し、人道的援助の提供に生じている障害によって、さらに悪化した人道的悲劇の度合いが、国際の平和及び安全に対する脅威を

---

1 U.N. Document S/INF/48 (1993). S/RES/751 (1992), 24 April 1992. United Nations, *The United Nation and Somalia 1992-1996*, U.N.: New York,1996, pp.166f.

構成することを決定」し、本文第10項では、「国連憲章第7章の下での行動として、事務総長と上記第8項で述べた提供を実施するために協力する加盟国に対して、ソマリアでの人道上の救援活動のための安全な環境をできるだけ早く実現するために、あらゆる必要とされる手段を行使することを容認する（authorizes …… to use all necessary means……）」と規定した[2]。

アメリカを主導国として参加国20カ国の統一司令部がモガディシオに設置され、米海兵隊28,000人を中心として、38,300人の多国籍軍がソマリアの約4割に相当する地域に展開した。彼らの主たる任務は、ソマリア各地で飢餓に苦しむ人々への食料・医薬品などの救援物資の輸送の安全を確保するために、武装集団の武装解除をすることにあった。完全武装兵力の大量投入が功を奏し、市街地区の安全確保と援助物資の輸送確保が短期間のうちに実現された。1993年4月末までに、多国籍軍との戦闘で犠牲になったソマリア人の数は約100人、多国籍軍側は17人（うちアメリカ人8人）であった。

国連によるソマリア諸勢力間の和平努力によって、エチオピアのアジスアベバにおいて、1月には国民和平予備会議が招集され、停戦協定（1月8日）、停戦と武装解除の実施協定（同15日）が締結され、3月15日にはソマリア国民和平本会議が開催され、武装解除の実施や暫定国民評議会の設立が合意された。

3　第二次国連ソマリア活動（UNOSOM II）の展開

3月3日の安全保障理事会に対する事務総長の報告を受けて、3月26日多国籍軍に代わって、28,000人の国連軍（第二次国連ソマリア活動、UNOSOM II）の派遣が安保理において全会一致で決定された（決議814）。同決議によれば、安保理は「ソマリアの事態が当該地域における平和及び安全を継続して脅威していることを決定」して（前文）、事務総長報告が示唆する諸任務を遂行するために、国連憲章第7章の下での防止措置として、第一次ソマリア活動部隊が拡大されて、UNOSOM II となった。先の事務総長報告第57項には、以下の任務が列挙されている。

---

[2] United Nations, *ibid.*, pp.214-216.

(a)アジスアベバ協定の実施を監視すること、
(b)協定違反者には適切な行動をとること、
(c)武装解除で押収された兵器の管理、
(d)人道的援助活動に必要なすべての港、空港、通信線を確保すること、
(e)同活動に当たる要員及び施設を保護すること、
(f)こうした要員や施設を攻撃する武装分子を無力化するために必要な強力的行動をとること、
(g)地雷除去計画の続行、
(h)難民の帰還を支援すること、
(i)安全保障理事会により授権されたその他の機能を遂行すること[3]。

　このような実力行使を伴う国連指揮下の UNOSOM II は、1992年6月の事務総長報告「平和への課題」の中に提案された「平和強制部隊（peace enforcement units）」構想の具現化であると考えられた。UNOSOM II は30カ国から約30,000人の兵員から構成されていたが、米国の実戦部隊17,700人はこの組織の外に置かれ、UNOSOM II の副司令官を兼ねる米国緊急対応軍司令官モンゴメー将軍の直接指揮下で独自の作戦行動ができるようになっていた。これは就任間もないクリントン大統領が国連の指揮下になることに抵抗する軍部や議会筋に配慮して、作戦活動の自由を確保しながら、しかも、国連の権威を自国の武力行使の正当化に利用するためであったともいわれる。

　UNITAF から UNOSOM II への移管は4月28日に終了し、この時点での国連活動はソマリアにおける武力衝突の減少と飢餓拡大の防止という点から、国際的にも、ソマリア人からもかなりの評価を得ていたといえる。しかしながら、移管の2日後には、早くもキスマヨ市で武力抗争が発生し、UNOSOM II のベルギー軍による反撃が行われたが、やはり武力抵抗の中心はモガデシオであった。特に、統一ソマリア会議とソマリア国民同盟を主唱するアイディードは、最大勢力を誇る自派に特権的地位を認めずに、暫定政府や暫定国民評議会を設立しようとする国連の介入は、ソマリアに対する内政干渉で

3　U.N. Document S/INF/49 (1994). United Nations, *op.cit.*, pp.261-263.

あるとして、国連を敵とする政治宣伝と市民の煽動を活発化し、国連との対立関係はますます先鋭化していった。

6月5日、モガデシオ市内でパキスタン部隊がアイディード派の武装勢力による待ちぶせ攻撃を受けて、死者24人、負傷者56人を出すという事件が発生した。この犠牲者の規模は、一つの事件としては国連のPKO史上、最悪の事態であった。国連による事実調査によれば、国連軍によって、アイディード派のラジオ局が接収されるという故意に流されたうわさが原因であり、こうした行為はUNOSOM IIに対する挑戦として、アイディードによって計画された一連の行動の一部であることが報告された[4]。

安全保障理事会は6日、決議837を採択して、武装勢力による国連軍への攻撃を強く非難し、こうした行動に責任のある人々の逮捕、処罰などを含めて、国連活動の実効性を高めるために、先の決議814の下で事務総長は、あらゆる必要な措置をとる権限を与えられていることが再確認された。6月13日のモガデシオ南部におけるパキスタン部隊と武装ソマリア人との衝突では、子供を含む数十人の市民に犠牲者を出した。また、17日に国連軍と米軍との共同作戦で行ったアイディード派の本部への急襲では、国連軍側に5人、ソマリア人に約60人の犠牲者を出したが、アイディード本人は脱出して、逮捕はできなかった。アイディード派の武装集団が逃げ込んだとみられる病院への攻撃では、逃亡者たちが患者を楯として防戦したために、一般人に多くの死傷者が出る結果となった。この頃から、ソマリアの国連活動は、国際世論からもソマリア人からも批判の矢面に立たされることになっていった。国連上級スタッフの中にも、国連軍側が居住者に事前の予告もせずに空爆して、一般市民に多くの犠牲者を出すことへの不満がみられるようになった。8月9日、UNOSOM IIに派遣されていた4人のアメリカ兵が地雷に触れて死亡したが、これはUNOSOM IIが設置されてから出た最初のアメリカ兵の犠牲者であった。8月末、アメリカはアイディード逮捕の特別任務を帯びた400人の陸軍レンジャー部隊を送り込んだ。10月3日、この部隊はアイディー

---

4 Report of the Secretary-General on the implementation of Security Council resolution 837 (1993). S/26022, 1 July 1993. United Nations, *op.cit.*, pp.272-278.

ド逮捕のための大規模な作戦を実行したが、結果は24人の幹部を逮捕したものの、2機のヘリコプターが撃墜され、18人が死亡、約75人が負傷、1人が捕虜となった。米兵の死体がモガデシオ市内を引きずり回される光景や負傷し怯え切った様子の米兵捕虜が、アメリカ国内はもとより、世界中で繰り返しテレビ放映され、特にそれまでソマリア派兵を支持していたアメリカ国民には大きな衝撃を与えることとなった。それから数日後、アメリカ政府の決定により、アメリカ軍特殊部隊は任務未了のまま、ソマリアから撤退を余儀なくされた[5]。同時にアメリカ軍のソマリアからの撤退が1994年3月までに実施される計画が発表された。

UNOSOM II が当初に与えられた人道的目的を次第に失い、武力闘争の一当事者になってしまった事実については、UNOSOM II への兵力提供国の多くも批判を強めていった。イタリア部隊は独自の和平工作をソマリア人指導者との間で行ったことから、7月14日、国連によって、イタリア人司令官が解任された。アメリカのソマリア特使オークリーは、UNOSOM II が「敵をつくらない」という平和維持の第一原則を破棄していると批判した。こうした情勢の中で、11月12日、事務総長は今後の UNOSOM II の在り方について、次の三つの選択肢を含む報告書を安全保障理事会に提示した。すなわち、

1) 現状を維持し続ける、
2) 規模は16,000人とし、伝統的な平和維持活動の機能に戻す、
3) 規模を5,000人に縮小し、人道的活動に重要な空港と港湾の警備のみをその任務とする[6]。

1994年1月6日、事務総長は安全保障理事会に対して、第二の選択肢を取る勧告を行い、安全保障理事会はこれを受けて、強制的に武装解除を実施するというこれまでの UNOSOM II の任務を、人道的援助活動を従来の PKO として支援するという任務に変更することを決定した（決議897）。

1994年3月24日、アイディードと反アイディード勢力の中心人物モハメドが、各勢力間の停戦と新政権樹立のための和解会議招集を取り決めた協定

---

5 J. Lancaster, "Mission Incomplete, Rangers Pack Up", *Washigton Post,* Oct.21, 1993.
6 Report of the Secretary-General, S/26738, 12 November 1993, pp.333-334.

にナイロビで調印した。この協定では、紛争解決の手段としてはいかなる形での暴力も否定し、ソマリア全土における停戦と自発的武装解除が規定されていた。この後、モガデシオ市内では散発的に武力衝突が発生したが、それ以外の地域での武力行為はほとんど発生しなくなっていた。1995年3月3日、ソマリアからの外国部隊のすべての撤退が完了した。ソマリア活動におけるアメリカ軍の全犠牲者数は死者30人、負傷者175人であった。

　ソマリアには、国外から軍事干渉する場合に事前に承認を出せるような実効的支配を確立している政府は存在しなかった。最初の頃の安全保障理事会決議では、安保理のソマリア問題の処理は、「ソマリア暫定首相の要請により」という文言が用いられていた。しかし、1992年12月3日の決議794（UNITAF設置決議）以降の決議では、もはやこうした表現はみられない。中央政府は存在しなかったが、ソマリア各地には各党派の指導者がおり、国連はUNOSOM Iの派遣の際には、こうした指導者との協定締結のための交渉が行われた。その結果、非武装の軍事監視員については受入れの同意は得られたが、武装部隊については同意は得られなかった。

　しかし、問題はそうした同意が、どの程度の意味を持つかということである。すなわち、ソマリアの混乱状態では、各党派の指導者といえども、その支配地域のすべての武装集団をコントロールできているわけではなかった。一国の中に実効的支配権を確立した政府が存在していない場合には、そして、その国民の多くが餓死の恐怖に晒されているような場合には、その国家の政治的独立や主権の意味は極小化され、人道上の価値が上昇して、外部からの軍事的干渉は人道的使命により正当化されることになる。したがって、もしソマリアに実効的政府が存在していたならば、国連といえども、本国の同意なしでの軍事的干渉が可能であったかどうかは疑問である。ましてや、アメリカのような国家でも、独自の判断による単独介入は、いくら人道的理由があったとしても困難である。そこで、アメリカは国連の下での集団的干渉の方法を選択した。安全保障理事会決議794の審議において、アメリカ代表は次のような発言をしている。すなわち、この任務は直接的には、ソマリア危機の処理であるが、同時に、国際共同体は冷戦後の世界に訪れるであろう様々

な混乱や紛争を処理するための重要な手段を手に入れようとしているのである。ソマリアの場合でも、あるいはその他の場合でも、国際社会の安定を阻害するような問題に関して、国際共同体は断固として行動する意思を持っていることを明確に示しておくことが重要である、と[7]。

ソマリアにおける国連軍やアメリカ軍の行動に関しては、しばしば批判が出されてきたが、介入自体の合法性に関しては、ほとんど疑問が提起されたことはなかった。しかし、安全保障理事会の授権決議がなくても、外国によるソマリアへの干渉が可能であったという見解は一切みられなかった。この点は、難民の越境が問題とされ、事態の国際的要因が、国連決議においても確認されたイラクの事例と大きく異なっている。イラクのケースでは、アメリカと行動を共にしたイギリスやフランスは、むしろ国連の外での人道的干渉の正当性を強調したからである。介入に先立って、アメリカが安全保障理事会の授権を望んだのは政治的配慮もあったであろうが、緊急の人道的必要性が存在したとはいえ、国際的要因の薄いソマリアに、国際的承認なしに単独介入することを、国際社会が容認するか否かについて、十分な確信が得られなかったことを意味しているといえる。

国家による独自の判断が、政治的意味合いを含んだりすることへの懸念が、国際社会の判断を消極的にしがちである。したがって、国家主権から派生する国内問題不干渉の原則が、人道性というより高度な価値により狭められるという新しい現象を新国際秩序の一つとして認知していく過程において、国連という国際共同体の集会所を利用して、国際社会全体の意思として実行していくことが賢明な方法である。

第2節　国連人道援助活動と平和維持活動の協力関係に関する諸問題──シエラレオネ紛争を事例として

1　序

---

[7] U.N. Document S/PV.3145 (1992), para.38.

国際連合機構（以下、国連）は、国際平和と安全の維持、および世界の経済的、社会的、文化的または人道的問題を解決するために、国際協力を達成することを目的として設立された政府間組織である。しかし、一口に国連といっても、実は、様々な国連機関がそれぞれのマンデートを持って、「国連」と言う傘の下に活動している。傘下の様々な国連機関の活動を緊急時に統合し、「国連」という一団体として、国連軍を含めた総括的な活動をしようという統合ミッション（integrated mission）が近年、多数設置されている。シエラレオネの事例では、結果的に国連軍と他の国連機関が連携して成功裏に任務を終えたため、統合ミッションの先駆的な例として取り上げられることが多い。果たして、その評価は妥当ものであろうか。

　本節では、国連憲章第7章に基づいて設立されながらも、マンデートの一部として、人道支援物資の配布が含まれていた国連シエラレオネ派遣団（1999年10月22日から2006年1月1日設置、UNAMSIL）と、同時期に人道援助を行っていた国連難民高等弁務官事務所（UNHCR）の活動を例に取り上げる。その活動を通じて、平和維持国連軍などにおける軍事的活動の中立性と、人道援助活動における中立性とは異なるものであることから生じる、それらの統合活動の問題点を検証することを目的とする。

2　シエラレオネ紛争の経緯

　シエラレオネとその首都フリータウンは、1787年にアメリカ独立戦争の際、イギリス軍側として戦った解放奴隷の祖国として設立された。1808年にフリータウンはイギリスの植民地となり、1896年にシエラレオネの内陸部がイギリスの保護領となった。1961年にフリータウンと内陸部が合併し、シエラレオネとして独立する。独立後、政治権力を巡る闘争が続き、数々のクーデターが起こり、複数の独裁政権が樹立された。1985年に軍事クーデターを経て、権力の座についたジョーゼフ・サイドゥ・モモが一党のみの選挙で大統領に選ばれ、1991年に複数政党による政府ができ、憲法が制定されるまで政権を握った。この間、フォーデー・サンコーを含む数々の反対政党や学生たちは国を追われ、ガーナを通って、リビヤに渡り、ガダフィーの下で

軍事訓練を受けた。

　シエラレオネの内紛は、1991年3月23日にフォーデー・サンコー率いる革命統一戦線 (RUF) がリベリアから国境を越えて、シエラレオネ東部州のカイラフン地方を襲ったことから始まった。政府はこの侵攻に対抗することができず、東部州は瞬く間に、RUF の支配下に落ちた。戦闘が始まって4カ月の間に、約107,000人が難民となり、隣国のギニアに逃れた。

　内紛の原因は、汚職、麻薬、武器の密輸、隣国リベリアでの内紛の影響等に対する不満にあるが、何よりも大きな要因は、ダイヤモンドの採掘権を巡る争いにあった。リベリアのチャールズ・テイラーは RUF を支持することによって、自国での戦いをシエラレオネからのダイヤで賄っていた。権力と利権目的の RUF は、支配下に置いた土地で徹底した民間人への虐待を繰り返した。手、足、体の一部を切断したり、子供に親を殺させて、RUF に少年兵として組み入れたり、女性や少女をレイプ[8]したり、RUF 兵の「妻」としてさらうなど、民間人から奪えるものはすべて奪うという戦略を行使していた。RUF によって、約2万人が体の一部を切断されたといわれている。

　1992年4月29日、政府の RUF に対する態度に業を煮やした青年将校らがクーデターを起こし、彼らの国家暫定統治評議会 (National Provisional Ruling Council) が政権を握った。しかし、RUF に対抗することはできず、1995年 RUF は首都フリータウン間近まで迫った。国家暫定統治評議会は南アフリカの傭兵を雇い、一時期は、RUF を押し戻すことに成功したが、国民の不満が募り、1996年4月に大統領選挙と議会選挙を通じて、政権を民間に返還することに同意した。この結果、比例代表制に基づく選挙により、13政党が参加する議会が発足した。シエラレオネ国民党 (SLPP) は27席を獲得し、アフメット・テジャン・カバが大統領に就任した。

　SLPP は RUF と平和交渉を始め、1996年11月30日、アビジャン平和合意

　8　UNAMSIL と国際 NGO の行った調査によると、ランダム・サンプリングで選ばれた733人の女性のうち、345人が紛争中レイプされていた。
　　Eleventh Report on the United Nations Mission in Sierra Leone (UNAMSIL), S/2001/857, 07 September 2001, Para.42.

が結ばれた。しかし、この合意はRUFの武装解除を巡り、すぐに決裂してしまった。1997年5月25日、カバ大統領は軍事クーデターによって追放され、政権を握ったジョニー・ポール・コロマはRUFの政府参加を取り付けた。しかし、和平プロセスが進展しない中、1998年3月、西アフリカ諸国経済共同体監視団 (ECOMOG) がRUFに対して、一時的な勝利を収め、コロマは国外追放、カバ大統領が政権に戻った。

1998年6月国連安保理は国連シエラレオネ監視団 (UNOMSIL) を6カ月の任期で設立した。70人の非武装の監視団がECOMOGの保護を受けながら、武装解除の監視、民間人に対する人権迫害の調査をした。

1999年1月6日、RUFは再び首都フリータウンを攻撃、数週間後ECOMOGによって再び押し返されるまで数々の虐殺を繰り返した。UNOMSILは撤退を余儀なくされ、シエラレオネ国外から監視活動を続けた。

その後、1999年7月7日、ロメ平和合意が締結された。この平和合意によって、サンコーは副大統領に就任、RUFも政府に組み入れられ、ECOMOG軍を含む国連軍が設置されることが合意に含まれた。8月20日にUNOMSILの軍事監視団は210人まで増員される。

国連の安保理は、1999年10月22日の安保理決議1270によって260人の軍事監視団を含む6,000人の国連シエラレオネ派遣団 (UNAMSIL) を設立した。この決議によってUNOMSILはUNAMSILに吸収された。

安保理決議1270に基づくUNAMSILのマンデートは、次節で詳しく扱うが、主に下記の3分野に分けられる。

1) 平和合意の実現：シエラレオネ政府によって行われる武装解除と元兵士の復員、社会復帰への協力。平和合意に参加している政党間の信頼醸成とその援助。1999年5月18日の停戦の監視。
2) 人道援助の提供と国連職員の安全及び移動の自由の確保。
3) 国連の文民職員 (国連事務総長の特別顧問とそのスタッフ、人権保護官、民事官等) の援助。必要に応じてシエラレオネ憲法に基づいて行われる選挙への支援。

その後、2000年2月7日に安保理は決議1289を可決。国連憲章第7章の下に、

UNAMSIL のマンデートをさらに拡張した。この決議によって、さらに国連軍は260人の軍事監視員を含む11,100人に増員、国連の文民職員もさらに増員された。

しかし、2000年4月に ECOMOG 軍が撤退すると、RUF はまた活動を活発にし始めた。2000年5月2日以降、RUF の占領していた様々な地域で、約500人の国連軍兵士が RUF によって拘束された。さらに、5月8日にサンコー宅の前でデモをしていた約30,000人の民間人のうち、数十人を RUF が射殺したのをきっかけに、RUF は政権から追われる。

状況が悪化する中、イギリス政府は、2000年5月7日、治安の安定化と外国人の国外避難のために、200人のイギリス軍を用いて戦闘作戦を行った。また、2000年5月19日には安保理決議1299が可決され、さらに国連軍は13,000人まで増員された。同時期、RUF がギニアの難民キャンプを攻撃したことをきっかけに、ギニア軍がシエラレオネの RUF に空爆を含む攻撃をしかけ、事態はさらに悪化した。しかし、この結果、再び平和交渉が始まり、11月にアブジャ平和合意が結ばれた。ところが、武装解除はなされず、2001年3月30日には安保理決議1346により、国連軍は17,500人まで増員された。その後、2001年5月に2度目のアブジャ平和合意が結ばれ、ようやく大規模な武装解除が始まった。2002年初めには、総計75,000人以上の戦闘員が武装解除された。これに伴い、政府軍は徐々に RUF に占領されていた地域のコントロールを取り戻し、2002年1月18日、カバ大統領はついに内戦終了の宣言をした。

2002年5月14日には、大統領と議会の選挙が行われ、2002年7月28日、イギリス軍は正式に撤退。国連軍は、2002年11月から徐々に人員を減らし、2003年10月には12,000人まで減った。2004年は平和状態が続き、2004年12月末には4,000人強になった。国連安保理により UNAMSIL のマンデートは二度延長され (2005年6月までと2005年12月まで)、2006年1月1日正式に完全撤退した。

3 国連軍の性格 (種類) と活動

シエラレオネの紛争に対応するために、様々な国際軍事行動が行われた。紛争初期には、西アフリカ諸国経済共同体監視団 (ECOMOG) が派遣された。ECOMOG は、英語圏西アフリカによって、1990年に設立された西アフリカ諸国経済共同体の防衛のための軍隊で、アフリカでは初めての地域的集団安全保障の試みだった。シエラレオネの紛争においては、政府軍の保護とRUF の侵攻を防止するために派遣された。

1998年6月9日の国連事務総長による第5回シエラレオネ状況報告の勧告に基づいて、安保理は、国連安保理決議1181[9] (1998年7月13日) を可決した。この決議によって、1998年7月から1999年の10月までの間、非武装の国連シエラレオネ監視団 (UNOMSIL) が派遣された。UNOMSIL は、軍事部門と民間部門から成り立ち、ECOMOG の軍事保護を受けながら、以下のマンデートの下に活動をした。

1) 軍事と安全の状況の監視。
2) 元戦闘員の武装解除・動員解除の監視。
3) 国際人道法の順守の監視。
4) 国民防衛軍 (CDF) の武装解除・動員解除の監視。
5) シエラレオネ政府と警察へ国際的な警察活動についての助言。
6) 民間人に対する人権迫害の調査。

その後、UNOMSIL は、国連シエラレオネ派遣団 (UNAMSIL) の設立によって、その任期に幕を閉じた。以下、UNAMSIL の活動を状況が進展するごとに可決された国連決議を通して、検証する。

(1) 安保理決議1270[10]

国連シエラレオネ派遣団 (UNAMSIL) は、1999年10月22日の安保理決議1270によって設立された。安保理は、シエラレオネの状況が引き続き国際平和と地域の安全を脅かすと認め、当初260人の軍事監視団を含む6,000人規模の国連軍の派遣を決めた。安保理は、国連憲章の第7章の下に、UNAMSIL

---

9 U.N. Document S/RES/1181 (1998), 13 July 1998.
10 U.N. Document S/RES/1270 (1999), 22 Oct. 1999.

の任務遂行のための国連職員の安全及び移動の自由の確保と民間人の保護のための武力行使を認めた[11]。

UNAMSIL は、6カ月の任期で始まり、マンデートは以下の分野を任された。
1) 平和合意の実現。
2) シエラレオネ政府によって行われる武装解除と元兵士の復員、社会復帰への協力。
3) 武装解除・復員センター等を含むシエラレオネ国内の要所に駐留を確立する。
4) 国連職員の安全及び移動の自由の確保。
5) 1999年5月18日の停戦の監視。
6) 平和合意に参加している政党間の信頼醸成とその援助。
7) 人道援助の促進。
8) 国連の文民職員(国連事務総長の特別顧問とそのスタッフ、人権保護官、民事官等)の援助。
9) 必要に応じてシエラレオネ憲法に基づいて行われる選挙への支援。

武装解除と復員のプロジェクトは、10月22日に正式に開始した。プロジェクトは12月15日に完了する予定だったが、12月2日の時点で武装解除した反乱軍兵士は、4,217人[12]。全国で推定45,000人のうちの10%以下にしか過ぎなかった。さらに、武装解除した反乱軍の内訳をみると、RUF からはほとんどなかった。

この期間、ECOMOG 軍は、首都フリータウンとその近郊とシエラレオネ南部の安全の確保を行い続けた。しかし、シエラレオネ北部のマケニは RUF に占領され、ECOMOG 軍は撤退を余儀なくされた。また、フリータウ

---

11 国連安保理決議1270、para. 14: "Acting under Chapter VII of the Charter of the United Nations, decides that in the discharge of its mandate UNAMSIL may take the necessary action to ensure the security and freedom of movement of its personnel and, within its capabilities and areas of deployment, to afford protection to civilians under imminent threat of physical violence, taking into account the responsibilities of the Government of Sierra Leone and ECOMOG."

12 First Report on the United Nations Mission in Sierra Leone (UNAMSIL), S/1999/1223, 6 December 1999, Para. 12-19.

ンの北、ルンギ地方でも RUF による戦闘が続いた。マケニ、ルンギ近郊での戦闘によって、民間人に多数の死傷者が出、またレイプや人道援助機関の所有物の盗難や破壊が行われた。人道援助機関は RUF によって活動を妨げられ、この地域から撤退をせざるを得なくなった[13]。

　UNAMSIL が徐々にシエラレオネに増強されるに伴い、ECOMOG 軍の中心的な存在だったナイジェリア軍は、1999年12月にシエラレオネからの撤退を決めた。ナイジェリアの大統領は、二つの平和維持軍が同じ国内で別の指令系統の下で活動することに関して懸念を表し、2000年1月末までに ECOMOG 軍内の4大隊を撤退させ、国連への責務として、2大隊を UNAMSIL に派遣することを通知した[14]。これに次いで、ギニアとガーナも ECOMOG 軍からの撤退を表明した。この状況の変化によって、UNAMSIL は、早々にも ECOMOG のマンデートも吸収せざるを得ない事態になった。これを受けて、国連事務総長は、安保理に UNAMSIL のマンデートの拡張と UNAMSIL の総勢力の増加を要求した[15]。

(2) 安保理決議1289[16]

　2000年1月11日時点での UNAMSIL の総勢力は、4,819人で安保理によって許可された6大隊のうち5大隊が派遣されていた[17]。上記の国連事務総長の要求を受けて、その後、2000年2月7日に安保理は決議1289を可決した。

　UNAMSIL の任期は決議の可決から6カ月延長され、国連憲章第7章の下に、マンデートは以下の分野を含み、さらに拡張された。

　1) 特にフリータウン内の要所と政府関連の建物、重要な主幹道路の交差点、

---

[13] First Report on the United Nations Mission in Sierra Leone (UNAMSIL), S/1999/1223, 6 December 1999, Para. 25-28.

[14] Letter dated 23 December 1999 from the Secretary-General addressed to the President of the Security Council, S/1999/1285, Para. 3-4.

[15] Second Report on the United Nations Mission in Sierra Leone (UNAMSIL), S/2000/13, 11 January 2000, Para. 23-38.; S/2000/13/Add.1, 21 January 2000.

[16] U.N. Document S/RES/1289 (2000), 7 Feb. 2000.

[17] Second report on the United Nations Mission in Sierra Leone (UNAMSIL), S/2000/13, 11 January 2000, Para. 17.

飛行場（ルンギ飛行場を含む）の安全確保。
2) 特定された主幹道路での人、物と人道援助のスムーズな流通の確保。
3) 武装解除と復員プロジェクトのすべての施設の警備。
4) 共通活動地域におけるシエラレオネの法執行当局との調整、支援。
5) 元戦闘員から回収した武器、銃弾、その他の軍装備品の警備、その後の処分または破棄。

また決議1270同様、マンデート執行のための国連職員の安全及び移動の自由の確保と民間人の保護のための武力行使を認めた。この決議により、国連軍は260人の軍事監視員を含む11,100人に増員、国連の文民職員もさらに増員された。

UNAMSILの増員によって、人道援助の活動範囲は徐々に広がっていった。2000年2月中旬には、1999年10月に国連機関とNGOが撤退した北部地方に初めて人道評価ミッションが派遣された[18]。

2000年3月9日、国家武装解除・動員解除・再統合委員会の特別会議で、カバ大統領、RUF代表のフォーデー・サンコー、武装革命評議会（AFRC-Armed Forces Revolutionary Council）のジョニー・ポール・コロマ、市民防衛軍・副防衛長官（CDF-Civil Defence Force）のヒンガ・ノーマン、UNAMSIL及びECOMOGの間で、以下の確約が結ばれた[19]。

1) シエラレオネ全土にUNAMSIL、人道援助機関と民間人が自由にアクセスできる。
2) シエラレオネ内の占領地をすべて政府に手渡す。
3) 東部・北部地方の施設がすでに設置されている地域の武装解除を開始し、施設設置に伴って他の地域でも武装解除を行う。

しかし、シエラレオネの北部地方の北と東部を主に支配し続けていたRUFは、UNAMSILのマンデートを完全に受け入れなかった。2000年3月16日に、

---

[18] Third Report on the United Nations Mission in Sierra Leone (UNAMSIL), S/2000/186, 7 March 2000, Para. 36.

[19] Fourth Report on the United Nations Mission in Sierra Leone (UNAMSIL), S/2000/455, 19 May 2000, Para. 2.

UNAMSIL は東部のカイラフン州に配備された。しかし、RUF と AFRC の対立、RUF と CDF の対立、RUF による UNAMSIL への攻撃は、一向に絶えなかった[20]。その結果、再び多数の国内避難民が発生した。

2000年5月1日以降、UNAMSIL と RUF の関係は一気に悪化した。北部州のマケニ，マグブラカで RUF と武装解除センターを保護していた UNAMSIL の交戦、カンビアでは RUF による攻撃、東部州のカイラフンで UNAMSIL 部隊が捕虜に、さらにルンギからマケニに応戦しに向かった UNAMSIL 部隊も奇襲攻撃に遭い、200人の UNAMSIL 部隊は捕虜になり、コノ州に連行された。2000年5月15日の時点での UNAMSIL への被害は、RUF の捕虜352人、負傷者25人、行方不明者[21]は15人にのぼった。

さらに、この時期、RUF から分離したサム・ボカリが、リベリアで傭兵集めを開始した。また、武装解除と復員のプロジェクトは難航し、5月15日の時点での武装解除した戦闘員は24,042人にしか過ぎず、回収された武器の品質は劣悪なものが多かった[22]。また、特に RUF の支配している地域における様々な人権侵害は、この期間にも続き、RUF による不法な収税、食物の略奪、子供の徴兵、女性や少女のレイプや拉致等、民間人への被害は大きかった[23]。

(3) 安保理決議1299[24]

2000年5月19日の時点で、UNAMSIL の総勢は、9,495人で、そのうち軍事監視員は260人[25]であった。上記の状況悪化と国連事務総長の第4回目の

---

20 Fourth Report on the United Nations Mission in Sierra Leone (UNAMSIL), S/2000/455, 19 May 2000, Para.15-21.
21 Fourth Report on the United Nations Mission in Sierra Leone (UNAMSIL), S/2000/455, 19 May 2000, Para.56-71.
22 Fourth Report on the United Nations Mission in Sierra Leone (UNAMSIL), S/2000/455, 19 May 2000, Para. 26.
23 Third Report on the United Nations Mission in Sierra Leone (UNAMSIL), S/2000/186, 7 March 2000, Para, 30.
24 U.N. Document S/RES/1299 (2000), 19 May 2000.
25 Fourth Report on the United Nations Mission in Sierra Leone (UNAMSIL), S/2000/455, 19 May 2000, Annex.

報告を受けて、2000年5月19日には、安保理決議1299が可決された。この決議により、UNAMSIL は13,000人まで増員を許可された。しかし、任期は延長されず、安保理決議1289から6カ月の2000年8月7日までとされた。

英国軍の派遣と UNAMSIL、政府軍勢力の配備により、首都フリータウン近郊とルンギ半島の状況は安定した。しかし、散発的に首都で UNAMSIL と AFRC の交戦が起こった。北部州の状況は変わらず、RUF は UNAMSIL と政府軍への攻撃を続けた。また RUF は政府軍内の不調和、AFRC 分離派を利用し、勢力を伸ばし、占領地域を拡張した[26]。

(4) 安保理決議1313[27]

2000年7月26日時点の UNAMSIL は、12,440人[28]となった。安保理は、シエラレオネの状況の悪化を受けて、2000年8月4日、安保理決議1313を可決した。この決議により、UNAMSIL は2000年9月8日まで延長された。5月以降の RUF によるロメ合意の重大な違反を受け、UNAMSIL のマンデートをさらに強化する方針を決め、事務総長に UNAMSIL の改革案の提案をするように要求した。

この決議により、UNAMSIL のマンデートは以下の5点を優先することになった。
1) ルンギ半島とフリータウン半島とそこに通じる重要な主幹道路の安全確保。
2) RUF からの攻撃を阻止し、必要に応じて、確実に武力を行使し、RUF からの脅威に対応する。
3) 重要な要所へ徐々にまとまった UNAMSIL の配備を行い、シエラレオネ政府の国家権力の延長、法と秩序の回復とシエラレオネ全土の安定の努力のために協力する。可能な限り、危険に晒されている民間人に

26　Fifth Report on the United Nations Mission in Sierra Leone (UNAMSIL), S/2000/751, 31July 2000, Para.19-23.
27　U.N. Document S/RES/1313 (2000), 4 Aug. 2000.
28　Fifth Report on the United Nations Mission in Sierra Leone (UNAMSIL), S/2000/751, 31July 2000, Annex.

保護を与える。

4) 重要なルートのパトロールにより、移動の自由の確保と人道援助の配布の促進。

5) 政治プロセスのプロモーションにより、武装解除と復員のプロジェクトの再開を援助する。

この決議を受けて、8月22日に UNAMSIL は許可されていた総勢13,000人の内12,443人まで増員した[29]。

この決議に基づいて国連事務総長は、UNAMSIL の第6回報告で、UNAMSIL の強化プランを提案した[30]。事務総長は、この強化プランのために、特にマンデートを変える必要はないと考え、UNAMSIL の大隊レベルでの要所への配備のために、UNAMSIL の20,500人まで増員、さらに6歩兵大隊の派遣の必要性を提言した。

しかし、安保理はすぐに事務総長の提言を受け入れず、安保理決議1317によって、UNAMSIL の任期を2000年9月20日まで延長、さらに安保理決議1321により、12月31日まで UNAMSIL の任期の延長を行った。

この時期から、UNAMSIL の配備によって状況が安定し始めた地域で、個々の大隊が自主的に「人道援助」を行い始めた。これは平和維持軍に課されたマンデートというよりは、軍隊の心理戦 (Hearts and Minds Operation) の一部として、配備先の民間人に受け入れられるように行われた民間支援活動だった。また、UNAMSIL の民間部門による国連シエラレオネ基金を通じての人道援助活動も始まった[31]。

2000年9月以降、RUF はリベリア北部とシエラレオネ占領地域のベースを拠点にし、ギニアとの国境を越えて、難民キャンプと難民が避難していたギニアの村々を攻撃し始めた。これに対して、ギニア軍は RUF の拠点を空爆し、

---

29 Sixth Report on the United Nations Mission in Sierra Leone (UNAMSIL), S/2000/832, 24 August 2000, Annex.

30 Sixth Report on the United Nations Mission in Sierra Leone (UNAMSIL), S/2000/832, 24 August 2000; S/2000/832/Add.1., 12 September 2000.

31 Seventh Report on the United Nations Mission in Sierra Leone (UNAMSIL), S/2000/1055, 31 October 2000, Para. 21.

大量の国内避難民と難民の移動が始まった。西アフリカ地域全体の安定が危ぶまれ、国連、UNAMSIL、ECOWAS による数々の交渉が行われた。

2000年11月10日、RUF とシエラレオネ政府との間でアブジャ合意が結ばれた。これによって、一時停戦が合意され、ロメ条約復帰の確約が結ばれた。しかし、RUF 内で一時停戦に対する意見の不一致より、アブジャ合意はすぐには執行されなかった[32]。これを受けて、安保理は、2000年12月22日の決議1334によって、UNAMSIL を2001年3月31日まで延長し、事務総長に UNAMSIL 増強計画の見直しを要求した。

その後、インドの UNAMSIL 派遣の撤退により、UNAMSIL の総派遣数は、10,356人にまで減った[33]。武装解除と復員のプロジェクトは、27,500人を武装解除し、2000年5月以降の内紛により再武装した兵士を含め、28,000人程の主に RUF と CDF がまだ武装解除していない状況だった[34]。そのため、RUF と UNAMSIL、RUF と CDF の対立は続き、民間人への被害は一向に減らなかった。

この状況と決議1344の要求に基づき、事務総長は UNAMSIL の第9回報告で、UNAMSIL の RUF 占領地域への配備計画を提言し、UNAMSIL の20,500人までの増強を要求した[35]。

(5) 安保理決議1346[36]とその後の決議

2001年3月31日に可決された安保理決議1346は、UNAMSIL の総数の増員を17,500人とした。また、UNAMSIL のマンデートを6カ月延長し、2001年9月30日までとした。また、RUF のアブジャ合意の不履行に対して、強い懸

---

32 Eighth Report on the United Nations Mission in Sierra Leone (UNAMSIL), S/2000/1199, 15 December 2000, Para. 2-9.
33 Ninth Report on the United Nations Mission in Sierra Leone (UNAMSIL), S/2001/228, 14 March 2001, Annex.
34 Ninth Report on the United Nations Mission in Sierra Leone (UNAMSIL), S/2001/228, 14 March 2001, Para. 69.
35 Ninth Report on the United Nations Mission in Sierra Leone (UNAMSIL), S/2001/228, 14 March 2001, Para. 57-68.
36 U.N. Document S/RES/1346 (2001), 30 March 2001.

念を表明した。2001年5月2日に2度目のアブジャ会議が開かれ、停戦と武装解除の開始の合意がなされた。

この合意に基づき、UNAMSILは、ルンサー、マケニ、カンビアへ配備を広げ、またコノ地方にもパトロールを行うようになった[37]。この拡張は、9月には北部地方のカバラ、東部地方の州都のコノにも及び、11月には安保理に許可された、17,500人が達成された。またこの配備により、人道援助機関の活動範囲も広がった[38]。しかし、コノ地方のダイヤモンドの発掘権を巡って、RUFとCDFが数回にわたって対立し、再び国内避難民が発生した[39]。

2001年5月18日に再開された武装解除と復員のプロジェクトは、順調に進み、推定25,000人のうち9月3日の時点で、16,097人が武装解除された[40]。この数は、12月9日には、推定された数を上回り、36,741人に増えた[41]。今回はRUFとCDFの戦闘員の数は比較的公平だった。プロジェクトは、2002年1月9日に正式に終了し、最終的には、47,076人の戦闘員が武装解除され[42]、2001年以前の2度にわたるプロジェクトで武装解除された戦闘員を含むと、75,000人以上が武装解除されたことになる。これに引き続き、1月18日には、カバ大統領による内戦終了の宣言が行われた。

しかし、2001年初頭以降、リベリアでの内戦が悪化し、リベリアで難民生活をしていたシエラレオネ人と内戦を逃れたリベリア人が、多数シエラレオネの東部地方と南部地方に流入し始めた[43]。2002年9月には象牙海岸で内

---

[37] Tenth Report on the United Nations Mission in Sierra Leone (UNAMSIL), S/2001/627, 25 June 2001, Para. 61-64.
[38] Eleventh Report on the United Nations Mission in Sierra Leone (UNAMSIL), S/2001/857, 07 September 2001, Para. 2.
[39] Thirteenth Report on the United Nations Mission in Sierra Leone (UNAMSIL), S/2002/267, 14 March 2002, Para. 7.
[40] Eleventh Report on the United Nations Mission in Sierra Leone (UNAMSIL), S/2001/857, 07 September 2001, Para. 21.
[41] Twelfth Report on the United Nations Mission in Sierra Leone (UNAMSIL), S/2001/1195, 13 December 2001, Para. 15.
[42] Thirteenth Report on the United Nations Mission in Sierra Leone (UNAMSIL), S/2002/267, 14 March 2002, Para. 13.
[43] Thirteenth Report on the United Nations Mission in Sierra Leone (UNAMSIL), S/2002/267, 14 March 2002, Para. 4.

戦が起こり、反政府軍が国の北部を支配した。両国の内戦に元 RUF の指揮官や戦闘員が関わっており、戦闘員が武器をシエラレオネに持ち込んだり、シエラレオネを通じて武器の輸送等が行われた。また、リベリアの内戦を逃れた反政府・政府軍戦闘員がシエラレオネ政府軍・UNAMSIL に投降し、収容所に抑留されていた[44]。

西アフリカ地域全体が不安定になりつつあること、また、2002年5月14日に大統領と議会選挙が行われたことを踏まえ、安保理は、2001年9月18日の決議1370、2002年3月28日の決議1400、2002年9月24日の決議1436、2003年3月28日の決議1470で、UNAMSIL の任期を6カ月ごとに延長した。

この間、事務総長は、2002年9月5日の第15回報告[45]で、UNAMSIL の兵力削減のための基準を設定し、2003年6月23日の第18回報告[46]で、三つの兵力削減・撤退プランを提言、2003年7月18日には、安保理決議1492によって、現状の撤退プランを修正する形で UNAMSIL の撤退予定計画案が可決された。その後、UNAMSIL は、2006年1月1日正式に完全撤退した。復興開発プロセスへの移行のため、2006年1月1日より、国連シエラレオネ統合事務所 (UNIOSIL) が設立された。

4 国連難民高等弁務官事務所[47] (UNHCR) の活動

国連難民高等弁務官事務所 (UNHCR) は、第二次世界大戦後のヨーロッパの難民の保護と援助のため、1950年12月14日の国連総会で、3年間の期限付きで設立され、翌年の1月1日から活動を開始した。しかし、難民問題はヨーロッパだけには留まらず、任期は延長され、現在6,300人のスタッフが、120カ国で世界の難民への国際的保護の提供、支援と恒久的な解決策を図る

---

[44] Eighteenth Report on the United Nations Mission in Sierra Leone (UNAMSIL), S/2003/663, 23 June 2003, Para. 56.
[45] Fifteenth Report on the United Nations Mission in Sierra Leone (UNAMSIL), S/2002/987, 05 September 2002.
[46] Eighteenth Report on the United Nations Mission in Sierra Leone (UNAMSIL), S/2003/663, 23 June 2003.
[47] http://www.unhcr.or.jp/ref_unhcr/index.html

ために働いている。また、1951年の「難民の地位に関する条約」の適用に直接的に関与し、同条約第35条の下、当該条約適用の監督義務も有している。

(1) 2000年9月以前

　国連難民高等弁務官事務所 (UNHCR) のシエラレオネ事務所は、1995年にリベリア難民の救援を目的として開かれた。UNHCR の責務は、2000年の時点でシエラレオネにおいて保護を受けていた約7,000人のリベリア難民の支援[48]と、難民となったシエラレオネ人が祖国に帰れるように準備をすることが主で、シエラレオネ難民を受け入れていたギニアやリベリアの事務所に比べると、活動としてはあまり大規模なものではなかった。

　シエラレオネの国内紛争の悪化に伴い、国連職員は一時退避の繰り返しを余儀なくされ、その間、事務所はシエラレオネ人職員を通じて活動を続けた。1999年、状況の改善に伴い、国連職員が持続的に戻った後、UNHCR は徐々に職員を増やし、リベリア難民保護と支援の活動を再開した。リベリア難民は主にフリータウン近辺に在住していたため、UNHCR の活動のための難民へのアクセスの問題はあまりなかった。

　2000年の時点で、人口400万人のシエラレオネ人のうち、推定150万人が家を追われていた。およそ115万人は国内避難民として、シエラレオネ内に留まっていた。残りの35万人は難民として、ギニア、リベリア等の国外に避難していた。国土の3分の2以上は、反政府軍の占領下にあり、ECOMOG 軍や UNAMSIL と反政府軍の戦いが続いていた。UNHCR は難民保護と援助をマンデートとしていて、当時は国内避難民への責務はなかった。2000年2月頃から、少数の難民が隣国から帰還を始めたとの報告が始まったが、リベリアから南部のプジェフン州への帰還が主だった[49]。この地方はほとんど内乱の影響を受けておらず、UNAMSIL の配備もあり、UNHCR は直接帰還民

---

[48] リベリア難民は、1989年にリベリアの内戦を逃れてシエラレオネから保護を受けた。1990年の緊急援助の時点では、12万5千人にのぼる難民がシエラレオネに避難していた。

[49] Third Report on the United Nations Mission in Sierra Leone (UNAMSIL), S/2000/186, 7 March 2000, Para. 38.

にアクセスが可能であった。

　様々な武力抗争によって、国内避難民はさらに増加し、2000年7月の時点で、新たに約150,000人が様々な人道援助機関によって登録され、総数は各地域に分散している約100,000人を含め、約410,000人にも及んだ[50]。国内避難民への人道援助を主とする国際機関やNGOも、状況があまりにも危険なため、フリータウンの外へ活動を広げることができなかった。そのため、1999年10月22日に設立されたUNAMSILとは、主にフリータウンでの情報交換をする程度の関係にあり、責務が根本的に対立することは少なかった。

(2) 2000年9月以降[51]

　UNHCR事務所の活動は、2000年9月に転機を迎えた。RUFがギニアに対する大規模な攻撃を計画しているという情報が流れ、2000年9月初旬から10月末にかけて、ギニアの国境近くの村へ、15回にわたる武力攻撃が起こり、350人以上の民間人が殺害されたとの報告があった[52]。これにより、ギニアでは4万人が国内避難民となり、内陸部へと避難し、ギニアに避難していた約320,000人のシエラレオネ難民のうち、60,000人以上が影響を受けた。シエラレオネ国境沿いのキャンプや村はすべて空になり、ギニア内陸部のキャンプへの難民の移動が始まった[53]。

　UNHCRのギニア国境付近からの一時撤退により、450,000人にのぼるシエラレオネとリベリア難民への保護は非常に難しくなった。それと同時に、新しいキャンプに行くよりは、シエラレオネの政府軍管轄地に帰還したいと言う難民が、2000年10月の時点で、約12,000人[54]、ギニアの首都コナクリ

50　Fifth Report on the United Nations Mission in Sierra Leone (UNAMSIL), S/2000/751, 31July 2000, Para.47.
51　Report of the United Nations High Commissioner for Refugees, E/2001/46, 18 May 2001, Para.23-26.
52　Seventh Report on the United Nations Mission in Sierra Leone (UNAMSIL), S/2000/1055, 31 October 2000, Para. 5.
53　"Sierra Leone: Spontaneous returns from Guinea continue", UNHCR Briefing Notes, 20 March 2001.
54　Seventh Report on the United Nations Mission in Sierra Leone (UNAMSIL), S/2000/1055, 31 October 2000, Para. 8.

を通って、船でフリータウンに帰還し始めた[55]。

2001年1月以降、さらにギニア・シエラレオネ国境での戦闘は悪化し、リベリアからの攻撃も加わり、ギニア軍は、シエラレオネ内のRUFの要所を空爆し始めた。この結果、シエラレオネ内では多数の民間人犠牲者が生じ、安全を求めてフリータウンや政府軍の地域への民間人の移動が始まった。RUF占領地域内の人道的状況の悪化に伴い、国連機関や国際NGOは、占領地域への活動を広げるため、RUFとの交渉を始めた[56]。

この時点でのシエラレオネ国内の治安状況は悪く、政府のコントロールはフリータウン近郊と北西部と内陸部の一部の町にしか及んでいなかった。UNHCRは難民帰還の支援を開始。船をチャーターし、フリータウン近郊に一時的受入れセンターを設置した。そこから政府がコントロールしている町への帰還が可能になるように、要所要所にトランジット・センターを設置した。またUNHCRは難民の出身地が政府軍のコントロール下にない場合、一時的な居住地として、シエラレオネ北西部に住居の提供を政府と共に始めた[57]。この活動はシエラレオネがまだ内戦状態にある中で行われた。そのため、反政府軍の管轄地を通過するルートを通る場合、国連軍のエスコートが必要だった。

一部の難民は、コナクリを経由せずに、直接出身地に帰ろうとして、RUFの捕虜になってしまった[58]。またRUFの国境を越えた攻撃により、複数のギニア民間人がRUFの捕虜となり、シエラレオネで強制労働・性的奴隷としての生活を強いられた。さらに、この時期、リベリアでの紛争も悪化し始め、RUFの管轄する地域にも、リベリアからの難民が流入し始めていた。彼ら

---

[55] Report of the Secretary-General on the Issue of Refugees and Internally Displaced Persons Pursuant to Resolution 1346 (2001), S/2001/513, 23 May 2001.

[56] Ninth Report on the United Nations Mission in Sierra Leone (UNAMSIL), S/2001/228, 14 March 2001, Para. 85.

[57] Report of the Secretary-General on the Issue of Refugees and Internally Displaced Persons Pursuant to Resolution 1346 (2001), S/2001/513, 23 May 2001, Para. 11-13, 15.

[58] Report of the Secretary-General on the Issue of Refugees and Internally Displaced Persons Pursuant to Resolution 1346 (2001), S/2001/513, 23 May 2001, Para.14; "Guinea: Sierra Leoneans' Perilous Journey Out", UNHCR Briefing Notes, 16 March 2001.

はシエラレオネへ逃げてきたものの、今度は RUF の捕虜になってしまっていた。このような情報を受け、UNHCR は RUF と直接交渉して、帰還民、難民、ギニア民間人の解放を行った[59]。この際の面会の場所への移動、捕虜釈放後の移動は、国連軍の保護の下に行われた。この活動は、RUF が完全に武装解除されるまで続いた[60]。

2001年4月、シエラレオネ北西部と中心部において、政府、UNHCR、国連組織の査定により、帰還のための安全が確保されたことが正式に宣言された。2001年9月には、紛争の発端となった東部のコノとカイラフン地方にも安全宣言がなされた[61]。この宣言に基づき、2002年には約56,000人の難民が直接ギニアより、また42,000人が一時受入れ施設や滞在していた村々から故郷へ帰還した。しかし、故郷も帰還民を受け入れる許容力が弱く、問題は絶えなかった。10年以上の内戦と独立以来30年以上にわたる投資不足により、当時シエラレオネは国連開発計画（UNDP）の人間開発指数（HDI）によると、173カ国中173位で、平均寿命は38.9歳[62]。34万件の家が破壊され、85％の家畜が失われ、80％の病院や保健施設の修理が必要な状態だった。また、70,000人以上の戦闘員（うち10％は子供）が、普通の生活に戻るトレーニングを受けていた。

2002年6月からは、リベリアの内戦のさらなる悪化に伴い、多数のリベリア難民がシエラレオネに流入してきた。シエラレオネ人の帰還民が生活していた一時的な帰還村は、今度はリベリア人の難民キャンプに改造され、さらに新しいキャンプもいくつか設立された。2003年末には、リベリア難民の数は61,000人をのぼった[63]。

シエラレオネ全土の安全は徐々に回復し、2003年3月7日には、シエラレ

---

[59] "Sierra Leone: Evacuation from Rebel-held Area", UNHCR Briefing Notes, 21 June 2001. Tenth Report on the United Nations Mission in Sierra Leone (UNAMSIL), S/2001/627, 25 June 2001, Para. 54.
[60] Eleventh Report on the United Nations Mission in Sierra Leone (UNAMSIL), S/2001/857, 07 September 2001, Para. 51.
[61] National Recovery Strategy, Sierra Leone, 2002-2003、May 2002, p.26.
[62] UNDP, *Human Development Report 2002,* p.152.
[63] UNHCR, *Statistical Year Book 2003*, May 2005, p.308.

オネ政府、ギニア政府、UNHCRの三者間難民帰還協定が結ばれた。また、シエラレオネ難民を保護していたその他の国々（ガーナ、象牙海岸等）とは、難民帰還協定が結ばれた。これにより、難民帰還が始まった。2000年9月から2006年末には合計で、約268,000人がシエラレオネに帰還。このうち約178,000人はUNHCRが直接帰還の支援をした[64]。

　これほど多くの帰還民の数にも関わらず、国内の道路はほとんど整備されていなかった。ましてや、レンタル・バスもない国で多数の人々を移送するということは、UNHCRにとって非常に難しい問題だった。シエラレオネ内で舗装されていた道路は、首都内とボーとケネマを結ぶ100kmほどの道のみであった。6カ月に及ぶ雨季の間、主幹道路の通行は難しく、地方道路の通行は四駆でないと、一部通行不可能になってしまうほどであった。

　ギニアからの帰還民を週に2回500人故郷へ移送し、リベリアからの難民は、国境付近から内陸部のキャンプに移さなければならなかった。さらに、一時的な帰還村で暮らしていた帰還民も、週に2回300人のペースで故郷に移送しなければならなかった。5年以上に及ぶ難民生活のため、帰還民は荷物が多い。1回の帰還には、難民の移送のためのトラックだけではなく、荷物用のトラックが必要な上、最終目的地までの旅は3日間かかった。この様な帰還活動以外にも、帰還民、難民に配る援助物資の運搬もある。例えば、2002年8月12日頃の1週間に必要な5トントラックは212台であったが、UNHCRの所有する四駆のトラックは、わずか37台であった。それも相当古いもので故障が多かった。シエラレオネは内戦が収まってまもなく、信頼できる運送業者もいなかった。シエラレオネで唯一四駆のトラックを所持していたのは、国連軍であり、そのため、UNHCRは、国連軍のトラックを借りて、難民の帰還支援を行った。

　国連軍のトラック部隊は、一人の指揮官の指示の下に任務を遂行する。そのため、たとえ、国連軍から20台トラックを借りられても、10台をリベリア国境の難民の移動に、残りの10台をギニア国境の帰還民の援助へ、とい

64　UNHCR, Statistical Online Database, http://www.unhcr.org/statistics/45c063a82.html.

うように人道援助のニーズに応じて配備することはできなかった。さらに、国連軍の責務に人道援助の支援とはあるものの、彼等の第一の責務は安全の確保である。その責務を全うするための軍の移動や国連軍基地への食料、物資の移動にトラックが使われる。そのため、いくら人道援助のためといっても、簡単に借りられるものではなかった。また UNHCR 側も、反政府軍と戦闘状況にある国連軍のトラックを使うことによって、難民・帰還民の保護、安全にどのような影響が出るのかを、ケースごとに判断しなければならなかった。

5 国連軍における中立性

　国連平和維持活動 (UNPKO) における停戦の維持、治安の維持などに中心的役割を果たすのが国連平和維持軍 (UNPKF) である。通常、武装した兵士が数千人規模で派遣される。そうした活動に関する基本原則の一つに中立性がある。

　この原則が主張されたのは、スエズ紛争に派遣された第一次国連平和維持軍を創設した国連事務総長ハマーショルドの報告書 (A/3943, 1958) の中においてであった。紛争関係国の政治的問題に中立であることや、軍事的にも中立的立場で任務を遂行することなどが指摘されている。

　しかしながら、これは国家間の紛争に派遣された国連軍の場合である。その後のコンゴ紛争やキプロス紛争に派遣された国連軍は、国内紛争に対して、中央政府の要請の下に行われた介入である。そうした条件の下での中立性の維持は極めて微妙な問題であった。中立的と信じて行動しても、それが当事者たちには、どちらかに偏向したものと見なされることが多い。この外観的中立性 (perceived neutrality) は、経験の蓄積から学ばなければならないことの一つである。

　キプロス国連軍活動を指揮したウ・タント事務総長の覚書では、この点を次のように指摘した。

　　「軍の要員は当該国の政治問題に関して、いかなる意見をも公式に表明

してはならない。また、ギリシャ系及びトルコ系住民に対して、自制して、完全な公平性(impartiality)をもって行動しなければならない。」(S/5653, 1964)

国内紛争に介入する国連軍はその主要な任務が治安の維持であることが多い。その結果、反政府側の武装解除がその任務となることが多く、事実上の中立性を維持することは困難である(本書第4章第1節を参照のこと)。そのため、国内紛争での活動に関しては、中立性に代えて、公平性や公正性(fairness)を強調することが多い。

6 UNHCRの中立性

UNHCRは、国連機関の中でも、難民の国際的保護と人道援助を担う機関である。人道援助とは、人道(humanity)、公平(impartiality)、中立(neutrality)の原則に基づき、あくまでもニーズに従って行うものである[65]。また、その活動を行うためのスペース(humanitarian space)が必要である。humanitarian spaceとは、NGOや人道援助を行う機関が、政治的にまたは物理的に干渉されず、人道援助を行ったために標的にされたり、害を受けない中立性を保ちながら、人道援助の原則に基づいて活動できる空間である。

UNHCRは、直接援助を行うだけでなく、非政府団体(NGO)と協力して、難民・帰還民の支援も任務とする。例えば、帰還民のトラック・コンボイには必ず、NGOの医療スタッフが同行する。また、最終目的地に到達するまでの食事・宿の管理も、NGOスタッフが行う。UNHCRの職員には、この様な専門家は、ほとんどいないのである。そのため、シエラレオネで重要なのは、人道援助とそのためのスペース(humanitarian space)の確保であった。NGO団体は、国連機関以上に、紛争地帯での中立の原則に敏感である。そ

---

[65] UN General Assembly Resolution 46/182, Annex, para. 2, 19 December 1991.
Code of Conduct for the International Red Cross and Red Crescent Movement and NGOs in Disaster Relief (1992): 人道援助に関する10原則の合意書。その中では、中立の変わりに独立(Independence)を用いている。2007年の時点で400以上のNGO団体が署名している。

のため、反政府軍との戦闘を続ける国連軍のトラックと行動を共にすることに対して、非常に問題意識を持っていた。シエラレオネの当時の状況下において、国連軍のトラックの使用は中立の原則に反すると判断して、いくつかの NGO は UNHCR と協力することを取りやめたという事実がある。

中立の原則は、人道援助を行う団体にとって、とても重要な原則である反面、最も守るのが難しい。実質的な中立の立場と、中立であると(外部から)みられる外観的中立性(perceived neutrality)の二つで成り立っている。外観的中立性は特に難しく、簡単に失いうるものである。外部からみられる中立とは、数々の小さな活動や行動の積み上げで成り立っている。これを保つには、人道援助団体が、常に自分たちの活動や行動を見返し、外部からどのように受け止められるかを判断することが重要である。例えば、政府軍と反政府軍両方の地域で活動を行うことによって、実質的な中立を保てる。しかし、地元で政府軍・反政府軍支配地域の家族のみ支援していると思われたら、中立性を失ってしまい、どちらか一方を援助しているのと同じことになってしまう。紛争地域における活動は、この様な微妙なバランスをとるのが非常に難しいことである。

シエラレオネにおいては、早くも1997年より、UNHCR を含む国連・NGO 機関による人道援助の中立性を守るための行動規範(Code of Conduct)が作成された[66]。この行動規範が作成されたとき、まだ UNAMSIL は設置されておらず、多数で様々なマンデートを持つ国連の人道援助機関や NGO が、共通の行動規範を守って活動することにより、シエラレオネ政府・政府軍・反政府軍・ECOMOG 等に、人道援助の原則を理解してもらうためであった。

この人道援助団体の行動規範には、「武装した護衛の例外的利用」という条項が含まれている[67]。この条項は人命を救うため四つの条件が整ったときのみ、武装した護衛の利用を認めている。

---

[66] "Code of Conduct for Humanitarian Agencies in Sierra Leone", Revised 21 November 1998, UNOCHA, Humanitarian Briefing Pack, March 2003, pp.8-12.

[67] "Code of Conduct for Humanitarian Agencies in Sierra Leone", Revised 21 November 1998, UNOCHA, Humanitarian Briefing Pack, March 2003, p.10.

1) 人道的ニーズの規模が武装した護衛の利用を正当化できるとき。
2) 最後の手段としての利用。
3) 武装した護衛が攻撃を受けたときに対処できる規模であること。対処できない規模の護衛は断ること。
4) 護衛はよく訓練されていて、人道援助をサポートするというミッションをよく理解していること。

　1999年10月に設立されたUNAMSILは、人道援助の配布の促進をマンデートに含んでいた。大多数の人道援助機関は、数年にわたる人道原則をベースにした活動が様々な戦闘集団から理解されず、本当の意味での支援活動をするには、まず国の安全確保が第一だという見解になっていた[68]。それと同時に、国連憲章第7章の下で設立されたUNAMSILに対する不信感から、上記の行動規範は、かたくなに守られた。そのため、2000年5月にUNAMSILとRUFの関係が崩れ、戦闘が起こったとき、人道援助機関は、特に中立の原則に関する大規模なダメージを受けなかった[69]。

　しかし、2001年以降平和プロセスが軌道に乗ると、シエラレオネの人道援助機関の中で、上記の武装した護衛の例外的利用の条項が、UNAMSILの軍事装備にも当てはまるか議論が起こった。また、「人命を救うため」の解釈にも、様々な人道機関の間で差が出てきた[70]。UNHCRは、自分のマンデートの執行のために、以下のUNHCR内の原則に従って、UNAMSILの軍事装備を2001年3月以降、徐々に使うようになった。

7　UNHCRと国連軍との「共存」へのチャレンジ

　紛争地域では、同じ国連の下で働く機関とはいえ、場合によっては、武力行使も必要任務となる国連軍と、純粋に人道援助を行うUNHCRとは、責務が相容れないケースが非常に多い。もしも、UNHCRが国連という枠組みの下で、

---

[68] Toby Porter, "The Interaction between Political and Humanitarian Action in Sierra Leone, 1995-2002", *Centre for Humanitarian Dialogue*, March 2003, p. 32.
[69] *Ibid.*, p.52.
[70] *Ibid.*, pp.52-55.

国連軍と同一視されていた場合に、国連軍が武力行使に踏み切ったとき、人道援助活動にどの様な影響が出るかという議論がある。UNHCR内でも、旧ユーゴスラビアの紛争後、それを踏まえ、国連軍とどのような関係を持つべきかという議論が盛んになった。この場合の影響は以下のようにまとめられる[71]。

国連軍による人道援助活動の支援(例えば人道支援物資の武装エスコート)を行うことによって、国連軍が自衛のために武力行使をせざるを得ない状況になりうる。その結果、人道援助が公平と中立の原則から離れてしまう。

非武装のUNHCRやNGOスタッフの安全の根拠は、地元の人々に、その活動がいかにみられているかに関わっている。国連軍と一緒に活動した場合、国連軍が地元の人々に喜ばれている間はいいが、不満がたまり始めた場合、標的になりやすいのは非武装のUNHCRやNGOスタッフである。そのため、国連軍との関係によって、難民とUNHCR職員の安全が脅かされる可能性が出てくる。

国連軍は、国連総会若しくは安全保障理事会によって責務が決まる。しかし、構成は各国の軍が集まって形成されるものであり、それぞれの軍の指令系統は温存したままで、共通責務の遂行を行う。そのため、関係国も派遣状況も紛争のたびに異なり、様々な国益が反映されることがある。その点、UNHCRの設立は国連総会によって行われたが、どの国でどのような援助をするのかについては、UNHCRが人道援助の原則に基づき、ニーズをみながら決める。そのため、国際政治に干渉されることは、国連軍に比べるとはるかに低いといえる。しかし、国連軍と合同で活動を行うことになると、参加国の政治的な問題に引きずりこまれる可能性が出てくる。

これらの議論をベースに、UNHCRは、1995年と2003年に3冊のガイドラインを出版した[72]。その後、機関間常設委員会(IASC—Inter-Agency Standing Committee)により、2003年に複合緊急事態における国連人道活動による軍事

71　UNHCR, *Training Module, Working with the Military* (1995), pp.21-22, UNHCR, *A UNHCR Handbook for the Military on Humanitarian Operations* (1995), pp.14-15, p.30.

72　UNHCR, *Training Module, op.cit.*, UNHCR, *A UNHCR Handbook, op.cit.*, UNHCR, *Working with the Military: A Field Guide for UNHCR Staff* (2006).

民防資源の使用ガイドライン[73]、また、2004年には複合緊急事態における民軍の関係[74]が承認され、人道援助活動における国連軍との関係が構築された。UNHCRは、国連機関の一部として、基本的には国連軍との協力関係を支持している。これは、上記の危険性を考慮した上で、ボスニアでもっとUNHCRと国連軍（UNPROFOR）との協力関係があれば、人道援助がさらに効果的に行われただろうという評価に基づく[75]。しかし、その協力関係がどれぐらいのレベルで行われるかは、状況に応じて決定される。

　これらのガイドラインに基づいて、UNHCRが国連軍と合同活動を行うには、いくつかの前提条件を必要とした。第一に、法と秩序が乱れ、人道援助が不安定な環境で行われており、国連軍が安保理によって、援助活動のための安全確保を責務として与えられた場合の最後の手段として利用すること。これには、UNHCRの職務を果たすための軍事資源の有効利用も含まれる。第二に、国連軍の与えうる安全によって、UNHCRが保護しようとしている人たちの権利が守られる、若しくは、UNHCRの活動のための移動の自由、人道援助支援の自由が確保できる場合。さらにこれらの条件を満たした後も、どの程度の合同活動を行うかは、1）国連軍の責務、2）国連軍がどこまで武力行使してよいのか、3）人道援助の規模と重要性を考えて決めなくてはならない。例えば、国連軍が地元の人々に問題を引き起こす原因の一部と見られている場合は、最小限の関係を維持する[76]。

　UNHCRは国連軍とは必要に応じて、いくつかの活動を共にしている。これらの活動は、シエラレオネが統合ミッションであった場合、当然議論もされず、合同で行われる活動である。以下では、2000年9月から内戦が終了した2002年1月までのUNHCRの活動をみてみる。

---

[73] IASC, *Guidelines on the Use of Military and Civil Defence Assets to Support United Nations Humanitarian Activities in Complex Emergencies*, March 2003.
[74] IASC, *Civil-Military Relationship in Complex Emergencies: An IASC Reference Paper*, June 2004.
[75] UNHCR, *Working in a War Zone: A Review of UNHCR's Operations in Former Yugoslavia*, April 1994, Para. 248-252.
[76] UNHCR, *Working with the Military: A Field Guide for UNHCR Staff* (2006), p.17.

(1) 国連軍の武装エスコートの使用：反政府軍との連絡と帰還民、民間人、リベリア難民捕虜の釈放

　この活動は、安全確保と治安維持を優先させていた国連軍にとっては、優先順位の低い活動であったが、人道援助の視点からみると、最優先の活動であった。2001年半ばまで、UNHCRはシエラレオネ各地の治安の悪さのため、事務所を設けることができなかった。そのため、UNHCRは反政府軍とは、首都レベルもしくは日帰りで彼等の占領地域に行くことによって、接触をする以外の方法はなかった。そのため、初期には、UNHCRはUNAMSILの連絡チャネルを使い、RUF軍との交渉のアポイントを取った。これは、捕虜釈放というUNHCRの責務を全うするための唯一の手段であったため、このチャネルを使うことが決定された。占領地域での治安が安定し、事務所が設立されると、直接アポイントが取れるようになり、UNAMSILを通じてのアポイントはなくなった。

　実質的な捕虜釈放の交渉はUNHCRが行ったものの、ミーティングの場所に行くときは国連軍の武装エスコートが必要だった。RUF内の指揮系統とRUFの各派閥内の連絡手段はないに等しく、仮に特定の指揮官とのアポイントをとっても、その指揮官の占領している地域に到達するには、他の指揮官の地域を通過しなくてはならなかった。そのため、UNHCRはUNAMSILと交渉し、このような機会を設けざるを得なかった。このような状況下で、UNHCRは反政府軍に、UNHCRの責務と国連軍の責務の違い、また反政府軍であっても、軍である以上民間人に対して、守らなくてはいけないジュネーブ条約の規定があることの説明などを行って交渉をした。また、ジュネーブ条約の履行が責務である国際赤十字とも頻繁に連絡を取り合い、捕虜の釈放を行った。

　複数の捕虜が解放されたときは、UNHCRのトラックに国連軍のエスコートを付けて政府軍管轄地へと移動した。捕虜釈放のように話題になる活動に、UNAMSILは国連軍のトラックを提供したがった。しかし、この際、対外的にあくまでも捕虜釈放はUNHCRの管轄だということを示すために、UNHCRのトラックを使用した。これは、RUFや一般市民に対して、UNHCR

は国連軍に移動の自由を確保してもらうことがあっても、別組織であり、異なる責務を持っているということを説明した上で、さらにそのことをアピールするためであり、外観的中立性 (perceived neutrality) を考慮に入れた末、決定されたことであった。

しかし、このような UNHCR の責務を全うする活動を行うことによって、UNHCR と協力関係のある NGO の何団体かは、協力関係を打ち切った。NGO の側からみると、たとえ捕虜釈放というポジティブで、かつ UNHCR のマンデートに関わる活動でも、国連軍と協力して活動することは、長期的に人道援助活動のスペースを侵食させるおそれがあると考えられた。また、国連軍が人道援助活動に干渉するのではないかという不安もあったからである。このように、同じ人道援助団体の行動規範を守っていても、状況の判断の仕方で、活動に違いが出てくる。

(2) 国連軍の軍事資源の有効利用：帰還民の帰郷の交通手段の提供

すでに述べたように、UNHCR のトラックの台数は非常に少なく、リベリア難民の流入により、さらに対応が難しくなった。そのため、UNHCR は、武器のあからさまな装着の禁止、移動中は攻撃されない限り、UNHCR のスタッフの指示の下に行動するという条件で、国連軍のトラックで帰還活動支援をした。このために、UNHCR のパートナーとして、医療支援を提供してくれていた当初の NGO は、UNHCR とのパートナーシップを解除することになった。代わりの NGO を探すのに数カ月間かかり、ようやく国連軍のトラックによる帰還活動に協力してくれる NGO を見つけることができた。この二つの NGO の活動地域をみてみると、パートナーシップを解除した NGO は、反政府軍が活動する地域でも医療提供をしていた。逆に、新たに参加することになった NGO は首都ベースで、内陸部での活動はほとんどなかった。この例からもみられるように、中立の原則は、同じ国の同じ状況下においても違う結果になる。

UNHCR にとって、交通手段を確保し、帰郷の手助けをすることは優先的活動であり、また、政府軍も反政府軍も、基本的には民間人の帰郷に反対し

ていなかったこともあり、この決断をするに当たってのリスク・ファクターは低かった。また、帰郷先のルートによって、国連軍のトラックを使うか、UNHCR 所有のトラックを使うかを決めて、さらなるリスクの低下を図った。ただし、この活動においても、前例のように、UNAMSIL にとっての優先順位は低く、UNAMSIL の都合によって、トラック・コンボイが中止になることもあった。これは、UNHCR 支援の帰還民やシエラレオネ政府に対する信頼性に大きな影響を及ぼした。帰還民との信頼を築く土台は、守れない約束をしないことである。当たり前のような原則だが、自分たちのコントロールが及ばない、国連軍のトラックを当てにすることは、常にこのリスクがついて回る。そのため、UNHCR もできる限り、国連軍のトラックに頼らないように、コンボイ・スケジュールの調整を行った。

(3) 国連軍の軍事資源の有効利用：国内移動の軍事ヘリの使用

シエラレオネ国内にはほとんどまともな道路がない。アスファルトの道路は首都と第二の都市近辺のみ、ほかは国道であっても泥道である。そのため、雨期になると、車での移動は通常の2倍から3倍の時間がかかる。また、道路状況が悪いため、車の傷みも早い。UNAMSIL は、各地に設置した軍事ベースを結ぶためにヘリポートを各地に設け、安保理決議1270の人道援助の配布と国連職員の安全と移動の自由の確保のため、人道援助団体に利用許可を出していた。これは、国連軍が必要としていないときの輸送ヘリコプターの空きスペースと空き時間の利用であり、常に国連軍が優先である。しかし、UNHCR のスタッフの事務所間の移動のためには欠かせないもので、不都合があってもよく利用した。利用の優先順位は厳格に決まっており、UNHCR 職員は国連職員として、国連軍、国連本部職員についでの優先順位であった。そのため、当日ヘリポートについてからも、国連軍職員が移動しなければならない場合には、搭乗できないこともあった。

しかし、軍事輸送ヘリによる移動についても議論がある。シエラレオネでは、事故による墜落はあったものの、国連軍のヘリに対する致命的な攻撃はなかった。国連軍が攻撃に遭うような状況にあれば、撃墜される危険もある。

また、外観的中立性の点からみると、人道援助を行っているスタッフが、軍事輸送ヘリで移動することが好い印象を与えるとは思えない。NGO によっては、一切 UNAMSIL のヘリコプターを移動に使わない団体もあった[77]。その反面、シエラレオネの道路事情は周知の事実であり、ヘリで飛ぶのは逆に一番効率的である。ほとんどの関係者が使うことにより、国連軍の輸送ヘリはバスのようなものであり、人道援助の中立性に影響しないという考えもあった。最終的には2団体を除いて、人道援助に関わるすべての団体が利用していた。

8 結論

シエラレオネのケースをみると、様々な点で、国連軍と UNHCR を含む人道援助団体の協力関係が成り立つ要素があった。シエラレオネの紛争は、民族的要素があったものの、根本は利権を巡る争いであった。敵・味方の違いは、人単位で部族・民族単位ではなかった。そのため、民間人を支援する人道援助活動は、どちらの側にも受け入れられ、援助活動が直接の標的となることはあまりなかった。また、政治的解決が着々と進み、その結果をUNAMSIL が実行するという理想的な派遣であったため、政府軍、反政府軍共に、UNAMSIL の責務を受け入れていた。そのため、戦闘活動はあったものの、UNAMSIL が紛争の一要素になることは免れた。これに対し、シエラレオネの発展度合、インフラの未整備が、人道援助を行うに当たって、最大の課題となった。

シエラレオネでは、人道援助活動と国連軍が協力し合って、共通の目的である国内秩序の安定と民間人の保護という責務を果たすことができた。しかし、この例から、国連の人道援助活動と国連軍が、常に共に行動できるという結論を出すわけにはいかない。シエラレオネにおいては、国連軍と UNHCRを含む人道援助機関が協力しうる条件が整っていた。しかし、この条件は始めからあったものではなく、UNHCR 等は、常に自分たちの活動をその場そ

77　Toby Porter, *op.cit.*, 1995, p.54.

の場の状況に照らし合わせ、人道援助の原則を守れるかを判断していく必要があった。国連軍は、国連憲章第7章の下に設立され、状況が悪化すれば、戦闘するために派遣され、シエラレオネの内戦の一勢力になってしまう可能性を持っていた。政治的解決の失敗、RUFを支持していたリベリアでの紛争、英国軍の関与、国連軍の戦略、これらの一つにでも遅れや過ちがあった場合、国連軍の責務はより武力的になり得たのである。

隣国リベリアの紛争に対する国連軍 (UNMIL) の派遣は、国連内の情報の流れや協力を良くするための統合ミッションとして行われた。国連の一部として、UNHCRはこのコンセプトを支持しているが、もしも、シエラレオネが統合ミッションであった場合、上記のような状況で、人道援助の原則に基づいた活動を行うことは非常に難しかったであろう。統合ミッションにおいては、安全確保と治安維持が最優先課題になる。しかし、その間も人道援助は続けなくてはならない。シエラレオネの経験でも、活動の優先順位の違いによって、人道援助が振り回されることが幾度となくあった。国連軍と人道援助が互いの活動を補完し合えるようになったのは、政治的解決に基づき、平和と安全が確保された後、従来の平和維持活動における治安維持が国連軍の主な責務となってからである。国連軍が武力行使しうる状況では、責務が相対立し、人道援助の中立性を保つことは非常に困難であった。

本論ではあまり触れなかったが、戦闘地域における国連軍による戦略の一部としての民間への支援活動 (hearts and minds operations) が非常に増えている。そのため、本来の人道援助と、軍による戦略的活動の境界線が非常に曖昧になってきている。こういった状況に対応し、人道援助の原則を守る様々な機能の柔軟性や多様性を確保する上でも、国連の人道援助活動は、国連軍とは統合されない方がよいというのが、ここでの結論である。

第3節　集団的介入の法理

　国連や地域的国際機構による国際紛争や国内紛争への介入を集団的介入と

いう。これは国家若しくは国家群が独自の判断で行う個別的干渉と区別して使われる。そのうち、人道的な理由に基づくものを人道的介入と称する。介入には、被介入国家の同意に基づく介入と同意に基づかない強制的介入がある。また個別的干渉と国際機構を通じての集団的介入では、国際法上の根拠がまったく異なるため、明確に分けて議論する必要がある。

主権国家はその対外関係において独立性を基本とし、国家の意思に反した他国による強制的干渉は違法とされる。それを内政不干渉の原則という。対象国の同意がある場合の措置は、いかなるものであっても基本的には問題とはならない。国家が単独であれ、複数であれ、国際機構による授権なしの干渉は、国際慣習法上の内政不干渉の原則に反する行動と見なされ、武力的干渉は国際慣習法上の武力不行使の原則にも反する行動と見なされる。

国際機構が国家の内政に介入することを禁ずる規定は、国際連盟の創設時に設けられた（規約第15条8項）。それを受け継いだ国連憲章第2条7項は、第7章の強制措置を除いて、国連が加盟国の国内管轄事項への干渉を禁じている。一般には、勧告措置の一部がこの規定に反すると解釈されてきたが[78]、この解釈は誤りである。この規定が設けられた一つの理由は国際連盟設立時になされた議論で、初めて設立される政治的国際機構の超国家的権限に対する諸国家の憂慮を減ずるためであった[79]。実質的な理由は、この規定が原案では第6章の中にあったことから分かるように、第6章の義務的付託手続に関するものである。従来からある平和的方法では解決できず、そのままでは武力紛争に至る虞のある事態、または紛争については、国連加盟国は安全保障理事会に付託することが義務付けられている（第37条）。

原則的には、問題が国内管轄事項と判断される場合には、加盟国は第2条7項の下に、付託を拒否することができる。しかし、これまでの慣行では、この判断権は安保理の方にあるとされてきており、アパルトヘイト問題をは

---

[78] L.M. Goodrich, E.Hambro, and A.P.Simons, *Charter of the United Nations*, 3rd and Revised Edition, New York: Columbia University Press, 1969, p.113. 田畑茂二郎『国際法新講（上）』東信堂、1990年、130頁。杉原高嶺『国際法学講義』有斐閣、2008年、182頁。

[79] この規定を詳細に分析した専門家は、この規定を「心理的安全弁」と指摘する。金東勲『人権・自決権と国際法』新有堂、1979年、98頁。

じめとする人権抑圧のような国内問題については、国連の方で取り上げるべき問題と判断すれば、それは「国際関心事項」[80]となって、第2条7項の対象から外されてきている。

したがって、この規定の重要性はあまりないといっても、言い過ぎではない。国連は憲章の手続を合法的に通過すれば、何でもできるからである。その証拠の一つは、1970年の「友好関係原則宣言（国連憲章第2条を解釈し直した決議）」という総会決議である。この中の第2条7項に関する部分では、国家間の不干渉原則については詳しく述べられているものの、国連による不干渉規定には1行も触れられていない。

国家若しくは国家群による他国の内政への武力干渉は、国際慣習法として確立された内政不干渉原則と武力不行使原則によって、原則的に禁止されている。しかし、例外的にその違法性が阻却される場合（正当化事由または違法性阻却事由）があり、それらの中に自衛行動や人道的干渉が含まれている。しかしながら、人道的干渉に関しては近年、国家が独自に他国に人道的理由で干渉することへの疑念が強まり、国際機構の手続を通して、集団的措置として介入が行われることが多くなっている。

国家間の干渉は国際慣習法上の規定によって禁止されているが、国際機構による干渉は、その設立条約上の規定により拘束されるだけである。国連の場合には、以下のような強制措置発動の際に問題となる。一つは第39条の「平和に対する脅威」概念の範囲に関するもの、もう一つは、1992年のイラクへの介入や1999年のNATO軍によるコソヴォ空爆のように手続上の瑕疵が問われる場合である。

国連による人道的介入には、以下のような形態がある。

(1) 被介入国の同意の下での介入

被介入国の同意があるので違法性はない。同意を得ることと介入のタイミングが問題となる。また、被介入国の同意がありながら、治安維持のための

---

[80] 本来、国内管轄事項である問題（例えば、アパルトヘルト問題や人権問題）が、国際連合などで繰り返し取り上げられるうちに、「国際関心事項」になる。

武力の行使が強制措置と同一視されることも問題である。例えば、1999年の東チモールへの介入では、国連は支配国インドネシアの同意を得ることに時間を要し、介入のタイミングが遅れたことによって、暴動が拡大した。その結果、国連軍の武力介入の範囲が拡大されたために、本来、国家意思への強制（武力行使の有無とは関係なく、政府当局の同意を得ない関与）を意味する「強制措置」と混同された。

(2) 被介入国の不同意の下での介入

　国連の場合には、原則として第7章の強制措置となり、不干渉規定（第2条7項）の対象にはならない。

　しかし、国内的混乱状態が第39条の「平和に対する脅威」と見なされうるかという憲章解釈上の問題がある（1992年のイラクのクルド人の保護活動）。

(3) 被介入国の意思不明の状態での介入

　これは破綻国家の場合である。実効的国家権力機構が存在しないので、国家意思の確認ができないため、同意措置とも強制措置ともいえない措置である。人道上の緊急措置というべきか（1992年－1995年、ソマリアへの介入）。この問題については、後に詳述する。

　いずれの場合も、人道上の必要性と共に、国際紛争を早期に予防するという意味からも、国内紛争への集団的介入の必要性は、一般に承認されてきている。

　ソマリア問題では、安全保障理事会決議794がソマリア国内の事態が引き起こした人的悲劇の規模が、人道援助物資の輸送障害により一層悪化して、国際の平和及び安全に対する脅威を構成することを決定した。その直接的根拠となった事実は、政府組織が消滅し、多数の武装集団による大規模な武力抗争によって、数百万人の難民が発生し、多くが餓死しているという国内的混乱であり、イラクの場合と比べて、より国内的問題であった。そのため、そうした問題が果たして「国際の平和と安全に対する脅威」と見なしうるかが一部で問われた。

しかし、憲章上には「平和」に関する定義は与えられていない。したがって、その解釈は安全保障理事会の裁量権の問題とされるのである。今日の国連体制の中では、アパルトヘイト問題を持ち出すまでもなく、様々な国際的実行や文書を辿れば、大規模で重大な人道上の問題は、もはや国際社会全体の関心事項と確認されていると見なすことができる[81]。こうした多くの実行を通じて、国際社会が人権尊重を普遍的義務と認識したことによって、「平和に対する脅威」の概念が、広く変革されたといえるのである。

　安全保障理事会による軍事的干渉（強制措置）の容認については、決議794第10項で、国連憲章第7章に基づいて行動し、事務総長及び一部の加盟国に対して、ソマリアにおける人道的救助活動のための安全な環境を可能な限り速やかに確立するために、「必要なすべての手段をとる権限を与える」ことを謳い、加盟国によるこうした行動が国連の統括の下の行われることを確保するための措置を明示した。この授権の表現は湾岸戦争における武力行使容認決議678で用いられたものであった。この決議678をめぐっては、加盟国に必要なすべての手段をとることを授権することによって、それはもはや国連の行動ではなくなるのではないかという点が議論された。これを教訓として、決議794においては、以下のような手続きが設けられた。

(1)事務総長と関係加盟国との間に軍隊の統合指揮と統括のために必要な取り決めを作成する（第12項）。
(2)事務総長と軍隊提供国との間に国連と軍の調整のための適当な組織を設置する（第13項）。
(3)本決議の実施状況について、安保理に報告するための臨時委員会を指名する（第14項）。
(4) UNOSOM連絡将校を統合司令部の現地本部に駐在させる（第15項）。
(5)平和維持活動への迅速な転換に必要な決定を安全保障理事会が行なうために、事務総長と関係国は当該決議の実施と安全環境達成の現況に関して定期報告をする（第18項）。

---

[81]　松田竹男「ソマリア武力行使決議の検討」『名古屋大学法政論集』第149号、1993年、369頁。

こうした規定を実施するために、国連はニューヨークの本部に事務総長に率いられたソマリア政策部会を設けて、ときにはアメリカ政府代表も加えて政策上の検討をし、平和維持活動担当のアナン事務次長に率いられた軍事作戦特別部会では、軍事専門家による作戦上の検討が毎日加えられた。また、国連は国連部隊の中心であるアメリカ軍をコントロールするために、ワシントンにおいて、アメリカ政府との交渉も継続した。現地のモガディシオでは事務総長のソマリア特別代表と UNOSOM II の代表を兼任するキッタニ (Ismat Kittani) 大使、並びに UNOSOM II 司令官シャヒーン (Imtiaz Shaheen) 准将は、UNITAF 司令官ジョンストン (Robert Johnston) 将軍やアメリカ政府のオークリー (Robert Oakley) 特別使節らと頻繁に情報を交換していたといわれる[82]。

しかしながら、事務総長やアメリカから安全保障理事会に提出された報告書を分析して、UNOSOM II に対する国連のコントロールは不十分なものとする見解や[83]、実際上の指揮権はアメリカにあり、20カ国の多国籍軍とはいえ、事実上はアメリカによる「希望回復作戦 (the Operation Restore Hope)」であったという見解もある[84]。

国連の軍事的強制措置を行う実戦部隊の問題に関しては、朝鮮戦争 (1950年)、コンゴ紛争 (1960年)、レバノン紛争 (1968年)、湾岸戦争 (1991年) などの経験から様々な重要な教訓が得られているが、軍の構成や指揮権の問題については、議論が十分なされてきたようには思われない。その多くは国連軍は国連による完全な統括の下に展開することが望ましいとする形式的議論で終わっている。通常の平和維持活動のための部隊については国連の指揮・統制でその機能は十分に果たせるはずである。武力行使をその任務としないからである。

一方、武力行使を本務とする国際的性格を持つ軍隊については、その実効

---

[82] S/24992, The Situation in Somalia: Report of the Secretary-General submitted in pursuance of paragraphs 18 & 19 of Security Council Resolution 794, 1992, paras.11 and 12. United Nations, *The Blue Helmets—A Review of United Nations Peace-keeping*, 3rd edition, Untited Nations, New York, 1996, p.295.

[83] 松田竹男、前掲論文、372頁。

[84] 松本祥志「『ソマリア多国籍軍』と国連ソマリア活動」『札幌学院法学』第10巻第2号 (1994年)、198-199頁。

性が重要である。UNOSOM II の失敗の原因の一つが、アメリカ軍をはじめとして、パキスタン軍やイタリア軍などの勝手な行動にあったといわれるが、このような単なる一時的な寄せ集めの軍隊では、さらに一層本格的な軍事行動は全く不可能であることがこれまでの多くの事例で証明されている。同盟関係にある国家間で定期的に合同演習が実施されるのは実戦展開の際に必要な連携や精神的連帯感を作り出すためである[85]。

　国連が前もって訓練ができる常備軍を持たない限りは、軍の指揮・統括を国連軍の中心となる特定国家に委ねて、その国の部隊を中心に作戦を展開することが最も実効的であり、その実戦的任務の遂行が可能になる。その点で、朝鮮国連軍、湾岸戦争の多国籍軍、ソマリアの UNITAF が、一定の効果をあげたと評価されるのはアメリカ軍を中心とした展開であった結果といえる。

　破綻国家の場合、武装集団の多くは、元の国軍の兵士たちである。軍隊として実戦訓練を受けており、武器も本格的な軍用装備である。こうした集団を武装解除するには、十分な規模の兵士と装備を準備しなければならないが、ソマリア作戦では、中途半端な規模での作戦の繰り返しであったことが失敗の大きな要因である。

　国連と国連軍との関係は、国軍に対する文民統制と同様に、設置目的、活動範囲、規模、活動期間、任務の達成状況、撤退時期等に関して、国連による政治的コントロールができていれば、十分である。軍の指揮・統括に関しては委任国に委ねるが、特定の国家利益のために利用される危険を防止するためには、国連側は政治的指令を軍事的指令に転換する機関に経験豊富な専門要員を置いて調整・管理できるようにし、また、軍及び委任国から詳細な状況報告の定期的提出を義務付ける必要もある。現地には、国連軍事監視要員が部隊と共に行動し、逸脱行動の監視も必要となる。

　UNOSOM II の法的根拠に関しては、安全保障理事会決議814によって、ソマリア全域での強制的武装解除にその任務が拡大され、決議837では「必要なすべての措置」をとる権限が、事務総長と関係加盟国に授権されているこ

---

[85]　有事における有効性に関する疑問は次の論文で提示された。Mark Clark, "The Trouble with Collective Security", *Orbis*, vol.39,no.2 (Spring, 1995), p.242.

とが確認された。UNOSOM I は通常の平和維持活動の組織として設置され、それが拡大された形で UNOSOM II は形成されたので、強力な軍事力を伴った平和維持軍である。これはガリ事務総長が「平和への課題」の中で提案した「平和強制部隊 (peace enforcement units)」の一種であるが、法的位置付けとしては、事務総長の説明の通り、憲章第7章の(軍事的)防止措置(第40条)である。この平和執行機能を強制措置の一種としたり、PKOと強制措置の中間に位置付けたりする説があるが、これは誤りである。集団的措置としての強制性は国家意思への強制を意味しており、軍事力の大小や武力行使の強弱とは関係ない。非軍事的強制措置の存在を考えれば、このことは容易に理解できる。

1960年に安全保障理事会が始めて PKF（平和維持軍）を派遣したコンゴ動乱の事例では、2万を越える部隊がコンゴに展開して、大規模な軍事作戦（対カタンガ州作戦）を実施している。中央政府の要請の下に国内秩序の維持（反乱軍に鎮圧など）という目的のために、国連は軍事力を行使したのであるから、防止措置の一種といえるのである。ソマリアの場合の問題は、中央政府が存在しない破綻国家であることである。国連の活動が防止（勧告）措置であるか、強制措置であるかを分ける基点は、国家の同意の有無である。その国家意思が不在である状態での国連の介入は、まさに想定外であった。

ソマリアには国家意思は存在しなかった。存在しない国家意思への強制は不可能である。こうした破綻国家への介入の法的基礎は、「国際共同体の総意」にあると考えるべきである。

当事国の意思は、平和構築により国内が安定した後に、国民議会が招集されたときに、事後的に表明されるであろう。この点は法理論的にはまだ十分議論されていない部分であるが、こうした状況こそが、国連という普遍主義を発現する牙城として、むしろ存在理由を示す好機とみなされなければならない。国家不在の状況では国民も不在となる。そこでは国民として地位はなくなっても、人間としては存在するのである。これまでの「国家間社会」では、こうした状況は周辺国家の餌食となるしかなかったであろう。しかし、「国際共同体」にあっては、「人間の安全保障」措置が発動されるのである。国際

共同体の総意は国連で創出される。その総意の下に必要な措置が発動され、国連の介入によって平和構築されて、国家として再建された後に、国民議会が召集されるのを待って、国連の行動についての事後的同意を獲得することで、国連の活動は正当性を維持できるのである。

　破綻国家を発生させないためには、予防機能の活用が重要である。安全保障理事会は、平和維持のための調査権を持つ。この権限の予防的活用が重視される必要がある。事務総長には独自の調査機能が付与されている。事務総長の職権による発動は、極めて即応性が高く、政治性は低い。迅速に展開させることができることは、予防機能としては重要な要件である。

　総会は毎年、定期的に招集される。24時間以内に招集できる緊急特別会期の手続もある。その調査権機能をはじめ、多様の勧告機能が準備されている。こうした面からも、国連総会の平和維持機能が再評価される必要がある（第6章第2節を参照のこと）。地球上のほぼすべての人類から構成される192の全加盟国からなる国連総会こそが、本来の国際共同体の総意を形成し、確認する場である。1994年に創設された国際海底機構においては、総会を最高意思決定機関と位置付けた。国内政治体制では、これは国会や国民議会に相当するものと考えられる。

　国連は創設から60年余りを経て、加盟国数は当初の4倍に達している。安全保障理事会の権限が依然として重視され続ける現在、わずか15カ国では、国際共同体の総意が到底反映されることは不可能である。早急に国連改革が必要である理由はまさにここにある。

第4節　国連憲章と防止措置

　国連憲章の下で行われる防止措置には、いろいろなものがある。ここでは、以下のように四つに分けて説明する。

1　調査機能と防止措置

国連憲章は第6章第34条に、安全保障理事会の調査権を規定している。この権限に関しては、本書第2章の「ギリシャ問題と国連」の箇所で具体的に論じた。同時期のカシミール問題でも、事実調査権を発動している。国際連盟発足の当初から今日まで、国際機構に託された第一の機能は紛争に関する事実調査である。これには、いくつかの役割がある。
　一つは、紛争の平和的解決方法としての役割である。ハーグ国際紛争平和的処理条約では、「審査 inquiry」という用語が用いられているが、「調査 investigation」と同義である。事実関係だけが問題となる紛争に関しては、第三者による事実調査が実施されて、客観的な事実が明らかにされることで、その紛争は速やかに解決される。
　しばしば、この解決手段は利用される事例が少ないと指摘されるが、国際機構が設立されたことにより、多くの紛争が国際機構の手によって、事実調査が頻繁に実施されてきていることがその理由である。常設の機関によって、迅速に調査団が派遣されることで、多くの紛争は拡大することなく、沈静化され、解決されてきた。
　二つ目は、武力紛争の予防機能である。極端にいえば、紛争はいくらあってもよい。それらが必ず平和的に解決されることが約束されていれば、である。第34条は「国際的摩擦に導き又は紛争を発生させる虞のあるいかなる事態についても」、調査することができる。調査機関が現地に派遣されることは、大きな予防機能が発揮されることになるであろう。
　三つ目は、防止措置としての役割である。ある程度、紛争化していても、第三者の介入が、その拡大を防止する大きな効果を持つことは、多くの事例が証明している。過去の事例では、軍事要員が多くの紛争で、調査機能の実行によって、重要な役割を果たしてきているが、その評価はまだ低い。本書では、第1章と第2章で、その重要性を指摘した。少人数であっても、その任務は多岐にわたっており、資質の高い軍事専門家が関わることによって、極めて重要な紛争防止の機能を発揮することができる。
　四つ目は、国連憲章上の手続に必要な条件の調査と検証である。事態や紛争をそのままにしておけば、武力紛争に発展するかどうかを見極めるという

役割である。この条件が確認され、第33条に掲げる解決手段でも解決できない場合には、その事態や紛争の当事者は、それを安全保障理事会に付託する義務が発生する（第37条）。この手続こそが、長年、国際社会が希求してきたものである。この二つの要件が満たされた場合には、関係国は義務的に安全保障理事会にその問題を付託しなければならない。したがって、紛争関係国は事前の同意なしに、一方的に付託することが可能になる。この手続は安全保障理事会の処理も義務的に規定する。解決方法または解決条件（解決案）を必ず提示しなければならない。

しかし、ここにこの手続の限界がある。この方法または条件の提示は勧告で行われる。すなわち、全当事者が受諾しなければ、解決には至らないわけである。1928年の「一般議定書」のように、さらに強制的解決（法的解決）を義務付ければ、理想的であったはずである。しかし、この一般議定書が事実上、死文化したことを考えれば、この時点では、ここまでが限界であった。この義務を軽減するために、第2条7項は、連盟規約第15条8項の場合と同様に挿入されることになったのである。原案（ダンバートン・オークス提案）では、第8章第A節4項の付託義務を緩和させるべく、同7項に置かれた規定は、サンフランシスコ会議では、あたかも憲章全体を緩和させる規定かのように、わざわざ憲章の冒頭に移動させられたのである。これが、後年、多くの専門家を悩ませ続け、「勧告」にも「干渉」となるものがあるなどという、信じがたい通説を流行らせたりしたのである。

2　暫定措置と防止措置

国連憲章の第40条は、「事態の悪化を防止するため、……安全保障理事会は……暫定措置に従うように関係当事者に要請することができる」ことを規定する。ここでいう「暫定措置」とは、関係当事者に武力行使の停止や占領地からの撤退を指示すること（仮保全措置）である。この指示に従うように、安全保障理事会が関係当事者に勧告することを防止措置という。さらに安全保障理事会は、「関係当事者がこの暫定措置に従わなかったときには、そのことに妥当な考慮を払わなければならない」ために、武力行使の停止や兵力

撤退が実施されるのに必要な二次的措置を提案する。その多くは軍事監視要員や兵員の派遣などの軍事的措置である。これもまた、重要な防止措置である。

後者は一般に、「平和維持活動」とよばれている。国際連盟時代から実施されてきた防止措置の一種である。軍隊が実際に派遣されたのは、ザールランドのケースだけであったが、国際連盟規約第11条の下で、暫定措置が勧告され、軍事監視団が派遣された事例の数は、本書第1章で挙げられたように、少なくない。国連憲章第40条は、その連盟規約第11条を継承した条項である。

この第40条の防止措置には、第39条の予備的決定の一つである「平和に対する脅威」の認定を必要とするかという議論もあるが、「一見して (prīmā faciē)」、そうした脅威があると推定した」上で、緊急にとられるから、「暫定措置」とよばれるのである。この措置は、権利保全のための緊急性がある場合に、裁判所が出す「仮保全措置」に相当するものと考えられる。したがって、第40条の防止措置の発動には、予備的決定は不要である。

3　第39条の防止措置

第39条では、安全保障理事会は、平和に対する脅威の存在を決定した後、「国際の平和及び安全を維持するために」勧告をすることが規定されている。この勧告は第6章の平和的解決に戻って、関係当事者が紛争解決に当たるように要請することも意味するが、防止措置の勧告権の規定でもある。強制措置発動の準備としての「平和に対する脅威」の存在を認定した後に、もう一度、当事者に対して、戦闘の停止や占領地からの即時撤退を要請する。必要があれば、二次的措置として、受入れ国の同意を得て、軍事監視要員や兵員の派遣 (PKO) を行って、武力行使の拡大を防止することもできる。これが第39条の「国際の平和及び安全を維持するために」行う「勧告」である。

4　事務総長の政治的権限と防止措置

事務総長の権限に関して、国連憲章は第98条で、各機関から委託された任務の遂行権を規定する。そうした任務を遂行するために必要な事実を調査

するために、調査団を自分の裁量で派遣することが可能である。第99条は、平和を脅威すると認める事項について、安全保障理事会の注意を促すことができると規定する。その事実調査のために、紛争地に自ら出向いたり、特別代表を送ったり、事実調査団を派遣したりしてきている（第3章第2節を参照のこと）。

　こうした活動は、事態や紛争の当事者たちを牽制し、事態の悪化を防止する機能を持つ。すなわち、防止機能である。さらには、紛争の予防という、事態のうちに収拾してしまう機能も期待されており、今後、これらはさらに重要視されていくと思われる。

第6章　国連総会の再評価

第1節　国連総会による安保理の政治的コントロール

1　本章の基本的視座と前提的考察

(1) 問題の所在

　前世紀を揺籃期として、また今世紀を成熟期として出現しつつある地球共同体の統治へ向けて現在、権力体の存在を仮定しない協力的統治論の構築が喫緊の課題として浮上している。これを背景として、国連総会が有しまた国連発足以来行使してきた諸機能は、権力的統治によらないグローバル・ガヴァナンス論構築へ向け、中核的地位を占める可能性があるのではないかという問いが投げかけられている。しかし、その一方、国連総会の国連集団安全保障体制におけるまた国際社会の運営に果たす機能の多くは近年、冷戦後の安全保障理事会（以下安保理）の活性化と華々しい機能変化の陰に隠れ、その可能性に対する適切な研究・評価が看過されてきた。

　当該問題に対し、本章は国連総会が有する諸機能を再評価し、グローバル・ガヴァナンス論構築に向けた国連総会の地位を指定することを目的とする。この目的のため、第1節において、「国連総会による安保理に対する政治的コントロール」を、そして第2節において、「国連総会とグローバル・ガヴァナンス」について検討を加える。もちろん、第2節において述べるように、国連総会の安保理に対する政治的コントロール機能は、グローバル・ガヴァ

ナンスに関わる国連総会諸機能の内の一つである。しかし、近年の安保理の機能拡大に伴うそのコントロール論の重要性に加えて、国連総会が有する国連憲章上の権限の検討を行うには、安保理との権限関係を抜きにしては論じることはできない。それ故、以下においてまず、国連総会による安保理に対する政治的コントロールの可能性を検討し、その後、国連総会とグローバル・ガヴァナンスの関係について、検討を加えていくこととする。

(2) 安保理に対するコントロールの必要性

　国連総会による安保理に対する政治的コントロール論の可能性について論じるにためには、なぜ安保理を「コントロール」する必要性が生じたのかという根本的起源について、概観する必要がある。この問題は、上述したような1990年代以降の安保理の活性化・機能変化と無関係ではない。

　冷戦期における国連加盟国の関心事は、東西の冷戦構造によって、機能不全に陥った安保理、そして、国連自体の実効性をいかに向上させるかという点にあった。そのため、国際の平和と安全の維持に主要な責任を有する安保理が、拒否権行使によって麻痺した際に、国連総会の副次的権限をいかに活用するかが、1950年代から1960年代にかけて、「国連総会と安保理との権限関係」の問題として関心を集めていた。この安保理の機能不全に対応する国連総会機能は、決して重要性を失ったわけではないが、1990年代に入り、冷戦構造が崩壊し、安保理がその機能を活発に行使し始めると、これまでの認識とは逆転した問題が生じた。それが、いかに安保理権限の制約を図るかという問題である。

　当該問題は、直接には、冷戦後の安保理の活性化によって露呈したが、その背景にあるもの、そして当該議論の必要性は以下の要因から導かれている。

　第一に、安保理の非民主的構造である。現在192カ国で構成される国連において、安保理を代表するのは、15カ国の意思に過ぎず、その意思は自動的に国際社会の多数を構成するわけではない。ここで安保理は構造的に、国際社会を適切に代表していないという意味で、正当性を欠く状況を生んでいるとも表現できる。さらに、常任理事国である5大国は、いわゆる拒否権を有し、

安保理は機構構成上に加え、手続的な不平等性をも有しているのである[1]。

　第二に、安保理措置の多様化と憲章適合性への疑問である。冷戦後の安保理は憲章第7章に一般的に依拠することで、起草時には予定されていなかった措置に広範に踏み込んでいる[2]。それらには、1990年代に設立されたICTY[3]及びICTR[4]という二つの国際刑事裁判所や、第一次湾岸戦争後のイラク国連補償委員会[5]や、イラク・クウェート間国境画定委員会[6]の設置といった準司法的措置に加え、リビアをはじめとするテロ容疑者の引渡し要求[7]、さらに近年では国際テロリズムに対処するため、すべての国家に対し、テロ行為への資金提供や安全地帯の提供を慎むことや、テロ行為の刑罰化などを第7章下の決定として求める、いわゆる「立法的決議」などが挙げられよう[8]。これら諸措置は国連憲章との適合関係を疑問視され、広範に議論をよんでいる。

　第三に、冷戦後の「平和に対する脅威」概念の弾力的適用の増加という問題がある。冷戦後の安保理権限の行使は、「平和に対する脅威」概念の進展と並行的に展開されてきた。憲章第39条において「平和に対する脅威」は、平和の破壊、侵略とともに強制措置発動の予備的条件としての地位にある。このうち、最も政治性が高く柔軟な概念である「平和に対する脅威」は、権限行使のトリガーとして多用されてきた。そのため、逆にいえば、「平和に

1　国連憲章第27条3項。この点、現在審議が進められている「国連改革」の議論が関連する。ここで安保理の構成国の拡大を図ることは、より多数の意見を反映させることができ、特に新興国諸国を加えることには、確かに意義がある。しかし、フォーク及び最上が指摘するように、そうした「改革」では、いくつかの議席が増え、国際社会の「大国」として、「選ばれる」ことを意味する。このような「『改革』の後もなお……大多数の諸国が取り残されることになるが、それらの国々の多様な意向や願望が『選ばれた』国々によって、正確に代表されるという保障はないのである。」(リチャード・フォーク、最上敏樹「民主的・マルチラテラリズムに向けて──『国連改革』に関するいくつかの原理的考察──」『平和研究』第18号、1993年11月、59頁。)

2　この点については特に以下の文献を参照のこと。佐藤哲夫「国際連合憲章第七章に基づく安全保障理事会の活動の正当性」『一橋大学研究年報　法学研究』34巻、2000年。

3　SC/Res/827, 25 May 1993.
4　SC/Res/955, 8 November 1994.
5　SC/Res/687, 3 April 1991.
6　SC/Res/687, 3 April 1991.
7　SC/Res/748, 31 March 1992.
8　SC/Res/1373, 28 September 2001.

対する脅威」の弾力性が及ぶ限り、安保理は行動可能であり、さらに、同概念の弾力的適用こそが、安保理措置の多様化を基礎づけてもいる。

このため、上記諸点に鑑みれば、安保理は現在、国際的事象すべてに行動する余地を持ち、国際社会に存在するすべての国家へ拘束的措置をとることが可能という、まさに「地球的規模のリヴァイアサン (global Leviathan)」[9]としての地位を呈し始めているのである。このような状況が存在している一方で、これら安保理行動の憲章適合性を問い、国連憲章の適切な運用を保障するコントロールの制度的手続が、国連には欠如しているのである。ここに安保理に対する「コントロール」の必要性を検討する必要がある。この問題は安保理の国際社会における役割が高まるにつれ、露呈し始め、地球社会に生きるすべてのものが参加するもとでの統治という、グローバル・ガヴァナンスの可能性に楔を打ち込んでいるのである。

(3) 国連総会によるコントロールの必要性

本稿の目的は、前記の問題意識に対して、国連総会を用いた安保理に対するコントロールの可能性について検討することにある。

当該問題では、ロッカービー事件以来、国際司法裁判所 (以下 ICJ) が安保理へのコントロール機関としての地位にあるか否かが論じられ、夥しい数の研究がなされてきた[10]。一方で、ICJ による司法的コントロールは、訴訟管轄での付随的審査か、若しくは勧告的意見の請求という法的効果の限られた手続となり、その意義には限界があることが指摘されている。また、ICJ に

---

9 George Nolte, "The Security Council as a Law Maker: The Adaption of (Quasi)-Judicial Decisions: A Comment on Erika de Wet's Contribution", in Rüdiger Wolfrum and Volker Röben (eds.), *Developments of International Law in Treaty Making*, Heidelberg: Springer, 2005, p.242. Jose E. Albarez, "Hegemonic International Law Revisited", *American Journal of International Law*, vol.97, 2003, pp.873-888.

10 代表的研究として以下。杉原高嶺「国際司法裁判所による安保理決定の司法審査について」『法学論叢』148巻、5・6号、2001年。古川照美「国連活動の合法性をめぐる加盟国間の対立と抗争―国際司法裁判所による司法的調整とコントロール―」『日本と国際法の100年⑨ 紛争の解決』三省堂、2001年。小森雅子「安全保障理事会決議の司法審査可能性」『西南学院大学大学院 法学研究論集』第17号 (1999年1月)。Bernd Martenczuk, "The Security Council, the International Court and Judical Review: What Lessons from Lockerbie?", *European Journal of International Law*, vol.10 no.3 (1999). Malcolm N. Shaw,

よる国連機関活動の審査には、常に「有効性の推定」原則からもたらされる限界が、これまでの実行からも垣間見えている[11]。また安保理に対する司法的コントロールの議論に対しては、「平和に対する脅威」概念が有する高い政治性などから、法的考察に馴染むものではないといった否定的見解も提起されてきた。しかし、国連総会によるコントロールの場合、そのような制約に服するものではない。それ故に、ICJによる安保理に対する司法的コントロールの議論を補うといった意味においても、その勧告的意見の請求権の議論も含め、国連において、もう一つの政治的機関である国連総会の活用が考慮されねばならない。

さらに、安保理に対する国連総会を用いたコントロール手続き導入の必要性は、国際社会の社会的変革と、国際社会が対処すべき問題群の性質変化からもたらされている。現在の国際社会は、非植民地化プロセスの完遂という社会変革を経験したことにより、旧来の西欧中心的社会から脱却し、普遍的価値を基盤とした社会運営を行う基礎を得た[12]。そして、当該変革により、グローバル国際社会の輪郭が明確になるにつれ、そこに提起される問題の性格もまた変化している。我々は、「人類共通の価値」という地球的概念を漸進的に育み、現在、提起されている問題群は、地球環境や人権の保護、そして武力紛争下にある人々の生命の確保といった問題に加え、核拡散防止や国際テロリズムへの対処など、旧来の相互主義的国家間体系の枠組を超えた地球的・人類的脅威というグローバルな問題群である。

"The Security Council and the International Court of Justice: Judicial Drift and Judicial Function", in A.S. Muller, D. Raic and J.M. Thuranszky (eds.), *The International Court of Justice, Its Future Role after Fifty Years,* The Hague: Martinus Nijhoff Publishers, 1997. Mohammed Bedaoui, *The New World Order and the Security Council—Testing the Legality of its Acts,* Dordrecht: Martinus Nijhoff Publishers, 1994. David Schweigman, *The Authority of the Security Council under Chapter VII of the UN Charter-Legal Limits and the Role of the International Court of Justice-*, Kluwer Law International, 2001. Erika de Wet, *The Chapter VII Powers of the United Nations Security Council,* Oxford: Hart Publishing, 2004.

11 ICJ, Advisory Opinion of 20 July 1962, *Certain Expenses of the United Nations, ICJ Report,* 1962, p.168.

12 当該変革後の社会を表現するため、本稿では「グローバル国際社会」という語を以下において用いる。

ここに至り、それらの問題若しくは脅威に対しては、個別国家による対処ではなく、全地球的対処が求められるに至っている。グローバルな問題群は、たとえ安保理常任理事国五カ国が結束したとしても解決可能な問題ではない。その地球的性質故に、必然的に国際社会に存在するすべての国家の協力を必要とするのである。

これを鑑みれば、現在の国際環境は1945年当時と大きく異なり、国連体制が目的とする公益確保のための最終的責任は安保理にではなく、グローバル国際社会の総意を形成する国連総会にある。そのために、国連総会は国連体制における執行機関としての地位を持つ安保理の措置が、社会の総意を適切に反映しているか否かを監視し、必要であれば国際社会全体の利益に照らして、それを矯正するという手続を持たなければならないのである。ここに安保理に対し、国連総会を用いたコントロール論を提起する意義が存在する。

これら必要性に対して、ICJと比較して、国連総会のコントロール機能が国際法学の分野において、これまでほとんど考察対象とされてこなかったのは、国連総会が勧告権限しか有さず、第24条に規定された安保理の「主要な責任」の下コントロール論への基盤を見出しにくかったからであった[13]。国連総会が安保理へのコントロール権限を持つか否かという問いに、最上は「そもそも国連憲章上、総会にそのような権限が与えられていないので無理である」[14]と述べているが、このような見解が一般的であろう。そのため、安保理へのコントロール機関として、国連総会の活用を唱える論稿の多くは、国連改革論議との関連において国連総会へ、安保理決定に優越する決定権限を与える提案や問題意識の提議に留まっていた[15]。

---

[13] 佐藤哲夫『国際組織法』有斐閣、2005年、351頁。
[14] 最上敏樹『国際連合とアメリカ』岩波書店、2005年、209頁。
[15] 国連総会に安保理に優越する決定権限を付与する提案は、渡部及びホワイトより為されている。渡部茂己「国連の民主化」白井久和・馬橋憲男（編）『新しい国連―冷戦から21世紀へ』有信堂高文社、2004年、162頁。Nigel D. White, *The United Nations System: Toward International Justice,* Boulder, Lynne Rienner Publishers, 2002, p.106. また国連憲章の改正を必要とする提案は現実的ではないという観点から安保理と国連総会の間に「憲章第7章協議委員会」を設け事前協議制度を確立するという提案もある。W. Michael Reisman, "The Constitutional Crisis in the United Nations", *American Journal of International Law*, vol.87 no.1 (1993), pp.93-94. 国連改革論議においては国連総会による

しかし、国連改革論議の中で、安保理の構成及び手続の改革、そして国連総会と安保理関係の再構成の必要性を指摘することが重要である一方で、昨今の国連改革論議の進展状況をみても、国連総会に安保理に優越する決定権限を与えるといった改革案の実現可能性は非常に低い。また、いかに安保理構成の改善が、憲章の改正という形で図られるにせよ、安保理の迅速性の確保という考慮から、安保理構成国数の拡大には限界がある。そのため、国際社会において大多数を占める中小国にとって、安保理に議席を有し得ないという問題は常に残る。安保理はその構成及び手続から、国際社会の総意を真に代表するということは考えられないのである。

これらのことから、本稿では、現行国連憲章の枠内での国連総会による安保理に対するコントロール権限の有無を検討する。安保理の構成と手続の改革を図る国連憲章の改正論議はもちろん重要であるが、一方で、現行の国連憲章枠内での議論が並行して必要とされているからである[16]。国連憲章は静態的文書ではなく、動態的性格を有していることが、これまでも常に指摘されてきた。そこで本稿では、国連と国際社会の変容の中で、国連総会を用いた安保理に対するコントロールの基盤が、現行国連憲章の枠組みの中にすでに存在していることを明らかにしたい。

(4) 検討要因としての実効性と公正性

以上の議論を行うことは、現行の国連憲章の枠組みにおいて、従来、考

チェックシステム構築の議論こそ必要であるという認識については田中則夫「平和秩序形成に向けての国連」『平和秩序形成の課題』大月書店、2004年、304頁。また、こういった改革提案の評価については、拙稿「国際海底機構における理事会に対する総会の政治的統制の射程—国連改革論議への現実的視角の提供を目指して—」『青山国際政経大学院紀要』16号、2005年を参照のこと。

16 スイスは2005年11月3日すべての加盟国に対して、国連総会決議によって安保理の拒否権行使に対する制約を加える決議案を配布した。ここにおいてその提案理由としては、国連憲章の改正論議と並行して、憲章の改正を必要としない方法での安保理の議事手続改善の議論を行う必要があるということを強調している。また安保理改革に関する2005年11月10日の国連総会本会議におけるスイス代表の演説においても同様の理由が述べられている。GAOR, Sixtieth Session, 48th Plenary Meeting, 10 November 2005, 3 p.m. (A/60/PV.48, p.8.) (http://www.un.org/ga/60/)

えられていた国連総会と安保理との関係を再検討・再構築する作業となる。当該文脈において、本節は、21世紀を迎えたグローバル国際社会において、国連総会と安保理は、「いかなる関係」をもって国際社会の平和と安全の維持という問題に取り組むのかという両機関関係の本質的問題の考察も議論の対象とする。ここにおいて、本節が扱わなければならない中心的問いは、国連集団安全保障体制の実効性と公正性[17]の問題を、いかなる方法によって均衡させ、かつ同時に満たすかというものである。これは国連創設時からの伝統的課題であった[18]。

たとえば、国連創設当時、国連憲章の大枠を起草した米国国務省が苦慮したのは、大国中心の国連像を描きながら、どのように中小国を満足させ、新たな平和維持機構に参加させるかという問題であった[19]。その結果、主要且つ強力な権限を独占する行動機関としての大国中心的な安保理に対し、国連加盟国すべてが平等な立場で、国際社会に生起するいかなる事象をも討議する、民主主義的正当性を体現する機関として、国連総会の設立が約束された。世界の戦勝国、それも一部の大国からなる安保理が、国際社会の平和維持における「実効性」を担い、全体機関としての国連総会が、国連全体の「公正性」を担うという構図であった。

しかし、ダンバートン・オークス会議へ向けた米国の公式提案である「一

---

17 本章で用いる「公正性」という用語の意味は、「正当性」という用語と同義語として用いている。ただ「正当性」という用語は、安保理の活動が国連憲章に即して行われているかという、いわば合法性の問題としても使用されており、議論の「公正性」(fairness) を用いる。両者の混同については例えば以下の文献を参照のこと。Sean D. Murphy, "The Security Council, Legitimacy, and the Concept of Collective Security After the Cold War", *Columbia Journal of Transnational Law*, vol.32 (1994), p.248.

18 国連改革に関するハイレベルパネルも実効性 (effectiveness) と効率性 (efficiency)、公平性 (equity) を挙げている。ここで議論されている効率性の問題とは、費用対効果の問題と国連体制内の機構機能の重複といった事務的改革問題に向けられている。そのためより中心的要素は、国連体制の実効性の問題と公平性(公正の問題を含む)の問題である。Report of the Secretary-General's High-Level Panel on Threats, Challenges and Change, *A More Secure World: Our Shared Responsibility*, United Nations, 2004, at Para. 31-43.

19 Ruth B Russel, *A History of the United Nations Charter: The Role of the United States 1940-1945,* Washington: The Brookings Institution, 1958, p.349.

般国際機構へのアメリカ試案」にも、またダンバートン・オークス提案においても、両機関を実質的問題において、有機的に連結させる手続きは用意されていなかった[20]。そのため、安保理と国連総会という二つの機関へ、それぞれが振り分けられ、かつ意図的に関係が断絶させられた実効性と公正性を連結させようと、サンフランシスコ会議において、中小国は、安保理の強制措置に対して、国連総会の同意を必要とする提案を行うなどの努力を重ねた[21]。しかし、その努力は、招請国による安保理の実効性と迅速性を損なうという猛烈な反対によって、挫折している[22]。

その一方で、現在の国際社会が1945年当時とは異なり、もはや安保理のみ、または一部の大国による個別的対応では、グローバルな問題群に対して対処できないことはすでに述べた。その意味で、安保理と国連総会は、共同して問題に対処しなければならないのである。つまり、国連体制における実効性と公正性は、サンフランシスコ会議において提議されたように連結されなければならない[23]。グローバルな問題群に対しては、国際社会全体の総意形成

---

20 「一般国際機構へのアメリカ試案」は上記ラッセルの著作の巻末に資料として添付されている。安保理と国連総会の有機的つながりは実質問題においては存在せず、安保非常任理事国の選定、国連事務総長の選定といった手続的・行政的つながりしか有していなかった。

21 例えばサンフランシスコ会議におけるニュージーランド提案は、極度の緊急性がある場合を除いて、理事会の制裁適用の決定においては総会の同意を要するとする提案をなし、エジプトも理事会の行動は、その即時的執行を妨げないことを条件として、総会の承認を得るべきであるといった提案をなしている。Ruth B. Russell, *op.cit*, p.751. Documents of the United Nations Conference on International Organization San Francisco, 1945, Volume.IX, p.280.

22 David Schweigman, *op.cit.*, p.27.

23 上述したスイス・コスタリカ・ヨルダン・リヒテンシュタイン・シンガポールの合同決議案も国連総会と安保理の関係をより強く結び付けることを一つの目的としており、国連総会における安保理報告書の議論をより活発化させ両機関関係の結節点 (platform) とすることを提案している (GAOR, Sixtieth Session, 48th Plenary Meeting, 10 November 2005, 3 p.m, A/60/PV.48, p.7, http://www.un.org/ga/60/)。そのため安保理からの国連総会への報告を年次報告とは別個に、平和維持活動の終了、強制措置の発動、そして国連加盟国全体に影響を与える他の事項を含む国際的に関心をよんでいる事項について、特定事例ごとの報告を国連総会に定期的に行うことを求め (決議案2項)、また安保理、国連総会及び経済社会理事会が定期的に意見交換を行うことを提案している (決議案3項)。

と、その意思に沿った対応が求められるからである。

　ただここで、以上の観点から、国連総会による安保理に対するコントロール論を提起するにしても、その手続は従来から指摘されてきたように、安保理の実効性を奪うものであってはならない[24]。つまり、安保理行動が国連加盟国の総意に適ったものであることが望ましい一方で、当該目的のために用いられるコントロール手続は、執行機関として安保理に求められる実効性と迅速性の確保要請と調和したものでなければならない。なぜならば、安保理決定のすべてを、国連総会の事前同意に懸からしめるといった方法でのコントロールでは、結果として迅速な意思決定を損なうことが考えられるからである。そのような結果を生むことになれば、国連体制において、構成員が制限された機関としての存在意義はなくなり、執行機関としての地位を安保理は失うことになる。このような帰結は国連集団安全保障体制全体にとって好ましいことではない。そのために、国連総会による安保理に対するコントロールの可能性を検討するに当たっては、実効性と公正性の調和という視点を取り入れることが必要である。つまり、国連総会による安保理に対するコントロール論を提起するにしても、いかなる方法またはいかなる関係により、国際社会の総意に沿った安保理行動を、その実効性と迅速性を確保しながら実現するかという問題である。

　以上の検討から、本稿の検討目的は、次の二点にあるということができる。第一に、国連総会による安保理に対するコントロールが可能かという問いと、そして第二に、当該問題が肯定的に答えられるとして、そのコントロール権限を、国連集団安全保障体制における実効性と公正性の調和という観点を踏まえ、いかなる方法で行うことが望ましいのかという問いである。

(5) 考察対象の限定

　以下においては、本稿における議論の明確化のために考察対象の限定を行う。

---

[24] Malcolm N. Shaw, *op.cit,* pp.235-236. Yahuda Blum, "Proposals for UN Security Council Reform", *American Journal of International Law,* vol.99 no.3 (July 2005), p. 645.

第一に、国連総会がコントロールを行う「対象」についてである。安保理へのコントロールを考察する場合、「(冷戦後の)安保理は完全な不活動と過剰行動との間を振り子のように揺れ動いてきた」(括弧内筆者)[25]という指摘をふまえる必要がある。つまり、安保理に対する批判には、第一に、先に指摘した、安保理が本来的任務を超え、憲章から逸脱した権限を行使しているのではないかという憲章に照らした合法性の問題、つまりは安保理の積極的または過剰「行動 (action)」にまつわる批判、第二に、安保理には、拒否権による麻痺に加え、大国とその同盟国の利益が絡む場合のみ行動し、利害関心が少ない地域が、国際的対処を受けないまま、取り残されているという安保理の「不活動(inaction)」にまつわる批判とがある。21世紀を迎えた国際社会には、両問題への対処が緊急に求められているといえよう。このような問題関心のため、デ・ウェットは両問題、すなわち安保理の行動(action)と不活動(inaction)に対する対処を、安保理への「コントロール」と概念化している[26]。これを踏まえ、本稿においても、安保理の「行動」のみならず、「不活動 (inaction)」も考察対象に加えることとする。

第二に、国連総会による安保理に対する政治的コントロールを考察するに際し、本稿における「コントロール」の意味を明確にしなければならない。安保理に対する「コントロール」は、よくICJと国連総会がその可能性を有する機関とされ、前者を用いたものが司法的コントロール (judicial control)、そして後者については、政治的コントロール (political control) と表現される[27]。「司法的」は、ICJという国連の司法機関によるコントロールであることを指し、「政治的」は、国連総会という政治機関によって行われるコントロールであることを示している。

---

25 Erika de Wet, "The Security Council as a Law Maker: The Adaption of (Quasi)-Judicial Decisions", in Rüdiger Wolfrum and Volker Röben (eds.), *Developments of International Law in Treaty Making,* Heidelberg: Springer, 2005, p.225.
26 Erika de Wet, *The International Constitutional Order,* Amsterdam: Vossiuspers UvA (Amsterdam University Press), 2005, p.14.
27 松井芳郎『国際法から世界を見る―市民のための国際法入門―【第2版】』東信堂、2004年、218頁。Mohammed Bedaoui, *op.cit,* p.119.

その一方で、分析に際しての重要概念である「コントロール」については、その使用の意味について、一定して用いられていない[28]。特に、「コントロール」に「審査 (review)」や「監督 (supervision)」といった概念が加えられることが問題である。審査という概念を、「コントロール」の概念に含めることは、ICJ または国連総会が、安保理決議をその審議対象とし一定の判断を下すということのみから、「コントロール」を主張する素地を生み、一方で、「監督」という概念にしても、国連総会が憲章第10条において、国連活動すべてをその関心事項とし、さらに安保理の年次報告を受ける地位にあることから、コントロール機能を有すると主張されることになる[29]。例えば、小森は、「総会じしんは、国連全般にわたる機能を統括する機関として位置付けられているため、本来他機関へのチェック機能はもつはずである」[30]と述べている。この見解は、指摘としては有用であるものの、ここで本質的問題となるのは小森の述べる「チェック機能」が及ぶ範囲と、その機能が有する実質的内容である[31]。

このように、国連総会の「チェック機能」を明確な定義なく用い、さらに考慮を進めれば、国連総会決議を用いた政治的影響力行使の可能性により、比較的容易にコントロール機能を指摘することも可能となるだろう。ここにおいて、前記の政治的影響力の問題を考察対象に含めるか否かという問題点

---

28 古川照美「国際組織に対する国際司法裁判所のコントロール―国際組織の権限踰超 (ultra vires) ―」『国際法外交雑誌』78巻3号 (1979年7月)。
29 国連憲章第15条1項及び24条3項。
30 小森雅子、前掲論文、68頁。
31 また、国家間民主主義の促進手段として国連の民主化の議論を扱い、コントロール機関としての国連総会の地位を唯一意識的に検討対象としてきたスイ (Eric Suy) も以下のように述べるに留まっている。
「……安保理は、『その審議のために』年次報告を提出しなければならないことから、国連総会へ説明責任を負っている。そして近年、国連総会はより意識的に、そのコントロール権限と監督権限 (its right of control and supervision) を行使しているのである。」(Eric Suy, "International Organization", *Netherlands International Law Review*, vol.43 (1996), p.243.)
ここでは、確かに安保理が国連総会に説明責任を負っていることが明らかであるとしても、スイの述べる「コントロール」や「監督」といった概念にいかなる法的意味が付加されているのかは定かではない。

が関連することになる[32]。つまり、安保理を何らかの法的義務の下に規制するのでなくとも、「コントロール」として議論を提起することに、いかなる意味を見出すかという問題である。

この点、本稿では、「コントロール」を、「法的拘束力を伴う規制」と定義して用いたい。それは、法的義務の下にコントロールを及ぼす検討でなければ、国連総会を用いた民主的コントロールという議論は、議論そのものの実質的意義を失うことになるからである。また、このように定義付けなくては、国際組織内の権限配分の法学的考察には適さない。

これにより、国連総会が政治的圧力を行使することによって、安保理を「コントロール」するといった議論は、本稿においては検討の対象外とする。もっともこれは、国連総会と安保理という二機構間の政治力学を、考察から全く排除するという意味ではない。ただ、そういった検討は、国連憲章の法的検討の枠外に存在する問題ということである。本稿の検討対象は、国連という有機的組織の枠組み内での総会を用いた安保理に対するコントロールに関する法的検討である。また、ここで「コントロール」を、「法的拘束力を伴う規制」と定義することから、国連総会が有する安保理に対する政治的コントロールの議論の一つとして、提起可能な安保理が拒否権により麻痺した際の国連総会の補完機能に関しても、次節に譲ることとする。この目的での国連総会の補完機能は、国連の目的や原則を保護し、その有効性を支え、国連という機構全体の正当性を擁護・増進させる活動である。しかし、その一方で、安保理自体に対して、なんらかの法的効果を与えることを意図するものではない。その意味で、当該国連総会機能は、厳密に考慮すれば、当節が検討する安保理に対するコントロールではない。

第三に、先に安保理の「不活動」とともに、「行動」を対象とするとしたが、ここで述べる「安保理の行動」が、何を意味するかを明らかにしなければな

---

[32] たとえばデルブルックは第24条3項に規定された安保理の国連総会へ年次報告を提出するという規定から、国連総会の政治的指針機能 (politically guiding function) を導く可能性を述べるが、安保理が法的に国連総会に従属しているということは認められないとしている。Jost Delbrück, "Article 24", in Bruno Simma (ed), *The Charter of the United Nations: A Commentary,* Second Edition, Oxford: Oxford University Press, 2002, p.449.

らない。本稿においては、主に憲章第7章に基づいた安保理行動に対するコントロールを検討するが、第7章下の安保理措置は一様ではない。まず、憲章第7章下の措置としては、防止措置(第40条)と強制措置(第39条、41条、42条)という2種類の集団的措置が予定されているが、本稿で検討の対象とするのは後者である。これは集団的措置としての国連の強制措置には、問題意識にて述べたように、加盟国すべてまたは一部に対して、憲章第25条及び48条の下で、法的拘束力を持たせることが可能な強力な措置であることによる[33]。

[33] もちろん、第40条に基づく防止措置の法的性質についても議論がある。特に39条に基づく平和に対する脅威又は破壊、侵略行為といった事前認定を経た後に、安保理が必要と認めて行う第40条に基づく防止措置には法的拘束力があることが学説において指摘されてきた。法的拘束力のない単なる要請であれば第6章下の措置として可能であり、第七章下に第40条が加えられたことは第六章下の措置とは異なる何らかの追加的権限が与えられているはずであるということや、当該措置が関係当事者によって従われなかった場合、安保理は「そのことに妥当な考慮を払わなければならない」というかたちで第41条及び42条下の措置が予定されているからである(安保理が「必要と認める」防止措置と「望ましいと認める」防止措置の区別については、Hans Kelsen, *Law of United Nations,* The London Institute of World Affairs, 1951, pp740-742. 神谷龍男『国際連合の安全保障〔増補版〕』有斐閣、1976年、107頁：注23)。

この議論は全面的に否定されるべきものではないが、この場合において、防止措置の法的効果を、第25条及び48条に担保され「決定」として加盟国に対し法的拘束力をもつ第41条及び42条下の強制措置と同様な意味での法的拘束力を主張すること、あるいは第25条の「決定」を第40条に基づいても行う権限があるとすることは誤りである。第40条は「要請 (call upon)」することができると規定しており、同表現は対象国に法的義務を生じさせる表現ではない。

一方で、以上の議論から第40条の「要請」は「単なる勧告ではなくて、半強制性をもっている」(神谷龍男、前掲書、70頁)、または「単なる『勧告』というよりも強い意味をもつ」(田畑茂二郎『国際法新講 下』東信堂、1991年、220頁)とされるが、これも適切ではない。単なる勧告よりは「強い」というのが法的になのか、政治的になのか何を意味しているかは判然とせず、強制的でも勧告的でもない「半強制的」という概念も明らかではないからである。

そのため、第39条の事態認定を経て安保理により「必要と認められ」行われる防止措置は、勧告としての性格を有しつつも、その違反に適当な考慮を払う安保理によって「執行力」を伴う措置であるとすることが適当である(柘山堯司『PKO法理論序説』東信堂、1995年、253頁)。第40条に法的拘束力を認める学説については以下の文献を参照のこと。Jochen Abr. Frowein and Nico Krisch, "Article 40", in Bruno Simma (ed.), *The Charter of the United Nations: A Commentary,* Second Edition, Oxford, Oxford University Press, 2002, p.731 and 734. T.D. Gill, "Legal and Some Political Limitations on the Power of the UN Security Council to Exercise Its Enforcement Powers under Chapter VII of the Charter", *Netherlands Yearbook of International Law,* vol.26 (1995), pp.46-47. Erika De Wet, *op.cit,* (本章脚注10), p.179. 藤田久一『国連法』東京大学出版会、1998年、332頁。

また第7章下、加えて強制権限の行使に焦点を絞るとしても、ここでの安保理活動を検討するに当たっては、さらに安保理権限の二つの側面を分けて論じることが可能であり、また必要でもある[34]。

　憲章第7章の最初の条文として、要としての地位を占める憲章第39条は以下のように規定する。

　　「安全保障理事会は、平和に対する脅威、平和の破壊又は侵略行為の存在を決定し、並びに国際の平和及び安全を維持し又は回復するために、勧告をし、又は第41条及び第42条に従っていかなる措置をとるかを決定する。」

　ここにおいて、安保理が第7章下の強制権限を行使するに当たっては、まず事態が平和に対する脅威、又は破壊、若しくは侵略行為を構成するという事態の予備的認定が必要とされ、その後、これら事態への対応として、第41条、42条に基づいた強制措置が発動される。そのため、安保理の行動様式は、どのような事態が平和に対する脅威、または破壊、若しくは侵略行為に該当するのかという問題と、その事態に対して、いかなる措置を安保理が執るかという二段階に分けることができる。そして、いずれの段階において

　アラン・ブレ、ジャン゠ピエール・コット『コマンテール国際連合憲章(上)』東京書籍、1993年、843-846頁。L.M. グッドリッチ・A.P. サイモンズ(神谷龍男・角田順・北篠俊朗共訳)『国際連合と平和と安全の維持(上)』日本外政学会、1959年、55-60頁。
　さらに第40条に基づく防止措置は対象国に対して法的義務を生じさせるものではなく、さらに当該措置は「暫定的性格しか有さず、そして関係国、特に紛争当事国の法的立場に影響を与えることがないよう」にしなくてはならないという本質的性質もコントロールの議論から除外する一因である (Jochen Abr. Frowein and Nico Krisch, *op.cit.*, p.732.)。当該条文が国際連盟の経験を経て国際連合における平和維持活動実施の根拠規定として展開し、両集団安全保障体制の中核を担ってきたことを鑑みれば、安保理による防止措置は国連活動においてもまた学術研究においてもより高く認知され現在以上に促進されねばならない問題である。第40条については以下の文献が詳しい。

　Hitoshi Nasu, *International Law on Peacekeeping–A Study of Article 40 of the UN Charter*, Leiden: Martinus Nijhoff, 2009.

34　David Schweigman, *op.cit*, p.184.

も、安保理は広範な裁量を有することが一般に認められている[35]。

そのため、安保理に対する国連総会を用いたコントロール論を提起するにおいて、安保理がいつ (When) 行動するかという段階と、どのように (How) 行動するかという段階に分けて考察しなければならない[36]。各段階における安保理裁量の意味内容と制約要因の相違に加え、国連総会を用いたコントロール方法が、それぞれ異なるからである。このことは、国連総会による安保理へのコントロールは、行われるタイミングによって、その態様が異なるということを示している。

(6) 政治的コントロールの二概念

国連における政治的コントロールの概念は、上記考察を踏まえれば、予防的コントロールと事後的コントロールという、二つの態様に分類・提起することができる[37]。もちろん、国連憲章は政治的コントロールの概念を、予防

---

[35] Danesh Sarooshi, *The United Nations and the Development of Collective Security, The Delegation by the UN Security Council of its Chapter VII Powers,* New York: Clarendon Press, 1999, p.4.

[36] Erika De Wet, *op.cit,* (本章脚注10), p.15. Malcolm N. Shaw, *op.cit,* pp.226-227. Mohammed Bedaoui, *op.cit,* pp.52-53. Judith G. Gardam, "Legal Restraints on Security Council Military Enforcement Action", *Michigan Journal of International Law,* vol.17 (Winter 1996), p.299. Ioana Petculescu, "The Review of the United Nations Security Council Decisions by the International Court of Justice", *Netherlands International Law Review,* vol.L II (2005), pp.174-177. 杉原高嶺、前掲論文、43頁。本注に掲げたいつ (When) 行動するかという段階での裁量と、どのように (How) 行動するかという段階での裁量とは分けて考察しなければならないとする文献では、前者の段階における安保理裁量には制限はなく、後者の段階においては制限が存在するという見解をとる者が多い。しかし本稿ではそのような見解を共有するものではない。安保理の第39条の認定権限が完全に安保理の裁量権限とする論者は、「平和に対する脅威」概念の政治性、特にICJといった法的機関による判断に馴染まない概念であることを根拠とする。そのため従来の研究で中心的であったICJを用いた司法的コントロールの問題から排除してきたのである。しかし、国連総会による安保理に対するコントロールを考察する場合には、そのような制限的考察に縛られることはない。そのためここに安保理に対するコントロールを、司法的コントロールとは別個に提起する意義がある。つまり安保理の政治的判断自体の妥当性も国連総会によるコントロールであれば問えるのである。

[37] 予防的コントロールと事後的コントロールという表現については以下の文献からお借りした。古川照美「国連活動の合法性をめぐる加盟国間の対立と抗争―国際司法裁判所による司法的調整とコントロール―」『日本と国際法の100年⑨ 紛争の解決』三省堂、2001年、136頁。

的コントロールと事後的コントロールという二概念に明示的に分類しているわけでもない。また、両概念は、国内社会における議会の役割と類似するが、国内社会で用いられている概念とも異なるものである。両概念は安保理の行動及び不活動に対し、国連総会を用いたコントロールを検討する場合の、理論的分類である。

　第一に、本稿では、予防的コントロールを、「安保理が事態認定権限を行使する以前に、その事態認定権限に一定の枠をはめ安保理に対するコントロールを試みる方式」と定義することとする。つまり、安保理がいつ (When) 行動するかという段階におけるコントロールである。そのため、当該コントロール方法は、行動するか否かという安保理の意思決定に対するコントロールを試みるものであり、現在までの国連における討議状況に鑑みれば、安保理の「不活動 (inaction)」に対するコントロールと捉えることもできる。

　2005年11月3日、スイス・コスタリカ・ヨルダン・リヒテンシュタイン・シンガポールの5カ国は、すべての加盟国に、安保理の意思決定に重大な法的効果をもたらす合同決議案（以下Ｓ５決議案）を回付した。当該決議案はその付属文書において、「ジェノサイド、人道に対する罪、そして国際人道法の重大な違反が生じている際には、いかなる常任理事国も、国連憲章第27条3項の意味において反対投票を投じえない」（第14項）と規定されていたのである[38]。もちろん、当該決議案は、現在においても草案段階に留まっており、未だ正式な決議として採択されてはない。しかし、当該決議案は、安保理が行動を行うか否かという裁量権に、国連総会決議を用いたコントロールを図るという萌芽的現象と捉えることが可能である。

　Ｓ５決議案は、以下の2点において、安保理の裁量権に法的効果をもたらすことを意図していた。第一に、ジェノサイド、人道に対する罪、そして国際人道法の重大な違反が生じている際に、五常任理事国は拒否権を投じることができないという方式において、国連憲章第27条3項を再解釈することを目指している。第二に、当該決議案は、上記諸事態が生じた場合に、安保理は国連憲章に基づいて、何らかの措置を執るべきであるとすることで、国連

---

[38] A/60/L.49, 17 March 2006.

憲章第39条が規定する「平和に対する脅威、平和の破壊又は侵略行為」には、「ジェノサイド、人道に対する罪、そして国際人道法の重大な違反」が含まれるということを暗に含意している。ここで、S5決議案は、国連憲章第27条3項及び39条に対する国連総会からの解釈を試みているのである。それ故、仮に当該決議案が採択されたならば、国連総会は国連憲章に対する「有権的解釈権限」[39]を持つかという法的問題を提起することになるだろう。

ここで、国連総会が国連憲章に対する有権的解釈権限を有するとすれば、国連総会決議は原則として勧告権限しか有さないとしても、安保理及びその理事国に対し、国連憲章に由来する法的拘束力を及ぼすことができる。つまり、S5決議案は、国連唯一の全体機関として国連総会が、安保理の対処すべき諸事態を指し示すという意味での指針的決議を採択することによって、執行機関の不活動を抑制し、かつ行動へと導くという役割を有する可能性を提起したのである。安保理が国際社会全体を代表して対処すべき諸事態に対し、国連総会が一般的指示をもたらすことができるとすれば、それはある意味で国内における立法府と行政府との関係に似た構造を、国連システム内にもたらす現象と捉えることができるだろう。

第二に、本稿における事後的コントロールとは、安保理決議が採択された後、つまりは安保理がある措置をすでにとった後に、決議の法的効力を事後的に無効とする、若しくは実質的に履行不能の状態に置くといったかたちで、安保理に対するコントロールを試みる方法と定義する。そのため、当該コントロール方法は、安保理がどのように (How) 行動するかという段階におけるコントロール手段である。国連総会による事後的コントロールとしては、国連総会が憲章上有する特定的権限を用い、三つの異なる類型を提示できる可能性がある。

第一に、国連総会が排他的権限を持つ予算に関する権限を用いた、事後的コントロールの可能性である。当該問題は理論上の問題に留まらず、実際に

---

[39] 「有権的解釈権限」という言葉は、アランジオ・ルイスの以下の国連総会の規範形成機能に対する包括的研究論文による。Gaetano Arangio-Ruiz, "The Normative Role of the General Assembly of the United Nations and the Declaration of Principles of Friendly Relations", (1972) 137 *RdC* 419, pp.511-512.

安保理が1990年代にアドホック国際刑事裁判所を設立する際、実際上の問題として提起された。

旧ユーゴスラヴィア国際刑事裁判所(ICTY)は、安保理決議827号において、国連事務総長が提出した国際刑事裁判所規程が付属した報告書を、安保理が承認するという形で設立されたが、ここで問題となったのが、ICTY規程第32条に「国際刑事裁判所の経費は国連の通常予算から支出される」という規定が含まれていたことであった[40]。

当該規定が含まれた裁判所規程を、安保理が国連総会の承認を得ることなく認め、国際刑事裁判所の予算の拠出方法を定めたことは、安保理が国際刑事裁判所を設立するに当たって、国連総会の排他的権限である、予算権限を侵犯したということであった[41]。それ故、当初国連総会は、裁判所費用の完全な支払いを拒み、国際刑事裁判所は職員の雇用といった問題から、困難を極め財政危機を迎えたのである[42]。

この財政危機は後に解消されることになったが、このICTY財政危機問題は、国連総会はその予算権限を用いて、安保理の強制措置に対し、事後的コントロールを行使することが可能かという法的問題を提起するに至ったのである[43]。なぜなら、もし国連総会が支払いの拒否を継続させていたならば、安保理による裁判所設置という措置は履行不能となり、当該措置は名目上の存在としてのみ、存在することになるという状況を生み出す可能性があったからである[44]。従来の政治的コントロールに対する考察では、予算権限が国連総会の排他的権限と疑いなく認められているということからも、当該方法

---

40 UN doc. S/27504, Annex, Article32.
41 Sarooshi, *op.cit,* p.140.
42 Eric Suy, "The Role of the United Nations General Assembly", in Hazel Fox (ed), *The Changing Constitution of the United Nations,* The British Institute of International and Comparative Law, 1997, p.60. Mohammed Bedaoui, *op.cit.*, 1994, p.123.
43 Paul C. Szasz, "Centralized and Decentralized Law Enforcement: The Security Council and the General Assembly Acting under Chapter VII and VIII", in Jost Delbruck (ed.), *Allocation of Law Enforcement Authority in the International System, Proceedings of an International Symposium of the Kiel Institute of International Law March 23 to 25, 1994,* Berlin, Duncker & Humblot, 1995, p.36.
44 Sarooshi, *op.cit,* p.139.

を用いた安保理に対するコントロールの可能性が多く指摘されてきた[45]。

　しかしながら、もし安保理の強制措置に対する国連総会からの事後的コントロールが、予算権限の適用のみに限られるのならば、国連総会を、事後的コントロール機関として主張することの意義は、小さいといわざるを得ない。なぜなら、たとえ、フランクが述べるように「議会史の研究は、最終的に『予算権限』が、他のほぼすべての政治的権限を凌駕するものであるということを明らかにしている」[46]としても、例えば、安保理の授権方式による軍事的強制措置や、加盟国若しくは個人に対する非軍事的強制措置が実施される場合には、国連総会の予算権限によるコントロールの余地は存在しないからである。これら措置を履行するのは、国連そのものではなく加盟国であり、ICTYのように国連による予算執行を要しない。

　国連総会の過去の実行を注意深く観察すれば、安保理に対する事後的コントロールの可能性は、予算権限を用いた方法に限られるわけではない。国連総会による安保理に対する第二の事後的コントロール方法としては、国連総会の平和と安全の維持権限を用いたコントロール方法の可能性が存在する。事例の詳述は後に譲るが、安保理の「授権方式」による軍事的強制措置に対し、国連総会の平和と安全の維持権限の行使により安保理措置の継続や終了に関した措置をとる実行が、1950年の朝鮮戦争の事例において確認されるからである。当該事例において国連総会は、安保理による軍事的強制措置を国連憲章の規定に則り、終了させることで、その事後的コントロール機能を行使した可能性がある。

　しかしながら、当該事例は、安保理が開始した軍事的強制措置に対する国連総会による事後的コントロールの可能性を提起しているのみで、安保理に

---

[45] Paul C. Szasz, *op.cit.*, p.36. Eric Suy, "The Role of the United Nations General Assembly", in Hazel Fox (ed), *The Changing Constitution of the United Nations,* The British Institute of International and Comparative Law, 1997, p.60. Mohammed Bedaoui, *op.cit.*, p.123. 藤田久一、前掲書、396-397頁。

[46] Thomas M. Franck, "The United Nations as Guarantor of the International Peace and Security: Past, Present, and Future" in Cristian Tomuschat (ed.), *The United Nations at Age Fifty: A Legal Perspective* (The Hague: Kluwer Law Internatinal, 1995) p.36.

よる強制措置の事例として、圧倒的に多い非軍事的強制措置に対して、国連総会が終了をさせた事例は筆者の知る限りでは存在しない。もちろん、国連総会が、これまでに安保理による非軍事的強制措置を非難した事例は存在する。例を挙げれば、1993年国連総会が、ボスニアに対する安保理によって課せられた経済制裁の解除を要請した事例を挙げることができるだろう。これは、1991年に安保理によって、ユーゴスラヴィア全土へ課せられた武器禁輸の一部解除要求であった[47]。ただし、これについても、安保理へとその解除を要求するのみで、国連総会がその終了を企図したわけではない。このように、安保理が開始した非軍事的強制措置に対する事後的コントロールを図った事例は未だ存在しないのである。

これに鑑みれば、予算権限及び平和維持権限を用いても対処し切れない問題に対し、さらなる措置を考察する必要がある。それが、ICJへ勧告的意見を求めることにより、政治的コントロールではなく、司法的コントロールを始動させるという国連総会機能の検討である。ICJの勧告的意見は、法的拘束力を持たないため、コントロールを「法的拘束力を伴う規制」と定義する本稿において、当該検討を実質的に含めることは適切ではないとも思われる。そのため、あくまでも当該問題は、国連総会が有する諸機能のうちの補論的議論、若しくはICJへの意見要請に当たっての手続論として考察するに留めることとする。

(7) 実効性と公正性の均衡点

以上、国連総会を用いた安保理に対する政治的コントロールの二概念として「予防的コントロール」と「事後的コントロール」を提起した。前者は国連総会が国連憲章に対する有権的解釈権限を有するかという論点を提起し、後者は安保理権限に対するコントロールを図る可能性を有する総会の特定権限

---

47 Nigel D. White, *op.cit.*, p.96. 1992年ユーゴスラヴィア連邦は解体し、ボスニアは国連加盟国となったが、制裁はユーゴスラヴィア全土へ課せられており、国連総会は同措置がボスニアの自衛権を損なう可能性があると判断したため。Christine Gray, *International Law and the Use of Force,* Oxford University Press, 2001, p.94. GA/Res/48/88（1993年12月20日）第17節及び18節を参照。

として、予算権限、平和と安全の維持権限、そして勧告的意見請求権に関する手続き的議論の検討を要請していた。これら個別の法的問題は第4項において考察を行う。

　ここでは、前提的考察の小括的考察として、この「予防的コントロール」と「事後的コントロール」という枠組みがいかに、安保理に対するコントロール論を提起するのに必要な「実効性と公正性の調和」という視点を満たすかという点について述べたい。この両手続を検討することは単に、国連総会による安保理への政治的コントロール方法が、二概念に分類できるという意味に留まるものではなく、二概念の併用こそが、先に提示した実効性と公正性の均衡という二つの要因を同時に満たすコントロール態様であると考えるからである。

　ICJや他の国際または国内裁判所を用いた安保理に対する司法的コントロールの問題は、安保理が行動をとった後に、国連憲章に照らした安保理の措置の合法性を審査する、つまりは「事後審査」に限られるということであった。この分析枠組みを維持した場合、問題は二つある。第一に、国連憲章自体が、現在の安保理の広範な活動及び機能拡大を予定していなかったために、現在の安保理行動の適法性を判断するのに、非常に曖昧な文書となっているということである。当該問題は安保理行動の無制限な拡大を生みかねない。その一方、当該国連憲章の曖昧性という要因に加えて、安保理に対するコントロール方法が他機関による事後審査に限られれば、過度若しくは予期せぬ安保理措置への制限を招くことになり、国連全体の有効性と一貫性を破壊しかねないのではないかという懸念を生むことになる。

　つまり、現在必要とされている構造は、安保理が行動する以前に、国連憲章に一定程度の解釈を加えた指針を提供した上で、当該枠組みを踏み越えた活動に対し、事後に修正を加えるという複合構造であると思われるのである。ここに「実効性」と「公正性」の均衡点を見出すことができるのではないか。

　(6)で提示した国連総会による予防的コントロールは、安保理が対処すべき事態に対し一般的指針を提示するが、「ジェノサイド、人道に対する罪、そして国際人道法の重大な違反」が、実際に生じているか否かの判断を誰が行

うかという問題は、S5決議案においては(おそらく故意に)明示されていない。つまり、安保理の行動の自由に対し、その裁量権限行使の余地を残しているのである。もちろん、安保理が上記諸事態が客観的にみて生じていると判断されるにもかかわらず、行動を起こさない場合には、国連総会の平和と安全の維持権限を用いたその補完機能を行使する可能性が生まれてくる。その一方、予防的コントロールの枠組みにおいては、安保理が生起する事態に対して、いかなる措置をとるかという問題は完全に安保理に委ねられている。もちろん、もし安保理措置が国連憲章の諸原則若しくは他の国際規範を侵害していると、国連総会が事後に判断する場合には、国連総会の事後的コントロールの枠組みが始動する。

　このように、予防的コントロールと事後的コントロールの併用というアプローチを用いれば、最大限に安保理の裁量を認めながら、その措置が国際社会全体の意思に沿うことを可能な限り担保するという仕組みを、国連に導入することができると思われる。そのため、本稿においては以下、国連集団安全保障体制における「実効性と公正性」の調和という視点から、「予防的コントロール」と「事後的コントロール」という二つの枠組みをもって、以下の考察を行いたい。第一に、国連総会と安保理との一般的権限関係において、政治的コントロールを行使する法的基盤が現行国連憲章に存在しているか、である。ここでは国連憲章第24条1項が規定する安保理の「主要な責任」が、国連総会からの政治的コントロールを排除するかという議論が中心となる。そして第二に、予防的コントロールと事後的コントロールを行使する国連総会の先に提示した種々の特定的権限が国連憲章上、認められるかという問題である。前者の問題は、国連総会と安保理との一般的権限関係の問題であり、後者の問題は、国連総会が国連憲章によって与えられている特定的権限について、個別的、具体的検討となる。

2　国連総会と安全保障理事会の一般的権限関係の進展

(1)「主要な責任」と安保理に対するコントロール

　国連総会による安保理に対するコントロールの法的基盤は、国連憲章内に

存在するのかという問題を考察する場合、国連憲章第24条1項が規定する安保理の「主要な責任」について、検討を加えなければならない。国連総会による安保理に対するコントロール機能は、通説的には、安保理が有する「主要な責任」から否定的に解釈されているからである。例えば、佐藤哲夫は「国連の内部において安保理は国際の平和と安全の維持に関する主要な責任を担う（憲章第24条1項）とされ、総会に対して優越的な地位を与えられている（同11条2項・12条1項）ために、総会が安保理に対して直接に法的なコントロールを行使することは原則としてできない」[48]と述べている。つまり、安保理が有する「主要な責任」は国連総会に対する優越的地位を意味し、それ故に国連総会による安保理に対するコントロールは認められないという見解である。また、この第24条1項が規定する安保理の「主要な責任」は、国際連盟における経験から、国連においては総会と理事会の機能及び権限の分化を図るという戦勝大国の起草意図を実現する中核規定としても考えられていた。国連は各主要機関の機能分化という発想に基礎付いて設計されており、第24条1項は国連総会と安保理関係において、安保理の優越という形で機能分化を担保するという発想である[49]。そのため、1950年代に国連総会の平和と安全維持機能について、包括的検討を行ったヴァラ（Vallat）は以下のように述べている。

> 「原則として国連総会は安保理をコントロールする権限を持たないと述べることができるだろう。国連憲章は機能分化にその基礎を置くように意図されているのである。」[50]

---

[48] 佐藤哲夫『国際組織法』有斐閣、2005年、351頁。ただここで佐藤が述べる安保理は総会に対して優越的な地位を有するという主張の意味はあまり明らかではない。なぜならば佐藤は同書中の他の箇所においては、国連憲章は「安保理を総会と対等な地位においている」（246頁）と述べており、明らかに矛盾した考えを表明しているからである。当該言及に鑑みれば、国連総会と安保理関係においての「主要な責任」の意味に関し明確な考察は行われていないと考えられる。

[49] H. Field Haviland Jr., *The Political Control of the General Assembly,* New York: Carnegie Foundation, 1951, p.7.

[50] F.A. Vallat, "The General Assembly and the Security Council of the United Nations", *British Yearbook of International Law,* 1952, p.78.

しかし、ここで問わなければならないのは、果たしてこのような国連設立時に描かれた「主要な責任」及び 国連における「機能分化」に対する通説的解釈が、国連設立後60年以上を経た現在においても、果たして妥当するかということである。当該問題を検討するには、国連設立以来の両機関の実行を踏まえた再考察を行わなければならない。その際には、上記佐藤の指摘において見受けられるように、第24条1項に規定された安保理の「主要な責任」を、国連総会の権限へ一定の制約を加え、またその行使条件を定めるという方法で裏付けている、第11条2項後段と12条1項を検討しなければならないだろう。「主要な責任」及び「機能分化」の解釈の変遷を辿るということは、両規定の解釈の変遷を辿るということでもあるからである。これらを検討するためにまず、国連憲章が定める国連総会の権限規定を概観し、その後国連総会と安保理関係に関する国連の実行を辿りたい。

(2) 国連総会の一般的権限

国連総会の権限は憲章第4章に規定されており、安保理との権限関係の考察において重要な国連総会の平和と安全の維持に関する権限は、第10条、11条、12条、そして14条に規定されている。

この4条文の中で、国連総会の基本となる権限は憲章第10条に述べられている。同条は、国連総会を「世界の討議場」として、そして「人類の開かれた良心」が表明される場として国際社会に創設するため、サンフランシスコ会議において、中小国の働きかけによって設けられたものであった[51]。第10条において国連総会は「憲章の範囲内にある問題若しくは事項又はこの憲章に規定する権限及び任務に関する問題若しくは事項を討議」し、「国際連合加盟国若しくは安全保障理事会又はこの両者に対して勧告をすることができる」と規定している。ここで国連総会権限の適用範囲は、「憲章の範囲内」及び「憲章に規定する機関の権限及び任務」すべてに及ぶのである。これは国連

---

51 Hans Kelsen, *op.cit.*, p.199.

憲章が国連の各機関へ委ねている個別的任務のすべてが、この憲章第10条によって、国連総会の関心事となることを示している。そして国連総会はこれらの問題及び事項に対して、討議権と勧告権を持つのである。そのため、安保理が平和と安全の維持に特別の責任を国連憲章によって課せられているとしても、第10条によって、国連総会は当然に討議し勧告することができる[52]。

ここに国連総会の一般的権限が規定されているのであるが、国連総会はこの一般的権限を、第11条以下の各個別規定へ割り振っており、平和と安全の維持に関する特定的権限は第11条及び14条へと規定される。

(3) 国連総会の特定的権限

まず、第11条1項で国連総会は、国際の平和及び安全の維持についての協力に関する「一般原則」を軍備縮小及び軍備規制を律する「原則」を含めて審議し、第11条2項において「国際の平和及び安全の維持に関するいかなる問題」についても、討議し勧告することができると規定される。当該条項において、1項が規定するのは「一般原則」に関してであるため、より注目しなければならないのは2項である[53]。当該条項は1項と異なり、国際の平和と安全の維持の分野における「具体的問題」に関して、総会の権限を規定しているからである[54]。

---

[52] また、国際連合の目的は「国際の平和と安全を維持すること」であるため、確かに平和と安全の維持の主要な責任を安保理が有するといっても、国連総会も平和と安全の維持という分野においてその責任を有するのである。

[53] 第11条は1項も2項も当初、その基本部分は、ダンバートン・オークス提案の第五章B節(1)に一つの条文として規定されていた。それがサンフランシスコ会議において第5章B節(1)に規定してある国際の平和及び安全の維持についての協力に関する「一般原則」と、国際の平和及び安全の維持に関する「問題」とに二つに分けられ、第11条3項及び11条4項の追加を見て現在の規定となった。この経緯などについては以下の文献が詳しい。José Maria Ruda, "Drafting History of Articles 10 and 11 of the Charter of the United Nations on the Functions and Powers of the General Assembly", Josef Tittel (ed.), *Multitudo Legum Ius Unum: Festschrift für Wilhelm Wengler zu seinem 65. Geburtstag*, Inter Recht, 1973.

[54] 第11条1項と2項との権限の重要性の差異は、安保理も第26条において軍備規制という同一の権限を有するにもかかわらず、第11条1項には、第10条、11条2項そして14条とは異なり、安保理との関係における何の制限も課していないことからもわかる。

第11条2項において、国連総会は、「国際の平和及び安全の維持に関するいかなる問題も討議」し関係国と安保理へ「勧告することができる」とされている。この条項は「国際の平和及び安全の維持」に関する「勧告権」を規定しており、第11条2項は安保理の権限との比較においては、憲章第7章に対応しているということがいえる。そのため、後述する国連総会の二次的責任の範囲と制限は本条項の検討をもってなされなくてはならない。

次に、第14条で国連総会は「起因にかかわりなく、一般的福祉又は諸国間の友好関係を害する虞があると認めるいかなる事態についても、これを平和的に調整するための措置を勧告することができる」という平和的調整権を与えられている。当該条項が規定する事態には、国連の目的及び原則を定める規定の違反から生ずる事態が含まれており、「起因にかかわりなく」という非常に広範な権限が国連総会へ与えられている[55]。そして、この条項によって、国連総会は一般的福祉または諸国間の友好関係を害する虞があると認める事態について、これを平和的に調整することを目的として、何らかの「措置」を勧告することができるのである。このことは、たとえ紛争が現実に生じていなくて、紛争に至るおそれのある事態が生じていれば、総会が介入できることを示している。

ここから、一見すると重複しているようにみえる第11条2項と14条は、その目的を異にし、互いに補完しあう関係にある。つまり第14条は、紛争

---

55 第14条の規定の原案はダンバートン・オークス提案では5章-B節-6において「総会は、政治的、経済的及び社会的分野において国際協力を促進するため、並びに一般的福祉を害する虞のある事態を調整するために、研究を発議し、及び勧告を行う」として提案に含まれていた。そしてそこで議論されたのは、国際連盟規約が19条において連盟総会に対し「条約の再審議」という規定により「平和的変更」に関する権限を与えていたことから、国際連合においてもこの条項に条約の改訂について明記すべきではないかというものだった。ここでは新しい平和維持機構は単なる現状維持機関になるべきではなく、平和への脅威となる不正な事態を見出したときは、それを平和的に調整するための勧告権を総会は持つべきであるという主張がなされていたのである。そして、条約の改訂を認めると旧敵国に課した平和条約の改訂を招いてしまうこと、また国際関係における合意の基礎を揺るがすことになるとして反対する見解との調整によってこのような広範な規定となった。第14条の形成過程は以下の文献に詳しい。Lincoln P. Bloomfield, *Evolution or Revolution?, the United Nations and the Problem of Peaceful Territorial Change*, Massachusetts: Harvard University Press, 1957, pp.87-111.

が重大化する以前に国連総会が介入し、一般的福祉又は諸国間の友好関係を害する虞があると認める事態の改善のために「措置」を勧告することによって、紛争を平和的解決に導くことを意図している。このことから、第14条は、安保理の権限と比較すれば、第6章に対応し、国連総会が紛争の平和的解決権限を行使する法的基礎を提供している[56]。

最後に、以上において概観した国連総会権限の性質について確認しておかなければならない。国連総会の意思表明は決議として行われるが、それは勧告であり、拘束力を有してはいない。拘束力を有する決定権限は、安保理が独占的・排他的に有している。ただし、国連総会にも、その決議に拘束力が認められているいくつかの分野が存在する。それは機構運営に関する決議であり、国連総会の専管事項である予算承認や経費の加盟国への割当て（第17条）、そして国連の各機関の選挙（第23条、61条、86条）、新規加盟国の承認（第4条）等に関する決議は、国連総会の勧告として採択された決議であっても、加盟国を直接に拘束する[57]。

(4) 国際協力に関する権限

以上、国連総会の平和と安全の維持権限に特に関係する規定を考察してきた。ただし、国連総会と安保理との権限関係の議論を考察するには、国連総会の平和と安全の維持権限だけではなく、国連総会が有する国際協力に関する権限も確認しておく必要がある。

この分野において、憲章は国連総会に主要な責任を与えていると捉えることが可能である[58]。例えば、政治及び経済・社会分野における国連総会の権限は第13条に規定されており、国連総会は政治的分野における国際協力並びに国際法の漸進的発達及び法典化を奨励すること、そして、経済・社会

---

56 Benedetto Conforti, *The Law and Practice of the United Nations,* Ssecond Revised Edition, The Hague: Kluwer Law International, 2000, pp.210-214.
57 Philippe Sands and Pierre Klein, *Bowet's Law of International Institutions*, London, Sweet & Maxwell, 2001, p.29.
58 Leland M., Goodrich, Edvard Hambro and Anne Patricia Simons, *Charter of the United Nations*, Third Revised Edition, New York, Columbia University Press, 1969, p.404.

分野における国際協力及び人権問題を促進するために、研究を発議し勧告をする権限を有している。さらに国連憲章は第60条において、国連総会を、経済的及び社会的国際協力に責任を持つ機関と定め、そして特に経済社会理事会の責任も「総会の権威の下」に課せられるとされている。

このことは両機関関係を、安保理が平和と安全の維持に主要な責任を持ち、国連総会は経済・社会的分野に主要な責任を負っているという権限分化的に捉える見解の根拠ともなっている。

(5) 国連における階層性

以上、国連総会の権限を概観したが、特に第10条、11条2項そして14条の規定により、国連総会は安保理が有する平和と安全維持の分野における権限も有しており、安保理と重複した任務を与えられていることが確認される。この意味において、Hilaire のように、「国連憲章第24条、そして第6章及び7章は、安保理に国際の平和と安全の維持に対する排他的責任 (exclusive responsibility) を与えている」[59]と解釈するのは、明らかな誤りなのである。

ここでまず問題となるのが、国連には平和と安全の維持に関する責任を持つ機関が重複して存在するのであり、その結果、重複する主要機関間には何らかの上下関係が存在するのかということである。

この問題に対しては、国連における主要機関の基本的関係に関する認識として次のように考えられている。

> 「7条1項にて規定されている六つの主要機関の列挙は、それらを階層的序列 (a hierarchical order) のもとにはおいておらず、『主要』機関という、その資格において平等な地位を与えている。……原則として、各六つの主要機関は、その機関自らのイニシアティブの下で行動することができ、かつ他の機関から指示に従うことのない、自己の権限領域を有している。このことは、それぞれの機能行使の方法について、他方へ指示をだす権

---

[59] Max Hilaire, *United Nations Law and Security Council*, Aldershot: Ashgate, 2005, p.6.

限を与えられていない国連総会と安保理との関係において、特に明らかである。1950年3月3日の国際司法裁判所の勧告的意見において明確に確認されたように、憲章中には、ある機関が他の機関に従っているとする結論を許す規定は存在していない。」[60]

つまり、安保理と国連総会は機能において重複しながらも、一方の機関が他方の機関から指示を受け行動するという階層関係、若しくは上下関係にはない[61]。それ故に、(4)において確認した国連総会が有する政治的権限の広範性や行政的または財政的権限などから、国連総会が国連システムにおいて「優越的地位を占める」[62]とされるとしても、それを他の機関へ指示を出し、一方の機関がそれを受け行動するという階層関係と一般的に捉えることはできず、それぞれの機関、特に国連総会と安保理は独立して行動するというのが、憲章上確認される構図であった。

このように権限が重複する二つの機関が、お互いに独立して行動するに当たり、必要とされるのが、権限の衝突回避の仕組みであるが、憲章はそれを第24条1項に規定した。

(6) 権限関係の規律規定

憲章第24条1項は、国際連合の迅速かつ有効な行動を確保するために、「国際の平和及び安全の維持に関する主要な責任」を安保理に負わせている。この規定はダンバートン・オークス提案より規定されていたものであって、国際連盟規約第3条3項及び4条4項において、全く同一の権限を付与されてい

---

[60] Bruno Simma (ed), *The Charter of the United Nations: A Commentary,* Oxford: Oxford University Press, 1995, pp.195-196.

[61] Mohammed Bedaoui, *op.cit.*, p.123. Malcolm N. Shaw, *op.cit.*, p.237. 当該見解はフィッツモーリスによっても国連の主要機関は「それぞれに機関の役割を有し、その役割を遂行するにおいて並びにその活動の範囲内において、他の機関に指示を与えまたは指示を受けることはないという意味で相互に独立している」と述べられている (Gerald Fitzmaurice, *The Law and Procedure of the International Court of Justice,* vol.I, Cambridge, Grotius Publications Limited, 1986, p.103.)。

[62] アラン・プレ、ジャン=ピエール・コット、前掲書、298頁。

た連盟理事会と連盟総会の経験から、国連憲章ではその重複を避けるために、両機関の分化を明確化する試みの一環として規定された。そして、その主要な責任を支える規定として、国連総会には第11条2項後段と12条1項において、その権限へ一定の制限が課されている。

まず第12条1項は、「安全保障理事会がこの憲章によって与えられた任務をいずれかの紛争又は事態について遂行している間は、総会は、安全保障理事会が要請しない限り、この紛争又は事態について、いかなる勧告もしてはならない」というものであって、平和と安全の維持という分野において、同一の権限を有する国連総会と安保理の衝突を避けることを目的としている[63]。また、安保理が任務を遂行している間、国連総会はいかなる勧告もしてはならないとすることにより、国連総会による安保理への介入を防ぎ、平和と安全の維持における安保理の優位性を確保するという目的を有している[64]。

次に、第11条2項後段は「行動を必要とするものは、討議の前又は後に、総会によって安保理へ付託されなければならない」という、国連総会の「行動」を禁止する規定である。

これは第12条1項に課せられた制限とは性質の全く異なる規定である。12条の制限は先にみたように、安保理の「主要な責任」を支えるための国連総会権限行使に関する時間的制限であって、一時的に国連総会の勧告権限行使を抑制するものであった。それに対し、第11条2項後段は、「行動」が必要な場合に討議の前又は後に安保理へ付託せよとすることで、国連総会が「行動」することを禁止しているからである。国連総会は「行動」することはできず、それは安保理のみが有する専管的権限であることが規定されているのである。

以上、安保理と国連総会の権限を確認し、両機関は権限が重複しながらも、お互いに独立して行動すること、そして両機関の権限関係を規律するのは第24条の「主要な責任」であり、第12条と11条2項後段において、国連総会にはその権限に制限が課せられていることをみてきた。

それでは国連が設立されて以来、この「主要な責任」がどのように解され、

63　Hans Kelsen, *op.cit*, p.216.
64　アラン・プレ、ジャン＝ピエール・コット、前掲書、397頁。

両機関が平和と安全の維持の問題に携わってきたかを次に確認しなくてはならない。ここにおいて、1945年からの国連の実行は、両機関の権限関係に大きな変化をもたらしており、国連総会に対する制限規定としての第11条2項後段と12条1項も、その意味に大きな変容を受けているのである。

(7) 安保理と国連総会の権限関係の進展──国連設立初期の事例と解釈

　国連総会と安保理の権限関係という問題に関して、初期の解釈においては、国連総会の平和と安全の維持権限を認めながらも、両機関の権限または機能は分化しており、両機関は異なる分野において活動するという解釈が維持されていた。つまり国連において、平和と安全の維持に関する「主要な責任」は安保理とへ課されており、行動機関としては、安保理があり、そして国連総会は討議機関としての存在に留まるという、広く流布している一般的関係である。なぜならば、当初はそのような実行も確かにみられたからである。

　例えば、先に紹介したヴァラ（Vallat）は、国連憲章は機能分化に基礎をおくことを意図しており、「そのため通常、安保理と国連総会はお互いに独立して活動する」[65]とする。彼の念頭にあるのは、安保理が武力衝突の問題を扱い、国連総会がパレスチナの最終的地位に関する問題を扱った1948年のパレスチナ問題であり、当該事例をヴァラは、「国連総会と安保理がそれぞれの分野において行動するという憲章活動の最も良い例である」[66]としている。つまり、安保理は武力衝突という国際の平和と安全に直接関わる問題を扱い、国連総会はパレスチナの最終的地位という紛争の根源的解決に関わる問題を扱うことによって、国連の目的は有効に果たされるという思想である。先の国連総会権限の分析から考えれば、「第14条中心的な国連総会像」ということになる。

　このことは、第7章権限が安保理の排他的権限であり、国連総会の平和と安全の維持機能は、平和の問題に経済的社会的問題を含めた、より広い観点から接近する機関であるということが想定されていたと示唆される。

---

[65] F.A. Vallat, *op.cit*, p.78.
[66] F.A. Vallat, *Ibid*, p.89.

(8) 国連総会機能の興隆

しかし、このような思想は、1950年代に朝鮮戦争、スエズ紛争、コンゴ動乱という冷戦期において、国連の集団安全保障体制の根幹に関わる事例の中で変更を迫られていくことになる。これら三事例の共通点は、常任理事国の拒否権行使によって、平和と安全の維持に責任を有する安保理が麻痺状態に陥ることを鮮烈に経験したということにあった。これら事態に対し、国連総会が憲章第11条2項を基礎として、代替的に平和維持権限を行使することで、徐々に集団安全保障体制における国連総会の責任が明確化されていくこととなる[67]。そして、これら事例において確認されるのが、国連総会の第7章権限への接近であり、第11条2項の「行動」の意味が明確化され、かつ侵食を受ける過程であった。

事例の詳細を記述することは避けるが、朝鮮戦争時において、国連総会は、国連総会の勧告による軍事的強制措置を認めた「平和のための結集決議」[68]を採択し、また中華人民共和国による軍事侵攻という新たな事態に対し、1951年2月1日に決議498号を採択することで安保理が設立していた米国指揮下の国連軍に対し、追加的措置をとり、かつ5月18日には、決議500号を採択し、中華人民共和国及び北朝鮮支配地域に対する武器禁輸措置を勧告した[69]。1956

---

[67] これら事例の他にも国連総会はスペインのフランコ政権に対する対応を巡って安保理がソ連の拒否権行使によって麻痺した際に1946年12月12日、決議39号を採択しすべての国連加盟国に対しマドリッド駐在の大使及び公使の即時召還を勧告した。またギリシャ問題においても国連総会は、ソ連の拒否権によって麻痺した安保理に代わり1948年11月27日決議193号(Ⅲ)、そして1949年11月18日には決議288号(Ⅳ)を採択し、すべての加盟国に対しアルバニア及びブルガリアに対する武器禁輸措置を勧告している。これら措置の法的性質、また国連総会がこういった非軍事的強制措置をとる法的根拠などに関しては議論がある。これら「平和のための結集」決議以前の国連総会の実行に対する法的検討はかなり少ないが以下の文献には記述がある。D.W. Bowett, "Economic Coercion and Repraisals by States", *The Virginia Journal of International Law*, vol.13 no.1 (1972), p.6. Philippe Sands and Pierre Klein, *op.cit,* p.331. Paul C. Szasz, *op.cit.*, p.35.

[68] GA/ Res/377 (V), 3 November 1950.

[69] GA/Res/498 (V), 1 February 1951. GA/Res/500 (V), 18 May 1951. 当該決議以前に採択された国連総会決議376(Ⅴ)やその後の711(Ⅶ)に関する検討は本稿第4項(6)にて行っている。

年のスエズ紛争では、英・仏の拒否権行使によって、麻痺した安保理に代わり、「平和のための結集決議」の手続的側面として用意されていた緊急特別総会を招集し、第一次国連緊急軍 (UNEF-I) を派遣している[70]。また1960年9月19日、コンゴ動乱を扱っていた安保理が大国の確執と拒否権により行詰りをみせると、国連総会は緊急特別総会を招集し、決議1474号 (ES-IV) を採択した。当該決議は機能麻痺に陥った安保理に代わり、安保理によって設立されていたコンゴ国連軍 (ONUC) に対し、法と秩序の回復及び維持について、精力的活動 (vigorous action) をとり続けることを要請したものであり、ONUC活動の措置継続を国連総会の活用によって図ったものである[71]。

これら事例は、当初安保理の「主要な責任」との関係で、当時相当な議論を生んだ[72]。しかし、ICJ の勧告的意見「ある種の国連経費事件」において、その責任は排他的責任ではないと解釈されることで、国連総会にも、平和と安全の維持の分野において、補完的責任が課されていることが広範な認知を受けることになる[73]。つまり、第24条が規定する「主要な責任」は、安保理の一次的責任を規律したものであり、国連総会も平和と安全の維持において、二次的責任を有していることは排除されないということである。

70　GA/Res/997 (ES-1), GA/Res/998 (ES-1), GA/Res/1000 (ES-1), UNEF I の設立経緯や法的問題については以下の文献を参照のこと。Gabriella Rosner, *The United Nations Emergency Force*, New York: Columbia University Press, 1963.

71　S/Res/145, 22 July 1960. S/Res/146, 9 August 1960. J.G. Starke, *Introduction to International Law,* Tenth Edition, London, Butterworths, 1989, p.640. Nigel D.White, *Keeping the Peace,* Second Edition, Manchester: Manchester University Press, 1997, p.227.

72　Juraj Andrassy, "Uniting for Peace", *The American Journal of International Law,* vol.50 (1956).

73　このような国連総会の集団安全保障体制における補完的機能は、国際連盟体制における総会の機能でもあった。連盟規約は第15条9項において理事会から総会へと紛争を付託する手続を有していたが、連盟が比較的安定期を創出した1920年代には一度も用いられることはなかった。しかし1930年代連盟が動揺期に入ると、常任理事国が紛争当事国であることから、また非ヨーロッパにおける紛争の増加によって、有効に理事会が解決できなかった問題が総会に持ち込まれるようになる。第15条9項は1931年満州事変において初めて援用され、1934年ボリヴィア・パラグアイ紛争（チャコ戦争）、1939年ソ連・フィンランド紛争において用いられている。このような総会の補完的機能をバートンは「最後的手段として」と表している。M.E. Burton, *The Assembly of The League of Nations,* Chicago: University of Chicago Press, 1941, p.285.

これにより 1950 年代の実行によって、国連総会と安保理は権限若しくは機能において、「分化」しているわけではなく、その権限と機能は同一であり、「主要な責任」は時間的先議関係を問題としていることが明らかにされた[74]。

(9)「平和のための結集決議」と 11 条 2 項後段の変容

これまで検討した 1950 年代から 60 年代初期の国連の実行において、指摘しなければならないのは、国連総会が安保理の拒否権回避のための代用機関として用いられる結果、第 11 条 2 項後段に規定された「行動」が、国連総会による平和維持活動の派遣を通じ明確化される、つまりは国家の同意を基礎とする平和維持軍の派遣は、「行動」ではないとされると共に、「平和のための結集決議」が採択された結果、その核心部分も実質的に変容を受けたということである。

1950 年 11 月 3 日に採択された「平和のための結集決議」の骨子部分である A 項第一節は以下のように規定する。

> 「平和に対する脅威、平和の破壊又は侵略行為があると思われる場合において、安全保障理事会が、常任理事国の一致を得られなかったために国際の平和及び安全の維持に関するその主要な責任を遂行しえなかったときは、総会は、国際の平和及び安全を維持し又は回復するための集団的措置 (平和の破壊又は侵略行為の場合には必要に応じ兵力を使用することを含む。) を執るように加盟国に対し適当な勧告を行う目的をもって、直ちにその問題を審議すべきことを決議する。総会は、その時会期中でない場合には、要請があった時から二十四時間以内に緊急特別会期を開くことができる。」

この A 項は分類すると、以下の 4 点を規定している。第一に、国連総会に

---

[74] もちろん国連総会の二次的責任が、安保理がとりうる「措置」に対しどこまで及ぶかという問題は別個考察されなくてはならない。

よる平和に対する脅威、平和の破壊又は侵略行為の認定[75]、第二に、国連総会による国際の平和及び安全を「維持」するための集団的措置の勧告[76]、第三に、国連総会による国際の平和及び安全を「回復」するための集団的措置の勧告（平和の破壊、侵略の場合には兵力の使用を含む）、第四に、緊急特別会期の創設である[77]。このように分類すれば、第一から第三までにおいて、「平和のための結集」決議によって、国連総会へ認められた諸点は、憲章第7章において安保理の権限として設けられている憲章第39条の規定内容を再述したものであるということが確認できる[78]。

もちろん、同決議の核心は、当時の歴史的背景からも、国際の平和を回復するための集団的措置として、「兵力の使用も含む」措置を認めたこと、つまりは国連総会の勧告による軍事的強制措置を認めたことにあった[79]。ただ

---

[75] 平和のための結集決議が援用される条件として、「平和に対する脅威、平和の破壊又は侵略行為があると思われる場合」とされている。ここで問題となるのが、このような国連憲章第39条に規定された状態認定を行うのは安保理なのか、国連総会なのかという問題である。しかし、平和のための結集決議が行使される状況は、「安全保障理事会が、常任理事国の一致を得られなかったために……その主要な責任を遂行しえなかったとき」であるため、この認定を安保理が行うと解すれば同決議の運用は実質的に否定されることになる。そのため「平和のための結集決議」は国連総会の「平和に対する脅威、平和の破壊又は侵略行為」の認定権限を明確に定めたものと解することができる。当該議論については次節5(2)「国連総会の補完的機能の法的基礎」を参照のこと。

[76] この国際の平和及び安全の「維持」のための勧告権限は第11条2項の規定そのものである。また第11条2項は国連総会による国家の同意を基礎とする「国連平和維持活動」の根拠規定を構成する。問題は、第11条2項には国際の平和及び安全の「維持」のための勧告権限しか規定されていない、つまりは国際の平和及び安全を「回復」するための勧告権限は国連総会には国連憲章上与えられていないことにある。

[77] 2004年パレスチナの壁事件の結果、当該緊急特別会期手続には新たな可能性が認められる。すなわち、国連総会による緊急特別会期を用いた勧告的意見の請求という方法による、安保理に対するコントロール手続としての利用可能性である。当該議論については本節4(8)～(10)を参照のこと。

[78] 国連憲章第39条：「安全保障理事会は、平和に対する脅威、平和の破壊又は侵略行為の存在を決定し、並びに、国際の平和及び安全を維持し又は回復するために、勧告をし、又は第41条及び第42条に従っていかなる措置をとるかを決定する。」（下線筆者）もちろん拘束力を有する「決定」措置は国連総会にはない。それ以外の部分を国連総会にも認めたということである。

[79] この国連総会による同措置の発動を単なる可能性に終わらせないために、そのC節8項においては、国連加盟国に対し安保理又は国連総会による勧告があった場合国際

当該決議は、国連総会の平和と安全の維持権限の明確化という問題関心にて捉えれば、憲章において規定された国連総会権限に対する解釈を図ったものであると考えることができる。具体的に述べれば、国連憲章第11条2項に規定された国連総会の「平和と安全の維持に関する勧告権限」の解釈決議である。国連総会の平和と安全の維持権限は、安保理に比して詳細な規定を有しておらず、特定的権限としての第11条2項にしても、「平和と安全の維持に関するいかなる問題」にも「勧告をすることができる」と規定するに留まっていた。そのために、国連総会が平和と安全の維持または回復機能を行使するための手続規定が必要とされたのであって、ここに「平和のための結集」決議の意味がある。すなわち、当該決議は安保理権限の中心規定である第39条を国連総会の権限として再述したのであり、安保理に対し、第7章にて規定されていた権限の行使手続を、国連総会においても整えたということがいえるのである。

　もちろん、当該決議の法的地位は1950年以来、違法性が高いとする立場と合法であるとする立場に分かれ、議論が行われてきた。したがって、ここで当該決議の解釈内容として掲げた4点が国連総会の実行において、どれほど定着しているのかという問題は別途考察されなくてはならない。その際には、第11条2項後段「行動」の解釈が不可欠となる。ただ1950年代の実行を経ることで国連総会は、第7章権限へと接近し、その行使手続を明確化することになった。そして第11条2項後段の「行動」規定も、国連総会による平和維持軍の派遣により、その意味が明確化され、また「平和のための結集」決議によって、大きく変容を受けたということができるのである。

　　連合の部隊として提供できるように訓練し、組織し、及び装備された部隊を自国軍隊内に維持するように要請する。これは憲章43条の特別協定によって試みられた国連軍の即応体制の代わりとなるよう意図されたものである。そしてD節では、国際の平和及び安全を維持し強化するために使用される方法を研究・報告するという任務を負う国連総会の補助機関として「集団的措置委員会 (Collective Measures Committee)」の設立を規定している。この集団的措置委員会は憲章第七章における軍事参謀委員会の代わりをなす機関として設立されたものであって、これら諸規定はまさに国連総会による軍事的強制措置発動の制度化を狙ったものであった。

(10) 非植民地化と国連総会

1950年代の安保理と国連総会の実行から示されたことは、「主要な責任」は国連総会の活動を全く排除するものではなく、集団安全保障体制において、国連総会の補完機能は重要な地位を占めるということであった。そして、国連総会の平和と安全の維持権限も、安保理とほぼ同様の地位を占めるまでに至った。だがこの機能は、その重要性が認知される一方で、1950年代後半から60年代にかけ、植民地独立闘争が展開されることによる、新興独立諸国の国連への大量加盟と、国際社会における多数派への転化という国際社会の構造変革の過程において、その意味をさらに変容させていくことになる。

特に1960年に、「植民地独立付与宣言」を採択し、「すべての人民は自決の権利を持つ」ことを法原則として、明確に宣言した後の国連総会の実行は、自決権を擁護し、国際社会の変革を推し進める措置を集団安全保障の枠組みの中で次々にとっていった[80]。その過程で展開されたのが、ポルトガル非自治地域問題、南ローデシア問題、南アフリカ問題に対する国連総会の対応であり、ここで第24条の「主要な責任」はさらなる変容を受けるのである。

ポルトガル非自治地域問題は、同国が国連総会によって認定されたアンゴラやモザンビークといった非自治地域の存在を否定することによって提起され、国連総会は1962年12月14日に決議1807号を採択[81]、南ローデシア問題においては、スミス政権の一方的独立宣言を非難し、安保理に対し、同問題に緊急の考慮を払うよう勧告する決議を1965年11月11日採択している[82]。その後も、1967年には安保理に対し、包括的かつ義務的な経済制裁措置をとることを求める決議[83]、さらに1968年には、安保理の措置によって望ましい結果が得られていないとして、国連総会自身も南ローデシアにおける金融・経済活動を停止するよう加盟国に勧告した[84]。南アフリカ問題に対しても、1962年に決議1761号を採択することで同国製品のボイコットや武器禁輸措

---

[80] GA/Res/1514 (XV), 14 December 1960.
[81] GA/Res/1807 (XVII), GA/Res/2107 (XX).
[82] GA/Res/2024. (XXI).
[83] GA/Res/2262. (XXVII).
[84] GA/Res/2338 (XXVIII).

置をとるよう加盟国に勧告している[85]。

　これらの事例により、国連の反植民地主義・反アパルトヘイト政策の中で、国連総会による非軍事的強制措置が実行されてきたことが確認される。しかし、より重要な点は安保理との関係であり、これら問題においては先の検討においてみられたような、常任理事国の拒否権行使によって麻痺した安保理を補完するという関係はみられない。つまり、1950年代の実行によって確認した、「主要な責任」から導かれる時間的先議関係の構造がもはや失われている。

　ここで国連総会は、ポルトガルや南アフリカといった国に対して、一向に措置をとろうとしない安保理に先行するかたちで措置をとり、あるいは決定権限を独占している安保理に対して、義務的非軍事的強制措置 (mandatory non-armed enforcement measures) をとることを要求するなど、従来の「補完的機能」とは異なる様相を示した。

　つまり、安保理においての拒否権行使に対する補完ではなく、国際社会において、新たな規範と認知されつつあった自決原則への侵害に対して、国連集団安全保障体制を機能させるという点において並列的でかつ安保理への対抗機関であるかのような性格を帯びるようになったのである。この時期の国連が、「総会中心的」とされる所以がここにある[86]。

(11) 第12条1項の変容

　この非植民地化の過程における国連総会の実行から指摘しておかなくてはならないのは、国連総会が機能において並列的な安保理に対する対抗機関としての様相を呈してくるに従って、安保理の「主要な責任」を支える為の第12条1項が変容を受けたということである。当該変化に、(10)で指摘した、1950年代の事例で維持されていた安保理と国連総会との時間的先議関係の構造が失われるに至っている。

　第12条1項は、すでに確認したように、安保理が「任務を遂行している」間、

---

[85] GA/Res/1761 (XVII).
[86] 最上敏樹『国際機構論』東京大学出版会、1995年、130-133頁。

同一の紛争又は事態に対して、国連総会は「勧告」をしてはならないという規定である[87]。そのため、「任務を遂行している」とはどのような場合であり、禁止される国連総会の「勧告」とは何かという問題が従来からも争われてきていた。後者の問題は、特に国連総会がICJへ勧告的意見請求をなすことが、果たして第12条1項の勧告にあたるかが法的議論となっているが、当該問題については、第4項「国連による事後的コントロールの法的基盤」において検討するため、ここでは前者の問題のみ検討することとする。

前者の「任務を遂行している間」の解釈であるが、当初は、安保理が問題を「議題に掲載している間」と広義に解されていた[88]。この解釈は国連総会が勧告を為すためには、対象とする問題が、安保理の議題に掲載されていないことが条件となるということである。それ故、国連総会はインドネシア問題においてある措置を勧告することを、安保理の議題に当該事項が掲載されているということから拒んだのである[89]。一方、安保理の実行においても、上述した朝鮮問題などにおいて、安保理がある問題において、成果をあげることができない場合、その問題を議題から削除することで、総会が審議・勧告をなす条件を整える手続として確認されてきた[90]。

---

[87] ここから「平和及び安全の維持についての協力に関する一般原則」に関するものであれば第12条の制限は適用されない。そのため12条の制限は第10条、11条2項、14条に規定され、第11条1項には規定されていない。Leland M. Goodrich, Edvard Hambro and Anne Patricia Simons, *op.cit,* p.130.

[88] Kay Hailboronner and Eckart Klein, "Article 12", in Bruno Simma (ed), *The Charter of the United Nations: A Commentary,* Second Edition, Oxford University Press, 2002, p.290.

[89] Legal Consequences of the Construction of a Wall in the Occupied Palestinian Territory, 9 July 2004, General List No.131, (Advisory Opinion of the International Court of Justice), at para.27. (http://www.icj-cij.org/icjwww/idocket/imwp/imwpframe.htm)

[90] この手続の有用性は、ある事項の議題からの削除は手続事項として扱われるため、もし安保理が常任理事国の拒否権によって行詰りを見せたとしても、議題からの削除の提案に対する拒否権の使用は認められないという点にあった。例えば、朝鮮問題では、1951年、1月31日第53回会合において、イギリスからの要請によって総会が「中華人民共和国中央政府の朝鮮への干渉」問題を扱っていることから、朝鮮問題(「韓国への侵略の申し立て」)は安保理の議題より削除された。SC/Res/90.(1951年1月31日) その他にも当該実行は1940年代の安保理において確認される。たとえば、スペイン問題では、1946年4月ポーランドがスペインとの外交関係の断絶措置を執ることを求めて安保理へと付託したが、安保理の措置は不十分であるとしてソ連は当該議題にお

しかし、先に見たポルトガル非自治地域問題において、国連総会は、安保理に議題として掲載されている間に勧告を行っている。さらに、南ローデシアと南アフリカ問題においても同様であった[91]。つまり、1960年代に入り、新興独立諸国が国連への加盟を徐々に果たしたという事実、及び非植民地化運動に対する国連総会の実行の積み重ねによって、国連総会と安保理との関係は、さらなる変容を受け、第12条1項は以前の意味を有さなくなっていったのである[92]。この点を正確に述べれば、国際社会の構造変化により、維持しえなくなったというのが正しいであろう[93]。

当該問題に関し、1968年、国連の法律顧問は第三委員会において、「国連総会は『任務を遂行している』という文言を『任務を現在遂行している』と解釈してきた」という見解を示した[94]。そして、国もこの法的見解を援用することをためらっていない[95]。つまり、当該解釈によれば、安保理がある紛争又は事態について、現時点で任務を遂行していない限り、具体的にいえば、討議中といったことがない限り、国連総会はその勧告権を制限されることは

いて拒否権を行使した。そこでポーランド及びソ連はその議題からスペイン問題を削除することを要請し採択された。SC/Res/10.（1946年11月4日）また、ギリシャ問題では、安保理はギリシャ問題に関し有効な解決措置を執れず、アメリカによる第12条に従った国連総会へ勧告をなすことの要請もソ連の拒否権によって不成立となった。そのためアメリカはスペイン問題にならって議題からの削除を求める決議案を提出し採択された。SC/Res/34.（1947年9月15日）これらについては以下の文献が詳しい（F.A. Vallat, *op.cit,* pp.79-80）。

91　これら事例の他にも、コンゴの事態、チュニジア問題、アンゴラにおける事態においても、国連総会は、安保理の審議から数日若しくは数週間後に、未だ安保理が任務を遂行中と考えられていたにもかかわらず決議を採択した（Yehuda Z. Blum, *Eroding the United Nations Charter*, Dordrecht: Martinus Nijhoff Publishers, 1993, p.118, and pp.130-132）。

92　Yehuda Z. Blum, *ibid,* p.118 and pp.130-132.

93　この安保理が議題に掲載している事項に、国連総会が勧告をするという実行は冷戦後においても維持されている。例えばユーゴ紛争中において、安保理が経済制裁をとりかつ議題に維持している間に国連総会は決議46/242号を採択している。当該決議は国連総会が独自に「国際の平和と安全に対する脅威」を構成することを認定し、さらに紛争当事者へ戦闘の停止またボスニア・ヘルツェゴビナへの干渉を止めることを勧告している（Frederic L. Kirgis, Jr., *International Organizations in Their Legal Setting,* Second Edition, West Publishing, 1993, pp.695-696）。

94　Yehuda Z. Blum, *op.cit,* p.119. and UN Juridical Yearbook 1968, p.185.

95　Erika de Wet, *op.cit.,*（本章脚注10）, p.46. Bruno Simma, *op.cit,* p.256.

最早ないのである[96]。その結果、現在第12条1項の制限は実質的に機能していない。この第12条の規定内容の変化については、2004年7月9日のパレスチナの壁事件における ICJ 勧告的意見においても確認された。そこで、ICJ は次のように述べている。

「……第12条の（『任務を遂行している』を議題に掲載されている間とする）この解釈は後の実行によって変遷してきた。……国連総会23会期におけるペルー代表の問題提起に対し、国連の法律顧問は、国連総会が憲章第12条の『任務を遂行している』を『任務を現在遂行している』と解釈してきたことを認めた（国連第23会期、第三委員会、第1637会合、A/C.3/SR.1637、パラグラフ9項）。ここにおいて裁判所は国際の平和と安全に関する事項を、国連総会と安保理が並行して扱う傾向が時を経るに従って増加してきていることを確認する。」[97]（括弧内筆者）

当該意見によって、第12条の規定内容の意味変化が ICJ によっても認められたということがいえるだろう[98]。

つまり、「主要な責任」が安保理へ課されているとしても、国連総会の民主的基盤を基礎にあらわれることになった、国際社会の公益促進のために執られる国連総会の措置は、当該規定に拘束されることはないということであ

96　Erika De Wet, *ibid,* p.46. 例えば、1981年12月14日イスラエルによって決定されたゴラン高原に対するイスラエル法の適用の事態に対して、1981年12月16日安保理は審議を開始し12月17日午後審議を再開することを決定、そして12月17日7時40分再開された会議（UN SCOR, 2319th meeting）において、イスラエルによるゴラン高原に対する自国法の適用は無効であり法的効果を持たないとする決議を採択したが（SC/Res/497）、国連総会は同じ内容を有する決議を同日7時15分採択している（GA/Res/36/226B）(Yehuda Z. Blum, *op.cit,* p.122)。

97　Legal Consequences of the Construction of A Wall in the Occupied Palestinian Territory (ICJ Advisory Opinion), 2004, para. 27. また Kooijimans 判事の個別意見においても同様の見解が述べられている。Separate Opinion of Judge Kooijmans, at para.18.
　当該事件の勧告的意見は以下の国連ウェブサイトから入手した（http://www.icj-cij.org/icjwww/idocket/imwp/imwpframe.htm)。

98　Anthony Aust, *Handbook of International Law,* Cambridge: Cambridge University Press, 2005, p.209.

る[99]。ここに国連総会は、国連憲章に規定された安保理の「主要な責任」に対して、国際社会の構造変化とその民主的性質を背景に、安保理に対して、第24条1項の存在にもかかわらず、対等若しくは優越的地位を主張する萌芽的基盤を得たということができるのではないかと思われるのである。

(12)「主要な責任」の再構成

　以上、冷戦期の安保理と国連総会関係の進展を概観してきた。冷戦期に積み重ねられてきた国連の実行は、1945年当時に想定されていた両機関関係に対して、大幅な変更を迫っている。特に第24条1項に規定された安保理の「主要な責任」を、国連総会の権限とその行使条件に制限を加えることで裏付けていた第11条2項後段と12条1項は、ゴーランド‒デバス(Vera Gowlland-Debbas)が適切に述べるように、制限的解釈に基づく国連総会の実行が増加することで、その本来的意味を覆すほどの意味に解されるようになっている[100]。つまり、国際連盟の経験を経て機関権限の明白な分化が指向された安保理と国連総会の権限は、冷戦期の実行を通じて平和と安全の維持におけるほぼ同様の権限とその行使基盤を持つに至っているのである[101]。

99　ここで徐々に多数派から少数派へと転化していく過程にあった西側諸国は国連総会のこういった活動に対し憲章は安保理と国連総会の権限の分化に基礎を置いているはずであり、安保理権限に対する侵害であると活動の法的根拠を争うようになる。例えば南アフリカ問題においてオーストラリアは、安保理のみが国際の平和と安全に対する脅威の存在を決定でき、憲章第7章に規定される措置の決定をすることができると主張し(GAOR, Thirty-First Session, Plenary Meetings, vol.2, 58th meeting, p.943)、ルクセンブルグはECを代表して「国連憲章に従い国連総会と安保理の分化を尊重すべきである。さらに総会は加盟国間の討議のためのフォーラムに留まるべきである」ということを主張した (GAOR, Thirty-Fifth Session, Plenary Meetings, vol.2, 98th meeting, pp.1715-1716)。
　またポルトガル非自治地域問題においても対しカナダは、提案されている措置は安全保障理事会のみ決定することができるとして決議に反対し (GAOR, Twentieth Session, Fourth Committee, Summary Records of Meetings, 22 September-20 December 1965, 1591st meeting, p.483)、米国も国際の平和及び安全に対する脅威を認定するのは主要な責任を有する安保理であり、国連総会は加盟国に制裁を課す権限を有さないと反対した(GAOR, Twentieth Session, Fourth Committee, Summary Records of Meetings, 22 September-20 December 1965, 1592st meeting, p.488)。

100　Vera Gowlland-Debbas, *Collective Responses to Illegal Acts in International Law*, Dordrecht: Kluwer Law International, 1990, p.486.

101　国際連盟が第3条3項及び4条4項において総会と理事会に全く同様の権限を与えていたことを考えれば、国際連盟規約上の関係への回帰とも捉えうる。

ここに第24条1項の「主要な責任」を支えていた国連総会への制限規定が、その本来的意味を失っている現況において、安保理が国際の平和と安全の維持分野において有する「主要な責任」は、国連総会との関係において、いかなる意味を有するのかという問題が改めて問われなくてはならないといえる。その際には、両機関関係の再構築を押し進めてきた動因が、非植民地化運動の結果、国際社会に起きた構造変化によるものであることを認識した上で、1945年当時とは異なる解釈が求められるはずである。

当該問題に対し、デルブルック (Jost Delbruck) は「主要な責任」の意味を以下のように捉えている。

> 「……『主要な責任』という意味を際立たせ、国連総会が有する権限を超える安保理権限は、例えば、加盟国に対して、拘束的決定措置をとる安保理の権利であり（第25条）、特に憲章第39条の下で、侵略行為または平和に対する脅威を犯した国家に対して、拘束的制裁を命じる安保理の排他的権利にある。いいかえれば、国際平和と安全の維持に関して、安保理が主要な責任を有するということが意味するものは、安保理と国連総会は平和維持の問題を扱うにおいて、類似または同様の権限を持ちながらも、安保理は強制措置に関して、実効的かつ拘束的行動を執るという排他的権限を有しているということである。」[102]

つまり、第24条1項が有する安保理の「主要な責任」は、安保理が憲章第25条に基づいて有する全加盟国を拘束する決定措置をとる権限を有するということにしか見出しえないということである[103]。つまり、第24条1項から安保理が国連総会に、国連システムにおいて「優越」すると一般的に捉えることはもはや不可能なのであって、安保理の「主要な責任」が国連総会によるコントロールを排すると解釈することはできないのである。

---

102 Jost Delbruck, "Article 24", in Bruno Simma (ed), *The Charter of the United Nations: A Commentary,* Second Edition, Oxford: Oxford University Press, 2002, pp.446-447.
103 Gabriel H. Oosthuizen, "Playing the Devil's Advocate: the United Nations Security Council is unbound by Law", *Leiden Journal of International Law,* vol.12 (1999), p.551.

(13) 冷戦の終結

　以上、冷戦期の両機関関係の進展を国連総会の実行を中心に確認してきたが、これら冷戦期の進展に加え、冷戦後にあらわれた安保理と国連総会の権限関係に関する新たな問題を示すために、冷戦終結後の両機関関係が、いかに捉えられてきたかを概観しなくてはならない。冷戦期の両機関関係をみることで、国連総会が安保理に対するコントロール機能を行使することの一つの基盤を確認した。当該検討に加えて、冷戦後の国際社会の進展が、さらに国連総会による安保理への「コントロール機能」の必要性を推し進めている。この背景を、以下で検討したい。

　冷戦の終結は、国連総会と安保理との関係の議論にさらなる影響を与えた。本来、国連集団安全保障体制において、安保理が有する強制権限は、冷戦構造の中で、常任理事国に拒否権が与えられることで、効果的に機能することは予定されていなかった。だからこそ、国連総会の補完的役割の重要性が存在した。しかし、冷戦終結後安保理が活性化したことは、すでに述べた通りである。その結果、冷戦後の国際社会においては、安保理と国連総会との関係をいかに捉えるのか、あるいは捉え直すかという問題が生じている。なぜならば、平和と安全の維持機関としての安保理の役割が次第に注目され、重要度が増していく中で、国連のもう一つの政治的機関であり、かつ平和と安全の維持権限を共有する国連総会の役割は、果たして何かという疑問が呈されてきたからである[104]。

　さらに、この疑問は冷戦後の安保理活動が、単にその権限行使の頻度を高めたというわけではなく、安保理の機能自体が、平和概念の進展の下で、国連憲章に当初予定されていた形態から拡大を遂げたことからも加速されることになった。当該問題について、本稿では概観に留まるが、以下において確認したい。

---

[104] Eric Suy, "The Role of the United Nations General Assembly", in Hazel Fox (ed), *The Changing Constitution of the United Nations,* London: The British Institute of International and Comparative Law, 1997, p.55.

(14) 安保理の機能拡大

　冷戦後の安保理は、1992年安保理議長声明に典型的に窺えるように、平和の問題と経済社会分野、人道分野を連関させ、従来の安保理機能としては想定されていなかった問題に対し、措置を講じている[105]。さらに、冷戦後に国際社会の課題として認識された国内紛争や破綻国家への対処を考える際には、平和構築の問題として、国内での武力紛争の予防から国家の再建活動などを包括的に捉え、対処するべきだという発想が生まれた。安保理の活動範囲は、旧ユーゴスラヴィアとルワンダにおけるアドホック国際刑事裁判所の設立や、カンボジアや東チモールにおける領域統治活動など、紛争後の社会構築にまで関わり、多岐にわたることになった。、冷戦後の安保理は、従来捉えられてきた「平和」の問題を超えて、活動するに至っている。

　こういった国家間の武力衝突といった問題を超えた、つまりは従来、認識されてきた平和の概念を超える問題群、例えば社会的公正や経済社会問題、並びに人権・人道問題は本来、本節2項(4)で確認したように国連総会の活動範囲だったといえる。そのため、冷戦後の安保理と国連総会関係の議論としては、論者によって、安保理が直接に紛争後の復興活動などに関わることが、果たして妥当かという観点から議論が提起されている。1945年当時に、安保理に予定されていた機能は平和と安全の維持という政治的機能であり、経済的・社会的側面が多分に伴う活動である紛争後の国家再建活動などは、国連総会に委ねられる問題ではないかと考えられるからである。この点、コンテ（Alex Conte）は次のように述べている。

　　「国連総会と安保理は共に、国際の平和と安全の問題を扱う機関であるが、それぞれの機関は劇的なほどに対照的な構成と、別個に設定された権限と責任という異なる権威を有している。これらを組み合わせた要因が意味するものは、各機関は別個の役割を有しており、且つそうであ

---

[105] S/23500.

るべきであるということである。安保理は世界の治安と国際秩序を維持する一方、国連総会は経済・社会的、そして人道的問題において、討議と行動を広範な代表の下で行い、国際的正義を促進することに貢献するのである。……（それ故に）復興という経済・社会的、そして人道的問題は……国連総会にこそ適する役割であろう。」[106]（括弧内筆者）

　この見解はアフガニスタンの復興問題に関連して述べられたもので、冷戦後の国際社会において、安保理が制限なく活動を展開することに対する制限として提起されている。そして、コンテによれば、政治的・経済的復興問題は国連総会に任せ、紛争後のアフガニスタンにおける安保理の役割は平和維持活動といった安全の問題に限定されるべきであったという[107]。その意味で当該見解は、冷戦後においてこそ、1945年当時に国連憲章が描いた図式である安保理は平和維持の問題を扱い、国連総会は社会的経済的分野に集中するという、両機関の権限分化を試みるべきであるという見解と考えられる。

　しかし、この見解が拠って立つ、安保理は国際秩序の維持機関であり、国連総会は国際的正義を担うという概念的分化は、これまで確認してきたように、冷戦期における安保理と国連総会の権限関係の進展に鑑みれば、受け入れることは困難であるように思われる。特に、冷戦後の国連活動にそのままあてはめることは、現在の国連活動の傾向からみても適切ではない[108]。この経済的・社会的活動が多分に伴う、紛争後の国家再建活動、つまりは平和構築活動を国連体制において、どの機関が主たる責任を負うのかという問題は、2005年の平和構築委員会設置に纏わる問題において大きく議論された。

106　Alex Conte, *Security in the 21st Century: the United Nations, Afghanistan and Iraq*, Aldershot: Ashgate, 2005, pp.90-91.
107　Alex Conte, *ibid*, p.91.
108　この考えはコスケニエミの分析に基礎を置いている。Martti Koskenniemi, "The Police in the Temple Order, Justice and the UN: A Dialectical View", *European Journal of International Law*, vol.6 (1995).

(15) 平和構築委員会と憲章構造

　国連改革の一環としての平和構築委員会設置は、2004年に提出されたアナン国連事務総長ハイレベル・パネル報告にて提案され、2005年9月に行われた国連世界サミットを経て、同年12月20日に設置が決定された[109]。この議論過程で問題とされたのが、当該委員会を果たして、どの国連主要機関の補助機関とするかという問題であった[110]。平和構築委員会の機構的位置付けにより、国連のどの主要機関が平和構築という課題に主な役割を担うかという問題が黙示的に推定されるからである。この問題に対しては、常任理事国、そして日本などは、当初、平和構築委員会を安保理の補助機関として設置することを目指していた。しかし、当然ながら当該提案には途上国からの批判が強かった[111]。そのため、国連総会決議180号（第60会期）は、「（国連総会は）世界サミットの決定を具体化する意図をもって、国連憲章第7条、22条および29条にしたがい、安保理と一致して、政府間諮問機関としての平和構築委員会を設立することを決定する」[112]と規定し、一方で安保理決議1645号は、「（安保理は）世界サミットの決定を具体化する意図をもって、国

109　United Nations, Report of the High-Level Panel on Threats, Challenges and Change, *A More Secure World: Our Shared Responsibility*, 2004, para.261-265. The 2005 World Summit Outcome (A/60/L.1 para.97-105.) SC/Res/1645, GA/Res/60/180.

110　この問題から2005年9月16日の国連世界サミットの成果文書では平和構築委員会をいかなる機関の補助機関とするかという機構の法的位置付けについては一切触れられていない（The 2005 World Summit Outcome A/60/L.1）。安保理と国連総会が一致して設置するという規定が括弧付きながらも現れるのは、平和構築委員会設置協議における議長国であったデンマーク及びタンザニアによる10月19日付のOptions Paperからである。
(Informal Consultations of the General Assembly on the Peacebuilding Commission co-Chaired by the permanent Representatives of Denmark and the United Republic of Tanzania, Options Paper, 19 October 2005.)
1. Institutional Location
「The General Assembly acting 〔jointly with the security council, and〕 in accordance with the 2005 World Summit Outcome (document A/60/L.1), hereby 〔implements the decision to establish〕〔establishes〕〔decides the following with a view to operationalizing〕 the Peacebuilding Commission.」

111　特に国連総会の権威の下で活動しかつ国連憲章上経済社会的分野における主要機関とされている、経済社会理事会の下での設置または何らかの形で当該機関を設置に関わらせたいという見解が多く提示されたという。

112　GA/Res/60/180.（本文第一項）

連憲章第7条、22条および29条にしたがい、国連総会と一致して政府間諮問機関 (an intergovernmental advisory body) としての平和構築委員会を設立することを決定する」[113]とした。つまり、機関名のみが異なる同文の決議をもって、平和構築委員会を安保理と国連総会が「一致して」(acting with concurrently) 設置するという手続をとったのである。そのため、平和構築委員会の法的地位は、決議において国連憲章第22条及び29条に従ってとあるように、安保理と国連総会両機関の補助機関としての法的地位を有すると考えられる[114]。

この平和構築委員会設置における議論から、指摘しておかなければならないのは、その活動内容からすれば、本来国連総会の権威の下で活動する経済社会理事会の補助機関となるべきところを、国連総会が「国連憲章第7条、22条および29条にしたがって、安保理と一致して (安保理決議では「安保理」が「国連総会と一致して」設立するとある) 設立する」[115]とされたことからも示唆されるように、当初、国連憲章において定められていた主要機関間の権限配

---

113 SC/Res/1645.（本文第一項）
114 またこの平和構築委員会設置の目的は、武力紛争の停止及び緊急援助から復興のための開発にいたる間に存在する国連体制の制度的間隙を埋めるということにある (SC/Res.1645, GA/Res.60/180)。そのためこの委員会設置の目的の一つには平和構築への統合的アプローチの重要性と共に、当該委員会権限を主に安保理活動への助言機関とすることで安保理の関心、特に理事国の関心を紛争後の社会復興段階においても制度的に維持し続けることとされる。そのため安保理権限と安保理構成国の地位を委員会規定において比較的強く認めるに至っている (Statement by The President of the United Nations General Assembly, H.E. Jan Eliasson, at the Informal Consultations of the Plenary on the Peacebuilding Commission, United Nations Headquarters New York, 14 December 2005)。そのために、当該委員会の構成と権限については途上国諸国から国連総会の権限を奪うものとの批判が強い (GA/10439)。つまり、本来安保理以外の主要機関の権限とされてきた社会・経済的分野における活動を安保理の活動として制度的に組み込むことへの疑義である。
115 SC/Res/1645, GA/Res/60/180.
安保理決議1645号。
1.「(安保理は) 世界サミットの決定を具体化する意図をもって、国連憲章第7条、22条及び29条にしたがい国連総会と一致して政府間諮問機関としての平和構築委員会を設立することを決定する。」
国連総会決議180号 (第60会期)
1.「(国連総会は) 世界サミットの決定を具体化する意図をもって、国連憲章第7条、22条および29条にしたがい安保理と一致して政府間諮問機関としての平和構築委員会を設立することを決定する。」

分が次第に統合的に考えられるようになっているということである[116]。これを安保理の側からみれば、社会・経済的側面から平和の問題に取り組むという国連総会的視点への安保理による接近ということになるだろう。また、国連総会による安保理活動へのコントロールという観点からみれば、議論のあった平和構築委員会の年次報告の提出先が国連総会と規定され、当該報告書を毎年国連総会が審議対象として維持しなければならないと規定されたことにも注目しなくてはならない[117]。

以上における考察をまとめると、次のようになる。

第一に、国連総会と安保理との関係を伝統的に規律してきた、国連主要機関間における機能分化という発想に対する修正が、冷戦期間中、及び冷戦後も継続的に試みられている。国連総会は冷戦期の実行において、より直接に平和と安全の維持に関わる機関へと変貌を遂げた。その一方で、安保理も冷戦後の実行により、当初予定されていた警察的任務を超えて、平和の問題に包括的に取り組むようになり、かつ要請されるようになっている。国連が対処する「平和」という概念が統合・拡大を辿る中で、国連の主要機関間における厳格な「機能分化」も維持できなくなってきているのである。当該要因により両機関は、対照的な機関構成を持ちながらも、機能において限りなく接近していると思われるのである。このように、両機関がそれぞれの機能において接近し、憲章構造として主要機関間の明確な権限分化が維持し得ない状況

116　The 2005 World Summit Outcome (A/60/L.1) Informal Consultations of the General Assembly on the Peacebuilding Commission co-Chaired by the permanent Representatives of Denmark and the United Republic of Tanzania, Opitions Paper, 19 October 2005 (I. Institutional Location) and Informal Consultations of the General Assembly on the Peacebuilding Commission co-Chaired by the permanent Representatives of Denmark and the United Republic of Tanzania, Opitions Paper 28 October 2005 (I. Institutional Location) and Draft Resolution Submitted by the President of the General Assembly (14 December 2005, A/60/L.40)

117　SC/Res/1645, para.15. GA/10439. ただ平和構築委員会を設立した安保理決議1645号の直後に安保理は決議1646号を採択しているが、当該決議1646号の2項において安保理は以下のことを決定している。

2.「(安保理は) 決議1645号 (2005年) の第15項において言及した年次報告を、年次討論のために安保理へも提出することを決定する。」
そのため平和構築委員会は国連総会と安保理の両機関へ年次報告を行うことになる。

の中で、両機関関係をどのように構築するかが改めて問われ始めている。当該問題に対する一つの解答として、安保理は国連における幅広い意味での行動機関であり、国連総会はその権限行使を監督する地位を持つことが妥当ではないのかという国連総会による「コントロール機能」の主張が生まれているのである。

　第二に、第24条1項の「主要な責任」は、国連総会による安保理に対するコントロールの主張を法的に排除するものではないということである。第24条1項は「安保理の優越」、若しくは国連総会と安保理の「機能分化」という意味で、伝統的には解釈されてきた。しかし、冷戦期の国連総会の実行は、その民主的基盤を基軸として、安保理が有する権限上の優越を堀り崩す過程であり、冷戦後の安保理の実行は、平和概念の拡大の下、安保理の側から「機能分化」の意味を変容させるものであった。

　第三に、上記2点を考慮すれば、第24条1項の存在は国連総会による安保理へのコントロールを排除するものではなく、むしろ促進する条項になりうるということである。国連憲章において、国連総会と安保理という二つの機関が全く別個の権限を有し、かつお互いが独立的に行動するのであれば、一方の機関から他方へコントロールを及ぼすという議論は生じにくい。異なる責任と異なる権限を持つ機関同士のコントロール関係は、理論的に生じ得ず、また存在したとしても、適切なコントロールが発現するとは思えないからである。それに対し、両機関権限が、本稿において検討してきたように、ほぼ同様といえるまでに接近している場合には、機構構造として、一方を行動機関とし、他方をその権限行使のコントロール機関として捉えることが、国連憲章が規定する様々な価値を最も適切に運営する手段となる。つまりここで、第24条1項の安保理の「主要な責任」、そして当該条項が担保する両機関関係の「機能分化」という思想は、安保理を国連の行動機関とし、国連総会をそのチェック機関とするという新たな解釈に再構成されなければならないと思われるのである。コスケニエミは1995に発表された論考において、冷戦後の安保理と国連総会との関係における「権限分化」を以下のように捉えていた。

「安保理は秩序を創出しこれを維持する。この目的によって、その構成と手続は正当化される。国連総会はその秩序の受容可能性について論じなくてはならない。その構成と権限はこの観点から理解できる。ここで両機関は相互のチェックを行うのである。無秩序（chaos）を創出してしまう国連総会の無力に対して、安保理の機能的実効性は保障となり、安保理の政策を含む、いかなる政策についても議論を行う国連総会の権限は、一般的に、機構を帝国主義のための道具に偏向させる大国の力への公的チェックとなるのである。」[118]

憲章第24条1項に規定された「主要な責任」、そして当該条項が担保し、国連設立以来通説的に維持されてきた両機関関係の「機能分化」という思想に意味を見出すとすれば、このような新たな解釈へ再構築されなければならない。

もちろん、ここで国連総会を安保理に対するコントロール機関・チェック機関と措定することができるかという問題は、国連総会が国連憲章第7章に基づく安保理行動に対して、コントロールを及ぼす権限、若しくは手段を有するかという問題を検討しなければならない。当該問題に対しては、国連総会が「予防的コントロール」と「事後的コントロール」という二つの政治的コントロール手法を持つ可能性があることをすでに述べた。以下では、具体的にこれら個別的論点に対し、考察を加える。

3　国連総会による予防的コントロールの法的基盤

(1) 有権的解釈権限と国連憲章第15条

第一の問題は、国連総会は国連憲章を有権的に解釈する権限を有するかと

---

[118] Martti Koskenniemi, *op.cit.*, p.338. 当該論考においてコスケニエミは、冷戦後の安保理活動に制限を設ける目的をもって、安保理活動を秩序の問題に限定し、他の国際的正義に関わる経済社会的問題を国連総会に委ねるという概念的分化を提案しているが、この考えがもはや維持できないことについては記述した。

いうものであった。当該問題は通説的には否定的に解釈されてきた[119]。例えば、コンフォーティは、国連総会は有権的解釈権限を持たないという結論を、第一に、起草会議における支持の欠如、第二に、第15条に基づいた国連総会による他の機関へのコントロール権限の否定という二つの理由から導いている[120]。周知のように、サンフランシスコ会議において、「国連総会は憲章規定を解釈する主権的権限を有する」[121]という提案を、解釈権は立法権限に等しいため、当該権限は「新機構の民主的機関としての国連総会の機能であることが望ましい」[122]という理由から行ったベルギー提案は票決に付されることなく否定された[123]。一方で、第15条2項に関しコンフォーティは、以下のように述べている。

「そしてまた、この見解（国連総会を有権的解釈機関とする見解）は、国連機関にその活動を国連総会へ報告することを要求する15条2項によっても支持されない。この条項は明らかに国連総会に他の機関によってとられた個別的措置の審査権限を与えていないからである。国連の『法的良心』を具体化する国連総会が、それにふさわしい憲章解釈における卓越した地位を持つという議論は、いかなる客観的証拠からも支持されない。」（括弧内筆者）[124]

ただ、このコンフォーティの見解は、安保理を含めた他の国連機関に、国

---

119 Manuel Rama-Motaldo, "Contribution of the General Assembly to the Constitutional Development and Interpretation of the United Nations Charter", in Ronald St. John Macdonald and Douglas M. Johnston (eds.), *Towards World Constitutionalism, Issues in the Legal Ordering of the World Community*, Leiden: Martinus Nijhoff, Leiden, 2005, p.494.
   Benedetto Conforti, *The Law and Practice of the United Nations:* Third Revised Edition, Leiden: Martinus Nijhoff, Leiden ,2005, p.15.
120 Benedetto Conforti, *The Law and Practice of the United Nations,* Second Revised Edition, The Hague: Kluwer Law International, 2000, pp.14-15.
121 United Nations Conference on International Organization vol.III, p.339.
122 Louis B. Sohn, "The UN System as Authoritative Interpreter of ITS Law", Oscar Schachter and Christopher Joyner (eds.), *United Nations Legal Order,* Volume 1, Cambridge University Press, 1995, pp.171-172.
123 Ruth B. Russel, *A History of the United Nations Charter–The Role of the United States 1940-1945–*, The Brookings Institutionm, 1958, pp.926-927.
124 Benedetto Conforti, *op.cit.*, pp.14-15.

連総会への報告を要求する憲章第15条が、いかに有権的解釈権限と関係しているのかという問題に関して明らかにはしていない。

憲章第15条はその第1項において、国連総会は、安保理から国際の平和及び安全を維持するために決定し、又はとった措置の説明を含む年次報告及び特別報告を受け、審議すると規定する。この点、安保理に対しては、第24条3項において、以下のように規定されている。

>「安全保障理事会は、年次報告を、また、必要があるときは特別報告を総会に審議のため提出しなければならない。」

さらに第15条2項においては、国連総会が安保理以外の機関からも報告を受け、審議することが規定されている。そのため従来、この報告を受け審議するということの意味が、コンフォーティも述べているように、国連総会が国連の他の機関、特に安保理がとった行動に対する審査をし、統制する権限までをも認めたものか否かという文脈の中で議論されてきた。それでは、当該議論はどのように有権的解釈の問題と関わるのであろうか。当該問題に対してはまず、国連総会が他機関行動に対する審査権限を持つことを認められるということが、国連総会が他の機関行動の「国連憲章に照らした適法性」の審査権限を持つということを意味しうるということを指摘しなければならない。この「国連憲章に照らした適法性」の審査権限には、当然に憲章の解釈を伴う。その結果、他の機関に対して、国連総会が「国連憲章に照らした適法性」に関する審査を行いうるという見解が認められるのであれば、その法的帰結は、国連総会が国連憲章の有権的解釈権限を持つということを強く示唆することになる。つまり国連において、いかなる機関をコントロール機関と見なすことが可能なのかという問題は、結局のところ、いかなる機関が国連憲章を最終的に解釈する権限を持つのかという問題なのである。そのために第15条は、国連総会に有権的解釈権限を与える法的根拠となる可能性を有していると考えられるのである。

(2) 国際連盟規約における総会と理事会

　平和と安全の維持のための一般的国際機構において、理事会（執行機関）からの報告を総会（全体機関）が受けるという実行は、国際連盟に起源がある。連盟規約は第3条3項並びに4条4項において、総会と理事会へ「連盟の行動範囲に属し又は世界の平和に影響する一切の事項を処理する」という全く同一の権限を与えていたが、この権限の明確化の過程で、毎年理事会は総会へ報告書を送付する原則が生まれることになった。

　1920年、総会と理事会の権限の完全な重複という困難な問題の解決を委ねられた総会第一委員会は、両機関間の権限関係に対する指針を示した報告書を作成し、当該報告書は同年12月7日、総会において採択された[125]。この報告書において、「理事会は毎年、それが行った業務に関する報告書を総会へと送付する」という原則が規定されたのである。

　ここで、同原則の承認は第一に、連盟の理事会と総会は権限において、完全に同一であるが理事会を連盟の行動機関と認めること、第二に、その結果として、総会の平和と安全の維持機能は第15条9項の適用後に行使されるという補完的機能を営むこと、そして第三に第15条9項の適用以前の段階、すなわち紛争が理事会において扱われている段階においても、理事会に代表を持たない小国が、理事会からの報告を総会が受けることで、その意見を総会にて表明しうるということを示したものであった[126]。この原則を報告書に指針として加えることに、理事会は消極的であったとされているが、この原則の採択に尽力したノルウェー代表は同原則を、「理事会をコントロールする、あるいは批判する権利行使の機会を、総会へ与えることが可能であり、理事会に代表を持たない国家にとって重要な規定」[127]と評価していた。

---

[125] この報告書は以下の文献に所収されている。James T. Watkins and J. Wiliiam Robinson, *General International Organizations : A Source Book,* Nostrand Company, 1956, pp.81-84.

[126] 連盟規約第15条9項：「聯盟理事会ハ、本条ニ依ル一切ノ場合ニ於テ紛争ヲ聯盟総会ニ移スコトヲ得。紛争当事国一方ノ請求アリタルトキハ、亦之ヲ聯盟総会ニ移スヘシ。但シ右請求ハ、紛争ヲ聯盟理事会ニ付託シタル後十四日以内ニ之ヲ為スコトヲ要ス。」

[127] M.E. Burton, *The Assembly of the League of the Nations*, University of Chicago Press, 1941, p.78.

しかし、同原則の承認は理事会行動に対して、総会が介入する根拠規定としては展開していない。特に総会は報告書を年度ごとではなく、個別事例毎においても、理事会に提出するように、実行において幾度か求めていた。例えば、1922年から係争中であったポーランド・リトアニア紛争に関して、理事会は、総会から報告書の提出を求められている。しかし、これに対する理事会の態度は、フランス代表ブルジョワの「総会の紛争に関する権限は限られており、理事会の決定に意見を述べることは求められていない」という見解に代表されるように、当該要請を明確に否定するものであった[128]。

(3) 憲章第15条の起草過程

憲章第15条の基礎規定は、ダンバートン・オークス提案第5章B節8項に、「総会は、安全保障理事会から年次報告及び特別報告、並びにこの機構の他の機関から報告を受け、これを審議する」と規定されていた。連盟の実行を受け、国連総会が安保理から情報提供を受ける権利については、起草初期から広く認識されていたといわれている。一方で、サンフランシスコ会議においては、小国から、国連総会は安保理からの報告書を「承認又は不承認」する権利を有するという提案がなされ、安保理行動に関する適否について、国連総会が判断 (judgment) することを可能とするか否かが議論された[129]。

しかし、このような国連総会の安保理に対するコントロール権限を導く提案は、招請国から、平和と安全の維持に関する安保理の役割に対して、悪影響をもたらすとして強硬に反対され、ソ連は、総会は理事会報告を「受け、審議し且つ討議する」に留まるという提案を行っている。その結果、最終的にソ連案の「討議する」が削除された現在の第15条が、その内容に不明確さを残したまま採択された[130]。

(4) 憲章第15条の法的性格

---

[128] M.E. Burton, *ibid*, p.348.
[129] Leland M. Goodrich, Edvard Hambro and Anne Patricia Simons, *op.cit.*, p.145.
[130] Bruno Simma, *op.cit.*, pp.326-327.

それでは、国連憲章第15条がどのように解釈されるかという問題であるが、起草過程を踏まえ、国連総会に安保理行動に対する審査権限、または統制権限を認めたものではないという見解が多く表明されている[131]。それらは、ヒルガーの、「憲章第15条1項において、総会は憲章に基づいて、安保理が主要な責任を持つ活動に対するコントロール権限を持つわけではない」[132]という見解に代表されるだろう。第24条3項に規定された安保理による国連総会への報告規定を、安保理裁量を制限する可能性を持つ条項として検討したNkalaも、この規定が実際に制限として機能しうるかは疑わしいとし、国連総会による安保理に対するコントロールの法的基盤にはなり得ないとする[133]。しかし、その一方で、当該問題に対して、スイは以下のような見解を述べている。

　　「『監督 (supervision)』は国連総会の議題に審議事項が載っている限り、いかなる場合においても可能である。しかしながら、通常は安保理からの年次報告及び特別報告の審議を通じた方法によって行われるだろう。憲章第15条は、国連総会はそれら報告を受け、審議すると規定する。またこの規定は、安保理に国連総会へ、その『審議のため (for its consideration)』報告を送付することを義務付ける第24条3項に対応し、それにより補完されている。……これら報告書は安保理の権限と機能以上のものを含んでおり、総会の構成国は、安保理がその権限と機能を行使するその方途に関しても審査するのである。その結果、審議 (consideration) は討議 (discussion) 以上のものなのである。」[134]

　このスイの議論はかなり慎重であるが、第15条において、国連総会に認

131　Mohammed Bedjaoui, *The New World Order and the Security Council: Testing the Legality of its Acts,* Martinus Nihoff Publishers, 1994, p.124.
132　Bruno Simma, *op.cit,* p.328.
133　Jericho Nkala, *The United Nations, International Law, and the Rhodesian Independence Crisis,* Oxford University Press, 1985, p.174.
134　Suy, Eric, "Democracy in International Relations: The Necessity of Checks and balances", *Israel Yearbook on Human Rights,* vol.26 (1996), pp.133-134.

められている報告書の「審議権」が、単なる討議権とは異なり、それ以上の意味を有していることを認めている。つまり、第15条に基づく国連総会の「審議権」は、単に討議することに留まらず、安保理に対するコントロール権限を導くことが可能であることを示唆する規定であると述べている。しかし、当該規定から直接に安保理に対するコントロール権限、また有権的解釈権限を導くことは現段階では難しい。コンフォーティが指摘するように、当該規定は理事会行動の個別事例に対する審査権限を認めたものではないからである[135]。その一方で、当該規定が存在するにも関わらず、「安保理は、憲章上、第7章権限の行使方法について、国連総会に責任を負っていないのは明確である」[136]と解釈するのも誤りである。ここで問題となっているのは。当該規定が具備する責任の範囲と内容についてであった。そのため当該規定は、国連総会の有権的解釈権限の法的基礎を直接に提供する規定ではないが、国連機関すべてに対する監視・監督機能を国連総会に与えることで、有権的解釈権限行使の基盤を提供するものであるといえるだろう。

　ただ、たとえ国連憲章第15条が、国連総会の有権的解釈権限を直接に導くものではないとしても、「最後の手段をとる権利」を基軸とし、当該権限を主張する可能性が残されている。

(5)「最後の手段をとる権利」を基盤とした国連総会による集団的解釈

　「最後の手段をとる権利」は、国連憲章を解釈する有権的解釈機関が存在しないために、憲章上の適切な手続を経た決議であっても、その決議に憲章規定からの内容的逸脱がみられる場合、国家は自己の解釈に従って、当該決議の履行を拒否できるというものである[137]。このような見解を安保理決議

---

[135] Benedetto Conforti, *op.cit*, p.15. 一方で、S5決議案は安保理による国連総会への年次報告とは別個に、平和維持活動の終了、強制措置の発動、そしてすべての加盟国が関心を持つ他の事項を含む特定事例ごとの報告について、国連総会に定期的に行うことを安保理に求めている（2項）。

[136] Danesh Sarooshi, *op.cit*, p.31.

[137] Dan, Ciobanu, *Preliminary Objections: Related to the Jurisdiction of the United Nations Political Organs*, The Hague: Martinus Nijhoff, 1975, pp.173-179. Martti Koskenniemi, *op.cit.*, p.18.

の履行拒否に用いて展開するのが、デ・ウェットとツィマネクである。

　デ・ウェットは安保理による強制措置の適用が、明らかに憲章の目的及び原則に反する結果を生じさせており、かつ安保理がその強制措置の終了または修正を図ることに拒否権の結果失敗した場合という限定された状況下において、「安保理自身、また他の国連機関も憲章規範を侵害する安保理決議に必要なコントロールを行使できないことを考慮すれば、国連加盟国がそのようなコントロールを行う最後の選択肢となる」ことを認めている[138]。この見解をとる根拠としては、憲章第25条は、「国際連合加盟国は、安保理の決定をこの憲章に従って受諾し且つ履行する」とあり、「この憲章に従って」という文言は加盟国のみではなく、機構へも向けられている。その結果、憲章違反の決議を加盟国は履行する必要はないという理解である。そのため、最後の手段をとる権利として、加盟国自身に決議の憲章適合性の判断権を与え、安保理決議の加盟国による個別的拒否を導いている。ツィマネクも、憲章第25条は、憲章に従っている安保理決議のみの履行を加盟国に要求しているという前提に立ち、以下のように、基本的に同様な考えである。

　「(国際システムにおいて) その行動主体は、国際法及び国連憲章という特別法の適用対象に留まらず、彼らはまたそれらの創造者でもある。当該文脈において、これが意味するものは、国連の各加盟国は、彼ら自身、問題となっている機関行動の合法性または違法性の判断者であるということである。……

　国連内には、安保理の裁量権限行使の適切性を審査する法的手続は存在しないために、国連加盟国のみが、機構のある行動が権限を逸脱している (ultra vires) と主張する権限が与えられているのである。」[139]

　このように、両者は、第一に、憲章第25条の「この憲章に従って」という文言は、加盟国のみではなく、安保理へも向けられていること、そして第二に、国連において有権的解釈機関は存在しないために、国連憲章の最終的解釈権限を加盟国に留保するという二つの前提に立脚した立論であった。しかし、

---

[138]　Erika de Wet, *op.cit.,* (本章脚注10), p.382.
[139]　Karlz Zemanek, "Is the Security Council the Sole Judge of Its own Legality?", in Emile Yakpo and Tahar Boumedra (eds.), *Liber Amicorum Judge Mohammed Bedjaoui*, Kluwer Law International, 1999, pp.643-644.

デ・ウェット自身も認識しているように、後者の前提が問題であるように思われる。それは、国連憲章の最終的解釈権限を加盟国に委ね、彼らの自己判断によって、機構の決議を拒否することを可能とすれば、国連自身の有効性と一貫性を破壊しかねないからである[140]。

このような批判に対して、デ・ウェットは、国連の平和維持システムの有効性は、最終的にその正当性に拠るのであって、国連の基礎を構成する規範を侵害する形で行使される安保理による強制措置は、結果的に国連の正当性を掘り崩すことになる。そのため、長期的に考えれば、個々の加盟国による決議の履行拒否は、国連の有効性を守ることになると指摘する[141]。しかし、このような指摘は、加盟国による当該権利の濫用を防ぐことにはつながらず、結局、その権利行使の妥当性を誰が判断するのかという問題を残すこととなっていた。そのため、2004年に発表された彼女の著書においては、「最後の手段をとる権利」を用いた安保理決議の個別的拒否に関して、より高い正当性を求めれば、「他の可能性として『最後の手段をとる権利』を、国連総会決議を用いて行使する」ことが考えられると議論を発展させるのである[142]。

(6) 国連総会による集団的解釈への発展

このような「最後の手段をとる権利」を国連総会が行使するという提案は、デ・ウェット以外からも提示されている。例えば、シリング（Th. Schilling）も、安保理決議の適法性に対する分権的審査を行う適切な機関として、国連総会を提案している[143]。ここで「分権的」とされているのは、解釈権を個々の加盟国に求めているからである。そのため、この見解において、国連総会は安

140　Erika de Wet, "The Role of the Human Rights in Limiting the Enforcement Power of the Security Council: A Principled View", in Erika de Wet and Andre Nollkaemper (eds.), *Review of the Security Council by Member States,* Intersentia, 2003, pp.27-29. また当該危険性については以下の文献においても指摘されている。Gabriel H. Oosthuizen, "Playing the Devil's Advocate: the United Nations Security Council is unbound by Law", *Leiden Journal of International Law,* vol.12 (1999), p.556.
141　Erika de Wet, *ibid,* p.29.
142　Erika de Wet, *op.cit.*, (本章脚注10)、p.383.
143　Theodor Schilling, "Die, neue Weltordnung und die Souveränität der Mitglieder der Vereinten Nationen", *Archiv des Völkerrechts,* Band 33, Heft 1/2, Mai 1995, p.102.

保理決議の履行を拒否できる機関と考えられているわけではなく、単なる「最後の手段をとる権利」の、不正な使用を抑えるための行使手続を提供しているという理解であると考えられる。

しかし、このような見解は、加盟国自身の判断に最終的解釈権限を求める「最後の手段をとる権利」という加盟国と機構との関係を基礎にする一方で、より高い正当性、またはその適切な行使方法を求めるためとはいえ、国連総会による集団的判断の行使、つまりは総会と安保理という機関間の権限関係に関わる提案をなしており、論理的には矛盾した帰結を導いている。国連総会の決議は加盟国による個別意志を表しているのではなく、国連総会という国連機関の意志表示であり、かつ構成員の集団的意思を構成する。このような特徴を持つ国連総会決議を個別的意思に還元して考察することは不可能であろう。

また、「最後の手段をとる権利」という理論自体も問題がある。当該理論は安保理に対する有効な審査手続が存在しないという仮定の下において、条約法の解釈に関する伝統的立場を表しており、国連憲章の加盟国相互間の契約的性質を強調することで、加盟国の解釈権限を担保し、彼らの主権を保護するための議論であった。しかし、国連憲章はその解釈を加盟国の意思から、より社会適合的に発展させるという機構意思の問題へと発展させたと考えることが妥当であると思われる。それ故に、当該権利の理論的基盤は現在においては存在しないと考えられる。つまり、このような加盟国の個別的意思の問題から、集団的意思の問題へと展開した結果、「最後の手段をとる権利」は、国連総会という国連の全体機関による集団的解釈へと発展したと考えられるべきなのである。

確かに、従来の伝統的国際法枠組みに従えば、条約である国連憲章の解釈権限を有するのは創設者である加盟国でもある。しかし、このような前提は、現在の国連憲章体制内においては維持できないのである[144]。したがって、従来の伝統的国際法観念に照らし有するとされてきた加盟国の解釈権限は、

---

[144] Aristole Constantinides, "Book Review", *European Journal of International Law,* vol.16 no.4 (2005), p.789.

国連体制においては、加盟国の全体機関である国連総会へと発展的・集団的に帰属するということが妥当であろう。つまり、当該理論は国連総会による集団的解釈権限の発現への端緒として理論的に捉え直すことが必要なのである。

また、このように考えれば、1970年に採択された「友好関係原則宣言」[145]は、国連総会が国連憲章に対する集団的解釈を実際に行った一事例と見なすことができる。国連憲章第2条に規定された諸原則への再解釈を図った「友好関係原則宣言」に対しては、国連憲章に対する有権的解釈を行った国連総会決議としての地位を認める見解がこれまでも多く表明されてきた。さらに、2004年パレスチナの壁事件において、ICJ は適用法規の検討において自決原則に対し、以下のように述べている。

> 「裁判所は人民の自決権の原則が国連憲章に明示されかつ上述した国連総会決議2625（XXV）において、『すべての国は（当該決議において）言及した人民から自決権……を奪ういかなる強制的な行為も慎む義務を有する』と確認されていることも考慮する。」[146]

このように裁判所は、国連憲章に規定された自決原則の解釈に際し、「友好関係原則宣言」に多くを依拠している。当該事実について、Jean-Francois Gareau は「当該文書が国連総会による『非拘束的』決議という形式的地位を超えて、条約の有権的解釈を表しているという、これまで有力に展開されてきた見解を補強するものである」[147]と評価している。国連総会が国連憲章に対する有権的解釈権限を持つのではないかという見解は、ICJ によっても、

---

145 正式名称「国際連合憲章に従った諸国家間の友好関係と協力に関する国際法の諸原則の宣言」(Declaration on Principles of International Law Concerning Friendly Relations and Co-Operation among States in accordance with the Charter of the United Nations)、国連総会決議2625号（XXV）。
146 Legal Consequences of the Construction of A Wall in the Occupied Palestinian Territory (ICJ Advisory Opinion), 2004, para. 27.
147 Jean-Francois Gareau, "Shouting at the Wall: Self-Determination and the Legal Consequence of the Construction of a Wall in the Occupied Palestinian Territory", *Leiden Journal of International Law,* vol.18 no.3 (October 2005), p.500.

第6章　国連総会の再評価　303

黙示的に支持されていると思われるのである。

(7) 行使手続

　以上、国連総会の有権的解釈権限を、最後の手段をとる権利の集団的解釈への転換として基礎付け、「友好関係原則宣言」をその実行と考えることができるとした。ここで、さらに検討しなくてはならない問題は、国連総会による国連憲章の有権的解釈権限の行使手続についてである。

　国連総会の決議は、原則として、予算問題などの内部手続事項を除き、勧告的性格しか有さない[148]。そうであれば、「友好関係原則宣言」のような、国連憲章の有権的解釈を行った決議としての拘束的地位を有する決議と、その他の非拘束的決議との間に、行使手続に何らかの差異を設ける必要があるのではないかという疑問が提起される。

　この場合、「友好関係原則宣言」の採択手続として用いられた国連総会における「コンセンサス方式」の意義を示す必要があるだろう。国連総会という普遍的機関において、コンセンサス方式が用いられ、決議が採択されるということの意味は、当該決議を「国際社会の総意」の表明と見なすことが可能となることにある。この意味で、国連総会の有権的解釈権限の基礎が、個々の加盟国とは異なる法主体性を持ち、国際社会における公組織としての性格を持つ国連において、唯一の全体機関による集団的解釈ということにあるとすれば、その「集団的解釈」は、「グローバル国際社会の総意」を体現せねばならない。それ故に、当該コンセンサス方式を採用することは、国連総会による有権的解釈権限行使の必須条件とせねばならないと思われる。

4　国連総会による事後的コントロールの法的基盤[149]

　国連総会を用いた安保理に対する事後的コントロールの法的基盤として

148　第10条、11条1項及び2項、14条。
149　国連総会による安保理に対する事後的コントロールの考察に関しては、アムステルダム大学 (Universiteit van Amsterdam) において1年間ご指導を受けることができた Erika de Wet 教授の著作及び助言に少なからぬ影響を受けたことを、教授への感謝を示すために書き添えておきたい。

は、国連総会が有する予算権限、平和と安全の維持権限、そして勧告的意見請求権という三つの法的論点があることはすでに指摘した。以下、それぞれの論点について考察を加えていきたい。

(1) 予算権限を用いたコントロール

　国連総会による予算権限を用いた、安保理に対する事後的コントロールの可能性を提供しているのは、憲章第17条である。第17条1項は、以下のように非常に明確な規定である。

　「総会は、この機構の予算を審議し、且つ、承認する。」

　つまり、第1項(6)でもすでに確認したように、憲章第17条によれば、国連総会は機構の予算に関する審議と承認に、他機関からの介入を許さない排他的な責任を有している[150]。本条に関しては、1962年「ある種の国連経費事件」におけるICJの勧告的意見が存在する。ICJは、この点に関し次のように述べた。

　「第17条の一般的目的は、国連総会に機構の財政をコントロールする権限、並びに、主要機関そして第22条または29条の権威に基づいて創設される補助機関を通じて行動する機構全体としての機能遂行のために、機構の経費の割当額を課す権限を、国連総会に与えることにある。
　第17条は、ここで議論されている問題と関連のない、裁判所規程第33条と35条3項を別として、予算権限または経費を割り当てる権限、または他の方法で収入を得る権限に言及する唯一の条文である。」[151]

　すなわち、国連のいかなる機関の決定であれ、財政的支出が必要な措置を

150　アラン・プレ、ジャン＝ピエール・コット『コマンテール国際連合憲章（上）』東京書籍、1993年、473頁。藤田久一、前掲書、396頁。
151　*ICJ Reports*, 1962, p.162.

実施するに当たっては、国連総会からの承認が必要なのである。

このことから、まず国連総会は国連のいかなる機関に対しても、当然に安保理活動に対しても、その予算支出の審議と承認を通じて監視することが可能であるといえる。ここで問題となるのは、国連総会の予算承認権限を用いた監視機能ではなく、より重要な問題として、安保理が経費の支出を要する決定を行った際に、その活動への支出について適法な活動ではないと国連総会が拒否することにより、安保理決議を実質的に無効とすることができるかという点にあった[152]。

この問題が肯定的に答えられるとすれば、国連総会は憲章に照らして適法と判断することができない安保理活動を、予算面から履行不能にするという方法を用いた事後的コントロールが可能といえよう。この問題に対し、Szasz は「国連総会の財政権限は、国連からの支出を必要とする行動であるという範囲において、第7章及び8章下の安保理行動を阻止するために用いることができる」[153]とする。またサルーシも、「国連総会は、当該分野における憲章権限の境界設定によって、安保理行動に対して、いくらかのコントロールを行使することができる」[154]として、同意見である。一方で、藤田及びベジャウイは、この見解を認めることに慎重である[155]。その理由としては、1954年の ICJ の「国連行政裁判所の補償裁定の効果」における勧告的意見が挙げられている。ここで裁判所は以下のように述べた。

> 「総会の予算承認任務は、総会に提出された経費を承認するか否かについて、絶対的権限を有していることを意味するものではない。なぜなら、その経費のある部分は、すでに機構が負った債務から生じており、この限度で、総会はこれらの債務を履行して支払う他はない。」[156]

---

[152] Paul C. Szasz, *op.cit.*, p.36. Danesh Sarooshi, *op.cit.*, pp.137-141.
[153] Paul C. Szasz, *ibid.*, p.37.
[154] Danesh Sarooshi, *op.cit*, p.139.
[155] 藤田久一、前掲書、396頁。Mohammed Bedaoui, *op.cit*,（本章脚注10）, p.123.
[156] Effects of Awards of the United Nations Administrative Tribunal, *I.C.J. Reports,* 1954, p.47. 皆川洸編著『国際法判例集』有信堂高文社、1975年、152頁。

つまり、国連総会の予算権限は、確かに総会の排他的権限であることが認められるが、それは絶対的、若しくは無制限なものではない[157]。そのため、国連総会は予算承認を拒否することができず、ここでの予算承認は国連総会の義務であるというものである。しかし、ここで述べられている「機構が負った債務」は「機構が合法的に負った」と捉えられるべきであり、国連憲章から逸脱した行動に伴う予算まで承認する義務が、国連総会に及ぶとは考えられない。つまり、国連総会の予算承認権限は絶対的なものではないとしても、違法な安保理行動に伴う支出にまで、国連総会に予算承認義務が生じることはない。そのため、予算権限を用いた事後的コントロールは国連憲章上認められていると考えられるべきである。

(2) 平和と安全の維持権限を用いたコントロール

次に、国連総会は、安保理が開始した軍事的強制措置に対して、事後的コントロールを図ることが可能かという論点を検討する。ただ、国連設立以来現在に至るまで、国連憲章第43条に基づく特別協定は成立しておらず、近い将来における締結見込みもないために、当該検討は「授権方式による安保理の軍事的強制措置に対して、国連総会が事後的コントロールを及ぼすことが可能か」という問題となる。当該問題を検討するに当たっては、第一に、安保理の授権方式による軍事的強制措置の法的性質を考察しなければならないだろう。当該措置は、1990年11月29日に安保理決議678号が採択されて以来、広範な議論をよんできた。特に、「あらゆる必要な措置」を加盟国に授権（authorize）した当該決議2項が、前文において憲章第7章に基づいてとするのみで、国連憲章上の根拠を明らかにしていないために、その法的根拠を第51条に求める説や、当該決議に基づく武力行使を国連の法枠組みの外にあると見なす説などが提起されている。そのため、国連総会による授権方式による軍事的強制措置へのコントロールを検討するに当たっても、当該措

---

157 Bruno Simma, *The Charter of the United Nations: A Commentary,* Second Edition, Oxford: Oxford University Press, 2002, p.341. アラン・プレ、ジャン＝ピエール・コット、前掲書、475頁。

置の法的性質の検討が必須となる。軍事的強制措置が国連集団安全保障体制の枠内の措置、つまりは国連活動の一環として見なされるのか、それとも個別国家による私的武力行使と分類されるのかによって、国連総会によるコントロールの議論は、議論枠組みが大きく異なるからである。

　第二に、安保理の軍事的強制措置と国連総会との法的関係の考察が必要とされる。本節において、検討対象とするのは安保理によって開始された軍事的強制措置であって、国連総会によるものではない。しかし、安保理が開始した軍事的強制措置であっても、国連総会は国連体制において、平和と安全の維持権限を有する機関として法的つながりを有する。当該問題を検討し、実際の事例においてどのような関係を有してきたかを検討したい。

(3) 国連集団安全保障体制の本質

　まず、安保理の授権方式による軍事的強制措置の法的性質を検討するに当たっては、当該措置が、国連憲章が規定上予定していた方式によるものではないために、国連集団安全保障体制における集団的措置が、本来どのような特徴を持つものとされているかを検討する必要がある。もちろん、集団安全保障体制をいかに定義付けるかという問題には様々な見解が存在するが、その本質がどこにあるかという問いには、一般的に合意があると思われる。たとえば、White と Ulgen（N.D.White and Ozlem Ulgen）は、国連集団安全保障体制の本質を、「国際関係における武力行使の集権化」[158]とし、グレイ（Christine Gray）も、国連起草者が有していた目的を「個別国家による私的武力行使を第2条4項において禁止するのみならず、憲章第7章の下で安保理へ武力行使のコントロールを集権化させる」[159]ことにあったと解説している[160]。国連

158　N.D.White and Ozlem Ulgen, "The Security Council and the Decentralised Military Option: Constitutionality and Function", *Netherlands International Law Review*, vol.44, Issue 3 (1997), p.383.

159　Christine Gray, *International Law and the Use of Force,* Fully Updated Second Edition, Oxford University Press, 2004, p.195.

160　持田優子「安全保障理事会による『授権（authorization）』に関する一考察―集団安全保障体制における集権性と分権性―」『早稲田大学大学院　法研論集』111号（2004年）、188頁。

集団安全保障体制の理念は国際関係における武力行使を、国連という国際社会の公的機関に一元化し、個別国家による武力の私的行使を抑制することにあると考えられる[161]。

それでは、安保理という、国連において平和と安全の維持に主要な責任を課されているいわば、国際社会の執行機関が、正式な投票手続に従って、かつ明示的に「あらゆる必要な措置をとる」ことを採択した決議678号に基づく加盟国の軍事的強制措置が、なぜ国連集団安全保障体制による集団的措置ではなく、国連体制の枠外、若しくは第51条に基づく個別的軍事措置と見なす見解が提示されることになるのか。

それは、授権方式による軍事的強制措置が憲章第43条に予定されていた本来の国連軍と異なり、措置実施国の軍隊が安保理の指揮・命令系統に置かれていないことが問題とされてきたからである。つまり、授権方式には、安保理による明示的授権決議が存在しても、「軍隊の指揮・コントロール・構成に真の集権性がない」[162]のであって、これを国連による軍事的強制措置と解することが可能かという問題が提起されてきたのである。当該問題は国連集団安全保障体制の本質である集権性から、必然的にもたらされる軍事的強制措置のコントロールの問題として、その範囲が実質的にどの程度まで及んでいれば個別国家による私的武力行使と異なるいわば公権力による措置と観念されるのかという問題であり、従来から大きな対立を生んできた。

(4) 集権性と安保理によるコントロール

まず授権方式による軍事的強制措置に対して、批判的見解を述べる香西は、「憲章第43条の国連軍と異なり、この方式では、安保理の承認を得た加盟国の武力行使が国連の統制を離れて遂行され、そのために、強制行動が特定国の利益のために利用される可能性があり、国際公益の実現の面で問題がある」[163]

161　Ian Brownlie, *International Law and the Use of Force by States,* Oxford University Press, 1963, p.335.
162　N.D. White and Ozlem Ulgen, *op.cit*, p.381.
163　香西茂「二十一世紀の国連を考える―国連は『世界の警察官』になれるか―」『世界法年報』23号（2004年2月）、6頁。

と述べている。もちろん、ここで香西が述べる「国連の統制」という意味は明確にはされていない。ただ他の箇所で、「米国を中心とする西側諸国の軍隊に対して、国連の直接の指揮・統制が及ばなかったことを意味する」[164]とされており、強制措置実施国軍隊への指揮・命令を国連による統制（コントロール）と概念化し、その欠如を批判しているものと考えられる。つまり、国連集団安全保障体制の本質である「集権性」は、軍事的強制措置を実施する軍隊そのものへの指揮・命令を国連が行わなければ満たされ得ないという見解である[165]。また最上も、第42条に基づく国連の強制行動は第43条の特別協定を前提とはしていないが、強制行動の主体は安保理でなくてはならず、「安保理が主体となるというのは、それが強制行動を決定し、編成された軍事力がその指揮命令に服するということである」[166]としている。

　これら見解を厳格に解せば、前記安保理決議678号による軍事的強制措置は、国連集団的安全保障体制の法的枠組み内における措置と理解することは困難となるだろう。そのため、例えば国連活動として軍事的強制措置を見なすことのできる基準を、安保理が軍事活動の遂行に関して、コントロール手続を有しているか否かにおくガヤ（Giorgio Gaja）は、授権方式においては、措置実施国に軍事手段の選択について大きく裁量を委ねる結果となっていること、そして交戦規則及び軍事行動の最終的な指揮権が、安保理というよりも個別国家に委ねられていることを挙げて、当該措置は憲章に予定されていたシステムの機構的代替案としては見なせず、したがって、安保理行動とは見なし得ないという結論に達しているのである[167]。

164　香西茂、同上論文、3頁。
165　当該見解は日本の国際法学界においては通説的見解といえる。例えば松井も授権方式による軍事的強制措置が国連活動と見なされるためには、「第42条が国連の集団的安全保障体制のもとにおける軍事的強制措置を規定するものである以上、このための兵力使用の計画を軍事参謀委員会の援助を得て安保理が作成し（第46条）、また、軍事参謀委員会が理事会のもとで兵力の戦略的指導に責任を負う（第47条3項）ことは、本質的な要件であるといわねばならない」とする（松井芳郎『湾岸戦争と国際連合』日本評論社、1994年、73-74頁）。
166　最上敏樹「湾岸戦争と国際法」『法学セミナー』1991年3月号、15-16頁。
167　Giorio Gaja, "Use of Force Made or Authorized by the United Nations?", Christian Tomuschat (eds.), *The United Nations at Age Fifty–a Legal Perspective–*, Kluwer Law International, 1995, pp.41-42. 同趣旨として、Max Hilaire, *United Nations Law and Security Council*, Ashgate, 2005, p.11 and 14. そのためここで Hilaire は1950年の朝鮮における国連活動を「国連の外観の下でとられた米国による個別措置（a unilateral measure）」としている。

一方で、当該問題に対し、安保理による武力行使授権の法的基礎を第39条及び42条に求めるデ・ウェットは、以下のように述べている。

> 「安保理が自身に代わって、軍事力を行使する権限を加盟国に授権することができるということは、軍事活動に従事する国家に、軍事活動の最終的なコントロールまでも委任できるということを意味するものではない。それは権限の放棄に近いのであって、この場合、国際の平和と安全における憲章の集権性と組織構造を侵害するものとなる。もちろん、この見解は軍事措置をとるための授権が、軍事行動に従事する国家が、日々の軍事活動 (the day to day military operations) に関する意思決定権に、一定の裁量を持つことを不可避的に含意するという現実を否定するものではない。……重要なのは、安保理が活動への全体的コントロール (overall control) を維持することなのである。……換言すると、安保理によるある個別国家への武力行使の授権は、安保理が集団的組織として、軍事活動への全体的コントロールを維持する限りにおいて、そしてその範囲において、安保理の集団的意思を反映することができるということである。」[168]

ここで、デ・ウェットは国連憲章における集権性の問題を軍事活動の開始・継続・終了に関する「全体的コントロール (overall control)」[169]の問題と、軍事的強制措置を実際に行う加盟国による日々の軍事活動に関する指揮・命令に対するコントロール (command control) の問題とに分離し、前者が確保され、軍事活動が安保理の集団的意思を反映するのならば、それは適切な国連の軍事活動と見なしうるという見解を表明している。つまり、国連集団的安全保

---

168 Erika de Wet, *op.cit.*, (本章脚注10), pp.265-266.
169 デ・ウェットは安保理による全体的コントロールが維持されているか否かの基準を第一に、決議において明示的に授権が行われているということ、第二に、軍事行動に期限が設定されているまたは目的達成後に終了されることが明らかにされていること、第三に、安保理が措置実施国へ報告手続を課し措置実行を監視する体制が整えられていることを挙げる。つまり軍事活動の開始、継続、終了に集団的意思決定がかかっているか否かを判断基準としている。Erika de Wet, *ibid.*, pp.268-273.

障体制の核心部分は武力行使の「集団的決定」にあるのであって、武力行使の内実、すなわち実際の軍事活動が安保理からの指揮・命令に服していなくとも、安保理の軍事行動と考えることが適切であるという見解である。

以上の検討から、国連集団安全保障体制の本質とされる「集権性」の要件を、安保理による全体的コントロールが及んでいればよいとする見解と、実施国の軍隊に対する指揮・命令に関するコントロールが及んでいなければ、国連の措置として見なすことは不十分とする見解との間に対立が起こっていることが確認される。ただこの問題は、単に国連憲章上の解釈の問題というよりも、措置実施における実効性の問題という観点からも捉えなくてはならない。なぜなら、全体的コントロールに留めるべきであるという見解は、安保理が各国の軍隊に対して、指揮・命令に関するコントロールまで及ぼすことは、「実効的」でないとしているからである。例えば、デ・ウェットは軍事的強制行動への指揮・命令にまで国連が関わることは非効率であって、逆に国連活動を阻害するとしている[170]。また、マーフィー (Sean D. Murphy) も安保理が強制行動を実施する国家へ広範な制約を課そうとすることは、軍事的措置実施に当たって、逆の効果を生じさせてしまうとしている[171]。そのような試みは、国連において唯一の軍事的強制措置を行う手段を失わせてしまうからである。これに鑑みれば、授権方式を行う場合の法的考慮は、安保理による全体的コントロールの問題に焦点を絞り、当該手続の実効性を高めていくことが本質的問題と考えられる。それ故、国連が軍事的強制措置をとる場合に、措置実施国の軍隊に対し、国連が指揮・命令にコントロールを有していなくとも、つまりは授権方式による軍事的強制措置であっても、国連活動として捉えることが妥当である。

(5) 安保理の拒否権と国連総会

以上において、国連体制の本質である集権性の観点から導かれる軍事的強

---

170 Erika de Wet, *ibid.,* p.294. 実効性に関しては、本書234頁を参照のこと。
171 Sean D. Murphy, "The Security Council, Legitimacy, and the Concept of Collective Security After the Cold War", *Collumbia Journal of Transnational Law,* vol.32 (1994), pp.261-262.

制措置へのコントロールの必要性の問題は、軍事的強制措置の開始・継続・終了の集団的決定といった全体的コントロールの問題として扱うことが適切であるとし、授権方式による措置であっても国連活動と捉えられると結論付けた。そして、この国連の軍事的強制措置に対する全体的コントロールの問題こそが、安保理常任理事国が有する拒否権の問題と交錯し、国連総会による関与の必要性を生んでいる。

ここでまず検討しなければならないのが、全体的コントロールの実質的な意味内容についてであるが、安保理措置の開始・継続・終了という各段階において、それぞれ国連が当該措置に対して、実質的コントロールを及ぼさなければならないという意味に解されている。そのため、授権方式による軍事的強制措置に対し、国連が全体的コントロールを有しているとされるには、第一に、軍事的強制措置の授権が明示的になされること、第二に、安保理が措置実施国へ報告手続きを課し、措置実行を監視する体制が整えられていること、そして第三に、措置が無制限に拡大されることがないように措置の終了に関し、適切な手続きが図られることなどが挙げられている[172]。ただし、これら諸点を、ここで検討している安保理措置への事後的コントロールの必要性という観点からみた場合、大きな問題を提起しうるのが措置の終了に関する問題である[173]。例えば、安保理決議678号のように期限設定が存在せず、かつ地域の国際の平和と安全の回復という広範な目的設定がなされている場合には、軍事的強制措置の終了に関する安保理決議が必要とされることになる。そのため、軍事的強制措置の開始時にだけではなく、終了時にも安保理常任理事国による拒否権が適用されることになり、常任理事国1カ国の意向によって、措置が際限なく継続されるという危険が指摘されることになる[174]。

---

[172] Erika de Wet, *op.cit.*, （本章脚注10）, pp.268-273. N.D. White and Ozlem Ulgen, *op.cit*, p.387. しかし、第一の点は黙示的授権の可否という論点を別にすれば国連による軍事的強制措置の条件としていわば当然のものである。そのため、全体的コントロールの本質的課題は後者二点にあると思われる。

[173] Jochen Abr. Frowein, and Nico Krisch, "Introduction", in Bruno Simma (ed.), *The Charter of the United Nations: A Commentary,* Second Edition, Oxford University Press, 2002, p.714.

[174] Jochen Abr. Frowein, and Nico Krisch, *ibid,* p.714. Erika de Wet, *op.cit.,* （本章脚注10）, pp.269-272.

この危険は、国連憲章が規定する他の価値との衝突が生じている場合さらに明白である。つまり、国連加盟国の大多数が安保理の措置が終了されることが望ましいと考えたとしても、常任理事国の反対が存在すれば、何ら有効な措置をとることができないという法的帰結を生むからである。当該問題については、「立法的」とされる安保理決議1373号などについても、同様の問題が指摘できる。当該決議には、期限が設けられていないことに加え、個別具体的事例と関わりのない一般的脅威に対する措置であるために、目的達成の後に措置が解除されるという性格を有しておらず、法的効力の解除には、再度の安保理決議が必要とされるからである[175]。

　ここでこのような問題を回避し、軍事的強制措置若しくは非軍事的強制措置発動に、国連による集権的運用を確保するため、つまりは安保理措置に対し、国連憲章からの要請を適合させるため、国連総会の平和と安全の維持権限を用いることで、安保理が開始した措置を「終了」させることが可能かという点が問われることになるだろう。

　そして、国連総会が安保理によって始められた強制措置に対し、その停止若しくは終了に関する措置をとった事例として存在しているのが、授権方式が初めて用いられた朝鮮戦争の事例なのである。

(6) 朝鮮戦争と措置の終了

　1950年6月25日、北朝鮮軍は38度線を越え韓国へ侵攻した。これに対し、安保理は北朝鮮による武力攻撃が「平和の破壊」を構成すると認定、北朝鮮に対し、敵対行為の即時中止及び38度線までの即時撤退を要請した[176]。続く6月27日、安保理は北朝鮮への要請が履行されていないことを踏まえ「武力攻撃の撃退及び国際の平和と安全を回復するため」に必要な援助を韓国に与えることを加盟国に勧告するにいたる[177]。そして、その後の7月7日安保

---

[175] Matthew Happold, "Security Council Resolution 1373 and the Constitution of the United Nations", *Leiden Journal of International Law,* vol.16 (2003), pp.598-599.
[176] SC/Res/82, 25 June 1950.
[177] SC/Res/83, 27 June 1950. の問題は朝鮮国連軍の法的基礎が第51条と主張される有力な論拠ともなっている。

理は、加盟国に対し、米国の統一指揮の下、兵力その他の援助を提供することを勧告し(3項)、また米国へ軍事行動の安保理への報告を求めた(6項)[178]。しかしながら、この一連の決議は、ソ連の中国代表権問題を巡る安保理のボイコットという偶然によって採択することができたものであって、ソ連が8月に入り、安保理議長の順番が来たことを機に復帰すると安保理は完全に麻痺することになった[179]。

その一方で、9月15日に国連軍による仁川上陸が成功すると新たな状況が生じた。それは国連軍が有利な状況を得て、朝鮮半島の統一を確保しうると考えられた結果、国連軍が38度線を越えて、つまりは北朝鮮による武力攻撃の撃退という目的を超えて、軍事行動を継続することができるか否かという問題が提起されたからである。6月27日の安保理決議83号は「武力攻撃の撃退及び国際の平和と安全を回復するため」と規定しており、特に後者の「国際の平和と安全を回復するため」という文言が、38度線を越えることも包含するほど広範な様式をとっている。しかし、当該決議が採択された時点では、国連軍の目的は北朝鮮軍の撃退に限られ、国連軍の活動は、38度線以南に限定されるという認識が存在した[180]。

そのため、問題は新たに国連総会へと持ち込まれ、10月7日に朝鮮国連軍が38度線を越えて進撃することを黙示的に認めた国連総会決議376号が採択

---

[178] SC/Res/84, 7 July 1950. 国連の軍事的強制措置と見なされるためには、全体的コントロールの存在で足り、実施国の軍隊の指揮・命令権限を国連が持たず、また軍隊の構成が単一国によったとしても実効性の観点から問題はないことを指摘した。そのため安保理決議83号を中心として実施された措置は法的に国連活動とされることに問題はない。ただ、この朝鮮国連軍の事例においては、北朝鮮及び大韓民国共に国連非加盟国であり、国連集団安全保障体制における強制措置が非加盟国に対して発動できるか否かという問題が未だ残っている。そのためこの問題は朝鮮国連軍の法的基礎が第51条と主張される有力な論拠ともなっている。
Erika de Wet, *op.cit,* (本章脚注10), pp.276-277. Jochen Abr. Frowein and Nico Krisch, "Article 39", in Bruno Simma (ed), *The Charter of the United Nations: A Commentary,* Second Edition, Oxford: Oxford University Press, 2002, pp.727-728.
[179] Evan Luard, *A History of The United Nations*–Volume 1–, The Macmillan Press, 1982, p.244.
[180] 例えば7月10日の時点で米国国務長官は韓国に対する軍事援助の目的を「韓国を北朝鮮軍による侵攻以前の状態に戻すことと、侵略によってもたらされた平和の破壊を再建することに限られる」と述べている。Lawrence D. Weiler and Anne Patricia Simons, *The United States and the United Nations: the Search for International Peace and Security,*

されている[181]。その後、中国義勇軍の介入に、再度事態は変転し、国連総会は12月14日決議386号を採択することで、総会議長に対し、彼を中心とした三人委員会を設立の上、停戦条件を作成することを要請するに至る[182]。同委員会は1951年1月11日停戦原則を含めた宣言案を作成したが、1月17日、周恩来外相の名で中国共産党政府に拒否されるに至った。だが、その後、停戦協定は1953年7月27日に国連軍及び韓国人民軍指揮官と中国義勇軍指揮官との間に結ばれ、国連総会により承認を受けることとなった。すなわち、8月28日に国連総会が、「1953年7月27日に韓国において調印された休戦協定を承認すると共に、戦闘が終了し、そして、その地域における完全なる国際の平和と安全の回復へ向けた主要な行動がとられたと考慮する」(本文第1項)とした国連総会決議711号をもって、朝鮮における国連による軍事的強制措置は、公式に一応の停止をみたと考えられるのである[183]。

ここで国連総会は、安保理が開始した朝鮮国連軍の運用に大きく関わり、安保理が1950年8月に麻痺して以来、実際には国連総会が主に軍事的強制措置の運用に関する権限行使の場となっていたことが確認される。つまり安保理による軍事的強制措置への全体的コントロールを国連総会が担っていたのである。このことは、安保理が開始した軍事的強制措置に対し、国連総会が一定のコントロールを及ぼした事例と捉えることができるだろう。

当該事例において、国連総会が執った措置は二種類の措置に区別して、実際に国連総会が安保理による軍事的強制措置にいかなる法的影響を与えたかを検討しなければならない。この二種類の措置としては第一に、国連総会が1950年10月7日に決議376号によってとられた措置が挙げられ、当該措置は安保理が開始した軍事的強制措置を「継続」させる追加的措置と考えられる。また第二に、1953年8月28日に採択された決議711号による措置は、安保理

New York: Manhattan Publishing Company, 1967, p.241. より引用。原文は、U.S. Department of State, *Bulletin*, vol.XXIII no.575, 10 July 1950, p.46. また K.P. Saksena, *The United Nations and Collective Security, A Historical Analysis,* Delhi: D.K. Publishing House, 1974, pp.95-96.

[181] GA/Res/376 (V), 7 October 1950.
[182] GA/Res/386 (V), 14 December 1950.
[183] GA/Res/711 (VII), 28 August 1953.

が開始した軍事的強制措置を国連機関として公式に承認し、軍事的強制措置を停止させる措置である。つまり軍事的強制措置の「終了」に関わる措置であるということができる[184]。

まず、前者の継続に関する決議376号に基づく措置であるが、当該措置によって、安保理が開始した軍事的強制措置に法的コントロールを行ったといえるかは議論のあるところである。この問題は国連軍が38度線を越えることを、6月27日の安保理決議83号が法的に包含しうるか否かにかかっているといえよう。なぜならば、国連総会が確かに安保理措置の継続を図ったとしても、当該継続措置が安保理決議83号の「武力攻撃の撃退及び国際の平和と安全を回復するため」に含みうるとすれば、国連総会による措置はそれを確認したに過ぎず、法的に新たなマンデートを国連軍に与えたわけではないと考えられるからである。そして、当該問題においては、安保理決議83号は国連総会の追加的措置を包含しうるほど広く、国連総会による措置は新たな軍事的強制措置権限を国連軍に与え、安保理措置に法的コントロールを図ったものではないと思われる[185]。

それでは次に、軍事的強制措置の「終了」に関わる決議711号を検討しなければならない。当該決議において、国連総会は休戦協定を承認したわけであるが、当該措置が安保理が開始した軍事的強制措置を法的に終了させたか否か、つまりは安保理決議83号による軍事的強制措置の授権を、法的に終了させたと捉えることができるかが問題である。この問題を休戦協定の法的性質から考えると、当該休戦協定は確かに、「戦闘行為を停止させたが、決議83号による武力行使の授権を明示的に消滅」[186]させたわけではないと考えられている。この場合、国連総会が安保理措置を法的に「終了」させたわけではないと解されることになる。ただ戦闘行為の再開に関しては、国連による決定が必要とされた[187]。その結果、安保理による軍事的強制措置を「停止」

184　Erika de Wet, *op.cit.,*（本章脚注10）, p.279 and 309.
185　柘山尭司『PKO法理論序説』東信堂、1995年、60頁。
186　Jules Lobel and Michael Ratner, "Bypassing the Security Council; Ambiguous Authorizations to Use of Force, Cease—Fires and the Iraqi Inspection Regime", *American Journal of International Law,* vol.93 no1 (January 1999), p.147.
187　Jules Lobel and Michael Ratner, *ibid,* p.147. Erika de Wet, *op.cit.,*（本章脚注10）, p.279.

させていると解することは可能であろう。朝鮮国連軍の措置終了に関する決議は、国連総会による当該決議が存在するのみで、安保理による決議は存在しない[188]。そうであれば、当該措置によって、国連総会は安保理の軍事的強制措置に対して、措置の停止を図り、法的コントロールを行ったと考えることが妥当であると思われる[189]。もちろん、国連総会がここで、平和と安全の維持権限を用いた事後的コントロールを行使したと考えることができたとしても、当該国連総会の措置と第11条2項との整合性は、別途考察しなければならない。当該論点については、次節「国連総会とグローバル・ガヴァナンス」において考察することとする。

(7) 勧告的意見請求権を用いたコントロール

　国連総会は国連憲章において、明示的に事後的コントロール手続を与えられているわけではないので、以上までの検討は、国連総会が国連憲章において、すでに有する権限を事後的コントロール機能へとどの程度適用することが可能かといった検討であった。その結果、上記二方法を用いたとしても、安保理措置に対し、一般的に事後的コントロールを図ることはできないということを本節1項においてすでに指摘した。予算権限を用いる方法においては、予算措置を必要としない安保理措置に対して、そもそも行使することができず、平和と安全の維持権限を用いる方法においても、軍事的強制措置に対する事例が存在するのみという限界が存在した。これら二方法を用いたとしても、すべての安保理措置に対し、何ら条件なく一般的妥当を導ける手続が存在するというわけではなかったのである。

　それ故、以上の検討を補うためにも、安保理に対する政治的コントロール機関として存在する国連総会を、ICJによる司法的コントロール論と連結させ議論射程を広げる必要がある。本節1項においても触れたように、ICJによる司法的コントロールの問題は訴訟手続と勧告的意見手続という二つの手続から考察が進められてきた。そして、国連総会はICJへ「いかなる法律問

---

[188] N.D.White and Ozlem Ulgen, *op.cit.*, p.389.
[189] Erika de Wet, *op.cit.*, (本章脚注10), p.279 and 309.

題についても」、勧告的意見を請求する機能を有している[190]。つまりICJによる司法的コントロールを始動させる機能を、国連総会に見出すことができるのではないかという問題である。また冷戦後の安保理に対する司法的コントロールに関する研究の高まりを受けて、勧告的意見請求主体としての国連総会の地位を、第7章に基づく安保理の強制措置に対する、コントロール機能に活用する可能性は、従来からも多く指摘されてきた[191]。

以下では、当該問題に付随する法的問題を扱い、国連総会が有する勧告的意見をICJへ請求する権限を用いた安保理に対するコントロールの可能性を、以上の議論への補論として検討したい。

(8) 憲章第96条

国連憲章第96条は、国連総会と安保理は、「いかなる法律問題についても勧告的意見を与えるように国際司法裁判所に要請することができる」と規定している。

ここで、国連総会が安保理の第7章に基づく強制措置の合法性に関し、勧告的意見を請求しうるかを考察する場合に、まず問題となるのが、国連総会が安保理という他機関の権限問題について意見を請求しうるのかという点だろう。ただ、「いかなる法律問題」という文言は、非常に広範な規定様式を採用しており、請求しうる問題の範囲について、何ら制限を課していない。そして国連総会は、1996年の核兵器使用の違法性事件におけるICJ勧告的意見において明確に認められたように、第10条において、「この憲章の範囲内」の問題及び事項に関して権限を有している結果、国連憲章の範囲内の問題であれば、いかなる法律問題についても勧告的意見を請求しうると考えられる[192]。つまり第10条は、本節2項(2)において確認したように、憲章が国際連合の各機関へ委ねている個別的任務のすべてを、国連総会権限内の問題と規定して

---

190 国連憲章第96条1項。
191 小森雅子、前掲論文、68頁。佐藤哲夫、前掲書、352頁。
192 Legality of the Threat or Use of Nuclear Weapons (ICJ Advisory Opinion), 1996, para.11. (http://www.icj-cij.org/icjwww/icases/iunan/iunanframe.htm).

いるために、憲章第7章に基づく安保理強制措置の合法性についても、当然に裁判所へ意見を求めうると考えられるのである[193]。

(9) 第12条1項と勧告的意見請求権

上記において、憲章第96条及び10条から憲章第7章に基づく安保理強制措置の合法性について、裁判所へ勧告的意見を請求する法的基礎を導きうるとしても、当該問題はさらに安保理との権限関係の観点からも考察しなければならない。なぜならば、国連総会の権限規定には第2項で確認したように、第11条2項及び12条1項という制約が課されているからであり、特に国連総会による安保理措置の合法性を問う勧告的意見請求の問題においては、第10条、11条2項及び14条に共通して課されている第12条1項について検討を行わなくてはならない。

第12条1項の制限は、安保理の「主要な責任」を支えるために、一時的に国連総会の勧告権限行使を抑制するもので、安保理が「任務を遂行している」間、同一の紛争又は事態に対して国連総会は「勧告」をしてはならないという規定である[194]。当該問題において、安保理が「任務を遂行している」とは、どのような場合かという問題はすでに扱った[195]。そして、ここでの議論で、最も重要な論点として提起されるのが、12条1項において禁止される国連総会の「勧告」とは何かという問題である。なぜならば、国連総会によるICJへの勧告的意見請求が第12条1項が禁止する勧告に当たるとすれば、安保理が第7章下の措置を未だ遂行中とみなされる場合において、裁判所への意見請求は妨げられるという解釈も成り立つからである。このような解釈が成立すれば、ICJによる司法的コントロールを始動させる国連総会機能の重要性は大きく削がれることになる。

では勧告的意見請求が第12条1項の勧告にあたるかという問題についてであるが、従来からなされてきた第12条1項の勧告の解釈から当該問題を考

---

193 Erika de Wet, *op.cit.*, (本章脚注10), p.45.
194 本節2項(6)。また Hailboronner and Klein, *op.cit.*, p.288.
195 本節2項(11)。

えることは難しい。第12条にいう勧告とは、特定の紛争又は事態解決のための国連総会による実質的勧告[196]や安保理措置と矛盾する内容を有する国連総会による勧告[197]などが考えられてきたが、これらは勧告的意見請求に妥当する解釈ではないからである。後者の解釈を述べる Hailboronner と Klein は、第12条の本質的意味を、国連総会と安保理とが矛盾する勧告措置をとることによって、第1条1項に規定された国際の平和と安全の維持という目的を阻害することを回避すること、とするために安保理決議の憲章適合性を問う国連総会決議が第12条1項の精神に反すると解される可能性は残る。ただ Herbst が適切にも述べるように、勧告的意見請求の法的性質は、第12条1項が本来規定していたと考えられる加盟国への勧告ではなく、国連組織内の他機関という対内的意見要請であって、本来的に性質が異なる措置であるために、第12条1項は適用されないと考えるのが妥当であろう[198]。

しかし、このような解釈が妥当であるとしても、これまで国連総会による勧告的意見請求権と第12条1項との関連が実際の国際事象として争われたことはなく、理論上の妥当性を獲得しているに過ぎなかった。そのため、次に扱う2004年のパレスチナの壁事件が、初めて国連総会の勧告的意見請求権と第12条との関連を論点として提起したのであって、勧告的意見手続を、

---

[196] アラン・プレ、ジャン゠ピエール・コット『コマンテール国際連合憲章(上)』東京書籍、1993年、398頁。この見解は1964年に「国連総会は第12条の目的に沿って『勧告』と勧告にあたらない決議との差異を認めてきており、例えば後者の部類には紛争当事者の行動を歓迎する決議や、加盟国または国連機関の紛争解決への貢献を賞賛する決議が存在する」という解釈によって国連法律顧問によってとられた解釈であった。(*UN Juridical Yearbook,* 1964, p.237) またこのような解釈の適用例としては、第4回総会におけるインドネシア問題が存在する。当時国連総会臨時政治委員会が同問題を安保理と並行的に審議しており、同委員会は二つの決議案を準備した。一つは、当事者による合意達成の通知を歓迎し、紛争当事者及び国連インドネシア委員会を賞賛し、来るべきインドネシア国家の樹立を歓迎するものであり、そして二つ目の決議案はオランダ軍の撤退に関する規定を含んでいた。そのため委員会議長は第12条1項を考慮した結果、一つ目の決議案は第12条1項の意味における「勧告」には当らないとし採択したが、二つ目の決議は「勧告」の性格を有するとして投票に付されなかった (Yehuda Z. Blum, "Who Killed Article 12 of the United Nations Charter?", in *Eroding the United Nations Charter*, Martinus Nijhoff, 1993, p.110)。

[197] Hailboronner and Klein, *op.cit.*, p.288 and 293.

[198] Jochen Herbst, *Rechtskontrolle des UN-Sicherheitsrates*, Frankfurt: Peter Lang, 1999, p.404.

司法的コントロールを始動させる国連総会機能を検討する上での画期的先例となっているのである。

(10) パレスチナの壁事件

国連総会は2003年12月8日に、緊急特別会期（第10会期）において、決議ES-10/14を採択し、ICJに勧告的意見を要請した。国連総会が求めた問題は、以下の通りである。

> 「占領国たるイスラエルが……パレスチナ占領地域において進めている壁構築は、1949年のジュネーブ第4条約及び関連する安保理決議と国連総会決議を含む、国際法の規則及び原則に照らしていかなる法的結果をもたらすか。」[199]

ここで、国連総会の勧告的意見請求権と第12条1項との関連を検討するには、国連総会が勧告的意見を請求するまでの経緯と安保理の動向を、まずは確認する必要がある[200]。

本勧告的意見要請を国連総会の緊急特別会期において生むに至った直接の安保理における拒否権行使は、イスラエルの違法な壁建設を非難する決議案に対する2003年10月14日におけるものであった[201]。そして、その翌日、決

---

199 GA/Res/ES-10/14, 8 December 2003.
200 本節における議論において必要なのは国連総会によって要請された問題の実質的検討を裁判所の勧告的意見を通じて行うことではないために、以後の検討は第12条が関連する裁判所管轄に関する手続的側面に限ることとする。
201 S/PV.4841 and S/PV.4842. 国連総会緊急特別会期は既述のように1950年11月3日に採択された国連総会決議377号(v)において国連総会の導入された会期である。当該決議A項は以下のように規定する。
「平和に対する脅威、平和の破壊又は侵略行為があると思われる場合において、安全保障理事会が、常任理事国の一致を得られなかったために国際の平和及び安全の維持に関するその主要な責任を遂行し得なかったときは、総会は、国際の平和及び安全を維持し又は回復するための集団的措置（平和の破壊又は侵略行為の場合には必要に応じ兵力を使用することを含む。）をとるように加盟国に対し適当な勧告を行う目的をもって、直ちにその問題を審議すべきことを決議する。総会は、その時会期中でない場合には、要請があった時から二十四時間以内に緊急特別会期を開くことができる。」

議案を提出したアラブ連盟諸国によって、国連総会の緊急特別会期（第10会期）の再召集が要請され、2003年10月20日に初会合が持たれている[202]。その後、国連総会は10月27日に決議 ES-10/13 を採択し、イスラエルへ壁建設の中止を求めまた国連事務総長へ履行状況に関する報告書の提出を要請している[203]。その一方で、安保理は11月19日に会合をもち、安保理決議1515号を採択した[204]。当該決議は、恒久的解決に向けたロードマップを支持し、「両当事者に対してロードマップにおける義務を果たす」(2項) ことを求めるものであった[205]。この19日後の2003年12月8日に国連総会は、ICJへ勧告的意見を要請した決議 ES-10/14 号を採択するのである。

ここにおいて、第12条1項が関連する問題は、国連総会が勧告的意見を要請する際に、安保理がパレスチナ問題を含む中東問題についての議題を維持し、決議1515号を採択しているのであって、国連総会による勧告的意見請求が違法に行われたのではないかという点である。この見解によれば、裁判所は勧告的意見を付与する適切な管轄権を有しないということになる。裁判所において、当該見解を表明したイスラエルの主張は以下の通りであった。

「……安保理がイスラエルとパレスチナの紛争に関し、積極的に関わっていることに鑑みれば、当該勧告的意見要請は国連総会の権限を逸脱したものであった。(4・2)

　…本件における問題は、国連憲章構造における安保理と国連総会間の責任のバランスと権限関係に鑑みて、憲章に基づいて主要な責任を行使する安保理行動と重複する問題に対して、国連総会は裁判所へ勧告的意見要請を行ったのであって、これが安保理活動を阻害する効果をもたら

---

[202] A/ES-10/242, A/ES-10/243 and A/ES-10/244. 国連総会緊急特別会期の第10会期は1997年3月7日と21日にパレスチナ占領地域におけるイスラエルによる入植問題に関する決議案が安保理において拒否権行使にあったために1997年4月24日に開催された会期である。
[203] GA/Res.ES-10/13, 27, October, 2003 at para. 3.
[204] SC/Res.1515, 19 November 2003.
[205] 当該決議3項においては「当該議題を維持することを決定する」と規定されている。

したということなのである。(4・49)」[206]

　ここでイスラエルは、裁判所も述べているように、第12条を明示的に引用して国連総会による勧告的意見要請が国連憲章に照らして違法であると論じたわけではない[207]。しかし、当該文脈において、勧告的意見要請が違法に行われたと論じる場合に依拠されるのは、安保理との権限関係を規定する第12条である。そのため、裁判所も第12条と国連総会による勧告的意見要請の法的問題を検討し、「任務を遂行している」の解釈と第12条が禁止する勧告に勧告的意見要請が該当するかという問題を扱ったのである。そして、後者の問題に関し、裁判所は「勧告的意見の要請はそれ自体、国連総会による『紛争又は事態』に対しての『勧告』ではない」[208] と判断した。

　最後に、パレスチナの壁事件を国連総会の安保理への事後的コントロール機能という観点から評価を加えたい。当該事件は第 2 項(11)において検討を行ったように、第12条1項の「任務を遂行している」を極めて狭義に解釈し、国連総会と安保理とが問題を平行して扱っている慣行を確認した。そして、先に確認したように、国連総会による勧告的意見要請は第12条の意味における「勧告」にはあたらないという解釈を明らかにした事件であった。このことは、国連総会が安保理の第7章に基づく強制措置の適法性を裁判所に対し、勧告的意見手続を用いて問うことに、何ら法的障害がないと判断したことに等しい。そのため、ペチュレスク (Ioana Petculescu) は、当該事件を「国連総会が安保理決定の合法性を裁判所見解へと問うことが、将来生じる可能性を確認したもの[209] と評価している。もちろん、現在までに国連総会が安保理措置の国連憲章に照らした合法性について、勧告的意見を要請した事例は存在していない。しかし、当該事例を経たことで、司法的コントロールを

206　Written Statement of Government of Israel on Jurisdiction and Propriety, p.57 and 78.
207　Legal Consequences of the Construction of A Wall in the Occupied Palestinian Territory (ICJ Advisory Opinion), 2004, at para.25.
208　*Ibid*, para.25.
209　Ioana Petculescu,"The Review of the United Nations Security Council Decisions by the International Court of Justice", *Netherlands International Law Review*, vol.LII (2005), p.183.

始動させるという意味での事後的コントロール機能を、国連総会が行使する際の法的問題点がすべて解決され、当該機能行使の法的整備が為されたということができる。

5　結論にかえて

　本節の検討課題は、次のようなものであった。第一に、国連総会による安保理に対するコントロールが可能か否か、そして第二に、当該問題が肯定的に答えられるとして、そのコントロール権限を国連集団安全保障体制における実効性と公正性の調和という観点を踏まえ、いかなる方法で行うことが望ましいかである。

　当該検討課題に答えるために、本節は、国連総会による安保理に対するコントロールとして、予防的コントロール及び事後的コントロールという二つのコントロール方法が国連憲章上認められる可能性を提起した。これら二つのコントロール方法を用いることで、安保理の実効性を担保しながらも、安保理が国際社会全体の意思に従って行動するという、二つの要件を満たすことができると考えたからである。予防的コントロールの問題は、安保理の事態認定権限に一定の枠をはめるといった意味で、一般的制約を安保理にもたらすものの、個別事項の処理に関して、安保理の裁量を認めるために、安保理の実効性を損なうものではなかった。そして、事後的コントロールに関しても、その性質上、安保理機能の迅速性を損なうことなく、措置の無効、若しくは終了を問う手続にかけるものであって、安保理裁量に過度の制約を課すものではない。その一方で、この両手続きを組み合わせることにより、安保理が一般的に国連総会の意思、つまりは国際社会の総意に従って、行動することを担保することが可能であった。

　ここで検討したコントロール方法の多くは、現在においても、その多くが可能性に留まることを認めなくてはならない。予防的コントロールを導くＳ５決議案は未だ採択されておらず、事後的コントロールに関しても、未だ国連総会が明確に安保理措置を終了させた事例は存在しない。朝鮮戦争における安保理が開始した軍事的強制措置の停止という実行を指摘できるに留ま

る。しかし、その一方で、以上の検討により指摘できることは、現在のグローバル国際社会においては、大国の権益ですらも、国際社会の総意により、そして国際社会全体の利益ために抑制されるという萌芽的動きが確認されるということである。それらに対する法的基盤は、国連憲章上にすでに存在するのである。冷戦期及び冷戦後の国連総会及び安保理の実行を通して、確認してきたことは、1945年という60年以上前に設定された両機関関係に対する修正の歴史であった。現在、必要とされているのは、国連憲章の改正という方式による両機関関係の見直しではなく、これら新たな権限関係の進展に理論的基礎を提供することである。

第2節　国連総会とグローバル・ガヴァナンス

はじめに

　二つの大戦と二つの一般的国際平和機構の設立、そして、1960年代に始まる植民地諸国の独立という20世紀を経て、我々はようやく世界中の国による声を、一つの地球共同体の意見表明と見なせる段階に達した。国連加盟国は192カ国を数え、未だ正式な加盟国に至っていない国家も様々な国連活動に参画している。国際社会はこれまでの西欧社会から、グローバルな国際社会へと大転換を遂げた。そして、これらは、国連総会を人類社会の名において行動し、その決定を人類すべての意思を表明するものへと変貌させようとしている。

　国連総会の最も特徴的な点は、その民主的性質にある。国連総会では、主権平等原則の反映として、一国一票原則が貫かれ、国連総会は、すべての国連加盟国が対等の地位の下に、その意見を表明できる国際社会における討議場である[210]。そして、国連の獲得してきた普遍性から、国連総会は現在の国際社会を最もよく反映する「世界の鏡」であるとも称されてきた。ここに

---

[210] 国連憲章第18条1項

おいて、総会は、すべての人が人間であり国家を有するという現在のグローバル国際社会において、国家を媒介とすることで、すべての人の見解を国際社会へと投影させることができる唯一の機関となった。国連総会は、国内的民主主義によって意見表明された人々の声を、国際的平面においても、国家の大小によって圧殺されることなく、国際社会へと届けることができる。このことは国連総会を地球共同体の討議機関と見なす可能性を示している。

　また、このように社会の構成が革命的変化を起こし、グローバル国際社会が出現する一方で、そこに提起される問題の性質も変化した。我々は「人類共通の価値」という概念を育み、現在、提起されている問題は、地球環境、人権、人類の共通遺産といった国家の枠組みを超えた地球的・人類的課題である。このような状況に対し、現在の国際社会はいぜんとして主権国家の並存という分権的社会である。世界政府は存在せず、強制力をもって問題解決にあたる集権化された中央組織は存在しない。しかしながら、問題は緊急性を有し、またこれまでの主権国家システムでは対処できない問題が頻出しているのである。ここに我々は、集権的統治権力体の存在しない状況における、地球共同体という唯一集団の運営方法の構築を急がなければならない動因がある。

　当該状況を踏まえ、筆者が本節で検討したいのは、第一に、このようなグローバル国際社会が発現するに至った現在、地球共同体の見解を最もよく体現することのできる国連総会が果たす機能は、統一権力体の存在しない国際社会における実効的ガヴァナンスの確立に寄与することができるのではないかということである。この点を国連総会の果たす機能の面から検討していきたい。そして第二に、上記第一の検討の結果、国際社会における「議会」の役割をいかに捉えることができるかということを、国際社会における議会論構築へ向けた序論的考察として触れることとしたい。

1　グローバル・ガヴァナンスと国連総会の諸機能

　それでは第一に、グローバル・ガヴァナンス論に関わる国連総会機能としていかなる機能を挙げることができるのかという問題に対し、本節では、(1)秩序形成機能、(2)暫定統治機能、(3)平和と安全の維持における補完機能とい

う三つの国連総会機能を提起したい。

　第一の国連総会の秩序形成機能に関しては、国連総会決議は第1節にて述べた通り、拘束力を有しないが、その決議によって、国際社会の新しい枠組みを提示し、秩序形成を行うことで権力要素に拠らない統治作用を及ぼしてきたのではないかということを検討する。国際社会における秩序形成機能は、統一的権力体の存在しない国際社会をいかに運営するかというグローバル・ガヴァナンス論のまさに核となる議論であり、当該機能は、国際社会における議会としての中心的機能となりうる。第二の、国連総会の暫定統治機能に関しては、冷戦後の紛争形態の変化に対応し、安保理によって展開された暫定統治の事例が、新しい紛争管理システムとして、紛争後の平和構築や紛争予防といった概念と共に注目されているが、そのような暫定統治機能を国連総会も有しているのではないかということである。当該機能は、広い観点から述べれば、国連総会の補完的機能の一つであるともいえるが、内戦等で荒廃した国家を国際社会が直接管理し、国家再建を目指す暫定統治機能は、安保理に対する補完という枠組みを超え、国際社会を運営していく上で欠かせない機能であると思われるのである。国連総会による秩序形成の議論は、国際社会全体に対する統治の問題であり、暫定統治機能の問題は、国際社会を形成する一部分たる主権国家を、紛争後の破綻国家状況から国際社会へ円滑に復帰させるという意味での統治の問題である。また、第三点目の平和と安全の維持における国連総会の補完機能に関しては、近年安保理の活性化の前に、総会は相対的地位低下を起こしており、有効に活用されていないが、21世紀を迎えた現在においても、国連総会の平和と安全の維持機能が引き続き必要とされ、かつその機能がさらに展開する可能性があることを指摘したい。

　以上、国連総会の、秩序形成機能、暫定統治機能、そして平和と安全の維持における補完的機能という三つの機能を提示した。もちろん、これら機能はグローバル・ガヴァナンス論と関わる国連総会機能の網羅的リストではない。ここで提起する国連総会機能はあくまでも、現在の筆者の能力が及ぶ限りのものに限られ、さらなる検討へ向けた序論的考察に留まる。また、前節で検討した安保理に対する政治的コントロール機能も、本節の検討対象に含

めることが可能であるが、すでに前節において詳細な検討を行ったために、本節では割愛することとする。

2 国連総会と秩序形成

(1) 国連総会決議の法的効果

　国連総会はいかなる意味においても、立法を行う機関ではない。この意味において、国連総会が有する機能は、国内社会における議会と本質的に異なるということもできる。なぜなら、国連総会決議は内部手続事項を除き、拘束力を有しない勧告だからである。もちろん、国連総会はこれまで多数の条約会議を主催し、条約案を採択してきたが、これにしても国家の批准が必要であり、国連総会が直接に法を定立しているわけではない。しかしながら、国連総会決議の法的効果については、これまで様々な議論がなされてきた。これは1950年代後半から60年代にかけて、それまで植民地諸国であったアジア・アフリカ諸国が独立を果たし、国際社会における多数派を形成するという社会的変革によって、これら諸国の広範な支持によって採択された国連総会決議が、国際法の定立に影響を与えるという事態が生じ始めたことに加え、人類的・地球的問題に対し、伝統的国際法では対処し切れなくなっていることから、これら問題に対する国連総会決議に一定の機能を見出すことはできないかという問題提起が行われてきたからである。ここには「人類共通の価値」といった「社会」の利益の認識と共に、これまで国家相互の同意に基礎を置いてきた国際法が、今世紀における国際社会の組織化によって、法定立の社会化というものを包み込み始めたという重要な契機がみられると考えられる。

　国連総会はすべての加盟国によって構成され、全会一致またはコンセンサスという手続によって採択された決議は、国際社会の総意を示すとみることができる。そのため、これまで国連総会が採択する重要な宣言やいくつかの決議の採択は、「準立法的機能」であることが認められてきた[211]。これは、

211　Philippe Sands and Pierre Klein, *Bowet's Law of International Institutions*, Sweet & Maxwell (London), 2001, p.29.

決議自体が法規範を構成することではないが、決議は国際法規の形成過程に多大な影響を与えるということである[212]。こういった拘束力を有しないが、何らかの効果を認めることができるとされる国際機構の特定の宣言や決議は、ソフト・ローとして、その法源性が争われている。近年では、J. チャーニーにより、これまでの慣習法認定の曖昧性を指摘し、普遍的規模に限りなく近い多国間フォーラムにおいて、審議・交渉を通じて生み出された規則を、これまでの伝統的プロセスによって成立する慣習法と区別した、普遍的拘束力を有する「普遍的国際法 (universal international law)」とみることができるという理論が提起された[213]。また、B. チェンは、これまでの慣習法の成立要件である国家慣行と法的確信について、前者は証拠的価値を有するものに過ぎず、法的信念が明確にされるならば、国連総会決議も法的拘束力を持つとする「インスタント慣習法」論を展開している[214]。このように、多国間会議や国際機構によって採択された非拘束的決議や宣言であっても、法であるとすることは、認定機関などはないため、その認定に曖昧さや恣意性が入り込む可能性が高いことや、また、宣言や決議の中に拘束力を持つものと、持たないものという差異を生じさせることによって、法と非法の境界をぼかし、紛争解決の判断基準としての法の機能を著しく阻害することが指摘されている[215]。そして、そこにおける国家の「合意」も、法定立に対する「合意」とは、明確な差異があるのである。このように、決議自体を法と見なすことに無理があるとしても、国連総会決議には、諸国家の慣行や法的確信に影響を与え、法規規則の促進や結晶化を図るといった機能と共に、国際社会への一般原則や規範の提示により、一定の秩序形成を行ってきたということは否定できない。

---

212 G.I. Tunkin, "The Role of Resolutions of International Organizations in Creating Norms of International Law", in W.E. Butler (ed.), *International Law and the International System*, Martinus Nijhoff Publishers, 1987, p.18.
213 Jonathan I. Charney, "Universal International Law", *American Journal of International Law*, vol.87 (1993), p.546.
214 長谷川正国「インスタント慣習法論―ビン・チェン理論の一考察―」『日本法学』59巻2号 (1993年)。
215 柘山堯司「第五章 国際法の視点―国連総会決議の法秩序形成機能―」『グローバル・ガヴァナンス』東京大学出版会、2001年、139頁。

以下、国連総会が現在のグローバル国際社会の形成に果たした役割、及びグローバル・イシューの出現と国連総会の関わりを具体的にみていくことで、国連総会の秩序形成機能の検討を行っていきたい。

(2) 国連総会によるグローバル国際社会の形成

　現在の国際社会は、1945年国連設立当時から著しい展開を遂げている。1950年代後半から60年代にかけて、それまで植民地諸国であったアジア・アフリカ諸国は、自決権を基礎に続々と独立を果たし、国際社会における多数派を形成するという社会的変革をもたらした。ここにグローバル国際社会の出現を見ることになったのであり、これは従来のヨーロッパを中心とする西欧社会からの革命的転換である。そして、こうした社会の変動に伴い、新しい社会の要請に適合した法規の形成が必要とされることになった。西欧社会という限られた構成員の中、彼らの国益に適うことで、長い間保持されてきた伝統的国際法体系の再検討が始まったのである。こうして現代国際法が出現してきたのであるが、このようなグローバル国際社会の形成という、社会変革に大きく寄与したのは国連総会であった。

　1945年国連設立当時、国際社会は西欧社会であり、国際社会の鏡である国連も西欧社会が支配する組織であった。アジア・アフリカ諸国の多くは、植民地体制の下に依然として置かれていたのである。この社会の変革は自決権の行使によって生まれることになる。この権利の行使により、すべての人民は植民地体制から独立し、外国からの干渉を受けることなく国家を形成することで、人類史上、初めてすべての人間を包含する地球共同体を語れるようになったのである[216]。一方で国連は、その設立条約である憲章に以後の発展可能性を備えていたとしても、植民地体制自体を憲章によって暗黙のうちに認めていた。憲章第1条2項に国際連合の目的として、「人民の同権及び自決の原則の尊重に基礎をおく諸国間の友好関係を発展させること」が規定さ

216　Christian Tomuschat, "International Law", in Christian Tomuschat (ed.), *The United Nations at Age Fifty–a Legal Perspective–*, Kluwer Law International, p.285.

れ、「人民の同権及び自決原則の尊重」は第55条においても再び確認されながらも、その法的地位は曖昧であり、法的権利には至っていないとされたのである[217]。このような状況の下国連総会の実行は、その決議によって、この自決権を法的権利であり、基本的人権の一つであると継続的に確認していく過程となった。1952年12月16日採択された決議では、非自治地域及び信託統治地域住民の自決を承認し、1957年には「自決権の国際的尊重に関する勧告」として、再び自決権を承認し、その行使の促進を施政国に求めている[218]。これに加えて、国連人権委員会による人権規約草案に、1955年の第三委員会において、自決権規定が採択された他、多くの非自治地域及び信託統治地域に関する決議で自決権を法的権利として確認していくのである[219]。そして、このような一連の決議の頂点として、1960年第15回国連総会において「植民地独立付与宣言」が採択された[220]。そこでは植民地支配が国連憲章に反するものであり、「すべての人民は自決の権利を持つ」ことが明確に宣言されたのである。このような国連総会の働きによって、法的権利としての自決権は、1950年代の一連の国連総会決議により生じた国家慣行と、1960年の植民地独立付与宣言の反対なしの採択により、慣習法化したといわれる[221]。つまり、1950年代初期から繰り返し採択されてきた国連総会決議によって、諸国の法意識が凝縮され、またそれがアジア・アフリカ諸国の独立という国家実行と相互に影響し合い、この決議によって、最終的に結晶化されたとみることができるのである[222]。ここで国連総会は国際社会を規律する新たな法規範を提示し、自決権の法的権利としての発展を促進し、それを後に慣習法として結晶化させる機能を果たした。このように、国連総会決議は法的拘束力を有しないにもかかわらず、現在のグローバル国際社会の核となる法規範形成を為し、自決権を法的権利へと確立することで、旧社会を変革し、新

---

217 Tomuschat, *ibid*, p.284.
218 金東勲『人権・自決権と現代国際法—国連実践過程の分析—』新有堂、1979年、234頁。
219 Obed Y. Asamoah, *The Legal Significance of the Declarations of the General Assembly of the United Nations*, Martinus Nijhoff, 1966, p.165.
220 GA/Res/1514 (XV), 14 December 1960.
221 中野進『国際法上の自決権』信山社、1996年、17頁。
222 柘山堯司、前掲論文、136頁。

しい社会を形成する機能を果たしたといえるのである。

(3) 国連総会とグローバル・イシュー

　ここまでは、新しい国際社会の形成に国連総会が果たした役割をみたが、それら社会の変革と共に、そこに生起する問題も新しい展開をみせた。それが地球環境の保護、そして人権の保護や宇宙、深海底といったグローバル・イシューと呼ばれる地球的問題である。これらは伝統的国際法の下では、対象とされておらず、人権などは本質的に主権国家の国内管轄事項とされてきたものでもあった。環境に関して例をとれば、20世紀に至るまで汚染物質の大気への排出は、せいぜい国境を越えた迷惑行為として捉えられてきたくらいの問題である。しかしながら現在では、このような汚染物質の大気への排出は、地球規模での気候変動を引き起こしかねない「人類の生存に対する脅威」である。そして、こうした環境の保護は「人類の共通利益」と認識されるようになっている。こういった地球的問題に対し、これまでの伝統的国際法体系の下では有効に対処することができない。伝統的国際法の法源である条約は国家間の自発的契約であって、すべての国家に対する普遍的拘束力が望まれる問題に対し、有効ではない。一方、伝統的に一般国際法と見なされてきた慣習法の成立には、長期にわたる継続的国家実行が必要とされ、即時的対応が望まれる問題に対処することができない。北海大陸棚事件において、ICJは、慣習法は比較的短い時間の経過であっても成立することがあると述べた。しかし、現代社会における科学技術の発展、社会構造の動態は、それすら追い越してしまっている。これら国家の個別的行為による法定立という伝統的仕組は、「グローバル国際社会」という地球共同体の運営に機能しなくなっているのである。そこで、こういった問題解決に向けた新たな法規が必要とされ、それを定立する法形成手続きが模索されているのであるが、ここで最も注目されるのが、国連総会決議なのであり、そして、国連総会はこれまでも一定の機能を果たしてきたと思われる。

　これらグローバル・イシューに対する国連総会の関わりをみる例としては、まず人権分野が挙げられる。国連総会は第三回総会において、「世界人権宣言」

を採択した[223]。これは国家がその国内施政上の尊重すべき最小限度の人権のリストを提示し、守るべき人権の基準設定を行ったものである。以後、人権問題は、この宣言を契機として、次第に国際関心事項になり、基本的人権の保障義務が国際慣習法として定着していった[224]。そして、世界人権宣言は、1966年採択された国際人権規約に対する条約形成過程の出発点になっている[225]。1957年、ソ連の人工衛星の打上げによって幕を開けた宇宙活動に関して、1963年国連総会は「宇宙法原則宣言」を採択した[226]。この法原則宣言は、これからの宇宙空間における国家活動を規律する基本原則を謳い、後に1967年「月その他の天体を含む宇宙空間の探査及び利用における国家活動を律する原則に関する条約」として成立している[227]。これら二つの事例では、国際社会に新たに生起した法分野において、そこにおける法の形成を促進し、条約法形成へと向かわせることとなった。これは、国連総会がその決議によって設定した基準が、国際社会を規律する基本原則へとなっていったことを示している。また最後に、国連総会決議による秩序形成の可能性を示した例として注目されるのが、深海底を「人類の共同遺産」であるとした1970年「深海底法原則宣言」である[228]。深海底資源の開発問題は、その開発方式に関し、先進国と途上国間で対立し、米国を中心とする西側先進国は国連海洋法条約への参加自体を拒否し、別個に「協調国レジーム」とよばれる国際制度を設けていた。しかしながら、1994年に同条約が発効するまでの間、米国を中心とする先進国は個別的開発を行わず、条約発効直前に同条約の実施協定を国連総会決議において採択、妥協することに応じたのである。ここにおいて、「深海底法原則宣言」が基本原則として謳っている共同遺産原則に関しては、決議採択時に国際社会の総意としてコンセンサスが構築されており、それが

---

[223] GA/Res/ 271, 10 December 1948.
[224] 柘山堯司、前掲論文、137頁。
[225] G.I. Tunkin, *op.cit.,* p.10.
[226] GA/Res/1962 (XVIII), 13 December 1963.（正式名称は「宇宙空間の探査及び利用における国家活動を規律する法的原則の宣言」）
[227] 柘山堯司、前掲論文、138頁。
[228] GA/Res/ 2749 (XXV), 17 December 1970.（正式名称は「国家管轄権の限界を超える海底及びその地下を律する宣言」）

抗することのできない共同体からの圧力として、秩序形成機能を果たしていたということが指摘されるのである[229]。

(4) 国連総会と秩序形成

ここでは、国連総会決議はその準立法的機能と呼ばれる機能の他に、秩序形成機能を果たしたのではないかという最初の問いに対する検討を行いたい。

まず、ここでは1950年代初期から始まる一連の国連総会決議による、グローバル国際社会の形成をみた。そこでは国連総会は、これからの社会のあるべき姿を模索し、決議によって社会の枠組を定めることにより、国際社会の輪郭付けという意味での秩序形成をもたらしたことが指摘できるだろう。そして次に、こうして形成されたグローバル国際社会において国連総会は、そこで生起するより具体的問題へと、秩序形成機能を深化させたように思われる。これは植民地諸国の多くが独立を達成して以後、「地球社会」という認識をより強く持つことになった徴候でもあるのではないか。国連総会決議は、それ自体が法として作用するわけではないが、新しい法分野において基本原則を提示し問題の枠組みを定め条約法形成の出発点となること、そして国際社会における法の空白状態に対し、秩序形成を営むといった機能をみることができた。これらによって、国連総会決議は新しく形成された社会に生起する法の要請に応え、現代社会に対処できなくなった伝統的法定立手続を補完している。ここでの検討によって、国連総会決議は、国際社会の意思として社会を導くこと、そして、秩序形成機能を営むことにより、権力的要素に拠らない統治機能を果たしたのではないかと思われるのである。

3 国連総会による暫定統治機能

(1) 国際機構による暫定統治

国際機構は国家と異なり、自らの領域を有していない。これは国家と国際機構との最大の相違点ともいえ、国際法上、国家は本源的に領土的団体であ

---

229 柘山堯司、前掲論文。

るのに対して、国際機構は一定の任務及び機能遂行を目的とする一種の機能的団体である。しかしながら、国際機構が本来的に統治領域を有していないことが、必ずしも一定の領域に対し領域管理を行うことを否定するものではなく、その事例も国際連盟期より存在する[230]。

近年の事例をみれば、1990年代に入り、1992年に国連カンボジア暫定統治機構 (UNTAC[231]) が安保理によって設立され、内戦の終結と選挙による新政府の樹立を通して、国家再建を果たすために、極めて広範な任務を遂行した。また1996年に東スラボニア国連暫定統治機構 (UNTAES[232])、1999年にコソヴォ国連暫定統治機構 (UNMIK[233])、及び東チモール国連暫定統治機構 (UNTAET[234]) が、それぞれ憲章第7章に基づいて設立されている。国連による暫定統治は、国家再建を通して、紛争後の「平和構築」を促進し、紛争を未然に予防する役割を果たすことで、近年、その重要性を著しく高めており、国際社会運営に不可欠な機能を果たしているのである。

このような領域統治機能を、国連総会も果たすことができるのであろう。ここではまず国際機構による暫定統治の歴史を概観し、国連総会が現実に暫定統治を行った実例である西イリアンの事例を通し、国連総会の領域統治機能について検討していきたい。

(2) 国際機構による暫定統治前史

国際機構が統治権能を一定領域に行使した事例としては、国際連盟によって1920年から1935年まで、国際管理が行われた独仏国境付近のザールランドがある。これはベルサイユ平和条約によって規定されていたものであり、1935年1月13日に実施された人民投票の結果、ドイツへと復帰した[235]。さらに、

---

[230] 望月康恵「国際機構による『統治』」『法と政治』57巻2号 (2006年)、6頁。
[231] United Nations Transitional Authority in Cambodia.
[232] SC/Res/1037, January 15, 1996 (United Nations Transitional Administration for Eastern Slavonia, Baranja and Western Sirmium).
[233] SC/Res/1244, January 10, 1999 (United Nations Interim Administration Mission in Kosovo).
[234] SC/Res/1272, October 25, 1999 (United Nations Transitional Administration in East Timor).
[235] Carsten Stabn, "The United Nations Transitional Administrations in Kosovo and East Timor: A First Analysis", *Max Planck United Nations Yearbook*, no.5 (2001), p.123.

ベルサイユ平和条約第102条の規定によって、ポーランド国境の港町ダンチッヒに、国際連盟の保護の下「ダンチッヒ自由市」が創設された事例がある[236]。

第二次大戦後、国連が創設されると、その初期の時代から国連による国際管理構想がみられている。それが旧イタリア領トリエステ地域及びエルサレムの国際管理構想である。トリエステ地域の処遇については、対イタリア講和条約作成に関して最大の問題となり、戦後「トリエステ自由地域」を安保理の直接保護下に置くことが規定され、1947年2月10日安保理決議によって賛成10、棄権1という結果で承認された[237]。一方、エルサレムの国際管理構想は、エルサレムを国連信託統治理事会による国際管理下に置く分割計画が、1947年11月29日に国連総会決議181によって採択されたことによる。信託統治理事会はエルサレム市規約を作成し、総督を任命し広範な権限を付与することとしていた。しかしながら、これら二つの国際管理構想はいずれも実行されるに至らなかった。トリエステ自由地域構想は冷戦の始まりによって、安保理において総督の任命に合意が得られず、エルサレム国際管理構想は1948年、パレスチナ戦争の勃発によって、その審議は中断されることになったのである。国際連合が現実に一定の暫定統治を行ったのは、非自治地域であった西イリアンに、国連総会が設立した国連暫定統治機構（UNTEA[238]）が最初の事例なのである[239]。

(3) 国連総会による暫定統治——西イリアンの事例

西イリアンに対する暫定統治（1962-1963）は、国連によって、初めて直接領域管理が行われた事例であり、その機構は国連総会によって設立された。西イリアンはオランダを施政権者とする憲章第11章の下にある非自治地域であった。同地域を巡っては、インドネシア独立後もその領有権を主張するオランダとインドネシアとの間で紛争が生じており、1961年12月には、両

---

[236] Stabn, *ibid*, p.124.
[237] 神山晃令「国際連合の施政機能」『国際法外交雑誌』87巻1号（1988年）、29頁。
[238] United Nations Temporary Executive Authority.
[239] Stabn, *op.cit*, p.127.

国の間に武力衝突も発生していた。このような状況の下、事務総長の仲介によって、1962年8月15日に、「西イリアンに関するオランダとインドネシア間協定」が結ばれた。そこでオランダ政府は、インドネシアへ施政権を委譲することに同意したが、インドネシアに留まるか、それともその関係を断ち切るかの住民投票を条件としていた。そして国連は、オランダからインドネシアへの行政権の移管を促進するために、6カ月という機関を限ってではあるが、領域に対して完全な施政を行う権限を持った国連暫定統治機構 (UNTEA) の設立を協定によって要請されていたのである。そして1962年9月21日、国連総会は同協定を留意し、同協定の中で事務総長に委任された任務を遂行する権限を与える決議を賛成89、反対0、棄権14で採択した[240]。同協定の中では、国連暫定統治機構は事務総長によって設置されるとされていたが、最終的な法的根拠としては、国連総会によって設置されたものである。ここに国連の歴史上、初めて信託統治制度の下にない地域の、領域統治が行われることになったのである[241]。

(4) 国連総会による暫定統治の法的基礎

国連憲章は、国連が直接暫定統治を行うことを憲章上、明示的に認めているわけではない[242]。そのことからも、この西イリアンの事例が後の実行に重要な発展を示す事例であったことがわかるが、その法的根拠はどのように説明されるのであろうか。

国連が信託統治制度の枠外において、暫定統治を行うことが可能であるかは議論が存在した。制限的解釈をとるケルゼンは、この「機構は、信託統治の法的地位を持たない領域に統治権を行使することは、憲章上認められてい

---

[240] GA/Res/1752 (XVII).
[241] Michael J. Kelly, *Restoring and Maintaining Order in Complex Peace Operations–The Search for a Legal Framework,* Kluwer Law International, 1999, p.100.
[242] 憲章上述べられているのはわずかに81条において信託統治制度の施政権者として、「一若しくは二以上の国又はこの機構自身であることができる」（下線筆者）とされているに留まる。しかしながら国連自身が施政権者となったことはない。Leland M. Goodrich, Edvard Hambro and Anne Patricia Simons, *Charter of the United Nations:Commentary and Documents*, Third and Revised Edition, Columbia University Press, 1969, p.501.

ない」[243]と述べている。さらにトリエステの国際管理に関して、安保理における投票で棄権したオーストラリアは、国連憲章には第81条の信託統治を離れては、安保理の領域統治権を明示した規定が存在しないことを指摘している[244]。

しかしながら、上記のように制限的な解釈をとることは、適切でないように思われる。憲章が、国連による信託統治制度以外の形態による領域管理権行使を排除しているという説明は説得的ではない[245]。さらに領域を統治する政府の明示的な同意に基づく場合には、国内管轄事項の制限も問題にはならない。また、国連が暫定統治を行う主目的は、国家組織の再建であって、それは国連の目的に適うものである。西イリアン問題において、国連暫定行政機構設立に棄権した14カ国も、設立の法的問題に疑義を呈したわけではなかった[246]。西イリアンにおける国連暫定統治機構の法的根拠は、第10条の一般的権限及び14条の平和的調整権の下で、関係当事国の同意の下に、国連総会の補助機関として設立されたと考えることができる[247]。

国連総会の暫定統治権限に関しては、一方で、軍事機構を含む機関の設立は第11条2項の「行動」に該当し、安保理によって設立されることが望ましいとされる[248]。また、国連総会は軍事機構を含む機関を設立することはできないが、人権及び選挙監視といった本質的に非軍事的任務に関して、何らかの警察的要素も含まれる組織の設立は排除されないとされる[249]。しかしながら、これらの指摘は適当ではない。これらの見解によれば、行政及び民生機構と共に、軍事機関を含むカンボジアのような複合型の暫定統治機構は

---

243 Hans Kelsen, *The Law of The United Nations,* The London Institute of World Affairs, 1951, p.651.
244 柘山堯司『PKO法理論序説』東信堂、1995年、137頁。
245 Stabn, *op.cit,* p.137.
246 いくつかの国家は協定にパプア人民の自決権が十分に規定されていないことを理由に棄権した。フランス、ソ連が棄権しているが設立の法的根拠を争ったわけではなかった。Rosalyn Higgins, *United Nations Peacekeeping 1946-1967–Document and Commentary–*, vol.2, Oxford University Press, 1970, pp.120-121.
247 柘山堯司、前掲書、138頁。
248 Stabn, *op.cit,* p.140.
249 Stabn, *ibid,* p.140

設立し得ないことになるが、第11条2項が規定する国連総会がとることのできない「行動」とは、後に検討するように「決定による強制措置」であって、その勧告に基づいた軍事部門を含む暫定統治機構の設立が禁止されているわけではない。国連暫定統治機構も実際に既存の警察組織を補完する国連保安軍 (United Nations Security Force) を伴っていた。国連総会も暫定統治権限を有しており且つ軍事部門を含む暫定統治機構であっても、第11条2項の制限に服するわけではないのである。

　それでは、近年、安保理による暫定統治機構の設立が多数実施される中、国連総会も国連憲章上、暫定統治機能を行使しうることを主張することにいかなる意義があるのであろうか。冷戦後、安保理によって設立された暫定統治機構が、国際社会において重要な役割を果たしてきたことは疑い得ない。しかし、一方で、国連暫定統治における実際上の問題点も徐々に明らかになってきた。

　国連暫定統治の目的は、紛争下にある人々を平和へと導き、崩壊した国家システムを民主主義・人権・法の支配といった原則に適った形で再建することにある。しかし、現在の国連暫定統治に関わる大きな問題の一つが、国連の暫定統治機構自体が、民主主義・法の支配・国際人権規範等を無視した「独裁体制」であり、「国連の新植民地主義」と非難される状況が生じていることにある。例えば、UNMIKオンブズマンによる報告書は、UNMIKに対し、「民主主義原理に適った構造になく、法の支配に基づいて機能しておらず、そして国際人権規範を尊重しない」と指摘し、UNMIK自体がコソヴォ住民の人権・自由を奪っていると非難していた[250]。

　この問題は、ある程度、国連暫定統治に内在する問題点ともいえる。なぜならば、国連暫定統治は、崩壊した現地の国家システムを再構築し独立若しくは復興を成功裡に達成させるため、また地方行政機関及び現地スタッフが必要な行政上の知識を備えていないため、国連特別代表を中心として、「立法・行政・司法」すべての分野に権限を有する中央集権体制を築き上げるからで

---

[250] Simon Chesterman, *You, the People–The United Nations, Transitional Administration, and State-Building–*, Oxford University Press, 2004, p.126.

ある。しかし、その帰結として、暫定統治機構の統治構造及びその運営に、現地住民が関与する範囲が限定されることとなり、先に述べた国内統治における良い統治の指標とされる国際諸基準との間に矛盾をきたすという、いわゆるオーナーシップの問題を提起することとなる[251]。つまり未だ数は少ないとはいえ、国連暫定統治の実行例からは、Stahn が適切にも述べるように、「国内レベルにおける伝統的統治概念と、国際統治 (international administrations) の諸実行との間に存在する矛盾が、基本的正当性の問題を引き起こす」[252] という問題を挙げることができるのである。

　この問題は、安保理が15カ国から構成され、さらには五常任理事国が拒否権を有する非民主的構造を有する機関であることによってさらに助長されかねない。民主主義・国際人権規範・法の支配に適った国家再建という、国連暫定統治自体の目的を達成するために、現地住民のオーナーシップが制限される事態が、その展開の初期には確かに不可避であったとして、当該暫定統治形態が許容され、行使される理由は、それが国連という国際社会を代表する機構による統治という正当性を有しているからであった。それにもかかわらず、非民主的構造を有する安保理が、領域統治権限を行使することが果たして妥当かということが問われなければならないだろう。つまり、ここで国際社会全体による統治という高い機構的正当性を暫定統治機構に与えるためには、国連総会による設立がより好ましい、若しくは国連憲章上の要請として存在するといえるのではないかということである。もちろん、国連暫定統治機構の組織構造及びその運営という側面における正当性の欠損をいかに補うかという統治構造の問題において、国連暫定統治機構の設立組織という異なるレベルの正当性に拠ることには限界があるとも考えられる。しかし、Stahn が述べるように、「国際領域統治における現在の統治構造の再考が必要とされている」[253] とすれば、そこに、国連による暫定統治が国際社会全体に

251　Jochen Abr. Frowein and Nico Krisch, 'Article 41', in Bruno Simma (ed), *The Charter of the United Nations: a Commentary* Second Edition, Oxford University Press, 2002, p.744.
252　Castern Stahn, "Governance Beyond State: Issues of Legitimacy in International Territorial Administration", *International Organizations Law Review*, no.2 (2005), p.37.
253　Stahn, *ibid*, p.51.

よって支持を受けかつ国際社会を代表して実施されているという指標を加えることこそが、必要ではないかと思われるのである。

4　平和と安全の維持における補完機能

(1) 国連総会の補完機能の必要性

　ここでは、国連の主要目的である平和と安全の維持という分野における国連総会の機能を検討していきたい。現在、この分野における国連総会の補完的機能は、安保理の活性化の陰に隠れ、相対的に地位を低下させている。また、国連総会の平和維持機能及びその権限の限界の問題は、1950年代から60年代初頭にかけて、国連総会が安保理の拒否権による麻痺に対応し、積極的に平和維持機能を担った時代と異なり、「国連総会において大国が投票様式への支配を失っていることから、ほとんど実際的価値を持たない」[254]と、一方でいわれる。このような考えは、国際社会が普遍性を獲得してきたことが、必ずしも平和と安全の維持へ反映されていないこと、そして国連総会の活用に対して、近年みられる大国の消極性を反映している。これは大多数の国家が新興独立諸国である現在、総会は小国の機関と見なされ、大国によるその活用に対する消極性を生んでいるからである。また、この不活性の背後には、国連総会が有する平和と安全の維持権限の不安定さが問題として控えている。これは安保理を平和と安全の維持の主要機関として構想した国連憲章において、国連総会の権限は、大国と中小国の妥協の結果として、非常に曖昧な規定のされ方をされているためである。

　このような状況を踏まえ、ここで国連総会の平和と安全の維持分野における補完機能を再度検討する必要性は、前節で検討した安保理に対するコントロールの問題とも密接に関係している。憲章上、主要な役割を課せられている安保理による平和と安全の維持機能が効果的に展開されており、国連総会による平和維持機能が必要とされていないのであれば問題はない。それが憲章の構造だからである。しかしながら、現実はそうではない。前節でも述べ

---

[254] John F. Murphy, "Force and Arms", in Oscar Schachter and Christpher C. Joyner (eds.) *United Nations Legal Order,* vol.1, Cambridge University Press, 1995, p.280.

たように、安保理のダブルスタンダードの問題は常に批判されてきた。また、近年、NATO によるコソヴォ空爆、そして 2003 年の米国主導によるイラク戦争と、安保理の承認または授権のないままの武力行使が、地域機構や個別国家によって行使されている。これは武力行使を国連という公的機関に一元化し、武力の私的行使を抑制するという国連の理念に明確に反する行動である。

　このような状況の中で、国連総会の機能を検討することは、安保理に代わって、国連総会中心的な集団安全保障体制を構築することに目的があるのではない。そうではなく、安保理が平和維持機能を果たせなかったとしても、それは「国連」の失敗ではない。国連集団安全保障体制では、安保理の機能不全は、もともと憲章上に予定されており、その場合に」総会がその機能を代替できることを指摘することにある。そのような状況への対応は、憲章内に用意されているのである。安保理の機能麻痺が個別的及び私的武力の行使に結びつくのであれば、国連システムはいずれ危機的状況に陥りかねない。国連総会の平和維持機能検討の目的は、国連システム外での武力の私的行使を抑制し、それを国連システムの枠内に閉じ込め、国連自体の平和維持機能を向上させることにある。

　もちろん、当該機能は前節で用いた意味における安保理に対するコントロールではない。しかし、国連憲章の目的及び原則を擁護する活動を安保理が行使し得ない際に、国連総会が代替的に行動することを予め予定することで、安保理が国際社会全体の意思に沿った行動を図る、つまりはその民主的運用への圧力とする可能性を有しているのである。こうした意味において、国連総会が有する平和と安全の維持機能は、安保理に対する民主的コントロール機能として再構成されることが期待されているともいえよう。もし、当該機能を主張することが可能であれば、国連総会の平和と安全の維持分野における補完的機能が国連集団安全保障体制内に「存在」することになり、このことは国際社会に実効的ガヴァナンスを提供するという重要な意味を持つものである。ここに国連総会が国連憲章上有する、平和と安全の維持機能を再検討する意義を指摘することができる。

(2) 国連総会の補完的機能の法的基礎

　国連総会の平和と安全の維持における補完機能を考察するに際しては、国連憲章第11条2項を考察しなければならない。前節「国連総会による安保理に対する政治的コントロール」において、国連総会の平和と安全の維持機能への基礎権限はすでに検討を行った。しかし、第11条2項後段「行動を必要とするものは、討議の前又は後に、総会によって安全保障理事会へ付託されなければならない」という、国連総会の「行動」を禁止する規定に対する解釈の問題は残していた。当該解釈問題が、国連総会の平和と安全の維持における補完機能が安保理との対比において、いかなる範囲において認められるかという問題の核心的論議であるからである。

　もちろん、前節にて検討したように、憲章第24条1項が規定する安保理の「主要な責任」は、国連の実行を通して、常に「排他的」責任ではないと解釈されていることにもはや疑いはない[255]。「主要な責任」ということ自体、何らかの副次的、二次的責任を前提としているからである。加えて、実行上も国連総会は、安保理の行詰りをしばしば補完し、その二次的責任を果たしてきた。概略的に再度確認すれば、1950年総会において採択された「平和のための結集決議」[256]は、朝鮮戦争における安保理の麻痺に対し、当該分野における国連総会の二次的責任を示した。さらに1956年のスエズ紛争においては、イギリス、フランスの拒否権行使によって麻痺した安保理に代わり、国連総会は同決議に規定された緊急特別総会の手続を用い、国連緊急軍（UNEF-I[257]）を派遣した。安保理は国際の平和と安全の維持に「主要な」責任を有するが、国連総会も「二次的」・「副次的」責任を有し、安保理が拒否権の行使に拠って機能麻痺に陥った際に、国連総会が補完的機能を果たすことが憲章上予定されており、そして実際に果たしてきたのである。

　しかし、これら補完的機能が、その実行において認められるとしても、当該国連総会の機能が安保理との関係において、国連憲章上、どこまで及ぼす

---

[255] *Certain Expenses of the United Nations (Article 17 Paragraph 2 of the Charter),* Advisory Opinion, *ICJ Rep*, 1962, p.163.
[256] GA/Res/377 (v), (3 November1950).
[257] First United Nations Emergency Force.

ことができるかという法的問題は、別個に考察されなければならない。拘束力を有する決定による措置は安保理に独占的に付与されているとしても、執ることのできる「措置」に、安保理と比して、限界はあるのだろうか。この論点こそ、国連総会に課せられた制限規定である憲章第11条2項の解釈に拠って伸張する問題なのである。なぜなら、同条2項後段は、「行動」が必要な場合に討議の前又は後に、安保理へ付託しなければならないとすることで、国連総会の「行動」を禁止しており、国連総会の平和と安全の維持権限がどこまで及ぶかという問題は、この「行動」の解釈に依存するからである。

また、前節においては、国連総会が有する安保理が開始した軍事的強制措置を「停止」させる機能を確認した。この機能においても、国連総会による安保理が開始した軍事的強制措置の終了若しくは停止措置は、国連憲章第11条2項とどのように整合するかという点が検討されなくてはならない。当該問題に対しては、「一見すると、強制行動（のすべての要素）を安保理へと留保する第11条2項の明確な違反とみなされうる」[258]という解釈も成り立ちうる。この場合、国連総会の軍事的強制措置の終了若しくは停止措置機能自体、国連憲章違反と見なされ、否定されることになるだろう。

では、第11条2項の解釈であるが、第11条2項後段「行動」の解釈は、これまでその適否は別として「強制措置」と解すことに、一般的合意があったといってよい[259]。ICJも国連ある種の経費に関する事件において、「第11条2項において規定されている行動とは強制行動 (coercive or enforcement action) である」[260]と述べた。しかしながら、強制措置（若しくは強制行動）と解することには一般的合意がありながらも、これを執られる措置の性質という事実的側面から捉えるか、法的側面から解するかという点に論争が生じているのである[261]。

---

[258] Erika de Wet, *op.cit.*,（本章脚注10), p.309
[259] アラン・プレ、ジャン＝ピエール・コット『コマンテール国際連合憲章(上)』東京書籍、1993年、385頁。
[260] *Certain Expenses of the United Nations (Article 17 Paragraph 2 of the Charter),* Advisory Opinion, *ICJ Rep*, 1962, p.164.
[261] アラン・プレ、ジャン＝ピエール・コット、前掲書、386頁。

前者の見解によれば、拘束力の及ばない勧告によるか、拘束力の生じる決定によるかを問わず、「強制措置」をとる権限自体、国連総会は禁止されていることになる[262]。そのため、この見解に拠れば、ICJによっても国連総会による強制措置は、暗に否定されたとも解されるのである[263]。一方、後者の立場によれば、国連総会が禁止されている「行動」は、拘束力の生ずる「決定による強制措置」であり、拘束力の生じない勧告による強制措置は国連総会に認められるとするのである[264]。この立場は、第11条2項後段の規定を、国連総会の権限に実体的制限を課しているのではなく、単に手続的制限を課しているに過ぎないと解し、国連の強制措置には非軍事的強制措置と軍事的強制措置が存在するが、国連総会もその勧告によってどちらの措置もとることができると主張するのである[265]。例えば、この見解を採用する代表的論者であるアンドラッシーは、以下のように述べている。

「第11条2項後段は、国連総会へ禁止的制限を規定しているのではな

---

[262] この見解は総会の勧告による軍事的強制措置を執ることを認めた「平和のための結集決議」採択時に、ソ連代表ヴィシンスキーによって強硬に主張された見解である。

[263] D. W. Bowett, *The Law of International Institutions*, Third Edition, 1975, p.47.

[264] この見解は憲章の諸注釈者によっても支持されている見解である。まずBruno Simma編纂の注釈書によれば第11条2項によって総会に課されている制限は憲章7章に従ってとられる拘束的強制措置であり、何が強制措置であるかという問題はその行動自体の性質から決まるのではなく、とられる措置の拘束的性質によるのであるとしている (Bruno Simma, *The Charter of the United Nations: A Commentary,* Oxford University Press, p.233)。また、グッドリッチも、「『行動』は憲章41条及び42条に基づいて安全保障理事会のみが執り得る種類の『強制措置』として解すべきである。それは加盟国が集団的措置を法的義務として遂行する『決定』によるものであり、『勧告』によるものではない」としている (Leland M. Goodrich, Edvard Hambro and Anne Patricia Simons, *op.cit.,* p.124)。

[265] 畝村繁「総会の権限―紛争の平和的解決についての権限」田畑茂二郎（編）『国際連合の研究』第二巻、有斐閣、1963年、18頁。高橋通敏『安全保障序説』有斐閣、1960年、208-209頁。田岡良一『国際法講義 上巻』有斐閣、1955年、259-260頁。また、少数であるが、加盟国は憲章第51条によって集団的自衛権を有することから「平和に対する結集決議」において、総会は憲章第51条の集団自衛をとるように加盟国に勧告するものであると解し同決議は憲章違反とならないという説も存在する。神谷龍男「安全保障理事会による安全保障の限界と所謂総会強化の決議（平和のための統合決議）」『国際連合の安全保障（増補版）』有斐閣、1971年及び、Julius Stone, *Legal Controls of International Conflict,* Stevens&Sons Limited, 1959, pp.272-278.

く、単に手続的規制を課しているに過ぎない。国連総会は諸加盟国を拘束する『決定』による強制措置をとる権限を有しておらず、その権限は排他的に安保理が有している。この条文の趣旨は、その当然の帰結として、そのような『決定』による強制措置が必要とされる問題である場合に、国連総会は安保理へ義務的にその問題を付託せねばならないというものである。」[266]

　この両見解が従来から対立してきたのであるが、第一に前者の見解に対しては、その設立以来、国連総会が行使してきた、勧告による非軍事的強制措置の実行と符合しないという事実をまず指摘しなければならない。例を挙げれば、国連設立直後の1946年12月12日、国連総会決議39（賛成23、反対4、棄権20）は、スペイン問題において、すべての国連加盟国に対し、マドリッド駐在の大使及び公使の即時召還を勧告し、1949年11月18日国連総会決議288(IV)はギリシャ紛争に際し、すべての加盟国に対して、アルバニア及びブルガリアに対する武器等の禁輸を勧告している。さらに、1951年5月18日、国連総会決議500(v)は、すべての加盟国に対して、中華人民共和国及び北朝鮮支配地域に対して、武器、弾薬、石油、戦術的価値を持つ輸送資材、武器製造に利用される道具等の輸出禁止を勧告した。また、1962年12月6日、国連総会決議1761（XVII）は南アフリカ共和国に対して、そのアパルトヘイト政策の継続を平和に対する脅威であると認識し、国連加盟国に対して、外交的及び経済的制裁として、非軍事的強制措置を発動している。第11条2項後段を国連総会権限に対する実体的制限と解する見解は、これら国連総会の実行と明白に矛盾するのである。

　一方、第11条2項後段を国連総会に対する手続き的制限と解する見解の問題点は、第11条2項後段が「決定による強制措置」という憲章上、本来国連総会には無い権限について注意的に規定しているに過ぎないことになり、同条項を規定した実質的意味はないのではないかという点であった。さらに前

---

[266] Juraj Andrassy, "Uniting for Peace", *The American Journal of International Law,* vol.50 (1956), p.567.

節でも検討したように、国連総会による実行として、安保理が開始した軍事的強制措置の継続若しくは停止に対する実行は確認されるが、国連総会の勧告による軍事的強制措置の開始はこれまで実施されたことはないのである[267]。しかし、国連総会による軍事的強制措置の開始措置が未だ執られたことがないとしても、第11条2項後段の解釈に対しては、平和のための結集決議の法的地位を考慮しなければならないだろう。前節において、平和のための結集決議は、第11条2項に規定された国連総会の「平和と安全の維持に関する勧告権限」の解釈決議であり、国連総会権限に対し、安保理にいうところの第7章としての手続的意味があると指摘した。そうであれば、その採択以来違法説と合法説が対立してきた同決議の法的地位の考察を行わなければならない。

当該問題の検討においては、「パレスチナの壁事件」における ICJ 勧告的意見が有用な事例を提供している。なぜなら、前節において確認したように、当該勧告的意見自体が平和のための結集決議に規定されている緊急特別総会を通して要請されたものであり、当該決議の法的地位及び緊急特別総会を開催するための前提条件が問題となったからである。もちろん、ICJ は後者の問題に検討を限定し、前者の議論、すなわち平和のための結集決議の法的地位に対しては検討を避けた。しかし、裁判所は以下のように述べることに拠り、その法的地位に対し、わずかながら触れていると考えられる。

「裁判所は、1997年に第10回緊急特別総会が開催された際に、安保理はパレスチナ占領地におけるイスラエルの入植問題に関し、常任理事国の

---

[267] この点、1951年2月1日、安保理の拒否権による麻痺を受けて、国連総会が採択した決議498を国連総会の勧告による「軍事的強制措置」の発動例とみる見解もある（筒井若水『現代国際法講座 国際法Ⅱ』青林書院新社、1982年、164頁）。しかしながら、この総会決議498は中華人民共和国による韓国に対する軍事侵攻を侵略行為と認定し、すべての国連加盟国に対して韓国における国連の行動に対し継続的援助を与えることを要請した決議であるが、この決議は、その第6項において集団的措置委員会の構成国によって組織された委員会に、この侵略に対してとるべき「追加的措置」を国連総会へ報告するよう要請していることからもわかるように、すでに安保理によって執られた措置に対する補足的措置を勧告しているのであって、総会が「軍事的強制措置」を発動したわけではない。柘山堯司、前掲書、91頁。

消極的投票により決定をとることが不可能であったこと、そして国連総会決議 ES-10/2（上記パラグラフ19参照）によって指摘されているように、国際平和と安全に対する脅威が存在したことを確認する。」[268]

ここで裁判所は、緊急特別総会の開催要件が満たされているかという手続的検討をわずかに離れ、平和のための結集決議において示唆されていた国連総会の予備的決定権限を追認しているように考えられるのである。

国連憲章第39条が規定する「平和に対する脅威、平和の破壊又は侵略行為」の存在決定は、第39条、41条、42条が規定する強制措置実施への予備的決定としての地位を有しており、国連憲章自体には、国連総会に予備的決定権限を認める規定は存在しない。また平和のための結集決議の採択以前に、国連総会が非軍事的強制措置を発動したと考えられるスペイン問題とギリシャ問題において、国連総会による予備的決定権限の行使は一貫性を欠いている。前者の事例において、1946年12月12日に採択された国連総会決議39(I)は予備的決定自体行っていない。後者の事例においては、1948年11月27日に採択した国連総会決議193(Ⅲ)が、事態の継続が「ギリシャの政治的及び領土保全、そしてバルカンの平和に対する脅威を構成する（constitutes a threat to peace in Balkans）」と、第7章的表現を用いる一方で、1949年11月18日にアルバニア及びブルガリアに対する武器輸出禁止を発動した国連総会決議288(Ⅳ)では、アルバニア、ブルガリア及びルーマニアといった諸国の援助が、「国連憲章の目的及び原則に反し、バルカンの平和を脅かす（endangers peace in Balkans）」と、第6章的表現に回帰しているのである。

このように、平和のための結集決議採択以前の事例における国連総会による予備的決定権限行使が一貫性を欠く一方で、1950年11月3日に採択された当該決議A第1項は、以下のように規定していた。

「平和に対する脅威、平和の破壊又は侵略行為があると思われる場合

---

[268] Legal Consequences of the Construction of a Wall in the Occupied Palestinian Territory, Advisory Opinion, *ICJ Rep,* 2004, p.136 and 151.

において、安全保障理事会が、常任理事国の一致を得られなかったために国際の平和及び安全の維持に関するその主要な責任を遂行し得なかったときは、総会は、国際の平和及び安全を維持し又は回復するための集団的措置（平和の破壊又は侵略行為の場合には必要に応じ兵力を使用することを含む。）をとるように加盟国に対し適当な勧告を行う目的をもって、直ちにその問題を審議する。総会はそのとき会期中でない場合には、要請があったときから二十四時間以内に緊急特別会期を開くことができる。」
（下線筆者）

　ここで、平和のための結集決議が援用される条件としては、「平和に対する脅威、平和の破壊又は侵略行為があると思われる場合」と規定されている。ここでまず問題となるのが、このような国連憲章第39条に規定された予備的決定を行うのは安保理なのか、国連総会なのかという問題であった。しかし、平和のための結集決議が行使される状況は、「安全保障理事会が、常任理事国の一致を得られなかったために……その主要な責任を遂行し得なかったとき」であるため、この決定を安保理が行うと解すれば、同決議の運用は実質的に否定されることになる。そのため、「平和のための結集決議」は国連総会の「平和に対する脅威、平和の破壊又は侵略行為」の予備的決定権限を認めたものと解することが妥当であると思われる。そして、当該決議採択以後の事例をみれば、1951年2月1日に採択された国連総会決議498(V)では、中国共産党政府が朝鮮において、侵略に従事 (committing aggression in Korea) していると認め、ポルトガル非自治地域問題に対し、1962年12月14日採択された国連総会決議1807も「ポルトガル政府の行為が……国際の平和と安全に対する重大な脅威を構成する事態を引き起こしている (created a situation which constitutes a serious threat to international peace and security)」と、第7章的表現を用いて認めることが慣例化しているのである。

　これらに鑑みれば、初期の実行において、確かに国連総会による予備的決定権限行使は一貫性を欠いているということができるものの、第11条2項の解釈決議としての「平和のための結集決議」が、国連総会の予備的決定権限

を認め、国連総会の強制措置発動要件を整えたと考えることが妥当である。つまり、国連総会による平和と安全の維持権限を規定し、強制措置の法的根拠と考えられる第11条2項の勧告権限の中から、当該決議が解釈に拠って、予備的決定権限を導き出したと考えられるのである[269]。

そうであれば、上記ICJの見解は、平和のための結集決議に基づき採択された総会決議ES-10/2による予備的決定権限行使の法的価値を承認しており、当該決議の第11条2項に対する解釈決議としての法的地位に関しても、肯定的に捉えていると考えるのが妥当であろう。そして、決議が規定した強制措置への予備的決定権を認める一方で、当該決議に基づく強制措置の行使を認めないということは考えにくい。これに鑑みれば、国連総会もその勧告に拠って強制措置を執ることができると考えることがICJの見解とも合致し、第11条2項の解釈は手続き的制限と捉えることが、より説得的であると考えられるのである。

(3) 国際刑事裁判所との関係における補完的機能

これまで国連総会が有する平和と安全の維持における補完機能を、安保理との関係においてのみ検討してきた。しかし、21世紀を迎えた国際社会における国連総会の補完機能は、安保理との関係のみに留まらず、さらなる展開を辿る可能性を有している。それが国際刑事裁判所(以下ICC)との関係における国連総会の補完機能である。安保理との関係において、国連総会の補完的機能が必要とされた理由は、安保理が拒否権行使によって麻痺した際に、国連総会が代替的に非軍事的強制措置を開始すること、若しくは安保理の軍事的強制措置を停止させるといった具体的措置をとることが、国際社会に実効的ガヴァナンスをもたらすために必要であるからであった。しかし、安保

---

[269] 一方で第10条及び11条2項の「討議権」に法的根拠を求める説もある。三好正弘「国連の強制行動-実行におけるその意味-」『法学研究』第42巻1号、1969年、55頁(しかし、第10条及び11条2項において「討議」されることに、当然に認定権が包含されているとは考えにくい。認定権限が強制措置行使の予備的認定としての地位にあるとすれば、国連総会の勧告による強制措置の法的根拠規定となる第11条2項の「勧告権」に包含されているという見解が妥当である)。

理の国際社会における役割が拡大するに従い、国連総会に求められる補完的機能もこれら具体的措置に限られなくなってきているのである。

ICC は、1998年に採択されたローマ規程を基に、国際社会全体の利益を害する個人の国際犯罪を裁く常設の国際裁判所として設立された。そして裁判所規程第5条1項において、ICC は、ジェノサイド、人道に対する罪、戦争犯罪、侵略の罪を、その対象犯罪として掲げている。しかし、ここで個人の侵略の罪に関する裁判所管轄権は、裁判所規程第5条2項において、「第121条及び第123条に従って、当該犯罪を定義し、かつ当該犯罪に対して裁判所が管轄権を行使する条件を定める規定が採択された後に管轄権を行使する」とされ、名目的に裁判所管轄権に加えられるに留まっている。

当該理由としては、規程第5条2項に明記されているように、侵略の定義また侵略の罪の構成要件について、ローマ会議にて議論がまとまらなかったことを反映している。しかし、最大の要因としては、侵略認定に関する ICC と安保理との関係が、ローマ会議において紛糾し解決が得られなかったことに起因していた。この問題に関しては、ICC による個人の「侵略の罪」に対する管轄権の行使を、安保理による第39条に基づく侵略行為の事前認定を条件とする英米といった常任理事国の主張と、裁判所の司法的独立性を重視し、裁判所の自立的認定を主張する論議が最後まで対立していたのである。そして、安保理による事前認定を条件とするという主張の理論的根拠が、前節で確認した第39条に基づく安保理の予備的決定権限の排他性であった。そのため、冷戦期の安保理と国連総会との権限関係の議論を超え、当該問題は早期に決着させねば、ICC による「侵略の罪」に対する管轄権行使が永遠に排除されるとして、ICC と安保理との権限関係の議論の中でも、広範な学問的関心をよんでいる[270]。

---

[270] 代表的研究として以下の文献が挙げられる。Mauro Politi and Giuseppe Nesi (eds.), *The International Criminal Court and the Crime of Aggression*, Ashigate, 2004. Sir Franklin Berman, "The Relationship Between the International Criminal Court and the Security Council", *Reflections on the International Criminal Court: Essays in Honour of Adriaan Bos*, T.M.C. Asser Press, 1999. Dan Sarooshi, "The Peace and Justice Paradox: The International Criminal Court and the UN Security Council", *The Permanent International Criminal Court: Legal and Policy Issues,* Hart Publishing, 2004.

では、第39条の予備的決定権限に関して、安保理権限の排他性を認め、裁判所の管轄権行使を安保理の認定権に懸からしめることには、どのような懸念があるのか。もちろん、ここには安保理常任理事国が有する拒否権の問題があるのであり、もし、これを認めれば、「安保理の常任理事国すべてに、ICCが侵略に関する刑事手続をとることを妨げる権利を与えることになる」[271]のである。さらにガヤは、次のように述べ当該問題に懸念を表明している。

「安保理の事態を控えめに評価する傾向の明確な原因は、さもなければ安保理が決議を採択するために多数票の獲得達成が困難であるということにある。そのため、裁判所の侵略に関する判示を安保理による事前の評価に依存させることは、ICC規程における侵略に関する条項からそのすべての意味を奪い去ることと明らかに同義なのである。」[272]

このガヤの見解をみると、裁判所の管轄権行使の条件としての安保理による事前認定ということを認めれば、常任理事国は拒否権によって、ICCの管轄権行使を妨害できることになること、さらに安保理はこれまで侵略認定に消極的な姿勢であることが問題とされている[273]。そのため、当該文脈における議論は、たとえ第一次的に安保理による認定を認めざるを得ないとしても、国連総会の平和と安全の維持における権限と機能に注目し、国連総会の予備的決定権限を、安保理がその決定に失敗した場合に機能させるという提

---

271 Giorgio Gaja, "The Respective Roles of the ICC and the Security Council in Determining the Existence of an Aggression", in Mauro Politi and Giuseppe Nesi, *op.cit.*, p.123.
272 Giorgio Gaja, *ibid*, p.124.
このような安保理の侵略認定を控える傾向は、デ・ウェットによれば、理事国の国内利益の観点又は侵略行為を行った国家との近隣国としての関係、そして安保理が武力闘争の一方当事者に対して、侵略者として名指しの非難を行えば、安全保障理事会が非公正な印象を持たれてしまい、政治的仲介者としての機能を損なってしまうことから来ているという（Erika De Wet, *op.cit*, (本章脚注10), p.149）。またグレイ教授によれば、安保理が侵略を認定したのは、イスラエル、南アフリカ、ローデシアに対してのみである。Christine Gray, *International Law and the Use of Force*, Fully Update Second Edition, Oxford University Press, 2004, p.197.
273 同様な見解として以下。Erika De Wet, *op.cit.*, (本章脚注10), p.149.

案がなされているのである[274]。例えば、Saeid Mirzaee Yengejeh は、国連憲章は予備的決定権限を安保理へ専属させていないという前提の下で以下の見解を述べている。

> 「国連憲章と国連の実行に基礎を有する平和のための結集決議を援用することで、安保理による決定が行われない問題を国連総会へ付託することが選択肢として考えられる。歴史的な理由から安保理の構成は、現在の国際連合における加盟国の適切な構成を反映していない。そのような状況において、国連総会からの勧告は国連のすべての構成国を代表しており、すべての構成国に受託されるべきものである。」[275]

つまり、国連集団安全保障体制は、国連総会に対しても予備的決定権限を認めているのであって、侵略認定に関し、安保理において拒否権の行使があれば、平和のための結集決議を用いて国連総会による予備的決定を行うことを提案しているものである。これは従来認識されていた国連総会の補完的機能をさらに進展させる提案であろう。

当該議論は、単なる学問上の関心をよんでいるのみではなく、現在においても、ICC 締約国会議において、ICC 発足以来の課題として討議されている。例えば、2009年2月19日に配布された第7回締約国会合への "Discussion paper on the crime of aggression proposed by the Chairman" においては、ICC 規程

---

[274] Vera Gowlland-Debbas, "The Role of the Security Council in the New International Criminal Court From A Systemic Perspective", in Laurence Boisson de Chazournes and Vera Gowlland-Debbas (eds.), *The International Legal System in Quest of Equity and Universality, Liber Amicorum Georges Abi-Saab,* The Hague: Martinus Nijhoff Publishers, 2001, p.641.

[275] Saeid Mirzaee Yengejeh, "Reflections on the Rome of the Security Council in Determing an Act of Aggression", in, Mauro Politi and Giuseppe Nesi, *op.cit.*, p.131.
また Saeid Mirzaee Yengejeh は続けて以下のようにも述べている。
「侵略行為の認定に関して、国連憲章第96条に基づく ICJ の勧告的意見を要請することが他の選択肢として考えられる。ICJ は国連の司法機関であり、安保理及び国連総会は両機関とも法律的問題に関して、ICJ へ勧告的意見を要請する権限を有している。もし理事会が侵略の認定に失敗し、加えて ICJ への勧告的意見要請がなされなかった場合、勧告的意見要請のために平和のための結集決議を援用することが可能である。」(Saeid Mirzaee Yengejeh, *ibid*, p.131.)

第15条 bis「侵略の罪に対する管轄権の行使」として、以下のような選択肢が提示されている。

「1. 裁判所は、本条における各規程を条件とし、規程13条に基づき侵略の罪に対し管轄権を行使しうる。
「2. 検察官が侵略の罪に関し捜査を開始する合理的証拠が存在すると結論づけた場合、彼又は彼女は第一に、安保理によって関係国による侵略行為の認定が為されているかを確認しなければならない。検察官は、本裁判所における当該事態を、国連事務総長へ、関係するすべての情報及び文書とともに通告しなければならない。
「3. 安保理がそのような認定を為している場合、検察官は侵略の罪に関して捜査を開始することができる。
……
「4. （選択肢2）そのような認定が、通告が行われた日から［6］ヶ月以内に行われない場合、検察官は侵略の罪に関し、(option3-add) 第8条 bis で規定されている国家による<u>侵略行為の認定が、国連総会により行われていることを条件として、捜査を開始することができる。</u>」（下線筆者）

もちろん、このような、安保理による侵略行為の認定が失敗した場合に、国連総会の予備的決定権限を利用する提案を行う場合、以下の二点が問題となる。第一に、予備的決定権限は安保理の排他的権限か否か、つまりは国連総会による予備的決定権の行使が国連憲章上認められているか。そして第二に、国連総会の侵略行為認定のみに基づく検察官の捜査が、裁判所規程第5条2項2文と両立しうるかということである。

第一点目に関し、ここで第39条の予備的決定権限を安保理の排他的権限と認める学者は多い。例えば、小長谷は以下のように述べている。

「ICCが侵略罪の刑事責任を個人に問う場合に、その前提条件として、国家の侵略という事実の存非を認定する必要があるが、国連憲章三九条

は『安全保障理事会が侵略行為の存在を決定する』と規定して、安全保障理事会に侵略認定権限を専属させている。」[276]

また、小和田判事も「国連憲章三九条によれば、ある国家が侵略を行ったかどうかの認定は、安保理に専属する権限」[277]と述べており、同趣旨であると考えられる。しかし、本節においてすでに検討したように、国連総会の平和と安全の維持における二次的責任は最早否定し得ず、その限界も「決定による強制措置」であった。そうであれば、強制措置発動の前提要件である予備的決定権限を国連総会が行使しうることは自明であり、第11条2項に基礎付けることができると考えられる。つまり、国連憲章は予備的決定権限を安保理に専属させてはいないのである。

第二に、裁判所規程第5条2項との両立性の問題であるが、当該問題も第一の問題の解釈に依存する問題であった。当該規程第5条2項は以下のように規定している。

「裁判所は、侵略の罪については、この犯罪を定義しかつこの犯罪に関する管轄権を裁判所が行使する条件を定める規定が、第一二一条及び一二三条の規定に従って採択された後に、管轄権を行使する。このような規定は、国際連合憲章の関連する条項と両立するものでなければならない。」

ここで特に、規程第5条2項第2文は、侵略の罪に対する裁判所の管轄権行使の条件規定が「国際連合憲章の関連する規定と両立するものでなければならない」とすることで、将来の裁判所の管轄権行使に何らかの制約を課していると考えられる。そのために、当該規定からも裁判所の管轄権行使に対しては、安保理による侵略行為認定が事前になされることが不可欠であると

---

[276] 小長谷和高『国際刑事裁判序説（訂正版）』尚学社、2001年、162頁。
[277] 小和田恒・芝原邦爾〔対談〕「ローマ会議を振り返って―国際刑事裁判所設立に関する外交会議」『ジュリスト』第1146号（1998年12月）、8-9頁。

いう解釈が提起されているのである。例えば、ジマーマンは以下のように述べている。

> 「この規定（formula）は当該犯罪の訴追に関わる刑事手続において、安保理が実際に担うべき役割に対して向けられている。これは裁判所規程が、侵略の罪の規定が国連憲章に沿っていなければならないということを明示的に述べることによって、安保理が国際の平和と安全の維持に関して負っている特別な役割と特権を承認しているように思われる。それ故、そのようないかなる修正も、裁判所は、関係当事国の行動が侵略行為に達しているとする国連憲章第7章に基づいた安保理の事前認定なしに侵略の罪による個人の訴追を行わないという保護規定を含まなければならない。」[278]

つまり、ジマーマンは、第5条2項第2文それ自体から、裁判所管轄権の行使には安保理の侵略行為に関する事前認定が必要という意味を引き出せるのであって、将来の修正は、これに従わなければならないとするのである。この解釈が正しいとすれば、国連総会による侵略認定のみに基づく検察官による捜査は、明らかに第5条2項2文と両立しないものとなる。

しかしながら、侵略の罪に関する規定が、「国連憲章の関連する規定と両立するものでなければならない」という文言のみから、このような積極的解釈を引き出すことは難しい。なぜならば、そもそもこのような侵略の罪に関する裁判所管轄権の行使条件を巡る議論が紛糾したために、ローマ会議では侵略の罪を将来の議論に委ねることとなった。それにもかかわらず、第5条2項2文から当該解釈が引き出せ、かつそれに従わなければならないとすることは不合理である。また、もし第5条2項第2文が、ジマーマンが主張する意味を含意することに、交渉に参加した諸国間に合意が存在していたなら

---

278 Andreas Zimmermann, "Article 5", in Otto Triffterer (ed.), *Commentary on the Rome Statute of the International Criminal Court: Observer's Notes, Article by Article,* Nomos Verlagsgesellschaft, 1999, pp.105-106.

ば、本来裁判所の管轄権行使の条件という論点がここまで紛糾することはなかったはずである。

また、当該規定に対し、異なる解釈を提起するものとして、例えば小和田恒判事は、「その意味するところは、やはり国連憲章第39条の安保理の決定権というものを、阻害するような形で決めるわけにはいかないということを示唆するもの」であるとする[279]。当該解釈が妥当性を有するとすれば、具体的には、「国連総会による侵略行為認定が第39条の安保理の認定権を阻害するか」という問題が提起されることとなるだろう。しかし、国連総会が安保理に対する単なる二次的機関ではなく、国連集団安全保障体制において、安保理と異なった見地から行動することのできる、いわば二重性 (duality) を獲得してきたことはすでに前節において確認した[280]。さらに、ICJも、先にみたパレスチナの壁事件において、安保理による平和に対する脅威認定がなされていない場合における、国連総会決議の予備的決定権限行使の法的効果を承認していると考えられる。そうであれば、たとえ国連総会が侵略行為の認定を、安保理による事前の認定がなされていない場合において行使するとしても、当該国連総会の行為が安保理の決定権を阻害していると解することはできない。

5 結論にかえて——国際社会における議会論

以上、グローバル・ガヴァナンス論と関係すると思われる、国連総会の秩序形成機能、暫定統治機能、そして平和と安全の維持における補完機能について検討を加えてきた。ここで検討してきた国連総会が果たす諸機能は、以下の諸点から、グローバル・ガヴァナンス論構築へ向けた可能性に溢れているということができる。

第一に、国連総会が有する秩序形成機能に関し、国連総会決議それ自体に

---

[279] 小和田恒・芝原邦爾〔対談〕、前掲、9頁。
[280] 前節2(6)から2(12)を参照のこと。「二重性 (duality)」という用語に関しては、以下の文献からお借りした。Michael Cowling, "The Relationship between the Security Council and the General Assembly with particular reference to the ICJ Advisory Opinion in the 'Israeli Wall' Case", *South Africa Yearbook of International Law,* vol.30 (2005), p.77

法的拘束力はないが、その決議はグローバル国際社会の形成を始動させることであるべき姿へ社会を導き、国際社会の総意を体現することで、秩序形成機能を果たすことを確認した。ここでの国連総会機能は、国際社会における立法機関の不在という問題を補い、共同体の政策決定機関であるかのような様相をみせている。

　第二に、頻発する内戦状況から国家を再建し、国際社会システムへ復帰させる暫定統治機能は、国連憲章上安保理のみに認められているものではなく、国連総会も有しており、国連集団安全保障体制において最初に当該機能を行使した機関も国連総会であったことを確認した。もちろん冷戦後に確認することができる暫定統治機構設立の事例は、安保理の実行のみである。しかし現在、国連という国際組織による領域管理の問題として浮上している正当性の問題を克服するためにも、国際社会における唯一の民主的代表機関としての国連総会が有する暫定統治機能が再確認されるべきであろう。

　第三に、国連総会の平和と安全の維持における補完機能の存在は、安保理行動に対し、その民主的運営へ向けた圧力となることができるということである。また、当該国連総会の平和と安全の維持分野における補完的機能は、安保理の国際社会における役割が伸張すると同時に、拡大することが期待されてもいる。1950年から1960年代において、注目を集めた国連総会の補完機能は、安保理が機能不全に陥った際に、UNEF 1 に典型的にみることができるように防止措置を行使すること、若しくは非軍事的及び軍事的強制措置をとることであった。しかし、冷戦後安保理の活動が拡大し、ICC との関係にも及ぶに従い、国連総会の機能も、その予備的決定権限を軸として、拡大することが提案され始めている。この意味において、国連総会と安保理は国際社会に実効的ガヴァナンスをもたらすために、まさに表裏の関係を構築するべきではないかと思われるのである。確かに近年、安保理の活動は活性化し、国際社会において強力な権限を行使しつつある。しかし、安保理の権限及び機能がいかに進展するにしても、その行過ぎ及び機能不全への懸念は消えることはない。安保理の権限行使を民主的にチェックし、安保理が麻痺に陥った際には、国際社会全体の立場から、それを補う機関の存在が、実効的

でかつ公正な国連集団安全保障体制の構築には必要とされているのである。これまで、冷戦期間中に国連総会が果たした諸機能、及び冷戦後国連総会に期待されている諸機能に対する包括的検討は行われてこなかったといえる。しかし、これら国連総会が有する諸機能は看過されてよいものではなく、さらなる検討・再評価が求められているのである。

　本稿が検討対象としたのは、第一に地球共同体の見解を最もよく体現することのできる国連総会が果たす機能は、統一権力体の存在しない国際社会における実効的ガヴァナンスの確立に寄与することができるのではないか、そして第二に、上記第一の検討の結果、国際社会における議会（国会）の役割をいかに捉えることができるかということを、国際社会における議会論構築へ向けた序論的考察として行いたいということであった。第一の議論に対してはすでに述べたが、ここで、第二点目の議論に対し、不十分ではあるが、以下の点について指摘することができると思われる。それは、国連総会の諸機能を中心として、国際社会における議会論というものを考察する場合には、国連総会の役割は国内社会における議会の役割とは明白に異なり、国内類推の議論から議論を構築し得ないということを意識しなければならないということである。従来、国連総会は国際社会の議会である若しくは討議場であると、一般的かつ抽象的に指摘されてきたにもかかわらず、その議会が国際社会においていかなる地位を占めるかという検討はなされてこなかった。つまり、国連総会は「国際社会の議会」と擬制されながらも、国際社会における「統治」という問題に対し、その具体的役割について意識的に検討対象とされることは少なかったのである。これは従来、国際社会における議会の役割を考える際、国内類推からもたらされる議会の役割、すなわち立法機関としての役割を検討の出発点としていたためであった。

　しかしながら、当該前提は二つの意味で誤りであったと考えられる。第一に、当該前提を用いて国連総会の役割を考察する場合、国連総会が国連憲章上において、勧告権限しか与えられていないという形式論によって、国連総会の役割は否定されがちであった。しかしながら、たとえ国連総会が国内社会の意味における立法機関ではないとしても、国連総会は、本節で検討を行っ

たように、国際社会の秩序形成に向けその機能を行使してきたのである。そして第二に、国連総会を国際社会における討議・立法機関という前提をとる場合、国連総会が有する国連集団安全保障体制における中核的機能を見過ごしてしまうということである。国連総会は国連憲章において、単なる討議機関となることを予定されているものではない。国連総会は安保理の活動を監視し、安保理が機能不全に陥った際に、具体的に行動することを期待されている。国連総会を国際社会の議会と措定する「国際社会における議会論」なるものを構築するには、国内類推的思考から離れ、その諸機能を積み上げて構築していくしかない。

　この意味において、本節及び前節は、グローバル・ガヴァナンス論構築に関わる国連総会の諸機能を検討し、少なくともその輪郭を描くことを目的としてきた。これら検討を踏まえ、国連総会の諸機能を体系化し、その活性化を図ることこそ、現在求められている緊急の課題であると思われるのである。

第7章　国連安保理の権限行使に対する司法審査の需要と供給
―― 法の支配における司法審査の位置付けを探って

はじめに

　2005年世界サミットの成果文書の一節に、「国内及び国際双方のレベルにおいて、法の支配を普遍的に堅持し実施する必要性」を謳った箇所がある[1]。「国内レベル」の法の支配が何たるものかは、各国ごとにその歴史や政治思想と結びついた論争の蓄積があるものの、極力形式的な意味に限定して共通要素を抽出するならば[2]、行政や立法機関の行為に対する司法審査は、その有力候補に掲げることができるだろう。違憲立法審査権の有無や、具体的な司法審査基準、司法の積極性などにおいて少なからぬ相違があるものの、今や多くの国が、法の支配の一つの発現として何らかの形で司法審査を設けている[3]。

　「国際レベル」の法の支配は、国内レベルと比較して概念的にも制度的にも発展途上にあるものの、その名宛人リストに国連の安保理が仲間入りをしてきていることは明らかである。安保理に対する法の支配は、今や学術的な

1　*2005 World Summit Outcome,* UN Doc. A/RES/60/1 (24 October 2005), para. 134.
2　形式的な意味での法の支配について、P. Craig, "Formal and Substantive Conception of the Rule of Law: An Analytical Framework", *Public Law*, 1997, pp.467-477; S. Chesterman, "An International Rule of Law?", *American Journal of Comparative Law,* vol.56, 2008, pp.331, 342.
3　De Wet は、司法審査が法の一般原則になりつつあるとも主張する。E. De Wet, *The Chapter VII Powers of the United Nations Security Council*, Portland Oregon: Hart Publishing, 2004, pp.116-129.

世界にとどまらず、外交の舞台でも飛び交う言葉となった[4]。2006年には、デンマークの提案によって「国際法の強化：法の支配並びに国際の平和及び安全の維持」と題した安保理会合が開かれ、安保理の狙打ち制裁における制裁対象者の指定手続などが具体的議題として取り上げられた[5]。また、オーストリアは、同国の主導で2004年から4年間にわたって行われたプロジェクトの成果として「国連安全保障理事会と法の支配」と題した報告書を総会と安保理に提出している[6]。

では司法審査は、安保理に対する法の支配の文脈においても、国内レベルの法の支配と同様に、その一要素をなすものとみてよいのだろうか。答えは、誰の立場でこの問いを捉えるかによって異なってくる。需要側に位置する加盟国の総体としての国連総会は、法の支配運動に熱を注ぎつつも、安保理の権限行使に対して司法審査を活用することには関心が低いようである。一方、安保理の権限行使によって直接的影響を受ける加盟国や私人の中には、安保理に異議を唱える手段として司法審査を頼りにするものがいる（第2節）。この少ないが確実に存在する需要に対し、供給側に立つ司法機関は、安保理の権限行使に関して審査を行うことには極めて消極的であるといえよう（第3節）。「国際レベル」の法の支配の波が安保理にも押し寄せる中で、同機関を巡る司法審査は、その居場所を排除されないとしても、極めて周縁に位置づけられているようである。

4　See, e.g., Report of the Secretary-General, *The Rule of Law at the National and International Levels: Comments and Information Received from Governments,* UN Doc. A/62/121 (11 July 2007), 6-8 (Austria), 14 (Finland); Sixth Committee, *The Rule of Law at the National and International Levels*, UN Doc. A/C.6/62/SR.14 (15 November 2007), para. 19 (Mr. Beras Hern?ndez of the Dominican Republic).

5　UN Doc. S/2006/367 (7 June 2006), Annex, 3; UN Doc. S/PV. 5474 (22 June 2006); UN Doc. S/PV. 5474 (Resumption 1) (22 June 2006).

6　*The UN Security Council and the Rule of Law,* UN Doc. A/63/69?S/2008/270 (7 May 2008). 経緯と内容については、K.G. Bühler, "The Austrian Rule of Law Initiative 2004-2008–The Panel Series, the Advisory Group and the Final Report on the UN Security Council and the Rule of Law", *Max Planck Yearbook of United Nations Law,* vol.12 (2008), pp.410-446.

第1節　司法審査の題材

1　予備的認定

　安保理の権限行使、特に国連憲章第7章下のそれは、今や司法審査の題材に事欠かない。まず、第7章の入り口である平和に対する脅威等の決定に関する手続的問題が挙げられよう。憲章第39条は、平和に対する脅威等の決定が強制措置に先立って行われることを想定するものの[7]、この決定なくして強制措置が発動された事例が幾つか存在しているのだ。例えば、コソヴォ紛争を巡る安保理決議1160である。同決議は、コソヴォを含むユーゴスラヴィア連邦共和国に対する武器禁輸措置を加盟国に義務付けたものであるが、安保理は、「国際連合憲章第7章の下に行動」しつつも[8]、第39条下の認定を行わなかった。これは、まさに理事国間の見解対立が解消されなかったことに原因がある。採択時の各国発言に明らかなように、幾つかの国は、コソヴォにおける事態が平和の脅威を構成するとの立場を取っていたが[9]、ロシアと中国はそれに反対し[10]、両者の折合いがつかなかったのである。

　予備的決定を回避した例としては、他にも、イラン核活動に関連して経済制裁を課した安保理決議1737と、同制裁を強化した決議1747、1803が挙げられよう。これら一連の決議でも安保理は、「国際連合憲章第7章第41条の下に行動して」いたものの[11]、脅威の決定を行わなかった[12]。コソヴォ紛争

---

[7]　ただし、第40条の暫定措置に第39条の平和に対する脅威等の認定が必要とされるか否かについては争いがある。Compare, J.A. Frowein and N. Krisch, "Article 40" in B. Simma (ed.), *The Charter of the United Nations: A Commentary*, 2nd edn., Oxford University Press, 2002, pp.729, 731-732; with H. Nasu, *International Law on Peacekeeping: A Study of Article 40 of the UN Charter*, Leiden: Martinus Nijhoff, 2009, pp.105-106.

[8]　UN Doc. S/RES/1160 (31 March 1998), pre. para. 8.

[9]　UN Doc. S/PV. 3868 (31 March 1998), 3 (Mr. Owada of Japan), 5 (Mr. Lidén of Sweden), 8 (Mr. Türk of Slovenia), 12 (Mr. Richmond of the UK), 13 (Mr. Richardson of the USA). Similarly, *ibid.*, 3-4 (Mr. Sáenz Biolley of Costa Rica), 10 (Mr. Soares of Portugal).

[10]　UN Doc. S/PV. 3868 (31 March 1998), 10 (Mr. Fedotov of Russian Federation), 11 (Mr. Shen Guofang of China).

[11]　UN Doc. S/RES/1737 (27 December 2006), pre. para. 10. UN Doc. S/RES/1747 (24 March 2007), pre. para 10; UN Doc. S/RES/1803 (3 March 2008), pre. para. 13.

[12]　これらの決議の前に憲章第40条の下で採択された安保理決議1696においても、平和に対する脅威認定は行われていない。UN Doc. S/RES/1696 (31 July 2006).

に関する前述の決議1160とは異なり、採択時の発言で平和に対する脅威の存在に言及した国さえも、ほとんどみられなかった[13]。これに対してイランは、第39条下の決定なくして同国に対する第7章措置を取ることはできない、との反論を繰り広げている[14]。

果たして、脅威の決定ができないにもかかわらず強制措置に踏み切ることは、憲章上正当化できるのだろうか。イランでなくとも、大いに疑問の余地が残るところである。前述の決議1160の採択に際して会合に参加したエジプトは、理事会の手続を決めるのは理事会それ自身であると認めながらも、「原則として、憲章の根本的 (constitutional) 要件は、一般に、綿密に従い尊重すべきものである」[15]として、控え目な表現ではあるが、第39条の決定を欠いた決議採択に疑問を投げかけているのだ。南アフリカも、決議1747の採択において、「安全保障理事会は、国際の平和及び安全に対する脅威に対応するという任務内に留まらなければならない」[16]とし、脅威の存在を明記しなかったことに失望の意を表明したのである[17]。

予備的決定にまつわる疑問は、実体的側面にも及んでいる。平和に対する脅威の決定は、起草時の主な想定とは異なり[18]、武力紛争が主として国家間のものとはいいがたい場合や[19]、さらに、武力紛争の存在にかかわらず[20]、

---

13 かろうじて決議1747採択時に、米国が言及した程度である。See UN Doc. S/PV. 5647 (24 March 2007), 8, 10 (Mr. Wolff of the USA).
14 See UN Doc. A/62/767-S/2008/203 (26 March 2008), 6, 13-14 (the letter of Mr. Manouchehr Mottaki, Foreign Minister of Iran); UN Doc. S/PV. 5612 (23 December 2006), 9 (Mr. Zarif of Iran).
15 UN Doc. S/PV. 3868 (31 March 1998), 29 (statement by Mr. Elaraby of Egypt).
16 UN Doc. S/PV. 5647 (24 March 2007), 4 (statement by Mr. Kumalo of South Africa).
17 See *ibid.*, 4-5 (Mr. Kumalo of South Africa).
18 J.A. Frowein, and N. Krisch, "Article 39" in B. Simma (ed.), *The Charter of the United Nations: A Commentary*, 2nd edn., Oxford University Press, 2002, pp.717, 720, 722.
19 E.g., UN Doc. S/RES/54 (15 July 1948) (Palestine); UN Doc. S/RES/161 (21 February 1961) (Congo); UN Doc. S/RES/733 (23 January 1992) (Somalia). See further, Frowein and Krisch, *ibid.*, 723.
20 See Note by the President of the Security Council, UN Doc. S/23500 (31 January 1992), 3. 安保理は、1992年の議長声明で、「国家間の戦争や軍事的衝突が存在しないということそれ自体は、国際の平和と安全を確保するものではない」とし、非軍事的要素が平和に対する脅威となってきたと述べている。

人道的危機[21]、大規模な人権侵害や人道法違反[22]、民主的政府の崩壊[23]、テロリズムの拡散[24]、大量破壊兵器の拡散[25]などに対しても行われてきた。このような新たな脅威の取り込みは、一般に加盟国の賛同を得ているといってよいだろう。ただし、特定の事例との関係では、認定が恣意的であるとして懸念が表明されることもしばしばである。そのような懸念が強まったのが、1988年に起きたロッカビー航空機爆破事件の容疑者引渡しを巡り、1992年に採択された安保理決議748であった。同決議で安保理は、リビア政府がテロリズムの放棄を具体的行動により示さなかったこと、特に決議731の引渡し要求に応えていないことが、平和に対する脅威を構成すると認定したが[26]、これに対しては、3年以上も前の事件の処理が、何故それほどの脅威と認められるのかという疑問が、少なくない方面から発せられたのである[27]。

2 具体的措置

司法審査の題材は、予備的決定に続く第7章下の具体的措置についても存在する。争点は極めて多岐にわたるが、ここでは三つの主要な論点を挙げることとしたい。第一に、第7章の強制措置が、紛争の解決条件を強制してい

---

21 E.g., UN Doc. S/RES/794 (3 December 1992) (Somalia); UN Doc. S/RES/841 (16 June 1993) (Haiti).
22 E.g., UN Doc. S/RES/808 (22 February 1993) (ICTY); UN Doc. S/RES/955 (8 November 1994) (ICTR). Similarly, UN Doc. S/RES/418 (4 November 1977) (South Africa); UN Doc. S/RES/688 (5 April 1991) (Kurds in Iraq). さらに、安保理決議1296は、「武力紛争の事態において、文民たる住民その他の被保護者を故意に標的とし、国際的な人道及び人権法に対する組織的で、明白かつ広範な違反を行うこと」が国際の平和に対する脅威となりうることに留意している。UN Doc. S/RES/1296 (19 April 2000), para. 5.
23 E.g., UN Doc. S/RES/841 (16 June 1993) (Haiti); UN Doc. S/RES/1132 (8 October 1997) (1997) (Sierra Leone). Cf. Frowein and Krisch, *op. cit.*, fn. 18, 725.
24 E.g., UN Doc. S/RES/731 (21 January 1992) (Libya); UN Doc. S/RES/1390 (28 January 2002) (Taliban/Al Qaeda); UN Doc. S/RES/1373 (28 September 2001).
25 E.g., UN Doc. S/RES/1718 (14 October 2006) (North Korea); UN Doc. S/RES/1540 (28 April 2004).
26 UN Doc. S/RES/748 (31 March 1992), pre. para. 7.
27 See Questions of Interpretation and Application of the 1971 Montreal Convention Arising from the Aerial Incident at Lockerbie (Libyan Arab Jamahiriya v. United Kingdom; Libyan Arab Jamahiriya v. United States of America) (Provisional Measures), *ICJ Reports*, 1992, pp.3, 43, 114, 153, para. 21 (dissenting opinion of Judge Bedjaoui).

るという懸念である。よく知られているように、安保理は、平和に対する脅威を「防止及び除去」(第1条1項前段) するに留まり、当事者の権利義務の終局的な確定を強いることはできない。第1条1項後段の「正義及び国際法の原則に従って」という挿入句が1945年のサンフランシスコ会議において加えられたのは、まさにこの点における安保理権限の限界を確認するという中小国の強い要望を受けてのことであったし[28]、第36条と第37条の規定をみても、紛争の調整手続・方法 (第36条1項) や解決条件 (第37条2項) に関する安保理権限が勧告に留まっていることは明らかである。

もちろん、脅威の防止・除去と権利義務確定との線引きは、それほど単純ではない。平和に対する脅威概念が、恒常的な状態をも含むようになった結果、それを防止または除去する第7章措置も、紛争当事国の権利義務を終局的に確定すると同じ効果を持ちかねないのも事実である。しかし、一定の線引きができないわけではない。よく引合いに出される例が、安保理決議687に基づくイラク・クウェート間の国境画定である。同決議は、1963年の両国間の合意議事録に定める国境を尊重するよう要求している点で[29]、両国が予め合意した解決条件を確認したに過ぎないようにもみえるが、イラクがその議事録の拘束性を認めていなかったことを鑑みるに、第7章に依拠して紛争当事国に権利義務の確定を強制した事例として、批判の対象としうるものである[30]。

第二に、安保理が総会や経済社会理事会に分担された機能を「侵犯 (encroachment)」しているという、非同盟諸国や77カ国グループからの批判がある[31]。憲章第24条に要約されている安保理の事項的権限は、総会の場合と

---

28 See T.D. Gill, "Legal and Some Political Limitations on the Power of the UN Security Council to Exercise its Enforcement Powers under Chapter VII of the Charter", *Netherlands Yearbook of International Law,* vol.26 (1995), pp.33, 65-67.
29 UN Doc. S/RES/687 (3 April 1991), para. 2. See also *ibid.*, para. 4.
30 F.L. Kirgis, Jr., "The Security Council's First Fifty Years", *American Journal of International Law,* vol.89 (1995), pp.506, 530-532.
31 See, e.g., UN Doc. A/C.6/62/SR.14 (15 November 2007), para. 14 (Ms. Thomas Ramíres of Cuba, speaking on behalf of the Non-Aligned Movement); UN Doc. A/C.6/63/SR.6 (29 October 2008), para. 12 (Ms. Ramos Rodríguez of Cuba, speaking on behalf of the Non-Aligned

は異なり[32]、国際の平和と安全の維持に限定されたものである。しかし、その中に取り込まれる議題は拡大する一方である。2007年には気候変動がその仲間入りをし、非同盟諸国など多くの国々から抗議の声が上げられた[33]。さらに安保理は、起草時に想定された警察機能を越えて、紛争当事者の権利義務の確定や、国や地域等の限定のない一般的義務の創設といった、司法や立法になぞらえうる働きをしてきている[34]。このような傾向を受けて、非同盟諸国や77カ国グループは、「規範設定、立法および定義の確立」が、国際法の漸進的発達や法典化のための勧告権限が総会にあることを留意するに（第13条1項）、必ずしも安保理の権限に含まれるものではないと主張し[35]、安保理による総会権限の侵犯に対してはそれを「反対し、阻止する」と強気の姿勢を見せているのである[36]。

第三の題材は、安保理の権限行使が、基本的人権の尊重を蔑ろにしてお

Movement). 司法立法機能は安保理よりも総会に託すべきとする主張として、M. Koskenniemi, "The Police in the Temple–Order, Justice and the UN: A Dialectical View", *European Journal of International Law,* vol.6 (1995), pp.325-348.

32　See 1945 Charter of the United Nations, Articles 10, 11, 13 and 14.

33　See UN Doc. S/PV.5663 (17 April 2007), 24-25 (Mr. Amil of Pakistan, speaking on behalf of the Group of 77 and China); UN Doc. S/PV.5663 (Resumption 1) (17 April 2007), 12 (Mr. Mohamad of Sudan, speaking on behalf of the African Group), 27 (Mrs. Núñez Mordoche of Cuba, speaking on behalf of the Non-Aligned Movement).

34　See J.A. Frowein and N. Krisch, "Introduction to Chapter VII" in B. Simma (ed.), *The Charter of the United Nations: A Commentary*, 2nd edn., Oxford University Press, 2002, pp.701, 705-710. 詳しくは、浅田正彦「国連安保理の機能拡大とその正当性」村瀬信也編『国連安保理の機能変化』東信堂、2009年、3-40頁参照。

35　*Final Document of the Fourteenth Summit Conference of Heads of State or Government of the Non-Aligned Movement (11-16 September 2006),* UN Doc. A/61/472?S/2006/780 (29 September 2006), Annex I, para. 40. *Final Document of Fifteenth Ministerial Conference of the Non-Aligned Movement* (27-30 July 2008), UN Doc. A/62/929 (11 August 2008), para. 54. Similarly, Sixth Committee, UN Doc. A/C.6/61/SR.7 (7 November 2006), para. 21 (Mr. Alday of Mexico), 76 (Mr. Anwar of India); Sixth Committee, UN Doc. A/C.6/62/SR.15 (13 November 2007), para. 9 (Ms. Bolaño Prada of Cuba); Sixth Committee, UN Doc. A/C.6/62/SR.16, 19 November 2007, para. 71 (Mr. Baghaei Hamaneh of Iran).

36　*Fourteenth Summit, ibid.,* para. 43.6; *Fifteenth Conference, ibid.,* paras. 54, 57.6. 実際に、安保理が平和維持活動における調達行政や服務規律について討議を行った際、これらの国々から強い抗議が行われた。See UN Doc. S/PV.5376 (22 February 2006), 21-22 (Mr. Kumalo of South Africa, speaking on behalf of the G77 and China), 25-26 (Mr. Hamidon of Malaysia, speaking on behalf of the Non-Aligned Movement).

り、人権尊重を国連の目的の一つとした憲章第1条3項や、さらには強行規範に反しているという懸念である[37]。例えばコソヴォや東チモールにおける国連の暫定領域統治では、安保理の補助機関が住民財産の処分や犯罪者の抑留など行政権を幅広く行使したが、その権限行使と人権との整合性がしばしば問題となった[38]。また、冷戦後の強制措置の中核をなす狙撃ち制裁に対しても、人権上の懸念が表明されている。同制裁は、安保理やその補助機関が直接、制裁対象となる私人の指定を行うものである。制裁の中には対象者が数百人に上る場合もあり、何らかの瑕疵があっても不思議ではない。しかし、指定解除を求める制裁対象者は、2006年末に決議1730に基づいて手続的改善が行われるまで[39]、国連に直接申立てを行う機会さえ与えられていなかった。これは、公正な聴聞を受ける権利[40]などの手続的保障を欠いているとして、加盟国や国連機関からの批判の対象となったのである[41]。

第2節　司法審査の需要

1　国連総会

これだけ司法審査の題材がそろっているとすれば、司法の判断を仰ごうという機運がみられても不思議ではない。総会は、少なくとも理論的には、

---

[37] See further, M. Kanetake, "Enhancing Community Accountability of the Security Council through Pluralistic Structure: The Case of the 1267 Committee", *Max Planck Yearbook of United Nations Law,* vol.12 (2008), pp.113, 124-125, 137-141.

[38] ただしコソヴォや東チモールでは、暫定統治機構に対して国連の内部法に基づいて人権上の義務を課している。See UNMIK, *On the Authority of the Interim Administration in Kosovo,* UN Doc. UNMIK/REG/1999/1 (25 July 1999), section 2; UNTAET, *On the Authority of the Transitional Administration in East Timor,* UN Doc. UNTAET/REG/1991/1 (27 November 1999), section 2.

[39] UN Doc. S/RES/1730 (19 December 2006).

[40] See 1966 International Covenant on Civil and Political Rights, 999 UNTS 171 (hereinafter ICCPR), Article 14; 1950 Convention for the Protection of Human Rights and Fundamental Freedoms (hereinafter ECHR), ETS 5, Article 6.

[41] See further, Kanetake, *op. cit.*, fn. 37, 157-161.

過半数の賛同を確保できれば[42]、国連憲章第96条1項に基づき、安保理による権限行使の合憲章性（憲章との合致）に関する勧告的意見を国際司法裁判所（ICJ）に求めることができる[43]。法律問題であれば、特定の権限行使に限定されない抽象的な問題であってもよいのである[44]。しかし、総会が安保理権限行使の合憲章性について ICJ にお伺いを立てたことは未だかつてない。確かに、ある種の国連経費事件（1962年）[45]では、総会決議に基づく第一次国連緊急軍（UNEF-I）だけではなく、安保理決議に基づいて設立されたコンゴ国連軍（ONUC）の合憲章性も問題となっていたが、ONUC について旧ソ連諸国が唱えた異議は、国連事務総長による ONUC の編成が憲章規定に違反しているという点であって、安保理の権限行使自体に向けられたわけではなかったのである[46]。

勧告的意見を積極的に利用して総会が安保理の統制を図るよう、これまで全く提案がなされなかったわけではない。コロンビアは、安保理を含む国連機関の行動の合法性を決定する「憲法的監視機関（constitutional monitoring body）」を検討すべきであると提案し、その一つとして総会による ICJ の勧告的意見要請を挙げている[47]。アルジェリアは、勧告的意見が安保理の行為を

42　これまでも総会は、核兵器使用の合法性に関する意見要請（賛成78、反対43、棄権38）においてそうであったように、普遍的支持を得られずとも勧告的意見要請を行ってきた。UN Doc. A/RES/49/75K (9 January 1995) (voted on 15 December 1994).

43　意見要請にはその主題と総会活動との関連性が必要となるとの示唆があるが (*Legality of the Threat or Use of Nuclear Weapons* (Advisory Opinion), *ICJ Reports*, 1996, pp.226, 232-233, paras. 11-12. *Legal Consequences of the Construction of a Wall in the Occupied Palestinian Territory* (Advisory Opinion), *ICJ Reports*, 2004, pp.136, 145, paras. 16-17)、安保理の第7章権限行使に関する法律問題は、総会活動との関連性を十分に有する問題である。

44　*Conditions of Admission of a State to Membership in the United Nations (Art. 4 of the Charter)* (Advisory Opinion), *ICJ Reports*, 1948, pp.57, 61.

45　*Certain Expenses of the United Nations (Article 17, Paragraph 2, of the Charter)* (Advisory Opinion), *ICJ Reports*, 1962, pp.151. 同事件について詳しくは、香西茂『国連の平和維持活動』有斐閣、1991年、115-146頁参照。

46　*Certain Expenses of the United Nations (Article 17, Paragraph 2, of the Charter), Pleadings, Oral Arguments, Documents* (ICJ, 1962) 271-272 (Memorandum of the USSR Government).

47　Report of the Secretary-General, UN Doc. A/48/264 (20 July 1993), 28, para. 19 (reply from Columbia).

統制する手段であるにもかかわらず、現在はそれが「未利用で未開拓」であるとして、総会に方向転換を求めている[48]。オーストリアを中心とした前述の「国連安保理と法の支配」に関する提言でも、安保理の権限行使を点検する手段の一つとして、総会による勧告的意見の要請が挙げられている[49]。されど、これら一部の一般的提言を除いて、司法的意見を求めようという具体的な機運が高まったということは聞かれない。この需要の低さに対しては、以下の三つの相互に関係する理由を指摘できよう。

第一に、そもそも総会自身が憲章解釈機関の一つであるという点だ。国連総会は、一般的な討議・勧告権（第10条）を通じて国連憲章の解釈を行うことができ、必ずしもICJにお伺いを立てる必要はない。総会の憲章解釈が安保理を拘束するわけではないが、総会には、強力な組織内権限である予算決定権（第17条）があり、安保理の諸活動の予算を縮小ないし廃止する圧力をかけることで、安保理権限に関する総会の勧告を実効的なものにすることは可能であろう。さらに、政治機関である総会は、ICJよりも柔軟な「解釈」を行うことができ、その「解釈」の名の下で、一定の法改革を推し進めていく力を秘めているのである。

第二に、国連での法の支配の提唱は、法改革運動の側面を有している。安保理に対する法の支配は、安保理改革、中でもその民主化という大きな政治運動の中で提唱されてきたものであって、既存の法の尊重に留まらず、法の支配の「法」自体の改革をも求めている側面がある。実際、法の支配に関する国連総会の議論では、安保理の権限行使の合憲章性を問うことだけに限られず、例えば安保理決議の採択時に事実概要と理由を付すべきといったような[50]、改革案も同時に提示されているのである。そうであれば、現行法の適用を任務とする司法審査は、法の支配運動が目指すところとは必ずしも一致しないということとなる。

---

[48] UN Doc. A/50/PV.30 (12 October 1995), 10 (statement of Mr. Lamamra of Algeria).
[49] *The UN Security Council and the Rule of Law, op. cit.*, fn. 6, para. 29.
[50] Sixth Committee, UN Doc. A/C.6/61/SR.7 (7 November 2006), paras. 20 (Mr. Alday of Mexico), 26 (Mr. Talbot of Guyana, speaking on behalf of the Rio Group).

第三に、司法審査は、むしろ安保理権限の拡大にお墨付きを与える可能性がある。国連の権限に関して判断を下したICJの経歴をみる限り、裁判所は、憲章の文言や起草者の意図よりも、国連機関の機能や自律性に重きを置いた解釈を行ってきている[51]。このような履歴を考慮するに、多くの国は、ICJによる判断が安保理の権限拡大の後ろ盾となるリスクを認識しているのではないかと思われる。

2　安保理

　憲章第96条1項は、安保理自身による意見要請にも道を開いている。だが驚くにはあたらないが、安保理の常任理事国には、その権限行使について司法判断を仰ぐことに強い反対がある。国連始動直後の1947年、ベルギーは、インドネシア問題への安保理の関与が憲章第2条7項の内政不干渉の規定に反するというオランダの主張を受けて、この点についてICJの勧告的意見を要請するよう安保理に提案したことがある。同提案に対して中国は、裁判所の法的意見が「非常にきつい束縛」となりかねず、変動する問題に対応するには極めて不都合なものであるとして、勧告的意見の利用に反対したが[52]、このような見解は安保理内では多数を占めていたのである[53]。

　この一幕に限らずとも、安保理が自らの決定を司法審査に付すことに消極的であるのは、ある意味自明のことであろう。興味深いことに、安保理の権限行使に異を唱えてきた非同盟諸国は、総会における数の優位を利用してICJの勧告的意見を要請する代わりに、安保理自身に対して、勧告的意見の要請を行うよう促しているのである。2006年の非同盟諸国首脳会議の最終文書では、安保理の決定が「国連憲章および国際法に従うよう確保する必要性に留意」しつつ、理事会自身に対して、「ICJによる審査を受けるよう検討

---

[51]　See R. Kolb, *Interprétation et création du droit international: Esquisse d'une herméneutique juridique moderne pour le droit international public,* Bruylant, 2006, pp.189-202.

[52]　UN SCOR, 2nd year, 195th and 196th meetings (26 August 1947), 2217-2218 (Mr. Tsiang of China), reproduced in M. Bedjaoui, *The New World Order and the Security Council: Testing the Legality of its Acts,* Dordrecht: Martinus Nijhoff, 1994, p.162.

[53]　Bedjaoui, *ibid.,* 19. See also UN Doc. S/894 (1948) (a Syrian draft on the Paiestinian question).

すること」を要請した[54]。この要請が実現する可能性が限りなく低いことは明白であろう。これは、実際には非同盟諸国も司法審査に消極的であるということの一つの表れではなかろうか。

3 個別国家

個別国家は、総会や安保理とは異なり、勧告的意見の要請権を与えられていない。よく知られているように、憲章の起草過程でベルギーは、安保理により本質的利益を侵害されたと主張する紛争当事国が、ICJ に勧告的意見を要請できるよう提案を行ったが、常任理事国となる四大国の反対に遭い不採用となった経緯がある[55]。オーストラリア及びベルギーは、1947年にも類似の提案を行ったが、これもまた同様に受け入れられなかった[56]。

ただし、司法審査に対する需要自体が決してなくなったわけではない。それを証明するのが、ロッカビー事件である。同事件は、形式的には、航空機爆破事件の容疑者の引き渡しを巡るリビアと米国・英国間の係争事件であるが[57]、この事件の隠れた主題として、引渡し要請に応じることをリビアに要請した安保理決議731[58]及びそれを義務づけた決議748[59]の合憲章性の問題があった。リビアは、安保理会合でも、問題が「純粋に法的な」ものであるとして、法律的紛争を原則として ICJ に付託することを考慮するよう定めた憲章第36条3項を援用しつつ、安保理はこの問題を検討する権限を有していな

---

54 *Fourteenth Summit, op. cit.,* fn. 35, para. 16.8; identical to *Fifteenth Conference, op. cit.,* fn. 35, para. 16.9.

55 *Documents of the United Nations Conference on International Organization,* New York: UN Information Organization, 1945, vol. 3, at pp.332-333, 336-337, vol. 12, at pp.48-50, 65-66. 小森雅子「安全保障理事会決議の司法審査可能性」『西南学院大学大学院法学研究論集』第17号 (1999年)、38-40頁参照。

56 See Bedjaoui, *op. cit.,* fn. 52, 164-182.

57 米国と英国は、航空機爆破事件の容疑者がリビアの諜報員であるとして同国に引渡しを求めていた。UN Doc. A/46/827-S/23308 (31 December 1991), Annex (joint declaration of the United States and United Kingdom on 27 November 1991).

58 UN Doc. S/RES/731 (21 January 1992), para. 3.

59 UN Doc. S/RES/748 (31 March 1992), para. 1. 決議748は、武器禁輸措置などの経済制裁も課しており、同制裁は、決議883で強化されている。See *ibid.,* paras. 3-6; UN Doc. S/RES/883 (11 November 1993), paras. 2-7.

いとの抗議を行っていた[60]。リビアは、自国が「法の支配に極めて誠実に取り組んでいる」として[61]、それを証明するかのように、1971年の民間航空不法行為防止条約（モントリオール条約）の第14条に従って紛争を ICJ に付託し[62]、裁判所に対して、これらの安保理決議が憲章第1条1項（正義及び国際法の原則に従った紛争解決）や第2条7項（国内管轄事項への不干渉）に反するとして、その合憲章性に異議を唱えたのである[63]。安保理決議に対する審査は、係争事件の付随的問題であったものの、リビアにとって両者は同様の重要性を有する表裏一体の問題であった。

安保理決議の合憲章性が付随的に提起された係争事例としては、他にもジェノサイド条約適用事件が挙げられよう[64]。同事件では、仮保全措置の要請の中で、「ユーゴスラヴィア」への武器禁輸制裁を課した安保理決議713の解釈と合憲章性が問われた[65]。ボスニア・ヘルツェゴビナは、同国が決議採択時に独立国でなかったこと、同国への制裁は自衛権の侵害に当たることなどを根拠として、決議にいう「ユーゴスラヴィア」に同国は含まれ得ないとし、そうでなければ、同決議は、憲章の目的と原則に反し権限踰越に当たると主張したのである[66]。

60　UN Doc. S/PV. 3033 (21 January 1992), 14-15 (statement by Mr. Belgasem El-Talhi of Libya). Similarly, UN Doc. S/PV. 3063 (31 March 1992), 7, 19-20 (Mr. Elhouderi of Libya).
61　S/PV. 3033, *ibid.*
62　なお、リビアによる提訴は、安保理決議748の採択より前の、1992年3月3日に行われている。
63　See *Questions d'interprétation et d'application de la convention de Montréal de 1971 résultant de l'incident aérien de Lockerbie (Jamahiriya arabe libyenne c. Royaume-Uni)*, Mémoire de la Libye (20 Decembre 1993), pp.181-235.
64　*Application of the Convention on the Prevention and Punishment of the Crime of Genocide (Bosnia and Herzegovina v. Yugoslavia (Serbia and Montenegro)* (Provisional Measures), *ICJ Reports*, 1993, p.3. *Application of the Convention on the Prevention and Punishment of the Crime of Genocide (Bosnia and Herzegovina v. Yugoslavia (Serbia and Montenegro)* (Second Provisional Measures), *ICJ Reports*, 1993, p.325.
65　UN Doc. S/RES/713 (25 September 1991), para. 6.
66　*Application of the Convention on the Prevention and Punishment of the Crime of Genocide (Bosnia and Herzegovina v. Yugoslavia (Serbia and Montenegro),* Application of the Republic of Bosnia and Herzegovina of 20 March 1993, paras. 118, 125.

4 私　人

　司法審査に対する私人からの需要は、かつてないほど高まっている。その背景には、私人に対する安保理の権限行使の増加と多様化が挙げられるだろう。既述のように、コソヴォや東チモールでは、安保理の補助機関が住民の権利義務に直接関わる様々な立法、行政、司法活動を担ったし、狙い撃ち制裁では、安保理の制裁委員会が直接的に制裁対象者である個人や団体を指定している。安保理が設立した国際的な刑事裁判所が個人を裁くこともある[67]。もちろん、安保理が私人に対して憲章第6章や第7章の権限を行使することは、何ら新しいことではないが[68]、冷戦後は対私人権限行使の量的拡大だけではなく、その内容の多様化が顕著にみられる。対私人権限行使の増加と多様化は、平和に対する脅威概念の変化と不可分であり、国際社会が安保理に望んだことでもあるが、その一方で安保理やその補助機関によって権利や利益を侵害されたと主張する私人もより多く出現するようになったのである。

　司法審査の需要は、国連が設ける特別の異議申立手続の存在によって、ある程度は吸収されよう。例えば国連の平和維持活動では、慣行上、活動ごとに申立委員会が設置されているし[69]、コソヴォにおける暫定統治機構では、オンブズパーソンや人権パネルが設置され、私人に申立ての機会が与えられている[70]。また狙撃ち制裁においては、2006年末にフォーカルポイントが国連事務局内に設置され、制裁対象者の個人や団体が指定解除を申し立てるこ

67　UN Doc. S/RES/827 (25 May 1993) (ICTY); UN Doc. S/RES/955 (8 November 1994) (ICTR); UN Doc. S/RES/1757 (30 May 2007) (Special Tribunal for Lebanon).

68　例えば、安保理決議に基づく平和維持活動は、安保理が（事務総長や加盟国への授権を通じてではあるものの）活動地域の住民に対してその権限を行使してきた事例であると言えよう。

69　See Report of the Secretary-General, UN Doc. A/51/389 (20 September 1996), para. 22.

70　UNMIK, *On the Establishment of the Ombudsperson Institution in Kosovo,* UNMIK/REG/2000/38 (30 June 2000). UNMIK, *On the Establishment of the Human Rights Advisory Panel,* UNMIK/REG/2006/12 (23 March 2006). See C. Waters, "Human Rights in an International Protectorate: Kosovo's Ombudsman", *International Ombudsman Yearbook,* vol.4 (2000), pp.141, 141-165; C.P.M. Waters, "Nationalising Kosovo's Ombudsperson", *Journal of Conflict and Security Law,* vol.12 (2007), pp.139-148.

とが可能となった。しかし、これらの異議申立手続は、すべての場合に利用可能ではないし、利用可能であっても実効性に欠く場合もある。そのような場合に裁判所による司法審査は、私人にとっての頼みの綱と映るのである。

ICJ に対して当事者適格や意見要請権を持たない私人が拠り所としたのは、国内裁判所であった。ベーラミ・サラマティ事件 (2007年) では、安保理決議1244に基づいてコソヴォに設置された暫定統治機構によって人権を侵害されたと主張するコソヴォ住民が、部隊派遣国を相手方として欧州人権裁判所に訴えを提起している[71]。また、欧州司法裁判所 (ECJ) に持ち込まれたカディ事件 (2008年) に代表されるように[72]、安保理の制裁委員会によって指定を受けた個人や団体が、公正な聴聞を受ける権利などの侵害を訴えて、世界各地で国内訴訟を提起している[73]。さらに、特別な状況下ではあるものの、旧ユーゴスラヴィア国際刑事裁判所 (ICTY) やルワンダ国際刑事裁判所 (ICTR) では、前者のタジッチ事件 (1995年) に代表されるように[74]、被告個人が、弁護の一環として、これらの国際的な刑事裁判所を設立した安保理決議の合憲章性に再三にわたり異議を申し立てているのである。

71　*Behrami and Behrami v. France* (Application No. 71412/01), and *Saramati v. France, Germany and Norway* (Application No. 78166/01), Admissibility Decision of 2 May 2007. 同事件の詳細については、本稿第3節2項(2)②参照。

72　*Kadi v. Council of the European Union and Commission of the European Communities* (Case T-315/01), Judgment of 21 September 2005 (CFI). *Kadi and Al Barakaat International Foundation v. Council of the European Union and Commission of the European Communities* (Cases C-402/05 P and C-415/05 P), Judgment of 3 September 2008 (ECJ).

73　2008年5月の時点で少なくとも26の訴訟が存在している。*Eighth Report of the Analytical Support and Sanctions Monitoring Team pursuant to Resolution 1735 (2006) concerning Al-Qaida and the Taliban and Associated Individuals and Entities,* UN Doc S/2008/324 (14 May 2008), Annex I.

74　*Prosecutor v. Duško Tadić* (Case IT-94-1-T), Trial Chamber, Decision on Jurisdiction of 10 August 1995; *Prosecutor v. Duško Tadić* (Case IT-94-1-AR72), Appeals Chamber, Decision on Jurisdiction of 2 October 1995.

第3節 司法審査の供給

1 国際裁判所

(1) 管轄権

　国際社会に点在する司法審査需要に対して、司法機関からの供給は見込まれるのだろうか。まず、総会や加盟国からの需要がありうる ICJ をみてみよう。同裁判所は、国連憲章で「国際連合の主要な司法機関」と位置付けられているものの (第92条)、国連諸機関の権限行使に対する司法統制者として特定の権限を付与されているわけでもなく (制度的司法審査の欠如)[75]、他方でそのように機能することを禁じられているわけでもない[76]。このように憲章は明確な手引きを欠く中で、ICJ 自身は、国連憲章および ICJ 規程に基づいて司法的機能を果たす限りにおいて、安保理や総会の決議の合憲章性を判断しうるとの立場をとってきている[77]。ナミビア事件 (1971年) で明確にされたように、合憲章性の問題が「勧告的意見の要請の主題をなすものではない」場合であっても、「その司法機能の行使に当たって」合憲章性に関する異議を検討することができるのである[78]。この付随的審査権の存在は、ICTY のタジッ

---

[75] 杉原高嶺「国際司法裁判所による安保理決定の司法審査について」『法学論叢』第148巻 5・6号 (2001年) 38-39頁。See *Certain Expenses, op. cit.*, fn. 45, p.168; *Legal Consequences for States of the Continued Presence of South Africa in Namibia (South West Africa) notwithstanding Security Council Resolution 276* (Advisory Opinion), *ICJ Reports*, (1971), pp.16, 45, para. 89.

[76] D. Akande, "The International Court of Justice and the Security Council: Is There Room for Judicial Control of Decisions of the Political Organs of the United Nations?", *International and Comparative Law Quarterly,* vol.46 (1997), pp.309, 326.

[77] *Certain Expenses, op. cit.,* fn. 45, 157; *Namibia, op. cit.,* fn. 75, p.45 (para. 89), p.53 (para. 115). Compare *Namibia, ibid.*, pp.143-144 (separate opinion of Judge Onyeama), pp.151-152 (separate opinion of Judge Dillard), pp.180-182 (separate opinion of Judge De Castro); with *ibid.*, p.105 (separate opinion of Judge Padilla Nervo).

[78] *Namibia, ibid.*, p.45, para. 89. なお、ICJ は、勧告的意見の場合を与えるかどうかの裁量を有するが (ICJ 規程第65条)、要請の拒否が正当化されるのは「やむを得ない理由 (compelling reasons)」のみとの立場をとってきている。*Nuclear Weapons, op. cit.*, fn. 43, p.235, para. 14 and cases cited therein.

チ事件でも、その上訴裁判部の賛同を得ている。同事件で裁判所は、自らの設立根拠である安保理決議の合憲章性という、ICJ とは異なる状況に直面していたものの、上訴裁判部は、安保理が裁判所に設立根拠法の合法性を問う権限までも与えたわけではないとした第一審裁判部の判断[79]を退け、裁判所の管轄権の決定権 (la compétence de la compétence) は、設立文書に明示されずとも司法機能に固有の権限であるとし[80]、その権限を行使する上で創設者である安保理の行為を付随的に審査することもできると判示したのである[81]。

(2) 受理可能性

しかし、司法審査の是非を巡る議論の焦点は、審査権そのものよりも、むしろ受理可能性にある。ICJ による司法判断を不適合（したがって受理可能でない）とする根拠としては、主に以下の2点が掲げられてきたと言えよう。第一の根拠が、事件係属 (litispendence) の法理である[82]。同法理は、管轄権の類似する複数の機関が、同一の問題を取り扱うことを回避する場合の抗弁として、国内法上発展してきたものである[83]。これを安保理と ICJ との関係に援用すれば、前者がすでに同一の紛争を扱っている場合、後者は前者に道を譲るべきとの主張につながる。同法理が国際法上確立しているか否かは疑わしいが、いずれにせよこの主張に対して ICJ は、一貫していわゆる機能的パラレリズムの立場をとってきた。すなわち、安保理が同一の事態や紛争を扱う場合でも、同機関による政治的機能と ICJ の司法機能は並行して行使されう

---

79 *Tadić* (Trial Chamber), *op. cit.*, fn. 74, para. 8.
80 *Tadić* (Appeals Chamber), *op. cit.*, fn. 74, paras. 14-18.
81 *Ibid.*, paras. 20-21.
82 litispendence は、国内法上、裁判所で適用される概念であり通常「訴訟係属」と訳されるが、本稿では、裁判所間の係属関係を取り扱うわけではないため、より一般的に「事件係属」と訳すこととする。永田高英「紛争解決における国際司法裁判所と安全保障理事会の関係―ロッカビー事件を中心として―」『早稲田法学』第74巻第3号 (1999年) 168頁、脚注(7)。
83 See D. Schweigman, *The Authority of the Security Council under Chapter VII of the UN Charter: Legal Limits and the Role of the International Court of Justice*, The Hague: Kluwer Law International, 2001, p.217.

るというものである[84]。これは、安保理が第7章下で行動している場合であっても同様である[85]。ICJ の立場は、一般論としては説得力がある。国連憲章は、ICJ と安保理との優位関係について明確に定めていないが[86]、これは、理事会が平和の番人であるのに対して裁判所は法の番人であり、両者間には紛争解決に寄与する上での役割分担があるからであろう[87]。この機能分担を前提とすれば、複数の機関が類似の権能を有していることを前提とした事件係属の法理は、異なる機能を担う安保理と ICJ との関係に対しては当てはまらないこととなる。

しかし、機能的パラレリズムの限界が浮彫りになったのがロッカビー事件であった。同事件では、安保理決議748によってリビアに容疑者の引渡し義務が課される一方で[88]、裁判所は、安保理決議に相反することとなる、モントリオール条約第7条に基づく同国の刑事訴追権を確認するよう求められたのである。この場合でも、安保理は平和と安全の維持、ICJ は法の適用を行うのであって、両者の機能にあくまで「矛盾はない」と言い切ることもできなくはない。ただし問題は、両者がそれぞれ機能を行使する結果、一方で安保理の決定、他方で ICJ の係争事件判決によって、紛争当事国に課される義務に矛盾が生じうるという点にある。仮に裁判所が安保理決議にもかかわら

---

[84] *United States Diplomatic and Consular Staff in Tehran (United States of America v. Iran)* (Merits), *ICJ Reports*, 1980, pp.3, 21-22, para. 40. *Military and Paramilitary Activities in and against Nicaragua (Nicaragua v. United States of America)* (Jurisdiction and Admissibility), *ICJ Reports*, 1984, pp.392, 434-435, para. 95; *Application of the Genocide Convention* (Provisional Measures), *op. cit.,* fn. 64, 18-19, para. 33. 詳しくは、杉原高嶺「同一の紛争主題に対する安全保障理事会と国際司法裁判所の権限」杉原高嶺（編）『紛争解決の国際法』三省堂、1997年、505-508頁参照。See Schweigman, *ibid.,* pp.231-261; Gowlland-Debbas, "Article 7 UN Charter" in A. Zimmermann et. al. (eds.), *The Statute of the International Court of Justice: A Commentary*, Oxford University Press, 2006, pp.79, 94-97.

[85] *Armed Activities on the Territory of the Congo (Democratic Republic of the Congo v. Uganda)* (Provisional Measures), *ICJ Reports*, 2000, pp.111, 123-127, paras. 35-37.

[86] 安保理は、第6章で活動する限り、ICJ における法律的紛争の解決を尊重すべきであるが（憲章第36条3項）、憲章第7章下であれば、ICJ に付託された紛争についても勧告・決定をなしうる。内ヶ崎善英「国際司法裁判所と安全保障理事会の権限配分」『法学新報（中央大学）』第96巻第7・8号（1990年、149-150頁参照。

[87] 杉原高嶺、前掲論文（本章脚注84）、505頁。

[88] UN Doc. S/RES/748 (31 March 1992), para. 1.

ずリビアの訴追権を認めたとしても、判決の効力は安保理には及ばず、同決議が直ちに無効となるわけではない[89]。しかし、安保理がリビアに対して引渡し義務と経済制裁を課し続けるならば、安保理が、リビア及び加盟国に対して、ICJ判決に反して行動することを強制することとなり、両者の機能分担が「補完的」[90]とは言い難い状況に陥りかねなかったのである。

　この機能的パラレリズムの限界をいかに打開するのかという問題は、ロッカビー事件では結局回避されてしまった。1992年の仮保全段階でICJは、措置の指示が必要であるかの判断において安保理に一歩譲りつつも、司法審査の可能性をつなぎとめるという采配を振るっている。すなわち裁判所は、安保理決議748の決定が、一見したところ（prīmā faciē）憲章第25条に基づき拘束力を有しており、それが憲章上の義務として他の国際協定上の義務に優先すること（第103条）を理由に、「リビアが主張するモントリオール条約上の権利は、同決議の採択前の状態がどのようなものであっても、いまや仮保全措置の指示によって保護されるのに適当なものとみなすことはできない」として[91]、リビアの要請を退けている。その一方で、決議748の法的効力については、「この段階では」それを「確定的に決定することを求められていない」として[92]、同決議に対する司法審査を放棄したわけではないという示唆を与えているのである。ICJは1998年の先決的抗弁の段階でも、安保理決議の司法判断適合性について何ら具体的に触れることなく[93]、安保理決議によりリ

89　古川照美「国連活動の合法性をめぐる加盟国間の対立と紛争—国際司法裁判所による司法的調整とコントロール」国際法学会（編）『日本と国際法の100年 ⑨紛争の解決』（三省堂、2001年）159-160頁。

90　Nicaragua, *op. cit.*, fn. 84, para. 95.

91　*Lockerbie* (Provisional Measures), *op. cit.*, fn. 27, 15 (paras. 39-40), 126-127 (paras. 42-43). 反対意見では、裁判所が職権により（proprio motu）仮保全措置の指示を行うべきであったとの主張がなされている。*Ibid.*, pp.41, 48-49, 151, 158-159 (dissenting opinion of Judge Bedjaoui), pp.67, 70-71, 177, 180-181 (dissenting opinion of Judge Weeramantry), pp.88-93, 193-197 (dissenting opinion of Judge Ajibola), pp.110-112, 215-217 (dissenting opinion of Judge El-Kosheri).

92　*Ibid.*, p.15 (para. 40), p.126 (para. 43).

93　*Questions of Interpretation and Application of the 1971 Montreal Convention arising from the Aerial Incident at Lockerbie (Libyan Arab Jamahiriya v. United Kingdom; Libyan Arab Jamahiriya v. United States of America)* (Preliminary Objections), *ICJ Reports*, 1998, pp.9, 115.

ビアの請求はもはや目的を失ったという英国と米国の抗弁については、専ら先決的な性質を有するものではないとして本案に持ち越し[94]、最終的に2003年の訴訟取下げを迎えるに至ったのである[95]。

　第二に、似通った視点であるがより問題の性質に注目した抗弁として、政治問題の法理が挙げられる[96]。これは、紛争が法律的紛争とそれ以外の政治的・非法律的紛争とに区分可能であることを前提とし、後者については裁判不可能であるとする考えである[97]。ICJ は、この種の抗弁を正面から受け入れたことはこれまでにない[98]。ICTY のタジッチ事件では、第一審裁判部が政治問題の抗弁に賛同を表明したものの[99]、上訴裁判部はこれを真っ向から否定している[100]。

　ただし、政治問題の法理が認められないとしても、その背後にある、裁判は果たして紛争の実効的解決に適当か、という大きな問いかけまでもが葬り去られるわけではない。政治問題の法理は、国際秩序の構築において国際裁判がいかなる役割を果たすべきか、またそれが可能か、という古典的な議論の一端をなすものである。同法理は、何をもって紛争の性質を区分するかの

94　*Ibid.,* pp.26-29 (paras. 46-51), pp.131-134 (paras. 45-50).
95　同事件は、オランダでスコットランド法に基づく裁判が行われることとなり、本案に至る前に取り下げられた。See UN Doc. S/1998/795 (24 August 1998); UN Doc. S/RES/1192 (27 August 1998); UN Doc. S/2003/818 (15 August 2003); ICJ Press Release 2003/29 (10 September 2003).
96　日本では複線構造論として紛争処理の体系化が図られ、法律的紛争については裁判、政治的紛争については調停などの非司法的手段を用いることが適切であると論じられてきた。日本の諸学説について詳しくは、杉原高嶺「国際裁判の機能的制約論の展開—政治的紛争論の検証—」『国際法外交雑誌』第96巻第4・5号（1998年）、154-161頁。
97　See D. Akande, "The Role of the International Court of Justice in the Maintenance of International Peace, *African Journal of International and Comparative Law,* vol.8 (1996), pp.592, 593.
98　See, e.g., *Certain Expenses, op. cit.*, fn. 45, 155-156; *Aegean Sea Continental Shelf (Greece v. Turkey)* (Jurisdiction), *ICJ Reports,* 1978, pp.3, 13, para. 31; *US, Diplomatic and Consular Staff in Tehran op.cit.,* fn. 84, 19-20, paras. 36-37; *Nicaragua, op. cit.,* fn. 84, 435, para. 96; *Border and Transborder Armed Actions (Nicaragua v. Honduras)* (Jurisdiction and Admissibility), *ICJ Reports,* 1988, pp.69, 91, para. 52. 政治問題の抗弁に対する ICJ の対応について詳しくは、杉原高嶺、前掲論文（本章脚注96）、161-168頁。
99　*Tadić* (Trial Chamber), *op. cit.*, fn. 74, paras. 23-24.
100　*Tadić* (Appeals Chamber), *op. cit.*, fn. 74, paras. 24-25.

論争に陥ることが避けられず[101]、その本来の趣旨を発揮できない運命にあるのかもしれないが、それが拠って立つ一つの基盤に、紛争解決への実益という現実的視座があることは確かだ。すなわち、裁判所は法の適用を通して紛争解決に現実的な効果を持つものでなければならず、そうでない場合には別の解決手続によるべきという信念である[102]。

実際、極めて政治性の強い紛争において、ICJ が、政治問題の法理以外の様々な技法に依拠しつつ、判断を回避する傾向がみられるのも事実である[103]。裁判官の判断は、事件を取り巻く幅広い政治的文脈から全く切り離されたものではない。また、審査に踏み込むとしても、問題の高度な政治性は、その実質的な踏込み具合、換言すれば、政治機関の決定に対してどれほど強く有効性の推定[104]を働かせるかという点に影響する可能性が十分にある。中でも、第39条の平和に対する脅威の決定に対する審査は、「平和」「脅威」の判断が高度な政治的判断を要するが故に、司法の刃の切込み度は非常に浅いものにならざるを得ない。第39条の認定には、それが司法判断に適していないと

---

101 伝統的に①重大利益説、②法の欠陥説、③権利主張説の諸説がある。②は紛争を法の側面から見たものであり、①と③は法と政治が対立する場合を想定したものである（山形英郎「国際法における伝統的な政治的紛争理論の再検討」『現代法学の諸相』法律文化社、1992年、221-227頁参照）。この中で、通説的地位を占めているとされるのが、③の権利主張説である。ただし、この説に問題がないわけではない。第一に、権利主張説は、当事者の主観に基づく紛争分類であることから、当事者に裁判拒否権を与えることになりかねない。第二に、いずれにせよ権利主張説は、国家間紛争を想定したものである。政治問題の定義は、安保理活動の合法性に対する司法審査の文脈においては、審査対象となる決定機関とその決定内容の政治性に関する、より客観的な基準を用いる方が適切であろう。
102 杉原高嶺、前掲論文（本章脚注96）、170-171頁参照。
103 詳しくは、古川照美「国際司法裁判所における司法判断回避の法理」『国際法外交雑誌』第87巻2号（1988年）、1-47頁参照。司法の消極性には、問題の政治性だけではなく、法の発展を妨げないために判断を控えるなど、その他様々な理由がありうる。
104 *Certain Expenses, op. cit.*, fn. 45, 168; *Namibia, op. cit.*, fn. 75, p.22, para. 20. 有効性の推定について詳しくは、森川幸一「国際連合の強制措置と法の支配（二・完）―安全保障理事会の裁量権の限界をめぐって―」『国際法外交雑誌』第94巻第4号（1995年）、67-88頁。

の意見も根強く[105]、ICTR の第一審裁判部もカニャバシ (Kanyabashi) 事件などでその賛同者に加わっている[106]。タジッチ事件の ICTY 上訴裁判部は、第39条認定の実体的側面に司法審査を加えた点で希有な存在である[107]。同裁判部がいうように、国連の目的および原則による安保理権限行使の枠づけは予備的認定に対しても及ぶし[108]、ICJ も、政治問題の抗弁を認めない以上、政治性を理由にその認定を司法審査から当然に除外することはないと思われるが、その有効性の推定が覆されるのは、客観的事実が明白に欠如するという極めて例外的な場合に限られるだろう[109]。

2 国内裁判所

(1) 国連に対する訴訟

ICJ での当事者適格を持たない私人からの審査需要に対し、国内裁判所は、その供給者となるのだろうか[110]。私人が国内裁判所において国連に対する訴えを提起する場合、最も大きな障害となるのが、国連が享受する裁判権免

---

105 *Lockerbie* (Provisional Measures), *op. cit.*, fn. 27, 66, 176 (dissenting opinion of Judge Weeramantry). *Tadić* (Trial Chamber), *op. cit.*, fn. 74, paras. 23-24. D. Akande, "The International Court of Justice and the Security Council: Is There Room for Judicial Control of Decisions of the Political Organs of the United Nations?", *International and Comparative Law Quarterly*, vol.46 (1997), pp.309, 336-341. Cf. Martenczuk, "The Security Council, the International Court and Judicial Review: What Lessons from Lockerbie?", *European Journal of International Law*, vol.10 (1999), pp.517, 539-544; H. Nasu, "Chapter VII Powers and the Rule of Law: The Jurisdictional Limits", *Australian Year Book of International Law*, vol.26 (2007), pp.87, 108-109.
106 *Prosecutor v. Joseph Kanyabashi* (Case ICTR-96-15-T), Trial Chamber, Decision on Jurisdiction of 18 June 1997, para. 20; *Prosecutor v. Édouard Karemera* (Case ICTR-98-44-T), Trial Chamber, Decision on Jurisdiction of 25 April 2001, para. 25.
107 ただし裁判所は、国内的な武力紛争がそのような脅威を構成しうるという安保理の慣行と加盟国の共通理解があるとして、詳細な検討は必要でないと述べるに留まった。*Tadić* (Appeals Chamber), *op. cit.*, fn. 74, para. 30.
108 *Ibid.*, paras. 28-30.
109 杉原高嶺「国際司法裁判所の役割と展望」国際法学会 (編)『日本と国際法の100年 ⑨紛争の解決』三省堂、2001年、120頁参照。
110 国連およびその要員は、活動する領域国の法令の適用を広く受けている。See A. Reinisch, "Accountability of International Organizations According to National Law", *Netherlands Yearbook of International Law*, vol.36 (2005), pp.119, 124-127, 165.

除という管轄権上の制約である。国際法上、国家は、国連憲章第105条1項及び国連特権免除条約第2項、さらに場合によっては国連との特別協定に基づき、国連に対して裁判権免除を与える義務を負っている。憲章第105条1項は、機構の「目的の達成に必要な」ものとして機能的免除を想定するものの、国連特権免除条約第2項は「あらゆる形式の訴訟手続の免除」を国連に与えており、国連自身はこれを主権免除とは異なれども「絶対的な」ものと捉えてきた[111]。

国際機構への裁判権免除付与が、人権規範の発達により挑戦を受けているのは事実である。実際、公正な裁判を受ける権利などの保護を根拠に、国際機構に対する裁判権免除に制約を加える国内判例がみられるようになった[112]。またウェイト対ドイツ事件で欧州人権裁判所は、人権条約上の均衡性のテストなどを通じて、欧州宇宙機関（ESA）に免除を与えるドイツの義務と、同国の欧州人権条約上の義務とがいかに両立するかを検討し[113]、国際機構に「合理的な代替手段」[114]が欠如する場合には管轄権免除付与が人権違反となる可能性を示している。しかし、国連の場合にも同様の論理を適用できるかは疑わしい。というのも、国連に免除を与える国連憲章上の義務は、少なくとも国際法上は、国連憲章第103条により人権条約上の義務に優先し、両者の関

111　UN Office of Legal Affairs, *Memorandum to the Legal Adviser, United Nations Relief and Works Agency for Palestine Refugees in the Near East, United Nations Juridical Yearbook,* 1984, p.188. 同趣旨の古典的先例として、*Manderlier v. United Nations and Belgian State,* Judgment of 11 May 1966 (Brussels Court of First Instance), *United Nations Juridical Yearbook,* no.283 (1966). なお、この国際法上の義務をいかに国内受容しまた解釈するかについては、国家間で一定の差異がある。制限的な解釈について、see A. Reinisch, *International Organizations Before National Courts,* Cambridge University Press, 2000, pp.185-214; H.G. Schermers and N.M. Blokker, *International Institutional Law: Unity Within Diversity,* Leiden: Martinus Nijhoff Publishers, 4th edition, 2003, p.1023.
112　See A. Reinisch and U.A. Weber, "In the Shadow of Waite and Kennedy: The Jurisdictional Immunity of International Organizations, The Individual's Right of Access to the Courts and Administrative Tribunals as Alternative Means of Dispute Settlement", *International Organizations Law Review,* vol.1 (2004), pp.59, 76-82.
113　See *Waite and Kennedy v. Germany* (Application No. 26083/94), Judgment of 18 February 1999 (ECtHR), paras. 59-74.
114　*Ibid.,* para. 68.

係をウェイト事件の場合と同じようには考えることができないからである。ボスニア・ヘルツェゴビナのスレブレニツァで起こった虐殺を防止及び停止しなかったとして、市民団体「スレブレニツァの母」が、オランダと国連を相手どって起こした集団訴訟で、2008年ハーグ地裁は、国連が国際法上絶対的な免除を有しており、そのことは自由権規約や欧州人権条約に違反するものではないとして、訴えを退けている[115]。このように、国連を訴える場合の管轄権上のハードルは依然として高く、それが供給を縮小させる主要因となっているのである。

(2) 加盟国に対する訴訟
① 場所的管轄

国連を直接訴えることが困難な中、私人は、安保理決議を実施する国家機関に対して訴訟を提起するという選択を行ってきた。しかしその場合にも、管轄権や受理可能性の障害が取り除かれるわけではなく、少なくとも二つの難関が待っている。第一に、場所的管轄の問題である。安保理決議に基づく平和維持軍や多国籍部隊が駐留する地域の住民は、部隊が犯した不法行為について、部隊派遣国の裁判所にその訴えを提起できるのだろうか。当然のことながら、これは各国の法制度により異なる問題である。身体傷害その他の損害に関する不法行為の訴えは、裁判所ではなく、行政手続を通じて補償が行われる場合が多いようであるが[116]、英国のビチ (Bici) 事件のように、コソヴォのアルバニア系住民の原告からの訴えに対し、コソヴォ国際安全保障部隊 (KFOR) として派遣されていた英国部隊要員の不法行為が認められたとい

---

115 *Mothers of Srebrenica et al. v. The State of the Netherlands and the United Nations* (Case No. 295247), Judgment of 10 July 2008 (District Court in the Hague), English translation available at <http://www.rechtspraak.nl/>. See for the summary and comments, O. Spijkers, "The Immunity of the United Nations in Relation to the Genocide in Srebrenica in the Eyes of a Dutch District Court", *Journal of International Peacekeeping,* vol.13 (2009) , *pp.*197, 197-219.

116 E.g., for the US, Military Claims Act, 10 U.S.C. § 2733; Foreign Claims Act, 10 U.S.C. § 2734. For the UK, see Independent, "British Army pays £1m to Iraqi families" (3 December 2005).

う事例も、非常に希ではあるものの存在するのである[117]。

地域住民からの訴えが人権侵害を根拠としたものである場合、各国の国内法制度がどうなっているかという話の前に、そもそも国際法上、域外部隊の活動に国家の人権上の義務が及ぶかが問題となる。人権条約の中でも1966年の自由権規約は、その適用範囲を締約国の「その領域内にあり、かつ、その管轄の下にある (within its territory *and* subject to its jurisdiction)」個人と定めており[118]、ICJも認めるように「主として属地的」なものなのである[119]。しかし、人権諸条約は、適用範囲に関する文言の違いにもかかわらず[120]、いずれも一定の場合に域外適用を認めてきている。そのうちの一つが、ある地域に対して各国部隊が「実効的支配」を行使している場合である[121]。

実効的支配とは、指導的先例である欧州人権裁判所のバンコビッチ事件によれば、占領などの結果「政府が通常行使する公権力のすべてまたは一部を行使する」場合であるという[122]。具体例を挙げるならば、侵攻後の単なる戦場 (battlefield) は、そのような支配地域には含まれないが（バンコビッチ事件）、

---

[117] *Bici & Bici v. Ministry of Defence*, EWHC, 2004, p.786. Cf. *Al-Jedda v. Secretary of State for Defence*, UKHL, 2007, p.58, Judgment of 12 December 2007 (HL), para. 154 (Lord Brown); *Al Jedda v Secretary of State for Defence* [2009] EWHC 397(QB), paras. 74-87 (on the doctrine of act of state).

[118] ICCPR, *op. cit.*, fn. 40, Article 2 (1) (emphasis added). Cf. ECHR, *op. cit.*, fn. 40, Article 1 ("everyone within their jurisdiction"); 1969 American Convention on Human Rights, 1144 UNTS 123, Article 1 (1) ("all persons subject to their jurisdiction").

[119] *Wall, op. cit.*, fn. 43, 179, para. 109. For the ECHR, *Banković and Others v. Belgium and Others* (Application No. 52207/99), Admissibility Decision of 12 December 2001, para. 59.

[120] See F. Coomans and M.T. Kamminga (eds.), *Extraterritorial Application of Human Rights Treaties*, Antwerp: Intersentia, 2004, pp.271-274 (the list of jurisdiction provisions in human rights treaties).

[121] For ICCPR and ICESCR, see Human Rights Committee, *General Comment No. 31: Nature of the General Legal Obligation Imposed on States Parties to the Covenant,* UN Doc. CCPR/C/21/Rev.1/Add.13 (26 May 2004), para. 10; *Wall, op. cit.,* fn. 43, 178-181, paras. 107-113; *Armed Activities on the Territory of the Congo (Democratic Republic of the Congo v. Uganda),* Judgment of 19 December 2005, paras. 178-180, 216-217. For regional treaties, see ECtHR, *Banković, op. cit.*, fn. 119, para. 71; Inter-American Commission, *Victor Saldaño v Argentina*, Report No. 38/99, 11 March 1999, paras. 17, 19; African Commission, *DRC v. Burundi, Rwanda and Uganda,* Communication No. 227/99 (2003). available at <http://www1.umn.edu/humanrts/africa/comcases/227-99.html>.

[122] *Banković, ibid.*, para. 71.

特定国の管理下にある拘置所は、同国の実効的地域に含められる（アル・スケイニ事件（バハ・ムーサの場合）及びアル・ジェッダ事件[123]）。ただし武力紛争法上の占領は、人権条約の適用をもたらす実効的支配と必ずしも同義ではない。イスラエルによる西岸地区の占領がそのような支配に相当することは確実であるとしても[124]、例えば2003年3月のイラク侵攻後のバスラ市は、翌年6月まで米国と英国の占領下にあったものの、英国の裁判所の自己判断によれば、同国の実効的支配地域を構成するものではなかったという[125]。

では国連の平和維持軍や多国籍軍に参加する各国部隊が、ある地域を実効的支配下に置くことはあるのだろうか。この問題は、事例ごとの検討を要するものの、コソヴォなどの暫定領域統治では、まさに各国の部隊が公権力の行使を一部担っていた[126]。確かにその権限は、安保理決議に基づくものであり、また様々な国の部隊と複合的に行使されるものであるが、そのことは必ずしも特定の地域がある国の実効的支配下に置かれる可能性を排除するものではない。

② 人的管轄

より大きな障害はむしろ、申立ての行為の帰属先、すなわち裁判所の人的管轄の問題にある[127]。問題の行為が国連に帰属することを理由として管轄権を否定した国内判例は少なくない。オーストリアのN.K.事件（1979年）では、原告が、国連兵力引離し監視軍（UNDOF）としてゴラン高原に派遣されたオーストリア部隊要員の過失により損害を被ったと主張し、同国に損害賠償を求

123　*Al-Skeini and Others v. Secretary of State for Defence,* UKHL, 2007, p.26, Judgment of 13 June 2007 (HL); Al-Jedda, *op. cit.,* fn. 117.
124　*Wall, op. cit.,* fn. 43, pp.179-181, paras. 110, 112.
125　*Al-Skeini and Others v. The Secretary of State for Defence,* EWCA, 2005, Civ 1609, Judgment of 21 December 2005 (CA), para. 124 (Lord Justice Brooke); *Al-Skeini* (HL), *op. cit.,* fn. 123, para. 83 (Lord Rodger).
126　後述するベーラミ・サラマティ事件で欧州人権裁判所は、実効的支配を定義したバンコビッチ事件の第71段落を引用しつつ、コソヴォは2000年3月及び2001年7月の事件当時、国際プレゼンスの実効的支配地域にあったと述べている。*Behrami and Saramati, op. cit.,* fn. 71, para. 70.
127　なお、上述した英国高等法院のビチ（Bici）事件のように、行為の帰属が争われなかった場合もある。*Bici, op. cit.,* fn. 117.

めた。これに対してウィーン地区上級裁は、部隊要員に対する命令権限が国連の司令官の権限に由来することから、要員がオーストリアの機関ではなく国連の機関として行動していたと判示し、同国に対する訴えを退けたのである[128]。また近年の例として H.N. 事件（2008年）では、スレブレニツァの虐殺の犠牲者が、国連保護軍（UNPROFOR）として駐留していたオランダ部隊による十分な保護の欠如を理由として同国に損害賠償を求めた。これに対してハーグ地裁は、申立ての行為が国連に帰属することを理由として同国に対する申立てを退けている[129]。

国連の平和維持部隊への編入後も、継続して部隊派遣国の責任が認められた事例がないわけではない。その古典的先例が英国のニッサン事件（1969年）である。同事件は、国連キプロス平和維持軍（UNFICYP）の一部として駐留していた英国軍によって、賃借していたホテルを占有された英国人の原告が、英国に対して損害賠償請求を行ったものである。英国政府は、問題の行為は国連のそれであり、同国の行為ではないとの抗弁を行った[130]。貴族院は、その抗弁に賛成票を投じた下級審の判断[131]を退け、キプロスでの英国の駐留部隊が国連の権限下にありその司令官の指示に服していたことは事実であるものの、同部隊には独自の義務や規律があり、彼らは英国軍であり続けるとして[132]、部隊派遣国の責任を国連のそれから切り離したのである。要員の行為が国連の指揮下にあったことを認識した点では、前述のオーストリアの N.K. 事件と変わらないが、本件では派遣国と国連とを分離させている。

国連への帰属に関する議論を再燃させることになったのが、コソヴォの

128　*N.K. v. Austria,* Judgment of 26 Feb 1979 (Superior Provincial Court of Vienna), ILR, vol.77 (1988), pp.470, 474.

129　*[H.N.] v. The Netherlands Ministry of Defence and Ministry of Foreign Affairs* (Case No. 265615), Judgment of 10 September 2008 (District Court in the Hague), English translation available at <http://www.rechtspraak.nl/>.

130　*Nissan v. Attorney-General,* All ER, vol.2 (1967), p.200 (QB), p.208.

131　*Ibid.,* 220-221 (Judge Stephenson); *Nissan v. Attorney-General*, All ER, vol.2 (1967), p.1238 (CA), p.1244 (Lord Denning).

132　*Attorney-General v. Nissan*, All ER, vol.1 (1969), p.629 (HL), p.646 (Lord Morris), p.647 (Lord Pearce).

アルバニア系住民によって欧州人権裁判所に提訴された上述のベーラミ事件[133]とサラマティ事件である[134]。これらの事件は、KFOR と国連コソヴォ暫定統治ミッション（UNMIK）が安保理決議1244に基づいてコソヴォで活動していた最中に起きたものである。申立人はそれぞれ、地雷除去における不作為（ベーラミ）と、抑留行為（サラマティ）に関して、KFOR に自国部隊を派遣したフランスおよびノルウェーの欧州人権条約違反を申し立てた。裁判所は、本件の受理可能性を否定したが、その理由は、申し立てられた行為の国連への帰属にあった。まず裁判所は、ベーラミの申立てに関して、安保理によって地雷辞去の任務を課されているのが KFOR ではなく UNMIK であることを確認し[135]、その上で、国連の補助機関である UNMIK の不作為が原則として国連に帰属すると判示したのである[136]。この点は国連も従来から認めてきたことであって驚くにはあたらないが[137]、この事件が論議を招いたのは、サラマティが申立てた KFOR による抑留行為をも、国連に帰属させた点にある。裁判所によれば、作戦上の（operational）事項に関する実効的指揮は NATO にあったものの、「最終的な権限と統制（ultimate authority and control）」は国連安保理にあったのであり、問題の行為は原則として国連に帰属するというのである[138]。裁判所は、国連憲章第7章の任務の重要性にも触れつつ、申

---

[133] ベーラミ事件は、ミトロヴィツァ内のクラスター爆弾の不発弾による死亡・負傷事件であり、申立人は、問題の地域を担当していた KFOR のフランス軍が不発弾の存在を知りながら地雷除去を怠ったとして、欧州人権条約第2条（生命権）の侵害を申立てた。*Behrami and Saramati, op. cit.*, fn. 71, paras. 5-7, 61.

[134] サラマティ事件は、コソボ南部における抑留事件であり、申立人は、抑留の命令を下した複数の KFOR 指揮官がノルウェー人及びフランス人であったことから、ノルウェーとフランスを相手に欧州人権条約第5条（身体の自由）、第6条1項（裁判を受ける権利）および第13条（効果的救済に対する権利）の侵害を申し立てた。*Ibid.,* paras. 8-17, 62.

[135] *Ibid.,* paras. 125-126.

[136] *Ibid.,* para. 143.

[137] *Interoffice Memorandum to the Director of the Codification Division, Office of Legal Affairs and Secretary of the International Law Commission regarding the Topic Responsibility of International Organizations, United Nations Juridical Yearbook,* 2004, pp.352, 353-355.

[138] *Behrami and Saramati, op. cit.,* fn. 71, paras. 133-141. Cf. Report of the Secretary-General, UN Doc. A/51/389 (20 September 1996), paras. 17-19; *Memorandum, ibid.,* p.355, para. 10.

立人の訴えが欧州人権条約の人的管轄上、両立しないとして[139]、受理可能性を否定したのである[140]。

帰属に関してベーラミ・サラマティ事件の定式に従う限り、安保理決議を実施する締約国の行為は、ほとんどすべて国連に帰属してしまうようにも思われる。同事件で裁判所は、帰属を論じるにあたって国際機構の責任に関するILCの暫定条文草案第5条が規定する「実効的支配 (effective control)」基準を拠り所としているものの、この基準を「最終的な権限と統制」[141]ないし「全般的な権限と統制 (overall authority and control)」[142]といいかえており、一見して第5条の基準を非常に緩やかに解釈しているのである。

欧州人権条約の締約国の中には、英国貴族院のアル・ジェッダ事件 (2007年) のように、ベーラミ・サラマティ事件を踏まえつつも、国連への帰属を否定した例がないわけではない。申立人のアル・ジェッダは、連合国暫定当局 (CPA) による占領が2004年6月に終了した後の、同年10月にイラクに駐留していた英国軍によって抑留された英国籍保持者である。この時英国軍は、安保理決議1511及び1546により授権を受けた多国籍部隊の一部を成していたのであり、KFORによる抑留が問題となった上述のサラマティ事件と極めて類似した状況にあったといえよう。しかし、英国貴族院の多数意見は、占領軍の延長線上にあるイラク多国籍軍と、コソヴォの場合とは全く異なると判断し、国連への帰属を否定したのである[143]。ただしその過程において、多数意見は、帰属の基準である上述のILC暫定条文草案第5条の「実効的支配」

---

139 本件は、欧州人権条約第35条に定められる受理可能性基準のうち、条約規定との両立性 (第35条3項) が問題となったものである。判例上その両立性基準には、①人的 (ratione personae)、②事項的 (ratione materiae)、③場所的 (ratione loci)、④時間的 (ratione temporis) の四つがあり、本件では①の人的両立性が問題となった。

140 *Behrami and Saramati, op. cit.*, fn. 71, paras. 149, 152. 他の類似の事件も、本件と同じ理由から、受理可能性が否定されている。See *Kasumaj v Greece* (Application No. 6974/05), Admissibility Decision of 5 July 2007; *Gajic v Germany* (Application No. 311446/02), Admissibility Decision of 28 August 2007; *Berić and Others v Bosnia and Herzegovina* (Application Nos. 36357/04 et al.), Admissibility Decision of 16 October 2007.

141 *Behrami and Saramati, ibid.*, paras. 133-135, 140.

142 *Ibid.*, para. 134.

143 See *Al-Jedda, op. cit.*, fn. 117, para. 24 (Lord Bingham).

を援用し[144]、それを「実効的な指揮と統制 (effective command and control)」といいかえており[145]、必ずしもベーラミ・サラマティ事件における第5条の解釈に忠実であったとはいいがたいのが実情である[146]。国連への帰属に限界があるとすれば、欧州人権裁判所のボスポラス事件 (2005年)[147] や ECJ のカディ事件 (2008年) のように、安保理経済制裁を実施する国内法令等に対して申立てが行われた場合ぐらいであろう。加盟国による安保理制裁の実施は、その国内で国家機関の決定によって行われるものであり、ベーラミ・サラマティ事件とは状況が異なると理解されているのである[148]。

このように問題の行為が国連に帰属するとしても、並行して国家の責任を問う道が完全に閉ざされているわけではない。国連の行為に対する国家の連帯責任 (joint and several responsibility) や補助的責任 (subsidiary responsibility) の問題である。ただし、この点が提起された国際すず理事会事件では[149]、同理事会の債務に関して加盟国が国際法上責任を負うか否か、裁判官の見解は大きく分かれてしまった[150]。国連国際法委員会 (ILC) は、国際機構の責任に関する暫定条文草案の第25条から第29条で「国際機構の行為に関する国家責任」

---

144 *Ibid.*, para. 5.
145 *Ibid.*, paras. 22-24. Cf. *Behrami and Saramati, op. cit.*, fn. 71, para. 140 ("the Court finds... that effective command of the relevant operational matters was retained by NATO").
146 この点で、ロジャー裁判官の反対意見は説得力がある。イラク多国籍軍とコソヴォの KFOR は、設立根拠、安保理決議の文言、指揮系統のいずれの点においても大きな違いはなく、イラクの多国籍軍に対しても、国連の「最終的な権限と統制」が存在したのであり、申し立てられた抑留行為は国連に帰属するという。*Al-Jedda, ibid.*, paras. 56-113 (Lord Rodger), postscript (Lord Brown).
147 *Bosphorus Hava Yolları Turizm ve Ticaret Anonim Şirketi (Bosphorus Airways) v. Ireland* (Application No. 45036/98), Judgment of 30 June 2005.
148 See *Behrami and Saramati, op. cit.*, fn. 71, para. 151 (comparing Bosphorus); *Kadi* (ECJ), *op. cit.*, fn. 72, paras. 310-315.
149 For details, see M. Hirsch, *The Responsibility of International Organizations Toward Third Parties*, Dordrecht: Martinus Nijhoff Publishers, 1995, pp.112-125.
150 控訴院では、Gibson 裁判官が加盟国の責任を否定したが、Nourse 裁判官は、加盟国の連帯責任を肯定している。Kerr 裁判官は、貴族院の Oliver 裁判官と同様、この点に関する国際法が明確に確立していないと述べている。See *Maclaine Watson & Co. Ltd. v. Department of Trade and Industry*, All ER, vol.3 (1988), p.257 (CA); *Maclaine Watson & Co. Ltd. v. Department of Trade and Industry*, All ER, vol.3 (1989), p.523 (HL).

の規定を設け[151]、国家の連帯ないし補助的責任について検討を行っており、その具体的内容について今後の発展が期待されるところである[152]。

おわりに

　安保理に対する司法審査の活用は、一つの政治的選択である。それは、安保理に対して法の支配を掲げるか否かという政治的選択とはまた別の選択であり、その選択の余地が残されているのは、国際社会が法の支配に関して未だ国内ほど成熟した定義付けを持たないからである。今や多くの加盟国が、安保理に対して法の支配を唱えるようになってきているのは紛れもない事実であるが、大半の諸国は、その中核的要素に司法審査を据えているわけではない。

　一方、個別国家や私人の中には、それぞれの思惑で法の支配運動の中核に司法審査を据えることを望むものがいる。小国や私人は、安保理の権限行使に対して異議申立てがあろうとも、単独では、勧告的意見を求める機運を作り出したり、安保理の行動変革を促したりする政治的な影響力に一般的に乏しい。そのような場合、司法審査は、政治的には周縁に位置するものが頼りとする、唯一ではないにしても非常に限られた選択肢の一つである[153]。リビアは、安保理が同国に対して容疑者引渡し要求に踏み切った当初、国際社会の中で極めて孤立した存在であった。そこでリビアは、自国こそが法の支配の守護者であるとして[154]、司法手続に訴える戦略を採り、結果として多

151　Report of the International Law Commission, GAOR Sixty-first Session, Supplement No. 10, UN Doc. A/61/10 (2006), pp.277-291.
152　例えば、暫定条文草案の第25条は、国際機構を「支援又は援助」した場合に国家責任が生じることを想定しているが、どのような場合をもって支援や援助とするのかといった問題が残されている。See *ibid.*, 279-280, 286-289.
153　常任理事国を抑える手段として司法審査に期待する国が途上国にみられるのは、安保理を統制するその他の実効的な手段に欠くということが理由の一つにある。G.R. Watson, "Constitutionalism, Judicial Review, and the World Court", *Harvard International Law Journal,* vol.34 (1993), pp.1, 44.
154　UN Doc. S/PV. 3033 (21 January 1992), 14-15 (Mr. Belgasem El-Talhi of Libya).

くの国家の支持を得ることに成功したのである[155]。対タリバーン・アル・カイーダ制裁で対象者として指定されたサウジアラビア人のカディは、同じく指定を受けたスウェーデン人のアブディリサク・アデンのように国籍国の外交活動によって指定解除に至るという機会には恵まれなかった[156]。その中でカディが頼みの綱としたのは、ECJ による関連国内法令の審査であり、それを通じて間接的に安保理の制裁委員会の決定に対して異議を唱えることだったのである。

これらの需要に対して、司法機関側が審査に積極的であるとは限らない。裁判官には、安保理やその決議を実施する加盟国に対して司法審査を行うことが果たして適切であるかについてそれぞれの考えがあり、法を適用するという任務の制約の中で、一定の政治的選択を行っている。ベーラミ・サラマティ事件の欧州人権裁判所や、スレブレニツァ事件におけるハーグ地裁が、行為の国連への帰属や、国連の免除の絶対性を理由としてそれぞれ審査を拒否したのは、一つには司法審査によって国連活動の実効性が損なわれかねないからであった。ロッカビー事件は、係争事件の主題と安保理決議の合憲章性とが不可避に関連した、非常に希な機会であったが、裁判の進行速度は、政治的解決を図る時間を十分に与えるほど緩徐なものであった。ICJ は、審査を放棄したわけではないと安保理に一定の合図を送り司法の存在感を示しつつも、将来にわたって、司法審査を必要とする状況をできる限り回避するよう、安保理の自主規制を促したのかもしれない[157]。

この中にあって ECJ のカディ事件は、安保理決議を実施する国内法令に対し

---

155 See I. Hurd, "The Strategic Use of Liberal Internationalism: Libya and the UN Sanctions, 1992-2003", *International Organization,* vol.59 (2005) , pp.495, 509-524.

156 アデン (Abdirisak Aden) の指定解除に至る経緯については、P. Cramér, "Recent Swedish Experiences with Targeted UN Sanctions: The Erosion of Trust in the Security Council" in: E. De Wet and A. Nollkaemper (eds.), *Review of the Security Council by Member States* (Antwerp: Intersentia, 2003) 85, 91-94; UN Press Release SC/7490 of 27 August 2002.

157 See J.E. Alvarez, "Judging the Security Council", *American Journal of International Law,* vol.90 (1996), pp.1, 30-31; T.M. Franck, "The "Powers of Appreciation": Who Is the Ultimate Guardian of UN Legality?", *American Journal of International Law,* vol.86 (1992), pp.519, 521-523.

て[158]、欧州共同体 (EC) 法の一般原則である基本権に照らした「全面的審査」[159]を行った点で貴重な存在である。ECJ は、安保理決議上の義務の EC 法に対する優位性を理由に司法審査の構造的限界を認めた第一審裁判所 (CFI) とは異なり[160]、審査範囲を EC 法に限定し同法体系における法の支配とその自律性を再確認することで、安保理決議を実施する国内法への審査を可能にしたのである[161]。もちろん、ECJ の判断は安保理に対して何ら法的効果を及ぼすものではないものの、今後安保理が意思決定を行う際に、欧州における審査機関の存在が頭をかすめることになるだろう。

　安保理に対する法の支配運動は、これからも一層高まりをみせていくと思われる。その運動の中で、司法審査（またはそれに代わる申立手続）に比重を置く国家や私人が、多くの支持者を獲得することができるかは定かでないが、仮にそのような政治的気運を高めることに成功するならば、「裁判所は何もないところで活動しているわけではない」とクーイマンス裁判官が述べるように[162]、供給側の司法機関の消極性にも何らかの変化をもたらし、それが果たして国際秩序維持に望ましい選択肢なのかという論争を巻き込みつつも、法の支配における司法審査の位置付けを、周縁から中核へと変化させる時が来るかもしれない。

158　Council Regulation (EC) 881/2002, OJ (2002), L 139/9.
159　*Kadi* (ECJ), *op. cit.*, fn. 72, para. 326.
160　See *Kadi* (CFI), *op. cit.*, fn. 72, paras. 181-225. ただし CFI は、安保理決議が原則として裁判所の司法審査の範囲外であるとしつつも、強行規範に基づく間接的審査を行った。*Ibid.*, paras. 226-291.
161　See *Kadi* (ECJ), *op. cit.*, fn. 72, paras. 281-326. EC による判決履行の結果、カディに対する制裁措置は維持されることとなった。それに対してカディは、欧州委員会に対して再び訴訟を提起している。Commission Regulation (EC) No 1190/2008, 28 November 2008, OJ (2008), L 322/25; Action brought on 26 February 2009–Kadi v. Commission, Case T-85/09, *OJ* (2009), C 90/37.
162　Wall, *op. cit.*, fn. 43, 223, para. 12 (separate opinion of Judge Kooijmans).

第8章 武力紛争防止法における「尊守責任 (Responsibility to Protect)」概念の役割

はじめに

「尊守責任 (Responsibility to Protect)」概念[1]は、2001年に介入と国家主権に関する国際委員会 (International Commission on Intervention and State Sovereignty: ICISS) がまとめた最終報告書の中で提唱されて以来[2]、世界中で大きな反響を得ると同時に論議を醸し出してきた。2005年に国連総会で開催された世界サミットでは尊守責任の一般的な概念自体は全会一致で支持を得たものの[3]、その概念の内容や責任の意味合いに関し多様な見解が示されてきた[4]。しかしながら、その議論の多くは人道的介入の正当化に対する尊守責任概念の影響というごく一部の側面に集中しており[5]、他の側面における同概念の理念的発

---

1 この概念は「保護責任」とも訳されているが、「保護」には強者から弱者に対する支援という力関係が意味合いとして含まれてしまい、その実質的概念内容と齟齬が生じる。小論では、対等な力関係において人間の尊厳に基づき人々の生命・安全を尊重して守るという規範的意味合いに鑑み、「尊守責任」と邦訳することにする。
2 ICISS, *The Responsibility to Protect: Report of the International Commission on the Intervention and State Sovereignty*, 2001（以下、ICISS 報告書）。
3 国連総会決議 60/1 (2005)。
4 C. Focarelli, "The Responsibility to Protect Doctrine and Humanitarian Intervention: Too Many Ambiguities for a Working Doctrine", *Journal of Conflict & Security Law*, vol.13 (2008), pp.191-213 とその中での引用されている文献を参照。
5 例えば、Gelijn Molier, "Humanitarian Intervention and the Responsibility to Protect After 9/11", *Netherlands International Law Review*, vol.53 (2006), pp.37-62; Peter Hilpold, "The Duty to Protect and the Reform of the United Nations—A New Step in the Development of International Law?", *Max Planck Yearbook of United Nations Law*, vol.10 (2006), pp.35-69；

達については等閑にされてきた感がある。その一例として挙げられるのが、国内紛争が大量殺戮に発展する前段階における武力紛争防止法の中での尊守責任概念の役割である。

柘山教授が長年にわたり研究されてきた武力紛争防止法とは、紛争時における平和維持に関する国際法であり[6]、国連憲章第6章における紛争予防とは一線を画し、紛争内での武力行使の防止に焦点を絞った分野である[7]。尊守責任概念は介入の概念的平面を拡張し、大量殺戮への対応だけでなく、その予防から再建まで幅広い措置を包含している点に特徴があるが、武力紛争防止におけるこの概念の役割、特に国際社会による介入が求められる程度やその法的意味合い等について詳しく吟味する必要がある。特に、ICISS が提唱し、2005年に国連総会で国際社会による支持を受けた尊守責任概念では予防と対応が明確に区別されているが、武力紛争防止という側面では、予防措置と対応措置がどのように交錯しながら実効的に国際社会の資力を動員していくかが重要な課題となる。

このような問題意識をもとに、小論では、まず第1節において尊守責任概念の発達に重要な役割を果たした文書を分析し、武力紛争防止の側面におけるこの概念の不明確さと諸問題を指摘する。第2節では、尊守責任概念における予防と対応責任を有機的に結合させる重要性を指摘した上で、その可能性として国連安全保障理事会が国連憲章上課されている責任の法的意味合いについて検討する。最後に第3節では、最近の国連安全保障理事会の実行にお

Alicia L. Bannon, "The Responsibility to Protect: The U.N. World Summit and the Question of Unilateralism", *Yale Law Journal*, vol.115 (2006), pp.1157-1165; Thomas G. Weiss, "The Unset of Humanitarian Intervention? The Responsibility to Protect in a Unipolar Era", *Security Dialogue*, vol.35 (2004), pp.135-153 を参照。

6 この分野における柘山教授の研究成果として、柘山堯司『PKO 法理論序説』東信堂、1995年を参照。なお、国連憲章40条の分析を中心として平和維持の国際法を理論化した筆者の研究として、Hitoshi Nasu, *International Law on Peacekeeping: A Study of Article 40 of the UN Charter*, Leiden: Martinus Nijhoff Publishers, 2009) を参照。

7 アナン前国連事務総長による武力紛争防止に関する報告書 (Report of the Secretary-General: Prevention of Armed Conflict, UN Doc A/55/985-S/2001/574, 2001) では、カーネギー財団による研究に則り、緊急的危機の防止に焦点を当てる Operational Prevention と紛争の火種となる問題の解決に焦点を当てる Structural Prevention を区別しているが、武力紛争防止法は前者に区分けされる。

いて平和維持活動に託されている一般市民の生命尊守に関し、コンゴ民主共和国での活動に焦点を当て、安全保障理事会による尊守責任履行の限界を示す。

第1節 「尊守責任」概念

尊守責任概念は、当時 Brookings Institution に所属していた Francis Deng 氏が彼の同僚と共に提唱した「責任としての主権概念」を基に[8]、1999年のコソヴォ危機の際にブレア前英国首相が提唱した「国際社会による干渉ドクトリン」、国連開発プログラムが先導となって提唱した「人間の安全保障概念」、そしてアナン前国連事務総長が強調した「個人の主権概念」と融合して2001年に ICISS の最終報告書の中で打ち出されたものである[9]。この概念の内容は、ICISS 最終報告書とその研究報告書の中で詳しく論じられ、その後国連事務総長の高等パネルによる報告書[10]、アナン前国連事務総長による報告書[11]、そして2005年の国際サミット最終文書[12]の中でも言及されている。しかし、尊守責任概念の内容は、下記にみる通り一枚岩ではなく、各文書において多少重点や範囲につき異なる理解が示されている。

1 ICISS 報告書

ICISS 報告書の中で打ち出された尊守責任概念の基盤にある考え方が、「統制としての主権概念」から「責任としての主権概念」への移行である。すなわち、各主権国家（もしくはそれを代表する政府）がその国民を虐殺から尊守す

---

[8] Francis Mading Deng, Sadikiel Kimaro, Terrence Lyons, Donald Rothchild and I William Zartman, *Sovereignty As Responsibility: Conflict Management in Africa*, Washington: Brookings Institution, 1996.

[9] Gareth Evans, *The Responsibility to Protect: Ending Mass Atrocity Crimes Once and For All*, Washington: Brookings Institute, 2008, pp.32-38.

[10] *A More Secure World: Our Shared Responsibility, Report of the High-Level Panel on Threats, Challenges and Change*, 2004（以下、パネル報告書）。

[11] Kofi A. Annan, *In Larger Freedom: Towards Development, Security and Human Rights for All*, 2005.

[12] 国連総会決議、A/Res/60/1（2005）。

る第一義的責任を負っているものの、当該国家がその義務を果たす意思または能力のない場合、若しくはその国家自体が虐殺に荷担している場合には、尊守責任が国際社会に移るという考え方である[13]。尊守責任の果たし方に関しては、市民の虐殺への対応だけでなく、その予防から社会の再建まで幅広い援助や措置が考察されている。

尊守責任の対象に関しては、予防の側面において、広く、かつ曖昧に紛争による被害や他の人為的危機を挙げている一方[14]、武力行使を伴う対応に関しては、正当事由として計画的な国家の行動、国家の怠慢と無能力、破綻国家の状況などから生じる人命の大規模な損失や「民族浄化」と狭く定義されている[15]。このように厳格な責任範囲の定義は、武力行使が伴う主権侵害の度合いや影響を考えると、武力対応の例外的位置付けを強調するためにも必要といえよう。しかし、武力紛争防止の観点からすると、紛争が発展し、人命が失われていく中で、その損失が大規模なものかまたは「民族浄化」と認定されるまで国際社会は外交や経済的制裁措置など直接的実効性のない措置をとるに甘んじているべきなのかという疑問が生じる。そのため、同報告書は大規模な殺害の蓋然性を示す明確な証拠がある場合について先制的武力行使の正当性を認めている[16]。

この疑問は国際社会に尊守責任が移るための基準についても当てはまる。武力紛争の勃発で悲鳴を上げている国家に対し、その国が市民の生命を尊守する意思または能力を失ったものと認められるまで、国際社会にはその武力紛争の収束に向けて、あるいは紛争の人々への影響を最小限にするため努力する責任は生じないのであろうか。もっとも、報告書の中では国際社会の予防責任として開発援助や社会制度整備支援、調停など和解を促すための平和的紛争解決手段の提供などが示されているが[17]、主権国家責任第一義主義は明確に貫かれており、予防のための支援措置はいずれも国家主権に対抗しな

---

13 ICISS 報告書、*op.cit.*（本章脚注 2）, paras.2.31.
14 *Ibid.*, paras.3.2.
15 *Ibid.*, paras.4.19.
16 *Ibid.*, paras.4.21.
17 *Ibid.*, paras.3.3-3.7.

い形で枠組まれている[18]。政府による統制がない破綻国家の状況において対応を余儀なくされるまで待つのではなく、政府が機能している状況であっても国際社会が予防的に介入する責任があるのかどうか、あるとしてどの程度までどのように介入できるのか、また介入すべきなのかに関心が向けられるべきである。

確かに紛争の予防的段階では、「まだ吠えていない犬をなだめる」といった感があり[19]、国際社会の積極的介入を唱えるには特有の難しさがある。ICISS 報告書の中でも認められている通り、国際社会による予防的介入は国内問題の国際化、そして外からのさらなる介入を呼び、干渉への下り道を辿る一方であるという恐怖感があり、それが予防的支援の受け入れを躊躇させる原因となっている[20]。また、国内で反乱分子と衝突している政府には、外からの介入がそうした団体に国際的正統性を与える機会になるという懸念もある[21]。そうした懸念が国際社会による介入を遅らせる原因であることは理解できるが、それに甘んじて予防的段階での国際社会の役割を強化しない正当な理由にはならない。実際、ICISS の研究報告書では、武力行使は最終手段としてだけ使用されるべきことを強調すると同時に、早期の武力行使の方がときとして人道的目的の達成にとってより適当であるとも指摘されている[22]。

2　パネル報告書

パネル報告書でも「責任としての主権概念」は根本的基盤として説明されているが[23]、その具体的適用に関しては国連による武力行使の文脈に限って捉えられている[24]。各主権国家がその市民に対し第一義的な尊守責任を負うことが再確認されている一方で、回避可能な災害から人々を尊守する点に関

---

[18] Evans, *op.cit.* (本章脚注 9), p.86.
[19] L.R. Sucharipa-Behrmann and T.M. Franck, "Preventive Measures" *New York University Journal of International Law and Politics,* vol.30 (1998), pp.485, 493, 497 参照。
[20] ICISS 報告書、*op.cit.* (本章脚注 2), paras.3.34.
[21] *Ibid.*, paras.3.35.
[22] ICISS, *The Responsibility to Protect: Research, Bibliography, Background*, 2001, p.21.
[23] パネル報告書、*op.cit.* (本章脚注10), para.29.
[24] *Ibid.*, paras.199-203.

してはすべての国家が尊守義務を負うものとされている[25]。この「すべての国家」の責任に関して、それを国際的な義務の「対世的 (erga omnes)」性質を確認したものに過ぎないという捉え方と、国家責任法の基本的枠組みの拡張を意図したものであるという読み方があるが[26]、いずれも国際社会が負う責任の法的性質を理解するのに適当ではない[27]。いずれにしても、回避可能な災害として、大量虐殺やレイプ、強制退去やテロによる民族浄化、そして意図的な飢餓や病気の放置を例に挙げている点で、尊守責任が及ぶ範囲について広い見解が示されている。他方、安全保障理事会の権限に基づく武力介入の可能性に関してはジェノサイドや他の形態の大量殺害、民族浄化、国際人道法の重大な違反があった場合を明記しているに過ぎないが、その実際の脅威だけでなく「急迫の恐れがある」場合も含めている点で予防的要素を取り込んでいる[28]。

　尊守責任が国際社会に移行する基準としては、ICISS 報告書と同様、当該国家が責任を果たす意思または能力がない場合と規定している[29]。また、国際社会が責任を果たす手段として予防、対応、再建を跨ぐ幅広い措置が想定されているが、ICISS 報告書よりもやや明確に、調停などの手段による紛争解決の促進、そして人道的活動や人権保護、警察任務の派遣などを通じての現地市民の生命尊守に焦点を当てている[30]。武力行使に関しては、安全保障理事会によるこれまでの対応の遅れや一貫性の欠如に問題があることを認識しつつも、同理事会が「国際の平和と安全への脅威」と認定し国連憲章第7章の下で行動をとる場合に最終手段としてのみ使用されるべきことが強調されている[31]。しかし、その一方で、国連による平和活動の文脈において、憲

25　*Ibid.*, para.201.
26　Carsten Stahn, "Responsibility to Protect: Political Rhetoric or Emerging Legal Norm?", *American Journal of International Law,* vol.101 (2006), pp.99, 105.
27　国際社会の責任と国家の国際責任の法的性質の違いについては、3節2にて後述する。
28　パネル報告書、*op.cit.* (本章脚注10)，paras.203, 207.
29　*Ibid.*, para.201.
30　*Ibid.*
31　*Ibid.*, para.202.

章第6章の下での任務と憲章第7章の下での任務の違いにつき、武力行使が想定される度合いの違いだけであるとの再解釈を示し、憲章第6章の下での活動であっても「任務の防衛」も含めた広い意味での自衛のため武力を行使する権利が与えられていると議論している[32]。武力紛争防止のために派遣される平和維持部隊による人命尊守の国際責任については、特に部隊による武力行使の是非と基準に関して、明確さを欠いているといわざるをえない。

3 In Larger Freedom 報告書

尊守責任概念を武力行使の文脈に重きを置いて論じたパネル報告書とは対照的に、アナン前国連事務総長が提出した In Larger Freedom 報告書は、尊守責任概念を「尊厳をもって生きる自由」の文脈の中で、特に「法の支配」との関連で取り上げた[33]。アナン前事務総長が、武力行使の正当性にのみ焦点を当てた概念ではなく、国家の尊守責任を広い意味で捉え、それを提唱していたことは、その対象範囲、達成手段に関しても明らかである。

概念の対象範囲に関しては、それまでの報告書とは異なり、制限なく一般的に市民を尊守する義務とだけ述べ、国家当局がその責任を果たす意思または能力がない場合には、国際社会に責任が移行するとしている。そして、その国際社会の責任の果たし方に関しては、武力行使よりも外交的、人道的措置など人権や人々の福利厚生を尊守する手段が強調され、安全保障理事会による行動、特に強制措置については、そうした平和的措置が不十分で必要に駆られた場合にのみ「決定してもよい」と述べている。すなわち、尊守責任概念は、武力行使を促進するというよりも抑制する概念として提唱されているのである[34]。

他方、「恐怖からの自由」の文脈では、国際の平和と安全への脅威が急迫なものではなく潜在的な場合であっても、安全保障理事会には予防的に武力を行使する権限があると述べている[35]。しかしながら、他の報告書で武力行

---

32 *Ibid.*, paras.211-213.
33 Annan, *op.cit.* (本章脚注11), para.135.
34 Stahn, *op.cit.* (本章脚注26), para.107.
35 Annan, *op.cit.* (本章脚注11), para.125.

使を伴う尊守責任が生じるとされているジェノサイドや民族浄化、人類に対する罪に関しては、「人類が国連安全保障理事会による尊守を求めるべき国際平和と安全への脅威でもあるのではないか」と指摘するに留まっている[36]。武力紛争予防の観点からすると、安全保障理事会の予防的権限行使を指摘している点で評価されるべきものの、尊守責任概念の適用に関しては予防の面において他の報告書よりもさらに国家主権に譲渡した感が強い。

4 2005年世界サミット最終文書

こうして多少異なる内容で提唱されてきた尊守責任概念に対し各国は様々な反応を示したが[37]、2005年に開催された世界サミットにおいて採択された尊守責任概念は国際社会のコンセンサスを反映しているといえよう。その後潘基文国連事務総長の主導で尊守責任の実際化が図られ、その一環としてエドワード・ラック教授が特別顧問に任命されたが、そのラック教授も述べている通り、国連と国々にとって尊守責任の原則は世界サミット最終文書の二段落に書かれていることがすべてであり、それ以上でもそれ以下でもない[38]。その重要性のため、尊守責任概念が述べられているサミット最終文書の138、139段落を全文下記に引用する。

> 「138. 各国はその人民をジェノサイド、戦争犯罪、民族浄化、そして人類に対する罪から尊守する責任を有する。この責任はそのような犯罪を、その扇動も含め、適当かつ必要な手段をもって防止することも意味している。我々はこの責任を受け止め、それに従って行動するものとする。国際社会は、適宜、国家がこの責任を果たすことを促し助け、国際連合による早期警告能力の確立を支持すべきである。

---

36 *Ibid.*
37 詳しくは、Alex J Bellamy, "Whither the Responsibility to Protect? Humanitarian Intervention and the 2005 World Summit", *Ethics & International Affairs,* vol.20 (2006), pp.143, 152-164 を参照。
38 Edward C Luck, "The Responsible Sovereign and the Responsibility to Protect", *Annual Review of United Nations Affairs,* vol.I, (2006/7), pp.xxxiii, xxxv.

第8章 武力紛争防止法における「尊守責任 (Responsibility to Protect)」概念の役割 403

139. 国際社会はまた、国際連合を通し、人民をジェノサイド、戦争犯罪、民族浄化、そして人類に対する罪から尊守することを助けるために、憲章第6章と第7章に従い、適当な外交的、人道的、その他の平和的手段を使用する責任を有する。この文脈において、平和的手段が不適当であったり国家当局がその人民をジェノサイド、戦争犯罪、民族浄化、そして人類に対する罪から尊守できていないことが明白である場合には、我々は時宜を得た断固とした態度で、安全保障理事会を通じて、第七章も含め憲章に従い、その状況毎に適切な地域的機関と適宜協力しながら集団的行動をとる用意がある。」[39]

この最終文書に示されている尊守責任概念は非常に狭く捉えられており、特に武力紛争防止の観点からすると国際社会が負う責任の程度は非常に弱い。

まず、この文章に明示されている通り、各国首脳はジェノサイド、戦争犯罪、民族浄化、そして人類に対する罪という4形態の残虐行為に限ってのみ尊守責任を認めている。潘基文国連事務総長は2008年7月15日のベルリンでの演説において、このように狭く捉えられた尊守概念はHIVや気候変動、自然災害なども含むように同概念が拡張される懸念に応えたものだと説明している[40]。しかし、最終文書の採択過程での議論にみられる通り、人道的危機への先制的行動を安全保障理事会に容認することは、特に中国とロシアにより拒絶されている[41]。このことから、犯罪性が不明確なため4形態の残虐行為には至らないが、紛争による広範囲な暴力の危機に晒されている人々に関しては国際社会による尊守責任を認めない立場が示されたといえよう[42]。

---

39 国連総会決議、A/Res/60/1 (2005)。
40 Ban Ki-moon, "Secretary-General Defends, Clarifies 'Responsibility to Protect' at Berlin Event on 'Responsible Sovereignty: International Cooperation for a Changed World'", Press Release SG/SM/11701 (2008).
41 Bellamy, *op.cit.* (本章脚注37), pp.151-152, 165.
42 この点において、ICISS報告書における国連安全保障理事会による先制的武力行使の可能性容認とは対照的である。前述(本章脚注16)を参照。

次に、国際社会に尊守責任が移行する基準として示されている当該国家による責任を果たす意思と能力の欠如に関しても、それが「明白である場合」として他の報告書よりも仕切りを高く設けている。2000年以降幾度も勃発しているスーダンのダルフール地方やコンゴ民主共和国での騒乱にみられるように、国家が市民の生命を尊守する義務を果たしているかどうかは往々にして明白でない上、それが議論の対象となることさえある。それ故、こうして国際社会による介入への仕切りを高く設定することにより、尊守責任の概念は国家主権に対する外からの干渉を妨げる盾としてより有効に使用されうることになる[43]。

さらに、国際社会が予防の面で果たすべき責任の程度についても、国際的取組みへの指針というよりは政策的提言としての特色が強い。このことは、「適宜」や「国家がこの責任を果たすことを促し助け」、「早期警告能力の確立を支持すべき」、「集団的行動をとる用意がある」といった表現にみてとれる。確かに早期警告能力の改善や制度の整備は情報の正確さと迅速さにとって必須であるが、それだけで国際社会による迅速かつ適切な措置がとられなければ予防的措置の意義は失われる[44]。それ故、武力紛争防止の側面における国際社会が果たすべき尊守責任の意味合いというのは非常に重要な地位を占めるわけであるが、世界サミットの最終文書では残念ながら弱く曖昧な表現でしか示されていない。

第2節 「尊守責任」の法的性質

上記にみられる通り尊守責任概念は一様ではなく、武力紛争防止の観点からすると曖昧で問題視されるべき点も多く含んでいる。例えば、2005年世

---

[43] Alex J Bellamy, "Responsibility to Protect or Trojan Horse? The Crisis in Darfur and Humanitarian Intervention after Iraq", *Ethics & International Affairs,* vol.19 no.2 (2005), pp.31-54 参照。

[44] Louise Arbour, "The Responsibility to Protect As a Duty of Care in International Law and Practice", *Review of International Studies,* vol.34 (2008), pp.445, 455.

界サミット最終文書で示されているように、この概念の適用対象を4形態の残虐行為に限った場合、武力紛争が大量殺害を伴うまで深刻にならない限り国際社会には介入する責任がないのかという疑問が出てくる。パネル報告書のように予防的要素を取り入れたとしても、当該国家が責任を果たす意思又は能力がないと認定されるまで国際社会に尊守責任は移行しないという基本的枠組みが維持される限り、国際社会が予防的措置をとるに当たっての責任の性質や度合いは曖昧なまま残されることになる。これは、ニュアンスに多少の差はあれ、予防は当該国家の責任、対応は最終的に国際社会の責任という図式が尊守責任概念の根底にあり、そうした予防と対応の厳格な隔離が国際社会による予防的側面での対応の重要性を希釈しているからである。武力紛争防止において国際社会が果たすべき責任の概念をより明らかにするためには、政府が機能している状況において、尊守責任概念における予防と対応責任を有機的に結合する必要がある。

これと関連して曖昧にされている重要な点として、国際社会の有する尊守責任の意味合いがある。特に2005年の世界サミット最終文書の中に示されている尊守責任概念に関し、新しい拘束力のある規範を創造するものではなく、あくまでも既存の国際法規範に則り、国家と国際社会の責任を再確認したに過ぎないという見解がある[45]。確かに国家には国際人権法上、また武力紛争中には国際人道法上、一般市民の生命を尊守する一般的義務がある[46]。しかしながら、このように国家がその人民に対して負う尊守責任と国際社会が第二次的に負う尊守責任とは性質上明確に区別しなければならない。当該国家以外の諸国、そして国際社会が、国際人権法上若しくは国際人道法上、一般市民の生命を尊守する責任を負うのか、そうだとしてどのような形でどのような性質の責任を負うのかについては全く異なる議論が必要になる。

---

45 "Actualizing the Responsibility to Protect" (Report of the 43rd Conference on the United Nations of the Next Decade, Évora, 20-25 Jun.2008) p.19. ウェブサイト < http://www.stanleyfoundation.org/publications/report/UNND808.pdf> より入手可能。

46 人権保護に関しては一般的注意義務 (duty of due diligence)、そして国際人道法に関しては民間人を攻撃の対象としないだけでなく攻撃からできる限り守るという注意喚起義務 (precautionary obligations) が国際慣習法上存在する。

1 国連安全保障理事会が有する責任の法的性質

　それでは国際社会が第二次的に負う尊守責任の性質とはどのようなものなのであろうか。この問題を解く上で出発点となり、かつ最も重要な意味合いを持つのが国連安全保障理事会に国連憲章上託されている責任の概念である。国連憲章はその第24条において安全保障理事会に国際平和と安全の維持のための主要な責任を託しており、それを踏まえてパネル報告書、In Larger Freedom 報告書、そして2005年世界サミット最終文書において集団的措置は安全保障理事会の権限の下で行使されることが強調されている[47]。安全保障理事会が負う責任とはどのような性質のものであり、国際社会の尊守責任を受容し得る性質を兼ね備えているのであろうか。

　まず考えられるのが管轄権的意味合いの責任である。国連憲章の第24条では安全保障理事会が「主要な責任」を負うものとしているが、同第10条において国連総会には一般的権限が付託されている。この一般的権限には第12条において制限がかけられており、安全保障理事会がその権限を行使している間はその当該事項に関して勧告することができないとされている。すなわち、国際平和と安全に関わる事項に関しては、安全保障理事会に優先的に管轄権を行使することが認められているのである。この管轄権としての責任は優先的行使を意味するだけでなく、その限界も規定する。安全保障理事会による国際平和と安全に関わらない事項に関する行動や、その目的に沿わない行動、合理的信憑性のある事実調査に基づかない行動などは権限踰越として無効となりうる[48]。

　次に考えられるのが紛争を取り扱うフォーラムとしての政治的意味合いを持つ責任である。安全保障理事会は国際平和と安全の維持・回復を目的として創設された政治的機関であり、人命の尊守や人権保護といった普遍的倫理

---

[47] 対照的に、ICISS 報告書では国連総会や地域的機関、そして個別国家による武力行使の可能性が除外されていない。ICISS 報告書、*op.cit.* (本章脚注2), paras.6.36-6.37 参照。

[48] 詳しくは、Hitoshi Nasu, "Chapter VII Powers and the Rule of Law: The Jurisdictional Limits", *Australian Year Book of International Law,* vol.26 (2007), pp.87-117 参照。

価値に基づく強行規範を実現することを使命としているわけではない。他方、尊守責任概念は普遍的倫理価値に基づいた自由平和の規範をその実際の適用において現実の政策と結びつける試みである[49]。確かに安全保障理事会はこの政治的責任を果たすに当たり、国際人権と人道規範も含めた国連憲章の目的と原則に従って行動しなければならない[50]。しかし、国家を武力行使に駆り立てる政治的条件に変わりはなく、それ故、尊守責任はその概念の根底にある倫理的原則と国際政治の現実の間に広がる溝の深さを過小評価しているという批判もある[51]。紛争における一般市民の生命尊守や人権保護を安全保障理事会の政治的責任に付け加えることは難しいといわざるを得ない。

最後に、安全保障理事会の憲章下での責任に法的意味合いを読み込むという議論が可能である。この議論の根底にあるのは特に1990年代に繰り広げられた安全保障理事会の行動に関する正当性とダブル・スタンダードに対する批判である。すなわち、安全保障理事会の行動には一貫性が欠けており、それは国連加盟国全体の集団的利益ではなく常任理事国の自己的利益に基づいて行動がとられているためであるという批判である[52]。安全保障理事会が常任理事国の政治的利益に大きく影響される政治的機関である以上、加盟国の期待と実際にとられる行動には多少の差が出てくるのは当然である。しかし、その期待と現実があまりにもかけ離れてくると、安全保障理事会の決定、さらにはその存在自体の正当性が失われていく。したがって、2006年のイスラエルによる南レバノン侵攻に対する国際的反応にみられるように、加盟

---

49 David Chandler, "The Responsibility to Protect? Imposing the 'Liberal Peace'", *International Peacekeeping*, vol.11 (2004), pp.59-81 参照。
50 Erika de Wet, *Chapter VII Powers of the United Nations Security Council*, Oxford/Portland: Hart Publishing, 2004, pp.198-204 参照。
51 Thierry Tardy, "The UN and the Use of Force: A Marriage Against Nature", *Security Dialogue*, vol.38 (2007), pp.49, 64 参照。
52 例として、Martti Koskenniemi, "The Place of Law in Collective Security", *Michigan Journal of International Law*, vol.17 (1996), pp.455, 460-462; John Quigley, "The 'Privatization' of the Security Council Enforcement Action: A Threat to Multilateralism", *Michigan Journal of International Law*, vol.17 (1996), pp.249, 270-273; David D Caron, "The Legitimacy of the Collective Authority of the Security Council", *American Journal of International Law*, vol.87 (1993), pp.552, 559-561 参照。

国が安全保障理事会による介入に正当な期待 (legitimate expectation) を抱く場合には、憲章第24条の下で国際社会の利益のために行動することが求められると解釈することは妥当といえるのかもしれない[53]。

もちろん、安全保障理事会だけでなく国際機関一般に対して、その作為・不作為の帰結として法的責任を生じさせるのは難しい議論である。国連国際法委員会では、国際機関の国際責任に関する条文草案が作成されているが、主に国家の国際責任に関する条文草案を土台にしており、国際機関による不作為から生じる責任の法的帰結については明確に示されていない[54]。この問題の複雑さと不明確さを考えると、国際社会の尊守責任に法的性質を求めること自体を問題視する議論さえ出てくるのも無理はない[55]。しかし、上記に述べた通り、国際社会の責任は国家の国際責任とは全く性質を異にするものであり、国家の国際責任に通用する法的帰結をもって国際社会の責任の法的性質を容易に判断することは誤りである。国際機関の責任の法的性質は、その作為・不作為が当該国際機関が生み出す国際規範への影響により考察されるべきである。小論の論点に即していえば、安全保障理事会の実行が及ぼす尊守責任概念への影響により、同理事会が有する尊守責任の法的性質を判断しなければならない。

2 国連安全保障理事会の活動における責任の法的性質

安全保障理事会の決定に従い紛争地にすでに平和維持軍が派遣されている場合には、その存在により現地の一般市民の間に生まれる期待から尊守責任に法的意味合いを見出せる可能性がある。実際、ルワンダでのジェノサイドとスレブレニツァにおける虐殺の後に発表された国連の報告書では、国連は

53　詳しくは、Hitoshi Nasu, "The Responsibility to React? Lessons from the Security Council's Response to the Southern Lebanon Crisis of 2006", *International Peacekeeping*, vol.14 (2007), pp.339-352 参照。

54　Stahn, *op.cit.* (本章脚注 26), pp.117-118.

55　José E Alvarez, "The Schizophrenias of R2P", in P. Alston and E. Macdonald (eds.), *Human Rights, Intervention, and the Use of Force,* Oxford: Oxford University Press, 2008, pp.275, 281-283 参照。

その期待に応じて行動を起こす用意があるべきであると強調されている[56]。また、2000年に発表された平和維持活動の見直しに関するブラヒミ報告書では、平和維持軍が一般市民に対する暴力を目撃した場合には、「それを止めるべく行動することが授権されていると想定されるべきである (should be presumed to be authorized to stop it)」と述べている[57]。安全保障理事会も一般市民の生命尊守の重要性を理解し、1999年以降平和維持活動を決定する決議の中に尊守活動を定める慣行が発達してきた[58]。グレイ教授によれば、こうした市民の生命尊守を平和維持活動に加えることは、新しい法的・倫理的側面を導入した適切な発展であると指摘されている[59]。

また、安全保障理事会の責任に加え派遣国が国際法上負う法的責任も尊守責任概念の法的性質を強める要素となる。特にジェノサイドの防止に関しては、最近のボスニア・ジェノサイド事件において国際司法裁判所が示した通り、ジェノサイドの準備をしている容疑のある者たち、若しくはその特別な意図を持っていると合理的に疑われる者たちに対し、国家が抑止効果のありそうな手段をとりうる場合には、他国の領域内においてであってもジェノサイドを防止するために状況が許す限りの手段を講じる義務がある[60]。この条約上の責任概念は、一般国際法上の「注意義務 (due diligence)」に類似するものであり、その国の影響力やその危機的状況への近接さ、そして事前情報の利用可能性に応じて防止措置を講じる責任が生じる[61]。

---

[56] Report of the Independent Inquiry into the Actions of the United Nations during the 1994 Genocide in Rwanda, UN Doc S/1999/1257 (1999), p.51. Report of the Secretary-General pursuant to General Assembly Resolution 53/55. The Fall of Srebrenica, UN Doc A/54/549 (1999), para.504.

[57] Report of the Panel on United Nations Peace Operations, UN Doc A/55/305-S/2000/809 (2000), para.62.

[58] Susan C Breau, "The Impact of the Responsibility to Protect on Peacekeeping", *Journal of Conflict & Security Law,* vol.11 (2006), pp.429, 445-452 参照。

[59] Christine Gray, *International Law and the Use of Force*, Second Edition, Oxford: Oxford University Press, 2004, p.244 参照。

[60] *Application of the Convention on the Prevention and Punishment of the Crime of Genocide (Bosnia and Herzegovina v. Serbia and Montenegro)* Judgment, *ICJ Reports,* 2007（以下、ボスニア・ジェノサイド事件）, p.431.

[61] 詳しくは、Louise Arbour, "The Responsibility to Protect As a Duty of Care in International Law and Practice", *Review of International Studies,* vol.34 (2008), pp.445-458 参照。

より一般的には、国際人権法の域外適用と国際人道法上の注意喚起（precaution）義務の適用により、国際社会の代理として紛争地に平和維持軍を派遣する国々に託される尊守責任の法的意味合いが強まる可能性もある[62]。国連の権限の下で派遣される平和維持軍には、基本的人権や人道規範の尊守を含む国連憲章の目的と原則に沿って行動する義務がある[63]。その上、派遣国が批准している国際人権条約に関しては域外において「実効的統制能力（effective control）」を行使している場合に条約義務を適用する管轄が生じ、また国際人道法関連条約に関しては行動地域にかかわらず、武力紛争への関与の度合いに応じて条約義務を履行する責任が生じる[64]。

まず国際人権条約の域外適用については[65]、「実効的統制能力（effective control）」概念の解釈が平和維持軍の尊守責任による行動基準を決定する鍵となる。この解釈において注意しなければならない点は、人権保護義務の性質の違い、すなわち、消極的義務の域外適用か積極的義務の域外適用かにより

---

[62] Wills は、理事会決議で定められる「作戦遂行上の尊守責任（mission responsibility to protect）」に対し、国際人権法または国際人道法の下で平和維持部隊が負う責任を「一般的尊守責任（general responsibility to protect）」として区別している。Siobhán Wills, *Protecting Civilians: The Obligations of Peacekeepers*, Oxford: Oxford University Press, 2009, p.261 参照。

[63] De Wet, *op.cit.*, (本章脚注 50), pp.198-204 参照。

[64] ここで関連する問題として、国際人権法と国際人道法の同時適用についての議論がある。小論では、この問題に対する検討は行わないが、どちらが適用されるかにより実際に行動を起こす義務とその程度に違いが生じる可能性がある。詳しくは、Alexander Orakhelashvili, "The Interaction between Human Rights and Humanitarian Law: Fragmentation, Conflict, Parallelism, or Covergence?", *European Journal of International Law,* vol.19 (2008), pp.161-182; Anthony E Cassimatis, "International Humanitarian Law, International Human Rights Law, and Fragmentation of International Law",*International and Comparative Law Quarterly,* vol.56 (2007), pp.623-640; "Special Issue: Parallel Applicability of International Humanitarian Law and International Human Rights Law", *Israel Law Review,* vol.40 no.2 (2007), pp.306-666 に収められている文献；Theodor Meron, *The Humanization of International Law,* Leiden: Martinus Nijhoff Publishers, 2006, pp.45-50; René Provost, *International Human Rights and Humanitarian Law,* Cambridge: Cambridge University Press, 2002, pp.2-10 を参照。

[65] 実際には、その条約の適用範囲条項を各々解釈していく必要があるが、小論では、国際人権 B 規約の適用範囲条項とその人権規約委員会による解釈、そして欧州人権保護条約と欧州人権裁判所による同条約適用範囲条項の解釈を土台に議論を進めていく。

条約義務の適用基準が異なることである。消極的義務については、人権規約委員会の判断でこれまで示されてきた通り、域外であっても対象となる人物の身柄が国家当局の統制下にある場合にはその人権を侵害してはならない義務が生じる[66]。これに対し、積極的義務については、身柄統制の事実は必ずしも基準とはならず、この種の管轄が確立された場合、国家当局が人権侵害の事実またはその危険を知っていた、もしくは知っているべきであった状況においてその侵害を回避するために可能な措置を講じる義務が生じる[67]。

人権の積極的保護義務のための実効的統制能力の解釈は、欧州人権裁判所において吟味されてきたが、Loizidou事件ではトルコ当局のキプロス北部における政策や行動一つ一つへの統制の事実は必要とされず、当地に大勢のトルコ軍が駐留していた事実によりトルコの積極的人権保護義務が確認されている[68]。最近では、Banković事件において、積極的義務についても国家当局による厳密な統制の事実を必要とする狭い解釈が示され[69]、この解釈がその後イギリスの国内裁判においても踏襲された[70]。しかし、この解釈に至るまでの論理において、一般国際法上の管轄権と国際人権条約上の管轄概念の混同がみられる上、国家当局による統制の度合いに応じて積極的人権保護義務が比例的に生じるという議論を退ける際に合理的な理由が示されていないこ

---

[66] 関連する事例については、Manfred Nowak, *UN Covenant on Civil and Political Rights: CCPR Commentary*, Second Edition, Kehl: NP Engel, 2005, pp.37-41 参照。

[67] ボスニア・ジェノサイド事件、*op.cit.*（本章脚注60), para.432. *Osman v. United Kingdom*, EHRR, vol.29 (1998), p.245, para.116; *Mahmut Kaya v. Turkey* (ECHR) (Judgment) Application no.22545/93 (28 Mar. 2000), para.86; *Mastromatteo v. Italy* (ECHR) (Judgment) Application no.37703/97 (22 Oct. 2002), para.68 参照。

[68] *Loizidou v. Turkey* (Preliminary Objections), EHRR, vol.20 (1995), pp.99, 130, para.62; *Loizidou v. Turkey* (Merits), EHRR, vol.23 (1997), pp.513, 531, para.56. 他に、*Cyprus v. Turkey*, EHRR, vol.35 (2002), p.30, paras.72-77 も参照。

[69] *Banković v. Belgium*, BHRC, vol.11 (2001) , p.435, para.71.

[70] *R (Al-Skeini and others) v Secretary of State for Defence*, AC, vol.1 (2008), p.153 (House of Lords); *R (Al-Skeini and others) v. Secretary of State for Defence* QB (2007), p.140 (Court of Appeal). この事件の検討については、Tobias Thienel, "The ECHR in Iraq: The Judgment of the House of Lords in *R (Al-Skeini) v. Secretary of State for Defence*", *Journal of International Criminal Justice*, vol.6 (2008), pp.115-128; Dominic McGoldrick, "Human Rights and Humanitarian Law in the UK Courts", *srael Law Review*, vol.40 (2007), pp.527-562 を参照。

とから[71]、この判例がそれ以前に構築されてきた広い実効的統制能力の解釈を上書きするほどの先例価値を持つものかどうかは疑わしい。

次に、国際人道法には区別原則や比例性原則にみられるように武力攻撃において民間人の生命を不必要に犠牲にしてはならないという消極的義務が加盟国に課されている他、民間人の生命を積極的に尊守する義務も規定されている[72]。その例として特筆に価するのが1977年第一追加議定書第58条に見られる注意喚起義務である。同規定によれば、紛争当事国は、武力攻撃が引き起こす危険からその統制下にある民間人を尊守するために必要な注意喚起措置を最大限可能な程度において講じることが要求されている[73]。厳格には、この条項は紛争当事国間において武力紛争時のみ適用されるわけであるが、その履行義務の性質上、武力紛争勃発の蓋然性がある状況であってもこの義務は生じるものと考えられる。直接の紛争当事国ではないが国連平和維持活動に自国軍を派遣している国に関しては[74]、尊守責任概念の基本的論理に則

---

71 こうした *Banković* 事件に対する批判として、Marko Milanović, "From Compromise to Principle: Clarifying the Concept of State Jurisdiction in Human Rights Treaties", *Human Rights Law Review,* vol.8 (2008), pp.411-448; Alexandra Rüth and Milja Trilsch, "International Decisions: Banković v. Belgium (Admissibility)", *American Journal of International Law,* vol.97 (2003), pp.168, 171-172; Rick Lawson, "Life after Bankovic: On the Extraterritorial Application of the European Convention on Human Rights", in Fons Coomans and Menno T. Kamminga (eds.), *Extraterritorial Application of Human Rights Treaties,* Antwerp: Intersentia, 2004, pp.83-123; Matthew Happold, "Bankovic v Belgium and the Territorial Scope of the European Convention on Human Rights", *Human Rights Law Review,* vol.3 (2003), pp.77-90 を参照。

72 例えば、戦時における文民の保護に関する1949年8月12日のジュネーヴ条約、第二編；国際的武力紛争の犠牲者の保護に関し、1949年8月12日のジュネーヴ諸条約に追加される議定書（第一追加議定書）、第10条、58条；国際的武力紛争の犠牲者の保護に関し、1949年8月12日のジュネーヴ諸条約に追加される議定書（第二追加議定書）、第7条、13条。

73 この義務は最近の国際赤十字委員会主導の研究において国際紛争、非国際紛争双方において国際慣習法化したと報告されている。Jean-Marie Henckaerts and Louise Doswald-Beck, *Customary International Humanitarian Law,* Cambridge: Cambridge University Press, 2005, vol.I, pp.68-71 参照。

74 国連と平和維持部隊提供国は、慣行的に国際人道法の精神と原則を遵守するよう誓約してきている。Secretary-General's Bulletin: Observance by United Nations Forces of International Humanitarian Law, UN Doc ST/SGB/1999/13 (1999); Model Agreement between the United Nations and Member States Contributing Personnel and Equipment to United Nations Peace-Keeping Operations, UN Doc A/46/185/Annex (1991), para.28 を参照。

り、紛争当事国がその義務を果たす意思または能力がない場合には、当該紛争地において国際社会を体現する存在として代わって責任を果たす義務を負う。

仮に国際社会を体現する存在として派遣国に国際人権法上または国際人道法上の尊守責任が生じるとしても、そうした法的義務を基に平和維持軍の武力行使まで許容、さらには要求されるかとなると疑問が投じられるかもしれない。しかし、欧州やアフリカを含めた多くの国々において尊守責任概念は軍事政策の中に平和支援活動の一環として組み込まれてきている[75]。カナダの平和支援活動政策においても、人道的介入と昔ながらの表現を用いているものの、一般市民の生命尊守は戦闘を伴う活動の一環として位置づけられている[76]。米国の同様の文書では、より曖昧かつ大胆に、現地市民の生命を守るためや重要な目的を遂行する上で必要な場合には、それに見合うか若しくは圧倒的な軍事力を使用することが許可されている[77]。こうした実行を事後的慣行として、国際人権条約の適用範囲条項や国際人道法上の注意喚起義務に武力行使も含めた尊守責任概念の適用を読み込む解釈が確立したかどうかは未だ定かではない。その一方で、最近の平和維持に関する安全保障理事会決議にもみられるように[78]、一般市民の生命尊守は平和維持や平和支援を含めた広義の軍事活動の一部であるという認識が世界的に高まっていることは否めない。

このように国際人権法の域外適用や国際人道法上の注意喚起義務に武力行使も含めた尊守責任概念を読み込む場合、国連平和維持活動への軍派遣国は

---

[75] 詳しくは、Siobhán Wills, "Military Interventions on behalf of Vulnerable Populations: The Legal Responsibilities of States and International Organizations Engaged in Peace Support Operations", *Journal of Conflict & Security Law*, vol.9 (2004), pp.387, 406-409 参照。

[76] Chief of Defense Staff (Canada), "Joint Doctrine Manual: Peace Support Operations", B-GJ-005-307/FP-030, Nov. 2002, §209.

[77] US Department of the Army, "Stability Operations and Support Operations", Field Manual No 3-07 (FM 100-20), Feb. 2003, §4-54.

[78] 例えば、安全保障理事会決議、S/Res/1270 (1999)(シエラレオネ);S/Res/1291 (2000)、S/Res/1417 (2002)、S/Res/1493 (2003)、S/Res/1565 (2004)、S/Res/1592 (2005)、S/Res/1671 (2006)、S/Res/1756 (2007)、S/Res/1794 (2007)(コンゴ民主共和国);S/Res/1509 (2003)(リベリア);S/Res/1528 (2004)、S/Res/1609 (2005)(コートジヴォアール);S/Res/1542 (2004)(ハイチ);S/Res/1545 (2004)(ブルンジ);S/Res/1590 (2005)(スーダン)。

かなり広域な範囲において尊守責任を負うことになる。それが実際に意味するところは平和維持活動への軍派遣国のさらなる負担である。そうした軍派遣国の懸念を少しでも払拭するためか、平和維持活動における一般市民の生命尊守を定める安全保障理事会決議では、「一般市民への急迫した攻撃」や「配置される範囲内」、「実行できる能力の限り」といった表現で尊守責任が及ぶ状況を厳格に確定しようとする試みがみられる[79]。しかし、仮に安全保障理事会決議の下での尊守責任が狭く確定されたとしても、各国軍隊が国際人権法上または国際人道法上負う尊守責任は広い解釈のまま残ることになろう。また、「急迫」、「配置される範囲」、そして「実行能力」の解釈次第では、同様にかなり広域な範囲において武力行使を伴う尊守責任を負うことにもなり得る[80]。次節では、こうした平和維持活動の実行における尊守責任適用の不確定性がもたらす問題点を、実際にコンゴ民主共和国における活動に焦点を当てて吟味し、尊守責任適用の限界を見定める。

第3節　国連安全保障理事会の実行における「尊守責任」の限界

　安全保障理事会による尊守責任の履行は、最近の平和維持活動における一般市民の生命を尊守するという決議命令にみられるが、そうした命令の実行に当たり様々な問題が浮上してきた。この点で特に興味深いのが、コンゴ民主共和国における国連編成団（MONUC）が直面した諸問題とそれに基づく尊守活動の適応と進化の軌跡である[81]。本節では、まずMONUC編成までの背景とその役割を概観した上で、尊守責任履行における問題点を具体的事例を

79　安全保障理事会による一般市民の生命尊守に関する決議命令を概観したものとして、UN Department of Peacekeeping Operations, *Handbook on United Nations Multidimensional Peacekeeping Operations*, 2003, p.64; Breau, *op.cit.*,（本章脚注58），pp.445-452 を参照。

80　James Sloan, "The Use of Offensive Force in U.N. Peacekeeping: A Cycle of Boom and Bust?", *Hastings International and Comparative Law Review*, vol.30 (2007), pp.385, 444.

81　以下、事実の詳細については次の文献に依拠する。Victoria K Holt and Tobias C. Berkman, "The Impossible Mandate? Military Preparedness, the Responsibility to Protect and Modern Peace Operations", (The Henry L. Stimson Centre, 2007), pp.155-178、ウェブサイ

通して検討する。

1 コンゴ民主共和国における国連編成団 (MONUC) 設立の背景と役割

1990年代後半からコンゴ民主共和国周辺で燻り始めた紛争は、1994年のルワンダでのジェノサイドに発するもので、1998年から2002年にかけてルワンダ周辺に散らばった反乱武装団体の活動によりザイールなど近隣諸国を巻き込む動態的で複雑なものとなった。1999年7月10日、コンゴ民主共和国、アンゴラ、ナミビア、ルワンダ、そしてウガンダはルサカ紛争停止協定を結び、少なくとも文面上はコンゴ民主共和国内での紛争を終結させた。これを受けてアフリカ開発共同体とザンビア大統領は、安全保障理事会に対して憲章第7章の下での平和維持部隊の派遣を要請した。憲章第7章の下での措置とは言っても、コンゴ政府に対する強制措置が意図されていたわけではなく、統制意思はあるが能力が欠如しているコンゴ中央政府への治安維持活動支援と想定されていた。

この要請に対し安全保障理事会、そして他の国々は慎重な姿勢を示した。国際社会はコンゴ内外で活動する紛争当事者の平和回復への姿勢に懐疑的であり、仮に平和維持軍を派遣したとしてもコンゴ内での安定を取り戻すことの難しさを十分理解していた。欧州ほどの大きさを占める広大なコンゴの地には通行可能な道路や設備もほとんど整ってなく、政府の統制能力は首都内に限られており、地方では幾つもの反乱武装団体が高価な天然資源を搾取して勢力を増していた。そうした中で、戦略的価値をあまり有しない国に十分な軍事力を進んで提供してくれることを国々に望むのは無理な話であった。その結果、安全保障理事会は段階的アプローチを採ることを余儀なくされ、1999年8月6日に90人の連絡将校派遣を許可した後[82]、2000年2月24日には

ト <http://www.stimson.org/pub.cfm?id=346> より入手可; Joshua Marks, "The Pitfalls of Action and Inaction: Civilian Protection in MONUC's Peacekeeping Operations", *African Security Review,* vol.16 (2007), no.3, pp.67-80; Katarina Månsson, "Use of Force and Civilian Protection: Peace Operations in the Congo", *International Peacekeeping,* vol.12 (2005), pp.503-519.

[82] 安全保障理事会決議、S/Res/1258 (1999).

憲章第7章の下で5,537名までの兵士の派遣を決定した[83]。ボスニアやコソヴォで米国をはじめとするNATO諸国がすでに大掛かりな軍事行動に着手している中で、費用のかかる平和執行型の活動を行う能力は実際なかったのである。

こうした慎重姿勢にもかかわらず、2000年2月に採択された決議1291号は国連憲章第7章の下で身体的暴力の急迫した脅威に晒されている一般市民の生命の尊守を明示に言及した二つ目の安全保障理事会決議となった[84]。このように市民の生命尊守が平和維持活動に加えられるようになった背景には、1999年に発表された武力紛争における市民の生命尊守に関する国連事務総長の報告書の中で、紛争当事者が国際人道法や国際人権法を意図的かつ広範に侵害し、それがジェノサイドや人道に対する罪、戦争犯罪に至るおそれがある場合には、安全保障理事会は憲章第7章の下で介入する用意をすべきであるという提案がなされていたことがある[85]。安全保障理事会は早速この提案を文面上採択したわけであるが、その規範的意味合いや必要となる戦略、実際に及ぼす影響などについては全くといってよいほど考慮されておらず、現地で起こる出来事に対応する形で決議命令の履行を試行錯誤していく結果となった。

2 MONUCによる尊守責任履行の問題点

(1) キサンガニ危機 (2002年)

2002年5月半ば、コンゴ民主共和国東部に位置する第三に大きな都市キサンガニにおいて兵士と警官隊の一部が反乱を起こし、地方のラジオ局を占拠してルワンダ人の殺害を扇動した。その結果6人の民間人が殺害された。5月14日から15日にかけて、同地域における武装組織である *Rassemblement*

---

83 安全保障理事会決議、S/Res/1291 (2000)。
84 最初の決議はシエラ・レオネに対する決議1270 (1999) である。
85 Report of the Secretary-General to the Security Council on the Protection of Civilians in Armed Conflict, UN Doc S/1999/957 (8 Sep. 1999), para.67. また、Månsson, *op.cit.* (本章脚注81), pp.505-506 も参照。

congolais pour la démocratie–Goma（RCD-Goma）は迅速に反乱分子を抑制した上で、報復措置として民間人を無差別に殺害し、反乱に加わったとみられる兵士や警官を即座に処刑した[86]。現地に派遣されていた1,000人ほどの平和監視隊は、RCD-Goma部隊の貨物機2艇の到着と近隣の村での銃撃を目撃しており、同武装組織による虐殺については既知であったものと考えられる。しかし、MONUCのセクター2部隊は強行措置をとらず、RCD-Gomaとの面会を要求し懸念を表明するにその対応を留めた。結局、交渉の末、拘束されていた2人の宣教師の解放と7人の民間人の保護に成功したものの[87]、百数十名にものぼる現地民間人の生命を守ることはできなかった。

　この大虐殺の終始において、MONUCが身体的暴力の急迫した脅威に晒されている一般市民の生命を尊守するために必要な行動をとるよう安全保障理事会決議により指令を受けていた事実に争いはない。しかし、Human Rights Watchによるインタビューによると、現地指揮官はMONUC部隊への被害を懸念し、現地に平和監視隊を派遣しないことを決定したことが伝えられている[88]。実際にこの懸念が、部隊の能力と現地での虐殺の度合いからして妥当な判断であったのか、それとも単に一般市民の生命の尊守義務を怠るものであったのかは議論が残るところであるが、その後の国連事務総長における報告書においても、そうした尊守義務を履行するためには物資、訓練、作戦遂行規則（Rules of Engagement）が不適切であったと指摘されている[89]。

　仮に決議命令を履行する能力が十分にあったとした場合、虐殺が起こる前の対応、そして虐殺が行われていることを知っていた、若しくは知っていたはずである状況において現地武装組織との面会を求める以外に何も行動を起

86 　虐殺の詳細については、Suliman Baldo and Peter Bouckaert, "War Crimes in Kisangani: The Response of Rwandan-backed Rebels to the May 2002 Mutiny", *Human Rights Watch Report,* vol.14 no.6（2002）を参照。
87 　Eleventh Report of the Secretary-General on the United Nations Organization Mission in the Democratic Republic of the Congo, UN Doc S/2002/621（2002）（以下、DRC Eleventh Report）．
88 　Baldo and Bouckaert, *op.cit.*（本章脚注86），p.24．
89 　DRC Eleventh Report, *op.cit.*（本章脚注87），p.11．

こさないという判断を十分に正当化できるかどうかについては慎重な検討が要求される。実際、この対応の欠如により、MONUC は市民団体からその消極性を非難される一方、最初の段階で反乱分子によるルワンダ人殺害の扇動を糾弾しなかったことで、武装組織 RCD-Goma からもその不公平性を非難されることになった[90]。最初の反乱が始まった時点で MONUC が対応に出ていれば防止できた紛争だったのかもしれない。RCD-Goma が報復措置に出た後にのみ平和監視隊を派遣した場合には、それが虐殺を抑止する効果をもたらしたかもしれない一方で、公平性の欠如により RCD-Goma との関係が悪化し、その後の平和維持活動の遂行にさらなる支障が生じた可能性もある。

(2) イトゥリ危機 (2003年)

コンゴの北東に位置するイトゥリ地方では1999年以降 Hema 族と Lendu 族の間で土地の所有権を巡る紛争が生じ、同地域におけるウガンダ軍の駐留により紛争は悪化していた。2003年4月後半にウガンダ軍が撤退した後には、安全保障の空白状態が生じ、Hema 族と Lendu 族はそれを機とみて活動を起こした。Lendu 族民兵は同地域の主要都市であるブニアを制圧し、Hema 族住民を殺害した。一週間後、Hema 族の民兵である Union of Congolese Patriots (UPC) がブニアの奪回に成功し、Lendu 族への反撃を開始した。この間に400名以上の人々が殺害されたと報告されている[91]。

ウガンダ軍が撤退する以前に MONUC はすでに712名のウルグアイ平和維持軍をブニアに送り込んでいたが、急なウガンダ軍の撤退に対応する準備はできておらず、ブニアの住民を実効的に守ることはできなかった。それでも、MONUC による保護を頼りに空港などに逃げ出してきた11,000人に対して食料などの物資を配布し、彼らの安全を確保した点は評価されるべきであろ

90　Baldo and Bouckaert, *op.cit.*（本章脚注86），p.24.
91　この紛争の詳細については、International Crisis Group, "Congo Crisis: Military Intervention in Ituri", Africa Report no.64 (13 June 2003); Anneke van Woudenberg, "Ituri: 'Covered in Blood': Ethnically Targeted Violence in Northeastern DR Congo", *Human Rights Watch*, vol.15 no.11 (2003), ウェブサイト <http://www.hrw.org/sites/default/files/reports/DRC0703.pdf> より入手可。

う[92]。その後ブニア市内の安全は、国連事務総長の要求に応えて派遣されたフランス主導の暫定緊急多国籍軍（Interim Emergency Multinational Force）により確保されることになるが[93]、その活動範囲はブニア市内のみに限られ、その短い3カ月の活動期間内にブニア郊外で少なくとも16件の虐殺があったと報告されている[94]。

暫定緊急多国籍軍は2003年8月に撤退したが、このイトゥリ危機はMONUCによる一般市民の生命尊守活動にとって転機となった。安全保障理事会は決議1493号を採択し、MONUCの兵力を10,800人までと追加した上、予算の増加も承認した[95]。その結果新しく組織されたイトゥリ部隊はブニア市内の安全確保だけでなく、遠隔の村々への巡回も開始できるようになった[96]。しかし、巡回活動による安全確保には限界があり、巡査班がその地域を去った後に暴力が再開するというのが実際のところであった[97]。部隊数の増加にもかかわらず、広域において巡回だけで一般市民の生命を実効的に尊守するには限界があるといわざるを得ない。

(3) ブカヴ危機（2004年）

コンゴ民主共和国の大統領Joseph Kabilaと主要な反政府武装組織であるRCD-Gomaの首領Azarias Ruberwaとの間の確執は、2004年2月に南キヴにおけるコンゴ軍とその反乱分子であるRCD-Gomaを支援する者たちの間での武力紛争に発達した。南キヴ地方の主要都市であるブカヴは反乱分子による包囲攻撃を受け、その間に何百という市民が虐殺された。反乱分子が国際的圧力のため撤退するまでに少なくとも2,000人の市民がMONUCによる保護

92　Holt and Berkman, *op.cit.*（本章脚注81），p.161.
93　安全保障理事会決議、S/Res/1484（2003）。
94　Holt and Berkman, *op.cit.*（本章脚注81），p.162.
95　安全保障理事会決議、S/Res/1493（2003）。
96　Laurence Smith, "MONUC's Military Involvement in the Eastern Congo (Maniema and the Kivus)", in Mark Malan and João Gomes Porto (eds.), *Challenges of Peace Implementation* (Institute for Security Studies, 2003), pp.233, 243-244, ウェブサイト <http://www.iss.co.za/pubs/Books/CoPBookMay04/Contents.htm> より入手可。
97　Holt and Berkman, *op.cit.*（本章脚注81），p.164.

を求め、3万人がルワンダなどの隣国に逃げ込んだ[98]。MONUC兵力の増強にもかかわらず、反乱が起こった時点でブカヴには800人程度の兵士しか駐留しておらず、大半は都市から遠く離れた場所で武装解除活動などに当たっていた[99]。

この反乱兵士による虐殺へのMONUCの対応は支離滅裂なものであった。まず、MONUCの現地司令官はコンゴ政府に敵対的な反乱兵士がブカヴに向かっているのを確認した上で、MONUCがこれに強硬な姿勢で反抗するよう提案したが、ニューヨークの国連本部と現地キンサシャの国連担当指揮官は紛争拡大時に応援がないことを懸念し、その提案を却下した[100]。また、現地司令官が必要であれば武力を行使してでも空港を保守するようウルグアイ部隊に命令を下した際にも、ウルグアイ軍の指揮官は自分たちの持ち場を放棄して反乱分子に抵抗せず明け渡すよう指示を出した[101]。結果的にブカヴは反乱分子に抵抗なく明け渡され、平和維持軍による実際の対応はブカヴのMONUC本部など数カ所を守るだけに留まった。

より大きな問題となったのが、一般市民の間に広がっていた国連に対する期待と実際の対応の差である[102]。MONUCの活動が一般市民の期待に応えていないことへの不満は、コンゴ各地における国連事務所に対する暴力的な示

---

98 この事件の背景と詳細については、Third Special Report of the Secretary-General on the United Nations Organization Mission in the Democratic Republic of the Congo, UN Doc S/2004/650 (16 Aug. 2004), paras.34-46（以下、DRC Third Special Report); International Crisis Group, "Pulling Back from the Brink in the Congo", *Africa Briefing*, no.18 (7 Jul. 2004), ウェブサイト <http://www.crisisgroup.org/home/index.cfm?id=2854&l=1> より入手可。"The Congo's Transition Is Failing: Crisis in the Kivus", *Africa Report*, no.91 (30 Mar. 2005), ウェブサイト <http://www.crisisgroup.org/home/index.cfm?id=3342&l=1> より入手可。

99 Holt and Berkman, *op.cit.*（本章脚注81), p.164; Philip Roessler and John Prendergast, "Democratic Republic of the Congo: The Case of the United Nations Organization Mission in the Democratic Republic of the Congo (MONUC)", in William J Durch (ed.), *Twenty-First-Century Peace Operations*, (Washington: United States Institute of Peace, 2006), pp.229, 258.

100 Holt and Berkman, *op.cit.*（本章脚注81), p.172.

101 Marks, *op.cit.*（本章脚注81), p.74; Roessler and Prendergast, *op.cit.*（本章脚注99), p.289.

102 DRC Third Special Report, *op.cit.*（本章脚注98), paras.58-59. また、DRC Eleventh Report, *op.cit.*（本章脚注87), para.71 も参照。

威運動として表れた[103]。国際的市民団体も非難に加わり[104]、MONUCの活動全体に対する信頼性を傷つける結果となった。

(4) 積極的尊守活動への転換 (2005年)

ブカヴでの失敗と非難を受けて、安全保障理事会は2004年10月1日に決議1565号を採択し、MONUCに対して身体的暴力の急迫した脅威に晒されている一般市民の生命を尊守するよう再び明示した上、それまで決議にみられた許容的表現 ('may take necessary action') や行動のための条件 ('if the circumstances warrant it') その他の曖昧な表現を取り除くことで、一般市民の生命尊守に対する理事会の強い態度を明確に示した[105]。その後2005年3月30日には決議1592号を採択し、一般市民への攻撃を防ぎ、武装組織の兵力を弱めるために警戒捜索 (cordon-and-search) 活動許可を明示した[106]。その結果、MONUCの兵力は5,900人増加し、予算も10億米ドル近くまで引き上げられた。

こうした強い文言で示された決議の下で、MONUCは様々な積極的尊守活動に取り組むようになった。その例として、次のような活動が挙げられる。

- NGOなども含めた現地で活動している団体を組み入れた包括的アプローチの採択による人道的空間 (humanitarian space) の確保。
- 村ごとの警戒システムの創設。
- 武装解除を促進するための攻撃的な警戒捜索の実施。
- 武装組織間の緩衝地域の確立。
- 適切な防衛能力を兼ね備えた「安全地域」の設立。

103　Fifteenth Report of the Secretary-General on the United Nations Organization Mission in the Democratic Republic of the Congo, UN Doc S/2004/251 (25 Mar. 2004), para.37.
104　例えば、International Crisis Group, "Maintaining Momentum in the Congo: The Ituri Problem", *Africa Report*, no.84 (26 Aug. 2004)、ウェブサイト <http://www.crisisgroup.org/home/index.cfm?id=2927&l=1> より入手可；Human Rights Watch, "D.R. Congo: War Crimes in Bukavu", *Briefing Paper*, (Jun. 2004)、ウェブサイト <http://www.hrw.org/sites/default/files/reports/War%20Crimes%20in%20Bukavu%20(June%202004).pdf> より入手可。
105　安全保障理事会決議、S/Res/1565 (2004)。Månsson, *op.cit.* (本章脚注81), p. 514参照。
106　安全保障理事会決議、S/Res/1592 (2005)。

- より頻繁な巡回や上空からの監視、機動性のある暫定的作戦基地の使用などを組み合わせて行う「地域支配 (area domination)」戦略の使用。

しかし、あまりにも強硬な武装解除は武装組織による国連への反発も招いた。2005年2月には武装組織からの攻撃にあい、バングラデシュ兵9名が殺害されるという事態が起きた[107]。その反発は国連だけでなく一般市民にも向けられた。MONUCによる武装集団の除去活動は、その集団をさらに奥へと追いやり、それが他の地域を不安定にさせる原因となった。また、コンゴ政府軍には武装団体の一員として一般市民を苦しめていた者たちも武装解除・再統合の結果混在していたため、政府軍と共同して従事する活動にも問題があった。その結果、ブカヴの一般市民はMONUCの活動と当該地域で共に活動しているコンゴ政府軍に対する反抗デモを起こすなど、不満を表明した[108]。一般市民の生命をより実効的に尊守するために強化された活動であったが、皮肉にも結果的に一般市民の生命をより危険に晒す結果となったのである。

(5) キワンジャ危機 (2008年)

2005年以降MONUCの積極的尊守活動への転換にもかかわらず、コンゴ民主共和国内では武装団体並びに政府軍による一般市民に対する人権侵害や殺害が継続して行われた[109]。MONUCは引き続きコンゴ政府軍の協力に依拠しながら活動する一方、特にMONUCに敵対的な高官からは活動を妨げられ、その結果平和維持軍の一員である兵士の生命が危険に晒されることもあった。また、キヴ地域の主要都市であるゴマへの攻撃抑止に焦点を当てた戦略のため、地方で脅威に晒されている一般市民の生命尊守に関しては実効的に対応できない状態が続いた。

107　安全保障理事会議長声明、S/PRST/2005/10（2 Mar. 2005）。
108　Holt and Berkman, *op.cit.*（本章脚注81）, pp.175-176; Marks, *op.cit.*（本章脚注81）, p.77.
109　コンゴ民主共和国内での人権侵害の状況については、MONUCの人権部門により詳しくまとめられている。資料はMONUCのウェブサイト <http://www.monuc.org/Home.aspx?lang=en> から入手可能。

そうした状況の中、Laurent Nkunda 率いる武装団体 National Congress for the Defence of the People（CNDP）は、2008年10月28日、キワンジャの南においてコンゴ政府軍を破り、そのままルトゥシュルとキワンジャまで侵攻した。その情報を得た MONUC はコンゴ政府軍に対し応援を要請したが、その要請は無視され、現地に駐留していた120名の平和維持部隊だけで町を攻撃から保守しなければならない状況となった。混乱に陥った国連の現地本部は主要都市ゴマの防衛と危険に晒されている人道支援活動に従事している者たちやジャーナリスト、平和監視団員の安全確保を優先するよう指示を下し、現地の一般市民の生命尊守は等閑にされた。その結果、11月4日から5日の間に150名に及ぶ一般市民が殺害されたと報告されている[110]。

確かに120名の平和維持部隊に強力な武装団体の攻撃から町を防衛する義務を負わせるのは無理というものであろう。しかし、尊守責任履行の観点からしてむしろ問題とされるべき点は、その他の活動との兼ね合いにおける平和維持軍の振分け方である。2007年末以降、コンゴでの平和構築を進めるべく、安全保障理事会は MONUC に対し、コンゴ政府軍と協力して反乱武装組織の武装解除と再統合を促進するという決議命令を下している[111]。しかし、その決議には「利用可能な兵力と資力に関する決定においては市民の生命尊守を優先すること」が強調されている[112]。武装団体のキワンジャ侵攻は全く予期せぬ出来事であり、平和維持軍の配置は脅威の度合いに適したものであったのか、それとも十分な注意を払っていれば予想可能な範囲内の出来事で、それに応じて平和維持軍を振り分けるべきであったのかは類推の範疇を出ないが、市民の生命尊守と平和構築という二つの命題を天秤にかけるにあたり当然生じる解決しがたい問題であるといえよう。

---

110 詳しくは、Human Rights Watch, "Killings in Kiwanja: The UN's Inability to Protect Civilians" (Dec. 2008), ウェブサイト <http://www.hrw.org/sites/default/files/reports/drc1208web.pdf> より入手可。
111 安全保障理事会決議、S/Res/1794 (2007), S/Res/1804 (2008).
112 安全保障理事会決議、S/Res/1794 (2007), para.5.

3 MONUC による尊守活動の展開から学ぶ教訓

前節で検討した通り、法理論上は国際人権法の域外適用や国際人道法の注意喚起義務に基づき、安全保障理事会による平和維持活動の実行の中で尊守責任を紛争防止の段階において論じることは可能である。しかし、尊守責任概念を実際の平和維持活動に適用する際には、コンゴ民主共和国におけるMONUCの活動を通してみられるように、行動基準の不確定性、平和維持活動の公平性との問題、そして潜在的に競合する決議命令との兼合いの問題が生じる。

まず行動基準に関して、国際人権法上は人権侵害の現実または急迫した脅威があることを知っていた、若しくは知っていたはずである場合にとりうる手段をとることが、また国際人道法上はその統制下にある民間人を尊守するために必要な注意喚起措置を最大限可能な程度において講じることが求められている。しかし、2002年のキサンガニ危機にみられるように、実際に行動を決断する際に、何がとりうる手段なのか、あるいは最大限可能な注意喚起措置なのか、必ずしも明確でないことがある。2003年のイトゥリ危機においてウルグアイ平和維持軍が自分たちの保護下に逃げ込んできた人々に対して安全を確保したが、それが彼らにとってとりうる手段であったことは比較的明らかであろう。他方、広域における一般市民の安全を巡回だけで実効的に確保することは平和維持軍が取る得る措置とも最大限可能な措置ともいいがたい。問題となるのは、これら両極端の事例の間に想定される様々な状況下において、行動をとることが求められるか、またどのような措置がとりうるかという判断を下すことである。

ICISS 報告書では、尊守責任の下での武力介入の条件の一つとして、介入が「成功する合理的見込み」を挙げているが[113]、それもとりうる措置を決定する上で考慮されるべき要素なのだとすれば、実際に尊守責任に基づいて行

---

113 ICISS 報告書、*op.cit.*（本章脚注 2）、p.37. また、James Pattison, "Whose Responsibility to Protect? The Duties of Humanitarian Intervention", *Journal of Military Ethics,* vol.7 (2008), pp.262, 265 参照。

動をとるべきかどうかは、現場にいる指揮官の専門的判断に委ねられることになる。その場合、自国兵の生命を犠牲にできないという政治的配慮や軍事的措置の実効性を最大限に生かすという作戦上の考慮から、とりうる措置について保守的な判断が下されることは容易に想像できよう。そうした保守的傾向を改善する目的で、近年では兵士の訓練に人権を理解し尊守することを促す規範的側面を取り入れる必要性が盛んに叫ばれているが[114]、そうした訓練がどの程度効果を示すのか、効果があったとして実際に戦闘になった場合の戦闘能力に影響はないのか、さらには現地指揮官と意見の食違いがあった場合に倫理的自律性を発揮して行動を取ることが許容されるのかなど問題は山積している。

次に問題となるのが、尊守活動に従事する平和維持軍に対し内政不干渉規定から生じる公平性 (impartiality) の維持である[115]。2002年のキサンガニ危機の際に、MONUC の対応は一般市民の虐殺を継続している RCD-Goma に対して面会を要求し、民間人の生命尊守のための交渉をするに留まったが、それでさえも後に RCD-Goma から MONUC の対応に公平性が欠如していると非難された。また、2005年以降の公平性が欠如した強硬な平和維持活動は、反乱武装組織による反発を招き、一般市民の生命をより危険に晒す結果ともなった。公平性の問題は紛争当事者に対する対応において生じるだけでなく、一般市民の生命尊守という決議命令への対応においても生じる[116]。2004年のブカヴ危機の際にみられたように、一般市民の間に広がっていた国連に対

---

114 例えば、Daniel. S Blocq, "The Fog of UN Peacekeeping: Ethical Issues regarding the Use of Force to Protect Civilians in UN Operations", *Journal of Military Ethics,* vol.5 no.3 (2006), pp.201, 208-210 を参照。

115 中央政府が存在する場合の国内治安維持活動においては、政府と反乱武装団体の間で中立性を保つ必要はないが、国内の政治情勢に介入しないよう公平性を維持する必要はある。この点に関し詳しくは、Nasu, *op.cit.*（本章脚注6）, Ch.5 を参照。

116 公平性の理解については、例えば、Jane Boulden, "Mandates Matter: An Exploration of Impartiality in United Nations Operations", *Global Governance,* vol.11 (2005), pp.147-160; Mats Berdal, "Lessons Not Learned: The Use of Force in 'Peace Operations' in the 1990s", in Adekeye Adebajo and Chandra Lekha Sriram (eds.), *Managing Armed Conflicts in the 21st Century,* London: Franck Cass Publishers, 2001, pp.55, 56; Shyla Vohra, "Impartiality in United Nations Peace-Keeping", *Leiden Journal of International Law,* vol.9 (1996), pp.63-85.

する期待と実際の対応に大きな差があると、平和維持軍による武力紛争防止活動のための一般市民の協力や理解も失われることになる。

　最後に、尊守活動が他の決議命令と潜在的に競合する際の優先順位決定も問題となる。特に 2007 年末以降の MONUC の活動には平和再建のための武装解除・再統合も加えられており、1万5千を越える兵力は優先順位に応じて各地域と役割に振り分けられた。そのため、2008 年 10 月末の CNDP によるキワンジャ侵攻時には 120 名の平和維持部隊しか現地に駐留していない結果となり、侵攻に対する一般市民の生命尊守のためにとりうる措置は最小限のものとなった。潜在的に競合する決議命令を履行するための資力分配は、作戦実行の段階において決議命令の解釈により解決されるべき問題であるが、活動する範囲や性質に照らして資力が限られている場合には、どのように資力が配分されようとも、安全保障理事会による尊守責任履行の限界を示すものと考えられる。

結　論

　尊守責任はまだ未熟な概念であり、そのあらゆる側面について政治的、法的、実際的、倫理的検討が必要である。2005 年の世界サミットでは、尊守責任概念は狭く捉えられており、武力紛争防止という観点からすると予防責任と対応責任の間に大きな溝があり、事態が大惨事になるまで国際社会が負う責任の法的意味合いについても明らかにされていない。小論では、武力紛争防止を重視する観点から、予防責任と対応責任を有機的に結合する必要性を指摘した上で、安全保障理事会による平和維持活動において、既存の国際法規則に基づいた法的意味合いをもつ尊守責任の適用可能性を論じた。しかし、コンゴ民主共和国における MONUC による尊守活動の検討を通じて明らかにしたように、その適用は簡単なものではなく、行動基準の不確定性、平和維持活動の公平性との問題、そして潜在的に競合する決議命令との兼合いの問題が生じる。

柘山教授は、国際法における「普遍性」と「一過性」の問題を区別することをよく強調されていた。安全保障理事会による平和維持活動に一般市民の生命尊守も含めることが「一過性」の現象なのか、それとも「普遍性」を帯びた発展途上の考えなのか、まだ答えは出ていないように思われる。しかし、少なくとも、紛争に巻き込まれるおそれのある一般市民の生命を尊守するという目的自体については、普遍性のある基本的人権の尊重に基づくものと考えられよう。問題なのは、それが安全保障理事会の役割として適当であるのか、また平和維持活動の一環として行われるべき活動であるのかという点である。安全保障理事会が紛争防止に実効的に取り組むためには、平和維持活動における一般市民の生命尊守を必要最低限に抑え、国連総会やその他の機関に国際社会の主な尊守責任を負わせる方が良いのかもしれない。

第9章　安全保障の重層的ガヴァナンス

はじめに

　本章の目的は、国際安全保障の重層的ガヴァナンスの制度設計を提示することである[1]。現代の国際関係では、グローバリゼーションと相互依存が進展しており、単独の国家のみでは十分に対応できない問題が増えている[2]。安全保障の分野でも同じことがいえるであろう。例えば、アルカイダのようなテロリズムはネットワーク型の脅威であり、集団がヒエラルキー構造に

---

[1] 本稿では、「グローバル・ガヴァナンス」における安全保障問題に焦点を絞り、アクターの問題にはあまり触れずに、「国境を越えた問題の統治」という側面のみを扱うことにする。元来、「グローバル・ガヴァナンス」は、アクター（主体）の多様化を含意するものであるが、ここでは断りのない限り、安全保障の主要なアクターは依然として国家であることを前提にして議論を進める。もちろん、国家に脅威を与えるアクターは、国家のみではなくテロリストなどの「武装NGO」といった非国家主体も含まれる。グローバル・ガヴァナンスの主体には様々な非国家主体が含まれることについては、山本吉宣『国際レジームとガバナンス』有斐閣、2008年において、詳細に論じられているので参照してほしい。

[2] グローバリゼーションが国家安全保障に与える影響については、Jonathan Kirshner (ed.), *Globalization and National Security,* London: Routledge, 2006 が包括的な分析を行っている。なお、グローバリゼーションは一般的に理解されているよりも、限定的なものであると筆者は考えている。確かに、輸送や通信の技術の発達により、ヒト・モノ・カネ・サービス・情報などの移動に関する時間やコストが著しく低下しているということに筆者は同意する。これにより大国以外のアクターが入手するのは困難であった大量破壊兵器は以前より拡散しやすくなっており、テロリズムもネットワーク化することにより取締りが難しくなっている。したがって、これらの脅威はグローバリゼーション時代にはより深刻になっており、グローバル・ガヴァナンスを必要とする安全保障問題の筆頭に挙げられるだろう。

なっていないため、その活動を封じ込めるためには、広範な国際協力による取締りが必要である[3]。大量破壊兵器の拡散もグローバルな脅威になっており、単独の国家による対応には限界がある。つまり、グローバリゼーションに起因する脅威を封じ込めたり低減したり管理したりするには、複数の国家による何らかのガヴァナンスが必要不可欠なのである。

他方、伝統的な国家による「個別的」安全保障も依然として重要である[4]。確かに、多国間安全保障の重要性が国際社会で高まっているが、だからといって、いわゆる個別的安全保障の価値が減少しているかと問われれば、そうではない。多国間安全保障には、共通の脅威に対して複数の国家が協力して集団で対応できるため、より広い範囲で包括的に取り組むことができ、しかも、そ

しかしながら、グローバリゼーションにおいて「非領土化 (deterritorialization)」(リチャード・ローズクランス)や「国家の衰退」(スーザン・ストレンジ)が明らかに起こっているという主張に同意することはできない。Richard Rosecrance, *The Rise of Virtual State: Wealth and Power in the Coming Century,* New York: Basic Books, 1999. 鈴木主税訳『バーチャル国家の時代―21世紀における富とパワー―』日本経済新聞社、2000年。Susan Strange, "The Defective State", *Dædalus,* vol. 124 no. 2 (Spring 1995), pp. 55-68. *The Retreat of the State: The Diffusion of Power in the World Economy,* Cambridge: Cambridge University Press, 1996, 櫻井公人訳『国家の退場―グローバル経済の新しい主役たち―』岩波書店、1998年。国家からなる国際システムが他のシステムに代替される兆候は見えないし、国家は依然として領土にこだわっているからである。詳しくは、拙稿「グローバリゼーションの政治経済学―その現実性を照査する―」『東海大学教養学部紀要』第32輯 (2002年3月)、141-170頁を参照のこと。

3 宮坂直史『国際テロリズム論』芦書房、2002年、217-240頁。ネットワーク化された国際政治の力学については、アン=マリー・スローター「21世紀の国家パワーはいかにネットワークを形成するかで決まる」『フォーリン・アフェアーズ (日本語版)』第2号 (2009年)、46-63頁を参照のこと。

4 国際政治学 (国際関係論) では、個別的安全保障より国家安全保障という表現が一般的に使われる。他方、国際組織論や国際法において、個別的安全保障という用語は国家による軍備増強や同盟を意味するものとして、集団安全保障と対比する文脈でしばしば用いられる。松葉真美「集団的自衛権の法的性質とその発展―国際法上の議論―」『レファレンス』(2009年1月)、86頁参照。ただし、それぞれの用語が意味するものは同義である。なぜならば、個別的安全保障も国家安全保障も英語で表記すれば、同じ national security になるからである。安全保障の概念を総合的に解説した以下の文献では、「個別的」に対応する英語に "national" が当てられている (ちなみに、当該章「安全保障概念の歴史的再検討」で「個別的」安全保障に言及するのは、この1カ所のみである)。赤根谷達雄・落合浩太郎編『増補改訂版「新しい安全保障」論の視座』亜紀書房、2007年、60頁。したがって、本稿では、それぞれ文脈に応じて使い分けることにする。

れぞれの国家が追う負担は軽減できるという利点がある。一方、リーダーシップやただ乗り(フリーライド)、責任転嫁(バックパス)といった[5]、集合行為に固有の難しい問題を孕んでおり、実効性があがらないこともしばしばである。だからこそ、大国をはじめ大半の国家は、無政府状態(アナーキー)という国際構造から自助原則を強いられる結果、自国の安全保障は自分で確かなものにしようとするのである。国際システムを管理して安全保障を効果的に提供できる国際的権威が存在しない無政府状態において、安全保障の基本は、あくまでも国家安全保障にならざるを得ない[6]。

おそらく、個別的「国家」安全保障と多国間安全保障は相互補完的な役割を果たすものであると同時に[7]、それぞれはジレンマの関係にあるのかもしれない。国家が個別的安全保障に傾けば傾くほど、多国間安全保障は弱体化する一方、多国間安全保障に依存すればするほど、個別的安全保障がおろそかになるということである。このジレンマを克服するのは簡単ではないないが、安全保障問題がグローバル化していることや多国間安全保障は国家安全保障にも役に立つという観点からすれば、両方をうまく組み合わせた安全保

5　責任転嫁とは、「ただ乗り」の一つの形態であり、国家がバランス・オブ・パワーを維持するのにかかるコストを、自分では支払わずに他国に支払わせることを意味する。Thomas J. Christensen and Jack Snyder, "Chain Gangs and Passed Bucks: Predicting Alliance Patterns in Multipolarity", *International Organization*, vol.44 no.2 (Spring 1990), pp. 137-168.

6　国家安全保障の重要性は、第一次世界大戦後の多国間安全保障の失敗が浮彫りにしている。当時、主要各国は国防を追求すると同時に、各種の多国間安全保障制度（国際連盟、ロカルノ体制など）を構築した。しかしながら、多国間安全保障制度はナチス・ドイツの台頭に効果的に対応できず、結果的に第二次世界大戦の勃発は防げなかった。単純な歴史のアナロジーの使用は慎むべきだが、この事例は多国間安全保障制度の欠陥を検討するための貴重な材料を提供しているといえよう。戦間期の多国間安全保障の失敗に関する研究はたくさんあるが、古典的な研究としては、E. H. Carr, *The Twenty Years' Crisis: 1919-1939,* New York: Harper and Row, 1964. 井上茂訳『危機の二十年、1919-1939年』岩波書店、1996年。そのほか、Michael J. Smith, *Realist Thought from Weber to Kissinger,* Baton Rouge and London: Louisiana State University Press, 1986, pp.54-67. 押村高ほか訳『現実主義の国際政治思想― M. ウェーバーから H. キッシンジャーまで―』垣内出版、1997年、75-91頁。

7　例えば、バランス・オブ・パワーは協調的安全保障レジームである ARF の創設や発展に大きな影響を与えていると同時に、レジームと見なすこともできる。また、同盟などとも共存できる。Ralf Emmers, *Cooperative Security and the Balance of Power in ASEAN and ARF,* London and New York: Routledge Curzon, 2003.

障の枠組みを設計することが大切であろう。実際、世界で使われている総軍事費の半分近くを支出する「覇権国」アメリカでさえ、「対テロ戦争」を単独では遂行することができず、国際機構や有志の国々の協力を仰いでいる[8]。同時に、アメリカは単独で国土を守るために、組織改革などを断行して、個別的な「国家」安全保障を強化している。

本稿では、政府なき国際社会における安全保障の重層的ガヴァナンスのモデルを示すことにより、国家安全保障と多国間安全保障のジレンマを乗り越えるための一つの方途を提案してみたい。第1節では、安全保障の重層的ガヴァナンスの構想をスケッチして、その全体像を提示する。第2節では、安全保障の重層的ガヴァナンスの一つ目の形態であるバランシングによる秩序形成のメカニズムを明らかにする。第3節では、多国間安全保障によるガヴァナンスについて論じる。ここでは多国間安全保障ガヴァナンスの類型として、安全保障レジーム、協調的安全保障、集団安全保障の秩序維持のロジックを説明すると共に、重層的安全保障ガヴァナンスにおける、それぞれの役割を明らかにする。こうした分析的作業を踏まえ、おわりに、安全保障の重層的ガヴァナンスの効用と限界を論じると共に、日本の安全保障政策へのインプリケーションを述べる。

第1節 安全保障とガヴァナンス

グローバリゼーションが進む現代の国際関係において、秩序を脅かす問題をどのようにして管理すればよいのだろうか。グローバル・ガヴァナンスはその答えの一つとなりうる重要な概念である[9]。グローバル・ガヴァナンスとは、「権威が存在しない状態において、国境を超える関係を統御(ガヴァニング)すること」

---

[8] 世界全体の軍事支出に占めるアメリカの軍事費は、米ドルを基準にして計算すると約40%（2004年度）である。The International Institute for Strategic Studies, *The Military Balance, 2006*, London: Routledge, 2006, pp. 402-403 のデータに基づき筆者算出。

[9] 渡辺昭夫・土山實男編『グローバル・ガヴァナンス―政府なき秩序の模索―』東京大学出版会、2001年、1-2頁。

と定義されるものである[10]。国際社会は無政府状態である。すなわち、国際システムの管理者は世界に存在しない。他方、現代の国際社会は、管理を必要とする様々な問題を抱えている。あらゆる問題をここで羅列するのは不可能であり、また、ここで行うべき作業ではないが、国際の平和と安全に直接的に関わるものをいくつかピック・アップしただけでも、領土や資源を巡る国家間の紛争や大量破壊兵器の拡散、国際テロリズム、民族紛争（エスニック紛争）、破綻国家における内戦、それに伴う大量虐殺や人権侵害などがあり、リストはまだまだ続いていくだろう。これらの問題はどれも現存の秩序を脅かすものであるために、きちんとした対応が求められる。しかしながら、国際社会には様々なトラブルを処理できる「権威」が存在しない。グローバル・ガヴァナンスとは、この権威なき国際社会における統御（統治）の方法に取り組むものなのである。

1 グローバル・ガヴァナンスにおけるルールと秩序

本稿では、安全保障ガヴァナンスを安全保障分野におけるグローバル・ガヴァナンスの一つの形態と捉えて議論する。グローバル・ガヴァナンス論にはいくつかの特徴がある。第一に、グローバル・ガヴァナンスの考え方は「世界政府論」とは異なり、無政府状態を前提にして議論が組み立てられている。この理論的含意は重要である。なぜなら、グローバル・ガヴァナンスは無政府状態を前提とした国際関係の諸理論と整合性を保つことができるので、これまでの国際関係研究の実りある成果を取り入れて発展させることが見込めるからである。実際、グローバル・ガヴァナンス論はリベラル制度主義の理論を土台にして成り立っている部分が多く、その後にはコンストラクティヴィズムからの理論的貢献もなされている[11]。しかしながら、次節で論じる

---

10 Lawrence S. Finkelstein, "What is Global Governance?", *Global Governance*, vol.1 no.3 (September-December 1995), p. 369.
11 Glenn D. Hook and Hugo Dobson (eds.), *Global Governance and Japan: The Institutional Architecture,* London: Routledge, 2007, pp. 4-5. ただし、コンストラクティヴィストは基本的に、無政府状態を所与とするのではなく、国際的な間主観性により構成されると捉えている。Alexander Wendt, "Anarchy is What States Make of It: The Social Construction

ようにグローバル・ガヴァナンスは、その対極にあると思われるリアリズムの中心理論をなすバランス・オブ・パワーとさえ両立することも可能である[12]。

第二に、グローバル・ガヴァナンス論は、無政府状態における「統治」の可能性に踏み込んでいることである。グローバル・ガヴァナンス論者によれば、それを可能にする重要な要因の一つがルールである。マイケル・バーネット (Michael Barnett) とキャサリン・シキンク (Kathryn Sikkink) によれば、グローバル・ガヴァナンス論は「どのようにルールが作り出され、生み出され、維持され、再定義されるのか、これらのルールが集団的行動の目的を規定するのにいかに役立つのか、どのようにしてルールが国際的、脱国家的、そしてますます増えている国内的行為の影響を管理・統制（コントロール）するのか」を研究するということである[13]。要するに、ルールによるグローバルな問題の管理を通じた秩序の維持を研究するというのが、グローバル・ガヴァナンス論の核心にあるといってよいだろう。ただし、ルールといっても、国際法に明記されているような明示的なルールもあれば、国家間で共有されているものの、規範に近いような、明文化されていないルールの原型のようなものある。いずれにせよ、これらは多かれ少なかれ国家の行動を制度化すると期待されている[14]。

---

of Power Politics", *International Organization*, vol.46 no.2 (Spring 1992), pp. 391-425. 他方、リベラル制度主義はリアリズムに歩み寄り、無政府状態と合理的な一元アクターとしての国家という前提を受け入れている。Kenneth A. Oye (ed.), *Cooperation under Anarchy,* Princeton: Princeton University Press, 1986. この点で、無政府状態の含意について、コンストラクティヴィストはリアリストやリベラル制度主義者と一線を画している。

12　グローバル・ガヴァナンスは国家中心主義を否定するものではないが、概してリアリストはグローバル政府なきガヴァナンスに否定的である。Anne Mette Kjær, *Governance,* Cambridge: Polity Press, 2004, pp. 57-98.

13　Michael Barnett and Kathryn Sikkink, "From International Relations to Global Society", in Christian Reus-Smit and Duncan Snidal, (eds.), *The Oxford Handbook of International Relations,* Oxford: Oxford University Press, 2008, p. 78.

14　近年では、「制度化」からさらに一歩進んで、「法化 (legalization)」の研究も進んでいる。法化とは、制度の「義務 (obligation)」化、「明確性 (precision)」「権限の委譲 (delegation)」の進展に特徴付けられた制度化のことを指す。安全保障分野での法化は、事例によりバラツキがある。米ソ間の軍備管理協定は権限の移譲は弱いものの、義務化や明確性は高いものになっていた。他方、バランス・オブ・パワーは主権や外交のルールがあるものの、上記の三つの特徴において弱い。Kenneth W. Abbott, Robert O. Keohane, Andrew Moravcsik, Anne-Marie Slaughter, and Duncan Snidal, "The Concept of Legalization", *International Organization*, vol.54 no.3 (Summer 2000), pp. 401-419.

グローバル・ガヴァナンスの根本的な問題は、誰が、どのようにしてルールを決め、どのようにルールを執行するのか、ルールはどの程度アクターの行動に影響するのかが明確になっていないことであろう[15]。覇権安定論で説明されるように、ルールの創出や執行は圧倒的なパワーをもつ覇権国が行うのだろうか[16]。それとも国際機構がルールの制定に役割を果たしていくのだろうか[17]。また、どのようにルールは国家の行動を制約するのだろうか[18]。グローバルな集合的利益が国益と合致しない場合、国家は前者を優先した協調行動をとるのだろうか。そうだとすれば、それはどのような条件が整った場合なのだろうか[19]。こうした肝心な問題について、既存のグローバル・ガヴァナンス論は明確な答えを出せないでいる。要するに、グローバル・ガヴァナンス論にはあいまいさと混乱が残ったままであり、その理論は初期の未発達状態なのである[20]。グローバル・ガヴァナンス論は概して記述に留まって

---

[15] アンドリュー・ギャンブルによれば、どのアクターあるいは組織がガヴァナンスを実行するのかについての問題は議論の最中であり、未だ解決されていない。Andrew Gamble, "The Meaning of Global Governance", in Hook and Dobson, *Global Governance and Japan*, p. 233.

[16] Robert Gilpin, *War and Change in World Politics,* New York: Cambridge University Press, 1981, pp. 28-29.

[17] 柘山堯司は、国連総会がグローバル・ガヴァナンスのルール作りの担い手になりうることをいくつかの事例により実証している。柘山堯司「国際法の視点―国連総会決議の法秩序形成機能―」渡辺・土山編、前掲書、122-145頁。渡辺昭夫も同様に、国連を多層的グローバル・ガヴァナンスにおける、ルールの策定機関の1つとして位置づけている。渡辺昭夫「有志連合、国連、それでも基軸は日米だ」『中央公論』(2003年8月)、78頁。

[18] レジーム論者は、ルールが国家間のトランザクション・コストを低減する結果、国際協調は促進されると主張する。その結果、国家の行動はレジームのルールに影響され、また制約されることになる。Robert O. Keohane, *After Hegemony: Cooperation and Discord in the World Political Economy,* Princeton: Princeton University Press, 1984.

[19] この点について、納家政嗣の以下の主張は示唆的である。「グローバルな問題は……国益に照らして自国の利害損失を判断するというのが主要国の基本的な態度といえるのではないか。……国家間の国益の擦り合わせに手間どるならば、国際的な制度形成は国内、二国間、地域別のように分散的になる傾向もすでにみえている。……人類の政治的組織化能力は、依然として国家止まりで、その先は協調可能な範囲で二次的な国家間の政治を機能させるというレベルから大きくはでていない」。納家政嗣「『ポスト冷戦』の終わり」『アステイオン』第70号 (2009年5月)、22頁。

[20] Hook and Dobson, *op.cit.*, pp. 1-11.

おり、因果仮説の構築やその検証といった作業までには、まだほとんど到達していないのが現状であろう。

　第三に、グローバル・ガヴァナンスは秩序の維持について、正面から取り組むものである。これまで国際政治学は、どのようにして国際秩序が生まれ、時間と共に変化するのかという問題を十分に扱ってこなかった[21]。グローバル・ガヴァナンス論は、こうした先行研究のギャップを埋めるものである。すなわち、ガヴァナンス論の目的の一つは、アクターが協同して秩序を維持して集団的な目標を達成するメカニズムを研究することなのである[22]。もちろん、国際秩序については、これまで英国学派を中心に研究がなされており、すでに豊富な研究の蓄積がある[23]。ただし、従来の国際秩序論とグローバル・ガヴァナンスの研究が大きく違うところは、後者が国家以外のアクターの関与や影響をより重視していることである。こうした研究内容の変化の背景には、グローバリゼーションの進展があるのはいうまでもない。非国家アクターの影響をどの程度まで認めるのかは、もちろん国際関係論の学派により大きく異なる。リアリストは、非国家主体の活動は国家の是認に依拠するものであると主張する一方、リベラル派やコンストラクティヴィストたちはそうはみていない。いずれにせよ、グローバル・ガヴァナンスが想定する主体は多様であるということである。

2　安全保障ガヴァナンスの位相

　安全保障のガヴァナンスには、主に三つの位相が存在する。第一のものは、

21　Randall L. Schweller, "The Problem of International Order Revisited", *International Security,* vol.26 no.1 (Summer 2001), p. 164.
22　Barnett and Sikkink, *op.cit.*, p.78. James Rosenau, "Change, Complexity, and Governance in a Globalizing Space," in Jon Pierre (ed.), *Debating Governance: Authority, Steering, and Democracy,* Oxford: Oxford University Press, 2000, p. 175.
23　代表的な研究としては、Hedley Bull, *The Anarchical Society: A Study of Order in World Politics,* New York: Columbia University Press, 1977. 臼杵英一訳『国際社会論』岩波書店、2000年。英国学派については、Barry Buzan, *From International to World Society: English School Theory and the Social Structure of Globalization,* Cambridge: Cambridge University Press, 2004 を参照のこと。

内的バランシングによる安全保障ガヴァナンスである。すなわち、各国が合理的政策決定に基づき、パワーの均衡化を目指す。これにより国際システムのバランス・オブ・パワーを維持することで、主権国家からなるシステムにおいて、秩序を生み出したり維持したりするのである。第二のものは、外的バランシングによる安全保障である。これは自助努力のみならず利害を共有する国家同士が、安全保障上の連携をとることにより、同じくシステムの均衡を図ることである。端的にいえば、同盟などが代表的な形態になる。第三のものは、多国間安全保障である。ここでは、3カ国以上の国家が安全保障の制度を構築することにより、地域のみならずグローバルな秩序の維持を追求することになる。それを具現化する典型的な制度としては、安全保障レジームや協調的安全保障、集団安全保障などが考えられるだろう。そして、これら三つの安全保障の仕組を重層的に組み合わせることは、安全保障をより確実に実現することに貢献できると期待される。

　安全保障の重層的ガヴァナンスの考えは、部分的には「フェールセーフ設計 (failsafe design)」の発想に依拠している。柘山堯司が主張するように、「外集団を持たない地球社会の安全保障は幾重ものフェイル・セイフ（安全装置）によって支えるしかない」というのがその論拠である[24]。そもそもフェールセーフとは、「システムが正常に作動することに失敗した際に、安全性を確保できるようなメカニズムを組み込んでおくこと」を意味する[25]。このフェールセーフは運輸などにおける多くのシステムですでに実用化されている。しかしながら、既存のフェールセーフの概念をそのまま安全保障の制度設計に適用することはできないだろう。なぜならば、国際関係における安全保障あるいは安全性という概念や価値は多様であり論争的だからである[26]。鉄道シ

---

[24] 柘山堯司『PKO法理論序説』東信堂、1995年、261頁。

[25] *Random House Webster's College Dictionary,* New York: Random House, 1991, p. 478. フェールセーフの原理については、向殿政男「フェールセーフの理想と安全の国際規格化」『日本信頼性学会誌』第20巻第2号（1998年2月）、137-144頁などに、詳しく解説されている。

[26] Arnold Wolfers, *Discord and Collaboration: Essays on International Politics,* Baltimore and London: The Johns Hopkins University Press, 1962, pp. 147-165.

ステムにおいて異常が発生した場合、列車を一旦停止させることが安全確保につながるのは自明である。他方、国際システムに「異常」が発生した場合、何をどうすれば「安全」につながるのかは自明ではない。国際システムの作用自体を強制的に止める、すなわち、主権国間の相互作用を停止することなど、無政府状態下では実行不可能である。

　おそらく、フェールセーフの発想は、ある安全保障システムが失敗した場合、それに対応できる多重の「安全装置」を安全保障制度に組み込むことが有効であるという示唆を与えるに過ぎないだろう。しかしながら、このような新しいパースペクティヴは、我々が考える以上に重要かもしれない。とくに、グローバリゼーションにより、大量破壊兵器がテロリストや「無頼国家」を含め様々なアクターに拡散するリスクが高まっている今日、それが実際に使用された場合に我々が受ける被害は甚大であろう。こうした事態になることを避けるためには、一つの安全保障システムだけでは不十分である。グローバル化時代においては、あるシステムが作動することに失敗した場合、安全を確保できるような別のメカニズムを用意しておくことにより、秩序を維持することが必要なのである。

第2節　バランシングによる安全保障ガヴァナンス

　バランシングによる安全保障ガヴァナンスとは、国家が自力で若しくは他国と連携して勢力均衡政策をとることにより、秩序を維持したり管理したりすることである。無政府状態において国家が自国の生き残りを目指してパワーを強めることは、国際システムの集団的な秩序の維持という目標とは必ずしも一致しない。したがって、「バランシング」はグローバル・ガヴァナンスからは縁遠いものであると考えられてきた。確かに、国家の勢力均衡政策は何らかのシステムの集合的目的を達成する利他的なものではなく、専ら自国の国益の実現を求めるものである。しかしながら、近代国家の成立後、主要国家の間では、主権国家から構成される国際システムを維持するという集

団的目的はほぼ継続的に共有されており、そのための主な手段がバランス・オブ・パワーであるという規範は、明文化されたルールとまではいえないまでも、秩序維持のための国際行動の原則として国家間で広く認識されているといってよいだろう[27]。

1 バランス・オブ・パワーと国際秩序

グローバル・ガヴァナンスのメカニズムを考える際、無政府状態はその帰結に影響を与える最も重要なファクターである。リアリストたちは、無政府状態の国家行動に対する影響を重視する。無政府状態とは、国際システムを管理できる権威を持った組織や統治者が不在の状態のことをいう。無政府状態の下では、国家は自らの生き残りを政策の最優先課題にせざるを得ない。なぜならば、国際システムには、国家に安全保障を提供する権威が存在しないため、国家は自助により安全保障を追求することを強いられるからである。いいかえれば、「自助は必然的に無政府状態の秩序における行為原則になる」(ケネス・ウォルツ) ということである[28]。無政府状態下においては、ある国家が力を増せば、相対的な力の差が自国に不利に働くのを避けるため、他国はそれに対抗する。その結果、システムは均衡する方向に絶えず動いていくことになる。

ガヴァナンスの目的の一つである秩序には様々な意味が含まれるが、これまでの国際関係の通例では、主権国家からなる国際システムを維持することこそが秩序であった。バランス・オブ・パワー (勢力均衡) は、このシステムを維持するための有効なメカニズムなのである[29]。バランス・オブ・パワーには様々な含意があるが[30]、政策としてのバランス・オブ・パワーは、「内的

27　ヨーロッパ協調体制はもちろんのこと、第一次世界大戦後の国際連盟や第二次世界大戦後の国際連合も、実は主権国家からなるシステムを前提としており、なおかつ、これら二つの国際組織が採用した集団安全保障メカニズムは、覇権国の台頭を阻止する目的をバランス・オブ・パワーと共有している。つまり、集団安全保障は一皮めくればバランス・オブ・パワーなのである。

28　Kenneth N. Waltz, *Theory of International Politics,* New York: McGraw-Hill, p. 111.

29　Waltz, *ibid.*, pp. 102-128.

30　Ernst B. Haas, "The Balance of Power: Prescription, Concept, or Propaganda?", *World Politics,* vol.5 no.4 (July 1953), pp. 442-477.

バランシング (internal balancing)」と「外的バランシング (external balancing)」の二つに大別することができる。内的バランシングとは、国家が自らの能力を高めて単独で相手国とのパワーの均衡化を行うことであり、軍事力の整備や増強などをしばしば伴う。他方、外的バランシングとは、利害を共有する国家と連携することにより、他国とのパワーの均衡化を図ることであり、同盟などがその主な手段となる[31]。このようにパワーの均衡化は、国家が単独で行うこともあれば、複数の国家が共同で行うこともある。

外的バランシングを体現する端的なシステムは同盟 (alliance) である。広義に捉えれば、同盟とは「2カ国かそれ以上の国家間における安全保障協力のための、公式あるいは非公式の取決め」である[32]。通常、同盟は共通の脅威に直面する複数の国家が、共同で軍事的に対処するために結ばれる。同盟は「見捨てられる危険」や「巻き込まれる危険」といったリスクはあるものの、複数の国家が協力して相手の敵対行為を抑止したり、武力行使から国家を防衛したりすることに期待できる、より実効的な頼れる安全保障の手段である。したがって、国家はその便益がコストを上回れば、同盟を安全保障の手段として選択するだろう[33]。

2 安全保障ガヴァナンスとしてのヨーロッパ協調

バランス・オブ・パワーのメカニズムが働いた結果、国際秩序がうまく保たれていたのが、ナポレオン戦争後の「ウィーン体制」に基づくヨーロッパ協調であった。ヨーロッパ協調はバランス・オブ・パワーの原則に基づくヨーロッパの秩序を生み出していた[34]。実際、ウィーン会議のヨーロッパ協調の時代は、相対的に平和な時代であった。歴史学者のポール・ケネディ (Paul Kennedy) によれば、「ナポレオンやビスマルクの時代と違い、1815年から65年までのヨーロッパでは、微妙な問題はすべて国際的に処理され、一方的な

---

31 Waltz, *op.cit.*, p. 168.
32 Stephen M. Walt, *The Origins of Alliances,* Ithaca: Cornell University Press, 1987, p. 12.
33 同盟に対する国家の構造的・非構造的インセンティヴは、Glenn H. Snyder, *Alliance Politics,* Ithaca: Cornell University Press, 1997, pp. 43-78 に詳しい。
34 Edward V. Gulick, *Europe's Classical Balance of Power,* New York: W. W. Norton, 1955.

行動は否定された。こうしたことのすべてがあいまって、既存の国際システムがとにかく安定していた」のである[35]。

ヨーロッパ協調において大国の一方的な行動が抑制された一つの要因は、バランス・オブ・パワーが有効に機能していたからである[36]。第一に、ウィーン体制下では、すべての国家が現状のパワー配分、とりわけウィーン体制で定められた領土保全の原則を受け入れていた。第二に、ある国家が一方的に強大化を図っていると思われた場合、諸国家はそれを抑制するための集団的行動に参加する意思を持っていた。例えば、イギリスは以下のようなバランス・オブ・パワーへの外交的コミットメントを明らかにしていた[37]。

「われわれは1世紀以上にわたってヨーロッパの全体的システムと結びついてきたのであり、ヨーロッパの全体的なバランス・オブ・パワーを乱すような1国によるいかなる領土拡大や強化も、たとえそれが直ちに戦争に結びつかなくても、わが国にとって無関心でいられる問題ではありえない。それは必ず会議の主題となるであろうし、もしバランスが著しく脅かされる場合には、最終的には戦争へと導かれるであろう。」

---

35 Paul Kennedy, *The Rise and Fall of the Great Powers,* New York: Vintage Books, 1987, p. 160. 鈴木主税訳『大国の興亡（上巻）』草思社、1993年、248頁。

36 もちろん、ヨーロッパ協調は一種の「安全保障制度 (security institution)」若しくは「安全保障レジーム (security regime)」として説明することもできる。すなわち、一連の国際条約などに規定された規則や手続、並びに多国間で共有された規範が、国家の政策選好に影響を与え、ヨーロッパの主要各国は自国の国益を犠牲にしても一方的な単独行動を抑制した結果、平和と安定が保たれたということである。Louise Richardson, "The Concert of Europe and Security Management in the Nineteenth Century", in Helga Haftendorn, Robert O. Keohane, and Celeste A. Wallander (eds.), *Imperfect Union: Security Institution over Time and Space,* Oxford: Oxford University Press, 1999, pp. 48-79. Robert Jervis, "Security Regimes," *International Organization*, vol.36 no.2 (Spring 1982), pp. 357-378. いずれにせよ、ヨーロッパ協調は、国際秩序の集団的管理を行ったグローバル・ガヴァナンスの古典的な事例であると思われる。

37 Paul Gordon Lauren, Gordon A. Craig and Alexander L. George, *Force and Statecraft: Diplomatic Challenges of Our Time,* 4th (ed)., New York and Oxford: Oxford University Press, 2007, pp. 28-29. 木村修三・五味俊樹・高杉忠明・滝賢治・村田晃嗣訳『軍事力と現代外交』有斐閣、1997年、36-37頁。

実際にイギリスは、ヨーロッパの平和を脅かすような危機において、会議で主導的な役割を果たした。例えば、ベルギーの独立問題におけるロンドン会議がそうである。オランダに併合されたベルギーでは、1830年に市民蜂起が起こり、ベルギー軍はオランダ軍を力で撤退させ、ベルギー臨時政府が独立を宣言した。ロシアとプロイセンは市民蜂起を制圧するために、軍隊を派遣しようとした。そうなれば、ヨーロッパのバランス・オブ・パワーが崩れ、平和と安定が損なわれるおそれがあった。そこでイギリスはフランスとともにベルギーへの軍事介入に反対することを明らかにした。ヨーロッパの他の大国はこれに従い、ベルギーの独立と中立はロンドン会議で認められることになり、バランス・オブ・パワーは維持されたのである。

3 バランス・オブ・パワーのフェールセーフ

バランス・オブ・パワーによるガヴァナンスは、主に覇権国の登場を阻止することにより、主権国家システムの存続を保つのに有効なシステムであるが、兵器の破壊力が強大な現代において、それが失敗した際の代償も大きくなる可能性がある。第一に、目的が外交的手段により達成できなかった場合、次の手段として戦争を発動することにもなりかねないため、非常にリスクとコストの高いものである。すなわち、国内政治や集合行為の問題などにより外交によるバランス・オブ・パワーがうまく働かなかった場合、戦争以外に頼ることができる有効な手段に乏しく、しかも、その帰結はバランス・オブ・パワーの目的と乖離することになりかねない[38]。実際、過去に大戦争がもたらしたコストは甚大である。ナチス・ドイツの覇権確立を阻止することに端を発して始まった第二次世界大戦では6,500–7,500万人という、尊い人命が失われてしまった[39]。もちろん、「獰猛な」世界国家が登場して、グローバル・

---

[38] 国内政治要因が国家の均衡化行動を阻害するメカニズムは、明らかにされつつある。たとえば、Randall L. Schweller, "Unanswered Threats: A Neoclassical Realist Theory of Underbalancing", *International Security*, vol.29 no.2 (Fall 2004), pp. 159-201.

[39] Milton Leitenberg, "Deaths in Wars and Conflicts between 1945 and 2000", in Matthew Evangelista (ed.), *Peace Studies: Critical Concepts in Political Science*, Volume 1, London and New York: Routledge, 2006, p. 94.

レベルで専制政治を行うことを防ぐためには、他の手段が存在しない場合、主権国家システムを守るための戦争はやむを得ないのかもしれない。リアリストが戦争を完全に否定しない所以である[40]。

第二次大戦の未曾有の被害がヒトラーの野望を阻止することに見合うかどうかは議論の余地があるところだが、果たして主権国家の存続という大義名分だけで戦争は正当化できるだろうか。特に、現代の核時代では、大規模な核戦争が起これば、国家からなるシステムそのものを消滅させてしまうおそれがある。そうなると戦争の目的と結果が矛盾することになる[41]。このような惨劇を防ぐためには、バランス・オブ・パワーだけによる安全保障ではなく、他の手段も含めた重層的な「安全保障のフェールセーフ設計」が必要である。そのための一つの方策としては、(後に説明する) 多国間協力による安全保障ガヴァナンスが有効かもしれない。

多国間安全保障は、特定の原因から生じる戦争を防ぐのに効果が見込めるだろう。戦争の原因は数多く存在するが、その一つに「誤認 (misperception)」がある。これは国家が相手の意図 (政策選好) を見誤ることである。こうした誤認が戦争に発展する場合、二つのパターンが考えられる。一つは、現状打破国が現状維持国の対抗意思を過小評価するケースである。もう一つは、双方の相違は両立可能であるにもかかわらず、互いに相手の敵意を過大評価してしまうケースである[42]。前者の事例としては、ナチス・ドイツがイギリス

40　リアリストは基本的に、戦争が国家安全保障や他の死活的国益を守るためにときとして必要であることを認める。Robert J. Art, et al., "War with Iraq Is Not in America's National Interest", *New York Times*, September 26, 2002.

41　ある研究によれば、北半球で1万メガトン (広島に投下された原爆の約50万倍の破壊力) の核戦争が起こった場合、(1980年代初めの人口において) 7億5千万人から11億人が死亡し、ほぼ同数の人間が爆風、熱、放射能などで負傷することになる。付随して、産業社会の構造そのものも破壊されるため、北半球のあらゆる都市も事実上、消滅することになる。Paul R. Ehrlich, "The Biologocal Consequences of Nuclear War", in Paul R. Ehrlich, Carl Sagan, Donald Kennedy and William Orr Roberts, *The Cold and the Dark: The World After Nuclear War*, New York: W. W. Norton, 1984, pp. 43-71. パウル・R. エーリッヒ「核戦争が生物に及ぼす影響」カール・セーガンほか、野本陽代訳『核の冬―第三次世界大戦後の世界―』光文社、1985年、87-127頁。

42　Robert Jervis, "War and Misperception", in Robert I. Rotberg and Theodore K. Rabb (eds.), *The Origin and Prevention of Major Wars*, New York: Cambridge University Press, 1988, pp.

の介入の意思を過小評価したことがある。後者の事例としては、ヴェトナム戦争がある。当時のアメリカの指導者たちは、北ヴェトナムがソ連や中国と共謀して共産主義を東南アジアに拡大しようとしていると誤認し、共産主義拡大の「ドミノ現象」が起こるのを阻止するために大規模な軍事介入に踏み切った。しかしながら、ホーチミンらの真意は違った。彼らは共産主義の拡大というよりもナショナリズムに基づきヴェトナムの国家統一を図ろうとしていた。アメリカはこの北ヴェトナムの意図を誤って判断してしまったのである[43]。

　このような誤認による戦争を防ぐ万能薬はないが、フェールセーフを講じること、すなわち誤認を冒したとしても破滅的な失敗に終わらない政策を打ち立てることが大切であろう。誤認による戦争を防ぐためには、相手の攻撃的意図を過小評価する場合は抑止、過大評価する場合は和解を実現する政策が必要である。こうした政策には、「強硬政策」や「威嚇」、「再保証を提供しながら武力行使も辞さない意思を示すこと」、「相手の利益を尊重すること」などが必要である[44]。とりわけヴェトナム戦争のような双方が相手の敵意を誇張しそうな場合、あらかじめ協調的安全保障を制度化しておけば、相互の政治的意図の透明化が促進され、誤認の極小化につながる可能性がある。そうなれば、相手の敵意を過大評価することから生じる戦争は防げるかもしれない。

　第二に、バランシングによるガヴァナンスでは、国境を越えたネットワー

　　101-126; "Hypotheses of Misperception", *World Politics*, vol.20 no.3 (April 1968), pp. 454-479.「誤認」には、不正確な推論や誤算、政策に対する他者の反応の仕方についての判断を誤ることが含まれる。Jervis, *op.cit.*, p. 101. このような誤認は、第三次世界大戦すなわち大国間の核戦争の原因になる恐れがある。George H. Quester, "Six Causes of War", *The Jerusalem Journal of International Relations*, vol.6 no.1 (1982), pp. 7-8. Jervis, *op.cit.*, pp. 117-119. したがって、誤認による戦争を防止するためのフェールセーフは、現代の国際政治において非常に重要であろう。ただし、あらゆる誤認が戦争の発生に大きな影響を与えるわけではない。Arthur Stein, "When Misperception Matters", *World Politics,* vol.39 no.4 (July, 1982), pp. 505-526.

43　東大作『我々はなぜ戦争をしたのか―米国・ベトナム、敵との対話―』岩波書店、2000年、29-76頁。

44　Jervis, *op.cit.*, pp. 111-112.

ク型の脅威に対応できない。グローバリゼーションは大量破壊兵器の拡散問題を深刻なものにし、テロリズムのネットワーク化を促進している。とりわけ恐ろしいことは、核兵器がテロリストにわたって、それが実際に使われる「核テロ」であろう。ある専門家によれば、核テロは「起こるか否かの問題ではなく、いつ起こるかの問題である」ということである[45]。こうした国境を越えた脅威に対して、国家が勢力均衡政策で対応することには全く意味がないばかりか、独力で対応することにも限界がある。グレアム・アリソン (Graham Allison) が主張するように、「国家に脅威を与えるテロリズム……といった国境を越える問題は、国家的な手段だけで解決することはできない。解決には、地域的さらにはグローバルな協力と協調のメカニズムが必要なのである。」[46]

第3節　多国間安全保障のガヴァナンス

多国間安全保障によるガヴァナンスとは、3カ国以上の国家が安全保障制度を構築して運用することにより、秩序の維持や管理を目指すことである[47]。先述したように、グローバリゼーションにより国家の安全保障に対する脅威は拡散している。とりわけ、大量破壊兵器は多くの国家に深刻な脅威を与えるおそれがあるので、グローバルな不拡散体制（レジーム）を強化することは重要な課題となるだろう[48]。本節では、多国間安全保障のガヴァナンスの形態として、安全保障レジーム、協調的安全保障と集団安全保障を取り上げて、

---

[45] Graham T. Allison, *Nuclear Terrorism: The Ultimate Preventable Catastrophe,* New York: Times Books, 2004. 秋山信将・戸崎洋史・堀部純子訳『核テロ—今ここにある恐怖のシナリオ—』日本経済新聞社、2006年（直接引用は7頁）。

[46] Joseph S. Nye and John D. Donahue (eds.), *Governance in a Globalizing World,* Washington, D.C.: Brookings Institution Press, 2000, p. 84.

[47] これと似た概念として、「多国間主義 (multilateralism)」がある。ジョン・ラギーによれば、多国間主義とは「ある原則に従い3カ国以上の関係を調整すること」であり、「包括的な制度形態」を意味する。その典型的な例は集団安全保障である。John Gerald Ruggie, *Multilateralism Matters: The Theory and Praxis of an Institutional Form,* New York: Columbia University Press, 1993, pp. 8-14.

[48] 納家政嗣・梅本哲也編『大量破壊兵器不拡散の国際政治学』有信堂高文社、2000年。

それぞれの秩序維持のメカニズムを説明すると共に、その可能性と限界を明らかにしたい。

1 安全保障レジーム

　安全保障レジームは安全保障ガヴァナンスの一つの形態である。ここでいう安全保障レジームとは、安全保障分野に存在するレジームのことである。そもそもレジーム（体制）とは、「国際関係の争点領域において、アクターの期待が収斂するところの一連の明示的・暗示的な原則、規範、ルール及び政策決定の手続」と定義される[49]。安全保障レジームとは、安全保障という争点領域に存在するルールなどの制度を指すのであり、具体的には、NPT（Non-Proliferation Treaty）体制などが、その典型的なものである。このような安全保障レジームは、様々な問題を管理して秩序を維持するのに役立つと考えられている。

　安全保障レジームは、不確実性を低減することにより国際協力を促進する。レジームが提供する情報は、相手から裏切られることへの懸念を払拭するのに役立つのである。その結果、国家は相互に協力して問題に対応しやすくなる。例えば、冷戦期の核拡散防止（NPT）レジームは、米ソ間において安全保障協力を促進して、核時代における秩序の維持に貢献したといわれている。また、核拡散防止条約に明文化された原則やルールは、核兵器を保有する国家の数が増えることを抑制したと推察される。すなわち、NPTレジームは、核兵器保有国に対して、核兵器の製造技術や核関連物質を非核兵器保有国に移転しないよう促すと共に、非核国が密かに核兵器を開発することを防止する、国際原子力機関による査察や保障措置と相まって、非核兵器国が核兵器を保有しようとするインセンティヴを弱めたといえるだろう[50]。こう

---

[49] Stephen D. Krasner, "Structural Causes and Regime Consequences: Regimes as Intervening Variables", *International Organization*, vol.36 no.2 (Spring 1982), p. 186.

[50] Joseph S. Nye, Nuclear Learning and U.S.-Soviet Security Regimes," *International Organization,* vol.41 no.3 (Summer 1987), pp. 371-402. 日本の核武装反対論の根拠として、NPT脱退がもたらす政治的コストが挙げられるが、この証拠は、NPTが日本の核武装することを制約していることを裏付けている。横田孝「的外れで根拠なき核保有のシナリオ」『ニューズウィーク（日本版）』2009年6月24日、38頁。

してNPTレジームは、完全とはいえないまでも、核兵器の拡散という安全保障上の問題を管理して、核秩序の維持に貢献してきたのである。

同時に、安全保障レジームがあらゆる問題を効果的に管理できるとは限らないので、我々はそのメカニズムが失敗した際のフェールセーフを考えなくてはない。例えば、NPTレジームがうまく機能しなかった結果、ある国家が大量破壊兵器を保有して脅威となった場合、個別的安全保障で対応することも必要になるであろう。すなわち、大量破壊兵器の新規保有国から脅威を受けた国家は、非脆弱な報復能力を備えて懲罰的抑止を行い、相手国が自国に対して敵対行為に及ぶことを思いとどまらせなければならない。同時に、抑止が破綻した場合に備えて、大量破壊兵器の損害を限定する防衛能力も必要であろう。

2 協調的安全保障

協調的安全保障とは、予防的にシステムを安定化するためのソフトな多国間安全保障ガヴァナンスである。協調的安全保障は潜在的脅威が表面化しないよう、それを制度の内部に取り込んで処理してしまうことにより、秩序の維持を目指すものである[51]。そのための手段としては、信頼醸成や透明性の増大などが用いられる。例えば、軍事演習を事前に通知したり、各国が国防白書を発行したりするといったルールをつくり運用することにより、紛争を予防して、秩序を維持するということである。

この協調的安全保障には、いくつかの安全保障上の効用がある。第一に、協調的安全保障は「安全保障のジレンマ」を緩和するのに役立つ。安全保障のジレンマとは、ある国家がとった安全保障上の措置に対して他国が対抗措置を講じることにより、当該国家の安全保障が高まる結果にはならないことを指す。この安全保障のジレンマは、軍拡競争、危機のエスカレーション、

---

[51] 山本吉宣「協調的安全保障の可能性」『国際問題』第425号（1995年8月）、2-20頁。山本は、協調的安全保障を「不特定の、分散した脅威を内部化しつつ、それが顕在的な脅威や武力衝突にならないよう予防するのを旨とし、さらに紛争の平和的解決を図り、また不幸にして武力衝突になった場合でも、あらかじめその被害を最小限にとどめることを図る枠組み」と定義している。

ひいては戦争の原因になっていると防御的リアリストは指摘する[52]。協調的安全保障は安全保障のジレンマを完全に解消することはできないかもしれないが、それを緩和して、国家間関係を不安定にしかねない問題を管理するのに役立つ。

現在、国際社会には様々な協調的安全保障の制度が存在する。グローバル・ガヴァナンスの観点からすれば、最も普遍的な協調的安全保障システムとして中心に位置付けられるのは国連であろう[53]。さらに、地域レベルでも様々な協調的安全保障が制度化されている。それらのうち、アジア太平洋地域における代表的なものが ARF（ASEAN 地域フォーラム）である。厳密にいえば、ARF は地域的安全保障ガヴァナンスの制度であり、グローバル・ガヴァナンスそのものの例とはいえないかもしれない。しかし、グローバル・ガヴァナンスが様々なレベルや地域の制度が相互作用しながら成立するものであると理解すれば、その一部と見なすこともできるだろう。

ARF は 1994 年に創設されたアジア太平洋地域における多国間の安全保障対話の場である。この ARF の一つの目的は、情報提供である。参加国の指導者が定期的な会合を通して得る情報は、不確実性 (uncertainty) を減らし、関係各国間の信頼醸成につながるかもしれない。創設当時、東南アジア地域には南シナ海紛争があり、中国はパワーを強めると共に、勢力拡大の野心をほのめかしていた。中小国からなる ASEAN としては、台頭する中国を ARF に取り込んで、同国の意図に関する情報を得ることには、大きなメリットがあった[54]。第二に、ARF は「再保証 (reassurance)」の提供を期待できる制度であっ

---

[52] Robert Jervis, "Cooperation under the Security Dilemma", *World Politics*, vol.30 no.2 (January 1979), pp. 167-214.

[53] Tobias Debiel, "Strengthening the UN as an Effective World Authority: Cooperative Security Versus Hegemonic Crisis Management", *Global Governance*, vol.6 no.1 (January-March, 2000), pp. 25-41. ここで筆者は国連を事例として取り上げなかったのは、端的にいえば、上記の引用論文でも述べられている通り、この組織は協調的安全保障システムとしての実効性に乏しいからである。

[54] Alastair Iain Johnston, "The Myth of the ASEAN Way? Explaining the Evolution of the ASEAN Regional Forum", in Haftendorn, Keohane and Wallander (eds.), *Imperfect Union*, pp. 289-290.

た。安全保障制度が貧弱で、依然としてバランス・オブ・パワーが平和と安定に大きな影響を与えるアジア太平洋地域において[55]、こうした試みは安全保障のジレンマを和らげることにより、現状の秩序維持に一定の役割を果たしているといえるかもしれない[56]。

協調的安全保障は、現状維持勢力からなるシステムにおいては効果が見込める多国間安全保障ガヴァナンスであろう。なぜならば、協調的安全保障は「偶発戦争 (accidental war)」や「不注意な戦争 (inadvertent war)」[57]の根源を封じ込めるのに役立つと思われるからである。しかしながら、野心的な現状打破勢力が明らかに存在するシステムでは、その安全保障機能に限界が生じる。山本吉宣が指摘するように、協調的安全保障は敵と味方の区別が明確でない国家間の関係を安定化させるのに有効なメカニズムである。現実の世界では、このようなシステムも存在するだろうが、そうでないこともある。攻撃的リアリストによれば、大国はより確実な安全保障のために地域的覇権を目指すものであり、したがって現状打破のインセンティヴを常に持つ[58]。現状打破国とは、国際システムにおいて自国のパワーや威信を高めるために、既存の秩序に挑戦する国家のことである[59]。そして、現状打破国は既存の秩序に挑戦するが故に、現状維持国にとっては敵である。

攻撃的リアリズムの世界において、現状打破国が膨張行動に出た場合、協調的安全保障がそれに起因する紛争を管理することはできない。戦争に至

55　Liselotte Odgaard, *The Balance of Power in Asia-Pacific Security: US-China Policies on Regional Order,* New York: Routledge, 2007. Suisheng Zhao, *Power Competition in East Asia: From the Old Chinese World Order to Post-Cold War Regional Multipolarity,* New York: St. Martin's Press, 1997.
56　Michael E. O'Hanlon, "Defense Issues and Asia's Future Security Architecture", in Michael J. Green and Bates Gill (eds.), *Asia's New Multilateralism: Cooperation, Competition, and the Search for Community,* New York: Columbia University Press, 2009, pp. 285-286.
57　「不注意な戦争」とは、いずれの側も外交的危機の初めには望みも期待もしない戦争、それにもかかわらず(危機の進展の過程で)起こってしまう戦争」のことである。Lauren, Craig, George, *op.cit.*, pp. 221-222. 前掲書、237頁。
58　John J. Mearsheimer, *The Tragedy of Great Power Politics,* New York: W. W. Norton, 2001.
59　Randall L. Schweller, *Deadly Imbalances: Tripolarity and Hitler's Strategy of World Conquest,* New York: Columbia University Press, 1988, p. 24.

らない危機の段階でも、それを戦争にエスカレートさせないためには「危機管理（crisis management）」が求められるだろう。したがって、我々は協調的安全保障のメカニズムが失敗した際のフェールセーフを考えなくてはならない。例えば、ARF がうまく働かなかった結果、アジアで紛争が発生した場合、個別的安全保障で対応することが必要になる[60]。実際、1996年の台湾海峡危機において、アメリカは日米同盟において前方展開する海軍艦艇を派遣して中国を牽制した。

3 集団安全保障

集団安全保障（collective security）は、グローバル・ガヴァナンスの理念に最も近い安全保障のメカニズムであろう。集団安全保障とは、国際社会を構成する国家が侵略行為の禁止に同意することを前提に、侵略を行った国家に対して他のすべての国家で対抗することにより、平和や秩序を維持しようとするメカニズムである。この集団安全保障の実現を担った代表的な国際機関が、第一次世界大戦後に誕生した国際連盟であり、第二次世界大戦の終わりと共に登場した国際連合である[61]。これらの国際組織による集団安全保障は、権威が存在しない状態において国際問題を管理するグローバル・ガヴァナンスを先取りした野心的な試みである。なぜなら、国際連合そして不完全な形とはいえ国際連盟は、地域を超えたグローバルな問題を正面から扱い、それを統制・管理しようとした地球規模の国際機構であると同時に、世界全体から国家が参加しているからである。

残念ながら、国際連盟や国際連合による集団安全保障は、朝鮮戦争や湾岸

---

60 天児慧・野口和彦「信頼醸成措置と ASEAN 地域フォーラム―理論的・経験的検証―」『青山国際政経論集』第51号（2000年9月）、69-96頁。
61 Lynn H. Miller, "The Idea and the Reality of Collective Security," *Global Governance*, vol.5 no.3 (July-September, 1999), pp. 303-332 は、集団安全保障を理論的・歴史的にバランスよく論じている。集団安全保障には、様々な形態がある。詳しくは、Ernst B. Haas, "Types of Collective Security," *American Political Science Review*, vol.19 no.1 (March 1955), pp. 40-62 を参照のこと。

戦争の例を除き[62]、侵略国に対して集団で対抗するという集団的目標を達成することができなかった。国際連盟では、連盟規約に反して戦争を開始した国家に対して他の加盟国は直ちに戦争状態に入り、一切の経済及び外交の関係を遮断することが、その集団的行動の規約に明記されていた。しかしながら、アビシニア危機において、オーストリアなどは国益に不利であるとして、イタリアとの経済的断交を行わなかった[63]。集団安全保障に関する国際連合の記録も芳しいものではない。国際連盟の失敗の反省を踏まえて創設された国際連合であったが、冷戦の影響もあり、ヴェトナム戦争やソ連のアフガニスタン侵攻など、戦後に起こった主要な戦争において加盟国が集団で軍事的・経済的な制裁を「侵略国」加えることはほとんどできず、その集団安全保障は機能不全に陥ってしまった。

　集団安全保障は、その固有の問題のため、現実には機能しないというのが一般的な見方である。かつてハンス・モーゲンソー（Hans J. Morgenthau）は、「集団安全保障によって特定の現状を凍結しようとする試みは、結局は失敗する運命にある」と喝破した[64]。このような集団安全保障に対する否定的な見方

---

[62] 朝鮮戦争の際に結成された国連軍による北朝鮮への軍事制裁は、集団安全保障を執行した初の経験である。Wolfers, *op.cit.*, pp. 167-180. 同時に、これは集団安全保障の変則的な実行でもある。柘山、前掲書、49-70頁。国連安保理決議による湾岸戦争での多国籍軍の対イラク軍事制裁も同様に、希にしか起こらない例外であろう。なぜなら、決議の採択に必要な拒否権を持つ5大国の同意という高い意思決定のコストは、国連の集団安全保障の実現を困難にするからである。渡辺、前掲論文、76-77頁。なお、湾岸戦争における多国籍軍の作戦行動が、集団安全保障に固有の集合行為の問題を克服できたのは、イラクが中東の石油資源に依存する多くの国家に脅威を与えたことや参加国のアメリカへの同盟依存が高かったことが、主な理由である。Andrew Bennett, Joseph Lepgold, and Danny Unger, "Burden-sharing in the Persian Gulf War", *International Organization*, vol.48 no.1 (Winter 1994), pp. 39-75. おそらく国連にできることは、アーノルド・ウォルファーズが半世紀近く前に論じたように、侵略者を認定すること、加盟国の行動を承認して促進すること、集団的行動を実施しやすくすることであり、実際に行動をするのは大国のリーダーシップによるアド・ホックな国家連合しかないようである。Wolfers, *op.cit.*, p. 179. 実際に、集団安全保障の数少ない事例とされる朝鮮戦争や湾岸戦争でも、その通りであった。

[63] 柘山堯司「戦争と平和の理念と現実」大平善梧編『現代国際関係論』有信堂高文社、1976年、76頁。

[64] Hans J. Morgenthau, *Politics among Nations: The Struggle for Power and Peace*, 5th (ed.), New York: Alfred A. Knopf, 1978, p. 419. 現代平和研究会訳『国際政治』福村出版、1986年、435頁。

は、我が国の学界でも広く共有されているようである[65]。集団安全保障が働くことを妨げる要因は多く考えられるが、それらを最も包括的に提示したのが、ジョン・ミアシャイマー（John J. Mearsheimer）である。彼によれば、集団安全保障は以下の九つの理由により機能しないことになる[66]。

第一に、集団安全保障の発動に必要な侵略国の特定は極めて困難である。第二に、すべての侵略は悪であると断言できるかどうかの問題も生じる。例えば、ヴェトナムがカンボジアに侵攻して、結果的であれ大虐殺を終息へと向かわせたことは、果たして悪なのだろうか[67]。第三に、歴史的・イデオロギー的に近い関係にある国家は、同胞の国家が制裁の対象になった場合、それを実行するのに躊躇するであろう。仮にアメリカが侵略国と認定された場合、日本やイギリスがアメリカに軍事力を行使するだろうか。第四に、歴史的な敵対感情も集団安全保障を複雑なものにしてしまう。

第5に、たとえ侵略国を特定できたとしても、侵略国に対抗するために、どの国家がどの負担をどのように分担するのかを決めるのは難しい。これは集合行為の問題であり、集団安全保障の機能を阻害する最大の要因の一つである[68]。集合行為の問題とは、公共財（集合財）を提供するためにはコストがかかるので、そのコストを負担せずに公共財の利益だけを享受しようとするフリー・ライダーが出現しやすく、そうなると公共財は供給されなくなってしまうという問題である[69]。集団安全保障が提供する平和や秩序をある種の

---

[65] 神谷万丈「国連と安全保障」防衛大学校安全保障学研究会編『安全保障学入門（第4版）』亜紀書房、2009年、254-291頁。植田隆子「北大西洋条約機構の東方拡大問題」『国際法外交雑誌』第94巻第3号（1995年8月）、56頁。

[66] John J. Mearsheimer, "The False Promises of Institutions", *International Security*, vol.19 no.3 (Winter 1994/95), pp. 5-49.

[67] マイケル・ウォルツァーは、国家内部の人権侵害（奴隷化や大量虐殺など）があまりにも深刻である場合、外部勢力が国家の内政に干渉する「人道的介入」は留保の対象となると主張している。Michael Walzer, *Just and Unjust Wars: A Moral Argument with Historical Illustrations,* 2nd (ed.), New York: Basic Books, 1992, pp. 86-108. 萩原能久監訳『正しい戦争と不正な戦争』風行社、2008年、193-231頁。

[68] 荒井功『国際関係の戦略とパワー構造』成文堂、1998年、89-145頁は、集合行為の観点から、集団安全保障を計量的に分析している。

[69] Mancur Olson, *The Logic of Collective Action,* Cambridge: Harvard University Press, 1971. 依田博・森脇俊雅訳『集合行為論―公共財と集団理論―』ミネルヴァ書房、1983年。

公共財だとすれば、各国はそのコストを負担しなければならない。しかしながら、利益の極大化を目指す合理的国家は、集団安全保障の恩恵を受けながら、そのコストの負担を極小化しようとするインセンティヴを常に持つ。そして、侵略者に対抗することを別の国家に任せてしまうこと（責任転嫁）により、その責任やコストの負担から逃れようとしがちなのである。日本の満州事変に対して、国際連盟はリットン調査団を派遣して事実調査を行っただけで、加盟国が実力を行使して日本の侵略行為をやめさせようとしなかったのは、その一例である。

　第六に、集団安全保障システムにおいて、侵略国に素早く対応することは難しい。湾岸戦争のときでさえ、アメリカは多国籍軍を結成するのに6カ月以上もかかっている。第七に、局地的あるいは地域的な紛争に集団安全保障のメカニズムを適用してしまうと、それをより大規模な紛争へとエスカレートさせてしまうことにもなりかねないので、国家はそのような活動への参加を躊躇するであろう。このことの含意は、核時代の国際政治においてとりわけ重要である。例えば、核保有国であるソ連のアフガニスタン侵攻に対して、ソ連を侵略国と認定して、核保有国であるアメリカなどの国連加盟国が集団的な軍事制裁を行ったとしよう。そうなれば、この紛争は核大国同士の対立へとエスカレートしてしまい、国際社会そのものを破滅させかねない核戦争が起こる危険性を高めてしまう。つまり、国連が核戦争を引き起こしてしまいかねないということである。したがって、集団安全保障は、大国が関係する紛争には適用できないし、また、適用すべきではないということになる[70]。そうだとすれば、集団安全保障で対応できる紛争は、大国とは無関係の中小国のみの利害が絡む紛争だけということになるだろう。

　第八に、侵略行為に対して集団的行動をとるかどうかは、国家主権に関わる問題であるが故に、すべての国家が自動的に侵略国への制裁に応じること

70　国連の安全保障理事会の常任理事国に認められた拒否権は、集団安全保障のフェールセーフ制御のメカニズムといえるだろう。なぜなら、核保有国である常任理事国を対象にした集団的軍事制裁は核戦争に発展するおそれがあり、そうなるとかえって世界が危険になってしまうので、それを防ぐための「安全装置」であると理解できるからである。

はないだろう。戦争は大きな犠牲を伴う行為であるため、国家は主権を行使してそれを留保する決定を下すかもしれない。第九に、集団安全保障は戦争の放棄を前提としておきながら、戦争で侵略行為を抑止し、侵略国を制裁することを想定している。集団安全保障の名の下で、「侵略」戦争を禁止したにもかかわらず、侵略国には「戦争」で対抗するという矛盾を孕んでいる。果たして国家は侵略国を罰するという大義名分だけで、恐ろしい戦争に踏み込むことができるものだろうか。

このように集団安全保障は実質的に安全保障ガヴァナンスとしての実効性に欠ける。しかし、集団安全保障の定義を緩め、それを「台頭国への集団的対抗の制度」と捉えれば、いくつかの効用を見出すこともできる。すなわち、先述のように、集団安全保障はバランス・オブ・パワーにおける集団的目標である、覇権国の出現を抑制する集団的行動を制度化することに役立つかもしれない。チャールズ・カプチャン（Charles A. Kupchan）とクリフォード・カプチャン（Clifford A. Kupchan）は、ミアシャーマーの批判に対して、次のように集団安全保障を擁護する。第一に、集団安全保障システムは、より効果的なバランシングのメカニズムを提供する。すなわち、国家が覇権国の台頭に対して対抗措置をとるかどうかを個別に判断するよりも、制度化されたバランシングの方が、より効果的であるということである。要するに、集団安全保障はバランス・オブ・パワーを制度化するということである。

第二に、集団安全保障の制度化は、国家間の信頼と協力を促進するものである。逆説的になるが、集団安全保障システムをうまく機能させるために、大国が利益の一致を図り相互の信頼感を高めることができれば、国際協調は促進される。そして、このような制度化は、戦争の原因の一つである安全保障のジレンマを緩和することに一役買うことになるため、秩序は維持されやすくなる[71]。もしそうだとするならば、我々が考えているよりも集団安全保障はバランス・オブ・パワーと親和的であり、なおかつ協調的安全保障とも重複するものなのだろう。

71　Charles A. Kupchan and Clifford A. Kupchan, "The Promise of Collective Security", *International Security,* vol.20 no.1 (Summer 1995), pp. 52-61.

おわりに

　安全保障の重層的ガヴァナンスは、様々な位相の安全保障を組み合わせることにより、秩序の維持を目指すものである。このような安全保障の構想はグローバリゼーションに影響されたものである。第一次世界大戦後に「国防 (national defense)」に代わって複数国間の同盟を含意する「安全保障 (security)」が一般化したが[72]、現在の脱国家的な安全保障の深刻な脅威は、さらに新しいコンセプトを我々に求めているのかもしれない。「国家安全保障」だけで安全保障を語れなくなってきているのは、確かなことのようである。

　もちろん国家の個別的安全保障の重要性は、グローバリゼーションが進行している現在の国際社会でも変わっていない[73]。かつてグレン・スナイダーは、安全保障政策の主要目的とは、敵対国からの攻撃を抑止することであり、攻撃が起こった場合に最小限のコストで防衛を行うことであると定義した。そして、抑止の手段として、相手に耐えがたい損害を与えることができる核兵器を重視した[74]。しかしながら、今日では、核兵器の脅威は形を変えながら存在するとはいえ、核保有国の脅威を中心として構築されてきた伝統的安全保障研究は、より多様な脅威を想定したものに変わりつつある。同時に、現実の世界でも、これらの脅威に対応するための多国間安全保障制度が構築されており、安全保障分野におけるグローバル・ガヴァナンスに貢献している[75]。とはいえ、「伝統的な国家対国家の安全保障も大きな問題であり、そこでは、各国は、未だ自力救済や裁量的な措置（ユニラテラルな行動）の余

72　佐藤誠三郎「『国防』がなぜ『安全保障』になったのか―日本の安全保障の基本問題との関連で―」『外交フォーラム』1999年特別篇、5頁。

73　ピーター・リバーマンは、国家間の戦争が次第に姿を消しつつあるのは、グローバリゼーションによる非領土化ではなく、核抑止などの要因が強く影響しているからだと主張する。Peter Liberman, *Does Conquest Pay? The Exploitation of Occupied Industrial Societies,* Princeton: Princeton University Press, 1966, preface and pp. 4-5.

74　Glenn H. Snyder, *Deterrence and Defense: Toward a Theory of National Security,* Princeton: Princeton University Press, 1961, pp. 4, 52-119.

75　植村秀樹「安全保障とグローバル・ガバナンス」『流経法学』第7巻第2号（2007年12月）、18頁。

地を大きく残している」[76]。したがって、安全保障の重層的ガヴァナンスにおいては、あくまでも国家安全保障が基本となることは確かである。

　本稿で述べたように、個別的安全保障と多国間安全保障には重複する部分はあるものの、それぞれ違う役割を果たすものである。すなわち、基本的に、個別的安全保障はすでに存在する脅威に対する抑止や防衛といった、伝統的な国家安全保障を担うものである。他方、多国間安全保障は、放置しておけば秩序を脅かしかねない問題へ予防的に対応するのに効果的な仕組である。もちろん、国連の集団安全保障が憲章を執筆した創設者の考え通りに機能すれば、国家安全保障に期待されている役割を担うことができるかもしれないが、それが実現する見込みはほとんどない。いいかえれば、国連を中心とする多機能な「グローバル・ガヴァナンス」が安全保障の分野で成立する可能性は、予見しうる将来において極めて低い。したがって、我々は集団安全保障に代わる多国間安全保障の枠組みを重層的に設計しなければならないだろう。

　例えば、安全保障レジームは国境を越えた安全保障問題に国家が協調して対応したり、それを管理したりするのに役立つだろう。協調的安全保障は脅威が顕在化していない状態においては、コストとリスクの少ない効率的な安全保障の手段として注目してもよい。ただし、協調的安全保障には軍事的・経済的な制裁のメカニズムが備わっていない。協調的安全保障が失敗して脅威が顕在化した場合、それに協調的安全保障の枠組みでは対応できないため、何らかのフェールセーフが必要である。共通の脅威に対する軍事的な共同行動を定めた同盟は、協調的安全保障が破綻した場合の「安全弁」として有効である。なぜなら、同盟が提供する拡大抑止は敵対国の軍事行動を未然に防ぐことに有効であるのみならず、拡大抑止が破綻した場合の防衛行動のコストを分散して、効率的に安全保障を確保するのに役立つからである。

政策的インプリケーション

　グローバリゼーションは、個別的安全保障と多国間安全保障の役割分担に

76　山本、前掲書、337頁。

基づく安全保障構想の重要性をますます高めている。個別的安全保障と多国間安全保障は必ずしも二項対立の関係ではない。国家にとって大切なことは、バランス・オブ・パワーや同盟などの個別的安全保障と協調的安全保障といった多国間安全保障のどちらかを選択することではない。それぞれの特徴を理解して、それらをどのように組み合わせた重層的安全保障ガヴァナンスが、国家そして国際社会を安全にするのに最も有効であるかが重要である。経済の世界で「財産の分散投資（ポートフォリオ）」が当り前のように行われているのと同様、安全保障の世界でも「安全保障に関する資源の分散投資」を合理的に行うべきである。

多国間安全保障ガヴァナンスに期待される一つの機能は、安全保障のジレンマを緩和することである。そして、この期待は防御的リアリズムの世界における安全保障問題の管理が前提となっている。国家は元来安全保障を追求する「現状維持勢力」であり、紛争や戦争は主に相手の意図を確実に把握できないことに起因する、安全保障上の競争から生じるというのが、防御的リアリストの基本的な立場である。カプチャンらが主張するように、このような原因から生じる戦争は、多国間安全保障制度が進展すればするほど、より統御しやすくなるかもしれない。しかしながら、現実の世界には、「現状打破勢力」もしばしば出現する。このような国家はすでに秩序を破壊する選好を持っているので、集団安全保障の元来の機能を除き、現状打破国が引き起こす問題には多国間安全保障で十分に対処することができない。現状打破国の軍事的な拡張行動に対抗して、秩序を維持するためには、国家のバランシング行動が求められる。

特に、国際システムのパワー分布が変化している不安定期には、国家は多国間安全保障よりも個別的安全保障への資源の投入に重きを置くべきであろう[77]。多国間安全保障はルールの制定と執行、防衛交流や安全保障対話といっ

---

[77] 山本吉宣は、多極化が進行していく世界において、主要国は軍事力の整備を行い、将来に備える「ヘッジ戦略」をとることになるという、将来の一つのシナリオを提示している。山本吉宣「国際システムはまた均衡に向かうか」『アステイオン』第70号（2009年5月）、40-41頁。

たコストの低い手段で安全保障を実現することを企図しているが、それが失敗に終わった場合の物理的な対応手段を全く持っていないので、これに頼り過ぎると国家は高い代償を払うことになりかねない。逆に、国際システムが比較的安定している場合は、多国間安全保障の制度化を促進することに努力すべきであろう。いずれにせよ、無政府状態下における国際関係は自助努力が原則であることに変わりないので、国家はシステムが不安定化した場合の備えを絶えず怠ってはならない。

国家の安全保障を損なわせる脅威は多様化しているため、それに対応できる重層的安全保障を合理的に実現していく必要がある。ネットワーク型の国際テロリズムや大量破壊兵器の拡散などのグローバルな脅威には、多国間安全保障による取組みがより求められる。地域的脅威には、多国間安全保障、個別的安全保障が、それぞれの役割を果たす。冷戦後、アジア太平洋地域では、中国の軍備増強や中台問題、北朝鮮の核兵器開発などの不安定要因を抱えながらも、大きな軍事衝突が起こっていない。このことは、こうした要因が何らかの形で管理されてきたことを示している。もし、アジア太平洋地域における秩序の維持に、ARFなどの多国間安全保障の枠組みが役割を果たしてきたのであれば、それを強化していくべきであろう。（アメリカが主導する）日米同盟がアジア太平洋地域に秩序という公共財を提供してきたのであれば、その維持と強化を図るべきであろう[78]。同時に、潜在的脅威となる国家が敵対行動を起こすことを抑止したり、有事の際に損害を最小限に食い止めたりするための防衛の努力も、日本は怠ってはならない。

国際政治であれ国内政治であれ、政治的営為の本質が「希少資源の配分」にあるとすれば、国家が使える政治的・経済的・軍事的な資源には限りがあるため、実際にはどの安全保障メカニズムにどの程度の資源を配分するかを決定しなければばらない。合理的な安全保障「ポート・フォリオ」が求められる所以である。そのための一つの処方箋は、以下の通りである。現実世界

---

[78] Joseph S. Nye, "The 'Nye Report': Six Years Later", *International Relations of the Asia-Pacific,* vol.1 no.1 (2001), pp. 95-103.

が防御的リアリストの世界に近似する場合、他の条件が等しければ、多国間安全保障への資源の投入は、秩序の維持に役立つと期待できる。現実世界が攻撃的リアリストの世界に近似する場合、他の条件が等しければ、個別的安全保障をより強化しないと、結果的には秩序を維持することはできないだろう。グローバリゼーション時代において安全保障を確かなものにするためは、その時々の国際システムの特徴に応じた重層的安全保障ガヴァナンスの設計が必要なのである。

あとがき

　集団安全保障の要として、国際連盟が設立されてから、90年たっている。この本の第1章では、国際連盟規約第11条の規定が、そのまた要であることを確かめてきた。それをなんと76年前に確かめた学者が日本にいた。横田喜三郎である。1934年に書かれた「戦争の防止」と題された論文で（『国際法論集Ⅱ』有斐閣、1978年）、横田は集団安全保障における防止措置の重要性を見事に喝破している。76年後の今日でも、この論文は、「国際連盟規約第11条」を「国際連合憲章第40条」と置き換えるだけで、極めて斬新な論文として評価されてもよいと言えるほどである。

　規約第11条の戦争防止措置の規定は、1931年の「戦争防止手段の助長に関する条約」の成立をもって完成したと、横田は論じた。同条約では、規約には無かった措置の具体化と拘束力の付与が行われたためである。1907年のハーグ条約が目的とした紛争の平和的解決手続も、この頃（1928年）に成立した「一般議定書」の成立で、「完成」していた。紛争は政治的解決手段から法的解決へ連動して、義務的解決が行われるという手続が追加されたからである。

　これで紛争は、必ず平和的に解決され、国家が戦争に訴えることはなくなるはずであった。しかし、現実には、こうした条約に加入して、それに従う国家はほとんどなかったのである。国家の意思を無視した義務的手続に国家は本能的に臆病である。多くの国家の支持を得るためには、国家の意思を尊重した緩やかな制度でなければならいないことを、われわれはこのような過

去の経験で学んできた。それが国際連合憲章には反映されている。第6章で義務的付託規定は設けられたが、義務的解決規定は入らなかった。それを欠陥とみなす専門家が未だに多いことは、誠に微笑ましいことである。

国家を超えた権力機構を持たない国際社会にあっては、こうした緩やかな制度を多重に備えることで、安全が保障されると考えるのが現実的である。個別国家の備えも、同盟制度も、地域的取決めも、あまり完全無欠である必要はない。それではかえって負担が大きくなり、別の問題を生じさせるからである。こうした多重の緩やかな制度の集まりがレジームである。

国際社会のあらゆる分野に、こうしたレジームが構築されて、緩やかな統治の下に秩序が形成されていくことで、人類が求める平和な社会は実現されるであろう。これからの研究者たちの役割は、主権国家が自ら主権を制御し、緩やかな国際制度による統治に参加してくるような方策を見出すことにある。

編著者

執筆者紹介

柘山　堯司（つげやま　たかし）青山学院大学　国際政治経済学部教授
　　　　執筆担当　序章、第2章、第3章、第4章、第5章
柴田　祐輔（しばた　ゆうすけ）青山学院大学　国際政治経済学部卒業、同大学院修士課程修了
　　　　執筆担当　第1章
渥美さくら（あつみ　さくら）青山学院大学　国際政治経済学部卒業　イギリス・ケンブリッジ大学大学院修士課程修了、国際連合難民高等弁務官事務所専門職員
　　　　執筆担当　第5章第2節
石神　輝雄（いしがみ　てるお）青山学院大学　国際政治経済学部卒業、同大学院修士課程修了、オランダ・アムステルダム大学大学院修士課程修了、イギリス・エジンバラ大学大学院修士課程留学
　　　　執筆担当　第6章
金武真智子（かねたけ　まちこ）青山学院大学　国際政治経済学部卒業、イギリス・シェフィールド大学大学院修士課程修了、イギリス・ロンドン大学大学院修士課程修了、京都大学大学院法学研究科博士後期課程在学
　　　　執筆担当　第7章
那須　仁（なす　ひとし）青山学院大学　国際政治経済学部卒業、同大学院修士課程修了、オーストラリア・シドニー大学大学院修士課程修了、同博士課程修了、PhD（法学）、オーストラリア国立大学法学部専任講師
　　　　執筆担当　第8章
野口　和彦（のぐち　かずひこ）青山学院大学　国際政治経済学部卒業、同一貫制博士課程退学、早稲田大学大学院アジア太平洋研究科博士課程修了、学術博士、東海大学教養学部国際学科主任教授
　　　　執筆担当　第9章

（全員が柘山ゼミの卒業生）

索　引

〔数字・欧字〕

77カ国グループ	366, 367
ASEAN地域フォーラム（ARF）	448
ECOMOG軍	204
ICJ	244, 377
ICTR	382
PCIJ	75, 85, 86

〔ア行〕

アジスアベバ協定	194
アパルトヘイト政策	144, 147, 346
アビシニア危機	451
ある種の国連経費事件	274, 304, 369
アル・ジェッダ事件	386, 389
アル・スケイニ事件	386
アルバニア国境紛争	87, 106
安全保障のジレンマ	447
安全保障「ポートフォリオ」	458
安全保障理事会→国際連合安全保障理事会	
安全保障理事会(安保理)決議794	197, 231
安全保障レジーム	432, 446, 456
イスラエル＝エジプト休戦協定	133
イタリア・エチオピア（アビシニア）紛争	11, 33, 47
一般的権限	123, 126, 161, 266
イトゥリ危機	418, 424
インスタント慣習法	329
インドネシア問題	188, 280
インド＝パキスタン国連委員会	132
ウィーン体制	440
ウィルソン、ウッドロー	16, 19, 54
ウィルソン・パーシー案	61
ウィルソン案	26, 50
ウェイト対ドイツ事件	383

ヴェトナム戦争	444, 451
ウ・タント事務総長	153, 154, 158, 218
宇宙法原則宣言	333
エチオピア侵略	45
欧州司法裁判所（ECJ）	375
欧州人権裁判所	383, 385, 411
オーランド諸島帰属問題	71, 110
オンブズパーソン	374

〔カ行〕

外観的中立性（perceived neutrality）	218, 220
介入と国家主権に関する国際委員会（ICISS）	395
核拡散防止（NTP）レジーム	446
核拡散防止条約	446
核兵器使用の違法性事件	318
カシミール問題	132
カディ事件	392
ガリ事務総長	192, 235
仮保全措置（命令）	49, 238, 373
勧告措置	186, 187
勧告的意見	123, 318
機関間常設委員会	222
危機管理（crisis management）	450
キサンガニ危機	416, 424
機能的パラレリズム	378
キプロス合同救援委員会	178
キプロス国連軍	172, 179, 183
キプロス紛争	172, 176
希望回復作戦（the Operation Restore Hope）	233
義務的付託手続	4
旧ユーゴスラヴィア国際刑事裁判所（ICTY）	259, 375
強制行動	5, 344

索引　465

強制措置	14, 149, 170
強制付託義務	52
協調国レジーム	333
協調的安全保障	13, 432, 447, 456
ギリシャ・ブルガリア国境紛争	12, 49, 90, 104-106
ギリシャ紛争	346
ギリシャ問題	117, 132
キワンジャ危機	422
緊急特別会期（第10会期）	322
緊急特別総会	7, 146, 165, 343, 348
グローバル・ガヴァナンス	241, 325, 357, 432, 433, 455
軍事監視団	90, 98, 103, 107, 134, 155, 158
軍事的強制措置	6, 9, 147, 311, 316
軍事的防止措置	151, 172, 187
経済（的）制裁	31, 32, 89
経済制裁措置	278
決定措置	187
憲章第2条7項	145, 371
憲章第10条	266
憲章第11条2項	273, 344
憲章第22条	139
憲章第24条	124, 141, 263, 264, 269, 270, 292, 343, 366, 408
憲章第25条	299
憲章第39条	243
憲章第40条	185
憲章第42条	156
憲章第43条	182, 306, 308
憲章第98条	162
憲章第99条	168
憲法的監視機関	369
公正性 (fairness)	219, 250, 262
公平性 (impartiality)	219, 425
国際海底機構	236
国際関心事項	230
国際刑事裁判所 (ICC)	350
国際原子力機関	446
国際司法裁判所 (ICJ)	123, 182
国際社会の議会	359
国際社会（国際共同体）の総意	7, 235, 236, 246, 324
国際人権規約	333
国際人権法	416
国際人道法	416
国際封鎖委員会 (international blockade commission)	28
国際紛争平和的処理に関する一般議定書	4
国際連盟	
――規約第10条	14, 16, 18, 19, 66
――規約第11条	11, 35, 48, 49, 64, 95, 185, 239
――規約第11条1項	65, 89, 107, 108
――規約第11条2項	58, 67, 89, 109
――規約第11条適用の指針	98, 102, 103
――規約第12条	43
――規約第13条	32, 40
――規約第15条	36
――規約第16条	15, 20, 23, 28, 89
――規約第16条適用の方針	29, 46
――総会	38, 108
――理事会	16, 108
――理事会手続規則	110
国際連合（国連）	
――安全保障理事会（安保理）	4, 7, 119, 121, 163, 192, 232, 238, 239, 241, 363, 399
――イエーメン監視団	158
――インド・パキスタン監視団 (UNIPOM)	158
――開発計画 (UNDP)	216
――カンボジア暫定統治機構 (UNTAC)	335
――キプロス平和維持軍 (UNFICYP)	387
――休戦監視機構	133
――行政裁判所の補償裁定の効果	305
――緊急軍 (UNEF-1)	274
――憲章第2条7項	229
――憲章第11条2項	277
――憲章第15条	292, 297, 298
――憲章第24条	269

──憲章第29条	164	ザールランド	159, 239, 335
──憲章第34条	59, 109	暫定行政機構	150
──憲章第40条	108	暫定緊急多国籍軍	419
──国際法委員会 (UNILC)	390	暫定措置	5, 238
──暫定統治機構 (UNTEA)	159, 161, 162, 335, 337-340	暫定統治機能	327
		サンフランシスコ会議	6, 118, 238, 249
──シエラレオネ監視団 (UNOMSIL)	201	自衛権	42, 43
──シエラレオネ派遣団 (UNAMSIL)	199, 201, 203	自衛行動	42, 176, 230
		ジェノサイド	409
──バルカン特別委員会	127, 150	ジェノサイド条約適用事件	373
──人権委員会	331	シエラレオネ紛争	198
──人道援助活動	198	自決権の国際的尊重に関する勧告	331
──総会	241, 246, 298, 315	事件係属 (litispendence) の法理	377
──ナミビア独立支援グループ	159	事後的コントロール	256, 258, 303, 324
──難民高等弁務官	178	事実調査団	83, 112, 240
──難民高等弁務官事務所 (UNHCR)	199, 212	司法的コントロール	244, 251
		事務総長権限	180
──兵力引離し監視軍 (UNDOF)	386	ジャウォジーナ事件 (the jaworzina case)	113
──平和維持活動	5	自由行動	176
──編成団 (MONUC)	414, 415	重層的ガヴァナンス	429, 437, 455
──保安軍 (UNSF)	387	集団措置委員会	140
──保護軍 (UNPROFOR)	387	集団 (的) 安全保障 (体制)	3, 9, 14, 25, 66, 450
国内管轄事項	75, 76, 124, 145, 229, 230, 332, 338, 373	集団的措置	32, 148, 230
コソヴォ国際安全保障部隊 (KFOR)	384	住民投票	83
コソヴォ国連暫定統治機構 (UNMIK)	335	主要な責任	263, 264, 283, 406
国家安全保障	3	常設国際司法裁判所 (PCIJ)	85
個別 (的) 安全保障	3, 25, 64, 430, 431	上部シレジア分割問題	81
固有の権限	125, 126, 376	植民地独立付与宣言	278, 331
コルフ島事件	48	シリング、T.	300
混合休戦委員会	105, 133, 137	深海底法原則宣言	333
コンゴ国連活動 (ONUC)	164	信義誠実の原則	135
コンゴ国連軍 (ONUC)	163, 274, 369	審査委員会	88
コンゴ国連軍規則	163	新植民地主義	339
コンゴ紛争	163	信託統治制度	337, 338
コンゴ民主共和国	414	信託統治理事会	336
コンストラクティヴィズム	433	人道に対する罪	257, 258, 262, 351, 416
コンセンサス方式	303	侵略行為	186
コンフォーティ、B.	293, 294, 298	侵略の罪	351
		人類共通の価値	326, 328
〔サ行〕		人類の共通利益	332

人類の共同遺産 333
スイ、E. 252, 297
スエズ紛争 12, 162, 218, 273, 274, 343
スペイン問題 346
スマッツ案 26, 50, 55, 56
スレブレニツァ事件 392
世界サミット最終文書 402
世界人権宣言 332
政治的権限 151, 181, 239
政治的コントロール 234, 251, 256
政治連絡委員会 177
世界の鏡 325
赤十字国際委員会 177
赤道ギニア問題 154
戦争犯罪 351, 402, 403, 416
戦争モラトリアム 41, 44, 47
ソフト・ロー 329
ソマリア紛争 191
損害賠償事件 126
尊守（保護）責任（Responsibility to Protect）
395, 404

〔タ行〕

第一次国連緊急軍（UNEF-I） 139, 162, 369
第一次国連ソマリア活動（UNOSOM I） 191
第二次国連ソマリア活動（UNOSOM II）の展開 193
第一追加議定書 412
多国間安全保障 430, 443
タジッチ事件 375, 382
ダンチッヒ自由市 159, 336
ダンバートン・オークス提案 6, 119, 238, 249, 296
地球共同体の総意 135
地球的規模のリヴァイアサン（global Leviathan） 244
秩序形成機能 327, 334
中間委員会 140
仲裁裁判 4, 25, 35-37, 41, 42, 51, 52, 55, 59, 61, 65, 86, 165
チュニス・モロッコ国籍法事件 48, 75

朝鮮国連委員会 149
朝鮮国連軍 234, 313-315, 317
朝鮮戦争 313
ツィマネク、K. 299
デ・ウェット、E. 251, 299, 300, 310, 311, 352
テロリスト 445
テロリズム 243, 245, 365, 429, 430, 433, 445, 458
統合特別部隊（UNITAF） 192
特別協定 7
特別理事会 69, 104, 110
ドミノ現象 444
ドラモンド、E. 72
トリエステ自由地域 119

〔ナ行〕

内政不干渉の原則 229
ナショナリズム 444
ナミビア事件 377
西アフリカ諸国経済共同体（ECOWAS） 203
西アフリカ諸国経済共同体監視団（ECOMOG） 201, 203
西イリアン協定 151, 155, 161
西イリアン紛争 151
西イリアン問題 338

〔ハ行〕

ハーグ国際紛争平和的処理条約 237
ハーグ国際平和会議 4
ハースト・ミラー案 18, 49, 62, 63
ハウス案 25, 50-52
覇権安定論 435
破綻国家 6, 189, 231, 235, 433
パネル報告書 397, 399-401, 405, 406
ハマーショルド事務総長 146, 153, 168
バランス・オブ・パワー 434, 439, 442
パリ平和会議 20
バルカン国連特別委員会 150
パレスチナ休戦監視機構（UNTSO） 130
パレスチナ調停委員会 103, 133

パレスチナの壁事件	302, 321, 347
パレスチナ分割決議案	145
パレスチナ問題	130
バンコビッチ事件	385
東スラボニア国連暫定統治機構 (UBTAES)	335
東チモール国連暫定統治機構 (UNTAET)	159, 335
非軍事的強制措置	6, 46, 147, 187
非国家アクター	436
ビチ (Bici) 事件	384
フィリモア案	24, 50, 56
フェールセーフ	437, 442
ブカヴ危機	419, 425
不戦条約	43
普遍的義務	3
普遍的国際法	329
ブラヒミ報告書	409
プリマ・ファシー (prīmā faciē)	5, 131, 171, 379
武力不行使原則	230
ブルッケール委員会	185
ブルッケール報告	99, 101
平和維持活動	12, 102, 106, 159, 188, 239
平和観察委員会	127, 140
平和強制部隊	6, 194, 235
平和構築委員会	288
平和的調整権	127, 161, 267
平和的変更	143
平和に対する脅威	166, 171, 183, 186, 230
平和のための結集決議	7, 142, 145, 148, 273, 275, 343
平和の破壊	186
平和への課題	194, 235
ベーラミ・サラマティ事件	375, 389
ペルシャ湾港事件	68
ベルナドッテ伯爵の暗殺事件	156
防止行動	170, 184
防止措置	4, 10, 49, 64, 80, 89, 106, 114, 149, 170, 184, 236, 237, 239, 409
ポーター条約	44
ポーランド・チェコスロバキア国境紛争	84
ポーランド・リトアニア紛争	78, 104
補完(的)機能	341, 343, 353
補完的役割	285
補助機関	164
ボスポラス事件	390
北海大陸棚事件	332
ボリヴィア・パラグアイ紛争	48
ポルトガル非自治地域問題	278, 281, 349
ボンクール、ポール	99

〔マ行〕

マカリオス大統領	175
満州事変	48
南アフリカ問題	278, 281
南ローデシア問題	278
民間航空不法行為防止条約	373
無政府状態	431, 433
黙示的権限	126, 188
モスール問題	101
モンロー主義	17

〔や行〕

友誼的権利	101
有権的解釈権限	292, 302
友好関係原則宣言	230, 302
ヨーロッパ協調	440
予備的決定	105, 122, 185, 186, 239
予防措置	98
予防的コントロール	256, 257, 324

〔ラ行〕

リー事務総長	153
ルートヘールス報告	185
ルワンダ国際刑事裁判所 (ICTR)	375
ロッカビー航空機爆破事件	365, 372, 378

〔ワ行〕

ワルワル事件	35

集団安全保障の本質

2010年7月20日　初　版第1刷発行　　　　　　　　　　〔検印省略〕

　　　　　　　　　　　　　　　　　　　　定価はカバーに表示してあります。

編著者Ⓒ柘山堯司／発行者　下田勝司　　　　印刷・製本／中央精版印刷

東京都文京区向丘1-20-6　　郵便振替00110-6-37828　　　　発 行 所
〒113-0023　TEL (03) 3818-5521　FAX (03) 3818-5514　　株式会社 東 信 堂
　　　　　　Published by TOSHINDO PUBLISHING CO., LTD.
　　　　　　1-20-6, Mukougaoka, Bunkyo-ku, Tokyo, 113-0023 Japan
　　　　　　E-mail : tk203444@fsinet.or.jp　http://www.toshindo-pub.com

ISBN978-4-88713-964-0　C3032　　Ⓒ Takashi Tsugeyama

東信堂

スレブレニツァ——あるジェノサイドをめぐる考察	長有紀枝	三八〇〇円
二〇〇八年アメリカ大統領選挙——オバマの勝利は何を意味するのか	吉野孝・前嶋和弘編	二〇〇〇円
政治学入門——日本政治の新しい夜明けはいつ来るか	内田満	一八〇〇円
政治の品位	内田満	二〇〇〇円
「帝国」の国際政治学——冷戦後の国際システムとアメリカ	山本吉宣	四七〇〇円
解説 赤十字の国際政治学——人道機関の理念と行動規範	J・ピクテ／井上忠男訳	一〇〇〇円
医師・看護師の有事行動マニュアル——医療関係者の役割と権利義務	井上忠男	一二〇〇円
社会的責任の時代	野村彰男編著	三二〇〇円
国際NGOが世界を変える——地球市民社会の黎明	毛利勝彦編著	二〇〇〇円
国連と地球市民社会の新しい地平	功刀達朗・毛利勝彦編著	三四〇〇円
実践 マニフェスト改革	松沢成文	二三〇〇円
実践 ザ・ローカル・マニフェスト	松沢成文	一二三八円
受動喫煙防止条例	松沢成文	一八〇〇円
NPO実践マネジメント入門	松沢成文	二三八一円
インターネットの銀河系——ネット時代のビジネスと社会	M・カステル著／矢澤・小山訳	三六〇〇円
〈現代臨床政治学シリーズ〉		
リーダーシップの政治学	石井貫太郎	一六〇〇円
アジアと日本の未来秩序	伊藤重行	一八〇〇円
象徴君主制憲法の20世紀的展開	下條芳明	一八〇〇円
ネブラスカ州における一院制議会	藤本一美	一六〇〇円
ルソーの政治思想	根本俊雄	二〇〇〇円
シリーズ《制度のメカニズム》		
アメリカ連邦最高裁判所	大越康夫	一八〇〇円
衆議院——そのシステムとメカニズム	向大野新治	一八〇〇円
WTOとFTA——日本の制度上の問題点	高瀬保	一八〇〇円
フランスの政治制度	大山礼子	一八〇〇円
イギリスの司法制度	幡新大実	二〇〇〇円

〒113-0023 東京都文京区向丘1-20-6　TEL 03-3818-5521　FAX 03-3818-5514　振替 00110-6-37828
Email tk203444@fsinet.or.jp　URL:http://www.toshindo-pub.com/

※定価：表示価格（本体）＋税

東信堂

判例国際法[第2版]	松井芳郎 代表編集	上 二九〇〇円 / 下 三八〇〇円
国際機構条約・資料集[第2版]	香西茂・安藤仁介 編集代表	二七〇〇円
国際経済条約・法令集[第2版]	松井芳郎・小室程夫・小畑郁 編集	一六〇〇円
国際人権条約・宣言集[第3版]	松井芳郎・薬師寺公夫・坂元茂樹・小畑郁・徳川信治 編集	三八〇〇円
ハンディ条約集	松井芳郎 代表編集	三九〇〇円
ベーシック条約集〔二〇一〇年版〕	松井芳郎 代表編集	三三〇〇円
国際法新講〔上〕〔下〕	田畑茂二郎	上 三八〇〇円
国際立法──国際法の法源論	村瀬信也	六八〇〇円
条約法の理論と実際	坂元茂樹	四二〇〇円
武力紛争の国際法	真山全 編	一四三六〇円
国連安保理の機能変化	村瀬信也 編	二七〇〇円
海洋境界確定の国際法	村瀬信也 編	二八〇〇円
国際刑事裁判所	江藤淳一 編	二八〇〇円
自衛権の現代的展開	村瀬信也 編	四二〇〇円
国連安全保障理事会──その限界と可能性	洪恵子・村瀬信也 編	二八〇〇円
国際経済法〔新版〕	松浦博司	三三〇〇円
国際法から世界を見る──市民のための国際法入門〔第2版〕	小寺彰	三八〇〇円
東京裁判、戦争責任、戦後責任	松井芳郎	二八〇〇円
国際法学の地平──歴史、理論、実証	大沼保昭	二八〇〇円
国際法/はじめて学ぶ人のための	大沼保昭 編著	三六〇〇円
国際法と共に歩んだ六〇年──学者として裁判官として	小田滋	六八〇〇円
海の国際秩序と海洋政策	中川淳司 編	一二〇〇〇円
21世紀の国際機構：課題と展望	寺谷広司 編著	一二〇〇〇円
〔21世紀国際社会における人権と平和〕〔上・下巻〕	位田隆一・安藤仁・中村道・秋山昌廣・栗林忠男 編	七一四〇〇円
国際社会の法構造──その歴史と現状	山手治之・香西茂 編集代表	五七〇〇円
現代国際法における人権と平和の保障	山手治之・西村智朗 編集代表	六三〇〇円

〒113-0023 東京都文京区向丘1-20-6　TEL 03-3818-5521　FAX 03-3818-5514　振替 00110-6-37828
Email tk203444@fsinet.or.jp　URL:http://www.toshindo-pub.com/

※定価：表示価格（本体）＋税

東信堂

グローバル化と知的様式——社会科学方法論についての七つのエッセー	J・ガルトゥング 大矢澤修次郎訳	二八〇〇円
社会学の射程——ポストコロニアルな地球市民の社会学への変革のなかで	庄司興吉編著	三三〇〇円
地球市民学を創る——地球市民の社会学への変革のなかで	庄司興吉編著	三三〇〇円
社会階層と集団形成の変容——集合行為と「物象化」のメカニズム	丹辺宣彦	六五〇〇円
世界システムの新世紀——グローバル化とマレーシア	山田信行	三六〇〇円
階級・ジェンダー・再生産——現代資本主義社会の存続メカニズム	橋本健二	三三〇〇円
現代日本の階級構造——理論・方法・分析	橋本健二	四五〇〇円
人間諸科学の形成と制度化——社会諸科学との比較研究	長谷川幸一	三八〇〇円
現代社会と権威主義——フランクフルト学派権威論の再構成	保坂稔	三六〇〇円
現代社会学における歴史と批判（上巻）	山田信行編	二八〇〇円
現代社会学における歴史と批判（下巻）——グローバル化の社会学	片桐新自編	二八〇〇円
近代化のフィールドワーク——近代資本制と主体性	丹辺宣彦編	二八〇〇円
——断片化する世界で等身大に生きる	作道信介編	二〇〇〇円
自立支援の実践知——阪神・淡路大震災と共同・市民社会	似田貝香門編	三八〇〇円
〔改訂版〕ボランティア活動の論理——ボランタリズムとサブシステンス	西山志保	三六〇〇円
NPO実践マネジメント入門	パブリックリソースセンター編	二三八一円
貨幣の社会学——経済社会学への招待	森元孝	一八〇〇円
市民力による知の創造と発展——身近な環境に関する市民研究の持続的展開	萩原なつ子	三三〇〇円
個人化する社会と行政の変容——情報、コミュニケーションによるガバナンスの展開	藤谷忠昭	三八〇〇円
日常という審級——アルフレッド・シュッツにおける他者・リアリティ・超越	ランジャナ・ムコパディヤーヤ	四七六二円
日本の社会参加仏教——法音寺と立正佼成会の社会活動と社会倫理	李晟台	三六〇〇円
現代タイにおける仏教運動——タンマガーイ式瞑想とタイ社会の変容	矢野秀武	五六〇〇円

〒113-0023 東京都文京区向丘1-20-6　TEL 03-3818-5521　FAX03-3818-5514　振替 00110-6-37828
Email tk203444@fsinet.or.jp　URL:http://www.toshindo-pub.com/

※定価：表示価格（本体）＋税

東信堂

《未来を拓く人文・社会科学シリーズ》〈全17冊・別巻2〉

科学技術ガバナンス	城山英明編	一八〇〇円
ボトムアップな人間関係——心理・教育・福祉・環境・社会の12の現場から	サトウタツヤ編	一六〇〇円
高齢社会を生きる——老いる人／看取るシステム	清水哲郎編	一八〇〇円
家族のデザイン	小長谷有紀編	一八〇〇円
水をめぐるガバナンス——日本、アジア、中東、ヨーロッパの現場から	蔵治光一郎編	一八〇〇円
生活者がつくる市場社会	久米郁夫編	一八〇〇円
グローバル・ガバナンスの最前線——現在と過去のあいだ	遠藤乾編	二二〇〇円
資源を見る眼——現場からの分配論	佐藤仁編	二〇〇〇円
これからの教養教育——「カタ」の効用	葛西康徳・鈴木佳秀編	二〇〇〇円
「対テロ戦争」の時代の平和構築——過去からの視点、未来への展望	黒木英充編	一八〇〇円
企業の錯誤／教育の迷走——人材育成の「失われた一〇年」	青島矢一編	一八〇〇円
芸術の生まれる場	木下直之編	二〇〇〇円
芸術は何を超えていくのか？	沼野充義編	一八〇〇円
多元的共生を求めて——〈市民の社会〉をつくる	宇田川妙子編	一八〇〇円
千年持続学の構築	木村武史編	一八〇〇円
日本文化の空間学	桑子敏雄編	二二〇〇円
文学・芸術は何のためにあるのか？	岡田暁生編	二〇〇〇円
紛争現場からの平和構築——国際刑事司法の役割と課題	吉岡洋編	二〇〇〇円
〈境界〉の今を生きる	城山英明・鈴木達治郎・角和昌浩編	二八〇〇円
日本の未来社会——エネルギー・環境と技術・政策	荒川歩・川喜田敦子・谷川竜一・内藤耀子・柴田晃芳編	二二〇〇円

〒113-0023 東京都文京区向丘1-20-6
TEL 03-3818-5521 FAX03-3818-5514 振替 00110-6-37828
Email tk203444@fsinet.or.jp URL:http://www.toshindo-pub.com/

※定価：表示価格（本体）＋税

東信堂

書名	著者/編者	価格
責任という原理——科学技術文明のための倫理学の試み	H・ヨナス 加藤尚武監訳	四八〇〇円
主観性の復権——心身問題から『責任という原理』へ	H・ヨナス 宇佐美・滝口・H・ヨナス 山本・盛永訳	二〇〇〇円 三〇〇〇円
テクノシステム時代の人間の責任と良心	山本・盛永訳	二五〇〇円
空間と身体——新しい哲学への出発	桑子敏雄	三五〇〇円
環境と国土の価値構造	桑子敏雄編	三五〇〇円
森と建築の空間史——南方熊楠と近代日本	千田智子	四三八一円
感性哲学1〜9	日本感性工学会感性哲学部会編	二六〇〇円〜三八〇〇円
メルロ=ポンティとレヴィナス——他者への覚醒	屋良朝彦	三八〇〇円
堕天使の倫理——スピノザとサド	佐藤拓司	二八〇〇円
〈現われ〉とその秩序——メーヌ・ド・ビラン研究	村松正隆	三八〇〇円
省みることの哲学——ジャン・ナベール研究	越門勝彦	三二〇〇円
バイオエシックス入門（第三版）	今井道夫編	二三八一円
バイオエシックスの展望	香川知晶編	三三〇〇円
動物実験の生命倫理——個体倫理から分子倫理へ	松岡悦子編著 坂井昭宏	三三〇〇円
生命の神聖性説批判	H・クーゼ 飯田亘之訳者代表	四六〇〇円
カンデライオ（ジョルダーノ・ブルーノ著作集 1巻）	大上泰弘 加藤守通訳	四〇〇〇円
原因・原理・一者について（ジョルダーノ・ブルーノ著作集 3巻）	加藤守通訳	三六〇〇円
英雄的狂気（ジョルダーノ・ブルーノ著作集 7巻）	加藤守通訳	三六〇〇円
ロバのカバラ——ジョルダーノ・ブルーノにおける文学と哲学	N・オルディネ 加藤守通訳	三六〇〇円
食を料理する——哲学的考察	松永澄夫編	三三〇〇円
言葉の働く場所	松永澄夫	各三八〇〇円
哲学史を読むI・II	松永澄夫	
言葉の力（音の経験・言葉の力第I部）	松永澄夫	二八〇〇円
音の経験（音の経験・言葉の力第II部）——言葉はどのようにして可能となるのか	松永澄夫	二五〇〇円
環境安全という価値は…	松永澄夫編	二〇〇〇円
環境設計の思想	松永澄夫編	三三〇〇円
環境　文化と政策	松永澄夫編	三三〇〇円

〒113-0023 東京都文京区向丘1·20·6　TEL 03·3818·5521　FAX03·3818·5514　振替 00110·6·37828
Email tk203444@fsinet.or.jp　URL·http://www.toshindo-pub.com/

※定価：表示価格（本体）＋税